한국전쟁기 학교와 학생

한국전쟁기 학교와 학생

김 상 훈 지음

경인문화사

머리말

한국전쟁은 선전포고 없이 시작되었다. 한국전쟁의 성격에 대해 내전, 국제전, 국제전적 내전, 민족(조국)해방전쟁 등의 주장이 제기되며 오랜 시간 논란이 되었다. 그리고 한국전쟁의 주요 행위 주체인 미국, 북한, 소련의 자료가 공개될 때마다 전쟁사 연구는 심화하였다.* 그래서 한국전쟁에 관한 많은 연구가 남북의 정치적·군사적 갈등과 개전의 책임을 둘러싼 논쟁, 미국과 소련의 대한정책, 전쟁의 진행 과정과 피해 상황, 정전협정과 포로 송환 문제 등에 관심을 가지며 국내의 정치적 요소와 국제적 관계를 밝히는 데 초점을 두었다.

한국전쟁은 한국인들에게 엄청난 인적·물적·정신적 피해를 주었고, 그 여파는 현재까지 계속되고 있다. 그래서 전쟁의 원인을 규명하고, 그 책임을 묻는 과정은 필요하다. 동시에 한국전쟁을 겪으며 살았던 사람들의 모습도 살펴봐야 한다. 그중에서도 한국전쟁을 직접 겪고, 성인이 되어 대한민국의 국민으로 살았던 사람들, 전쟁이 무엇인지 모르고 왜 전쟁이 벌어졌는지도 모른 채 전쟁 속으로 들어가야만 했던 사람들, 김성칠의 표현을 빌리자면 '천진난만하여야 할 애송이 중학생', 어머니가 해주는 밥을 먹고 학교에 가서 공부하며 친구들과 놀았어야 할 어린 학생들, 이들이 겪었던 전쟁과 이들의 전쟁 중 삶에 대해서도 알아가며 한국전쟁에 대한 이해의 폭을 넓혀야 한다.

한국전쟁 발발 이후 70년이 훌쩍 지나는 동안 한국전쟁에 관한 연구는 여러 방면에서 상당히 축적되었다. 하지만 아쉽게도 학생과 학교를 비롯한 교육 부분에 대한 연구는 상대적으로 부족했다. 한국전쟁 중에도 사람들은

---

* 정병준, 『한국전쟁』, 돌베개, 2006, 33~90쪽.

일상적인 삶을 살아야 했고, 학생들은 학교에 다녀야 했다. 곳곳에서 전투가 진행되던 그 순간에도 한국인들은 정규 교육을 멈추지 않았다. 피난을 떠난 학생은 피난지 노천과 천막 아래에서, 서울에 남았던 학생은 지역별로 마련된 훈육소에 모여 학업을 이어갔다. 또한 전쟁 중에 학제와 학기제를 수정하는 교육법을 개정했고, 처음으로 중학교 입학 국가고사가 실시되었으며 대학 입시도 멈추지 않았다.

이 책은 2부로 구성되었다. 1부에서는 해방 이후 한국전쟁을 거치면서 만들어진 교육체계 중 현재까지도 영향을 미치고 있는 학기제와 반공교육에 대해 다루었다. I장에서는 해방 후 미군정기에 9월 학기제가 도입되고, 정부 수립 후 4월 학기제가 명시된 교육법이 만들어지는 과정, 1950·1951년 학기제 변경을 요구한 교육법 개정안 제출과 논의 과정, 그리고 1961년에 3월 학기제로 교육법이 개정되는 과정에 대해 살펴보았다. 이를 통해 교육법 제정과 개정 과정에서 발생했던 학기제 관련 쟁점들을 확인해 볼수 있다. II장에서는 미군정기 미국식 민주주의 국가 건설을 위한 교육체제 수립 과정과 정부 수립 후 반공 정책에 따라 국사교과서가 편찬되었음을 확인했다. 그리고 해방 직후 발행되었던 이병도, 손진태의 국사교과서 분석을 통해 해방 직후 국사교과서에서 사회주의 관련 서술이 삭제되고, 이승만 정부에 정통성을 부여하는 서술이 추가되면서 국사교과서가 반공·반북 정책을 확산하는 도구가 되었음을 검증했다.

2부는 한국전쟁기 문교 당국의 교육정책과 학교, 학생, 입시에 대해 살펴보았다. III장은 한국전쟁 발발 직후 문교 당국의 대응과 서울에 있던 학교와 학생들의 모습을 추적했다. 그리고 3일 만에 북한군에게 함락되었다가 3개월 후 수복되고, 1·4 후퇴로 다시 북한군의 점령과 재수복의 과정을 겪었던 서울에 있던 학교와 학생들의 모습을 확인했다. 이를 통해 점령지 서울에서 의용군이 되거나 의용군 모집에 동원되고, 수복지 서울에서 부역자가 되거나 부역자를 신고해야 했던 학생들을 만날 수 있다. IV장은 1·4후퇴 이후 피난을 떠났던 학생들을 위해 만들어진 피난학교와 서울에 남아있던 학생들의 교육을 위해 개설된 훈육소에 대해 검토했다. 이를 통해 피난학교와 훈육소의 설립과 운영에 관한 일차적인 사실 확인과 한국전쟁 중에도 식지 않았던 한국인의 교육에 대한 열정도 확인할 수 있다. 그리고 그런 교육열을 토대로 설치되었던 피난학교와 훈육소 운영의 실태와 이에 대한 교육 당국의 대응과 입장, 전쟁 중 학생들의 일상생활도 엿볼 수 있다. V장에서는 1951학년도 중학교 입학자 선발에서 처음으로 실시된 국가고사가 도입되는 과정과 실제 운영된 모습을 확인했다. 또한 이승만 대통령의 유시로 국가고사가 중단되는 과정과 원인에 대해서도 살펴보았다. 이를 통해 문교 당국, 초·중등학교 학교장과 교원, 다양한 계층의 학부모들 이익이 충돌하면서 중학교 입학 국가고사가 실시되고 중단되는 과정을 알 수 있다.

이 책이 해방 이후 한국전쟁을 전후한 시기의 교육 부분에 대한 실상을 알아가는 데 조금이라도 도움이 되기 바란다. 그래서 관련 자료들을 본문에 충실하게 소개했고, 이를 토대로 한국전쟁기 교육사 연구가 다양한 분야로 확장되었으면 하는 기대도 해본다.

경인문화사는 2018년에 필자의 박사학위 논문을 수정·보완한 원고를 『해방 직후 국사교육 연구』라는 멋진 책으로 만들어주었습니다. 덕분에 그 책이 2019년 대한민국학술원 우수학술도서로 선정되는 영광도 얻을 수 있었습니다. 이후 한국 현대사의 교육 부분에 대한 연구를 꾸준히 하였고, 그 결과물을 정리해 두 번째 책을 준비하게 되었습니다. 이 책은 학술논문을 바탕으로 만들어졌기 때문에 수많은 각주가 달려있고, 각종 사료를 인용하고 소개하는 내용도 많습니다. 그래서 출판사에 이익을 줄 수 있는 대중적인 역사 서적이라고 볼 수는 없습니다. 그렇지만 경인문화사에서는 흔쾌히 출판을 허락해주셨고, 정성들여 편집해서 훌륭한 책을 완성해주셨습니다. 감사합니다.

역사를 공부하며 역사를 가르치며 살고 싶다는 꿈을 꾸었고, 그 꿈을 이루기 위해 늘 애썼던 것 같습니다. 제가 고등학교 현장에서 학생들을 가르치면서 동시에 역사 연구를 할 수 있었던 것은 주위에 있는 너무나 좋은 분들의 관심과 격려가 있었기 때문입니다. 어느덧 25년의 시간을 같은 곳에서 같은 공부를 하며 함께 해준 서강대 정일영 교수, 정년 퇴임하신 후에도 제자의 원고를 살펴보시고 책 제목까지 정해주신 최기영 선생님, 생각하는 힘을 길러주시며 늘 세상에 관심을 가지게 해주신 김수영 원장님, 좋은 글로 역사를 보는 눈을 넓혀주시며 항상 응원해주신 백승종 선생님, 동생처럼 살펴주며 모든 것을 아낌없이 도와준 숭문고 최재호 선생님, 언제나 꿈꾸는 청년이자 건전한 시민으로 성장해 준 토요수련회를 비롯한 숭문고 제자들, 모두 너무 고맙습니다.

30년 세월을 함께하며 내가 선택한 길이 옳다며 지지해주고, 그 길을 갈 수 있도록 용기를 준 나의 친구 병호, 영석아 너희들이 있어 나는 늘 부자인 것 같다. 진심으로 고맙다.

무엇보다 제가 지치지 않고 한 길을 갈 수 있었던 것은 언제나 건강한 모습으로 밝게 웃으며 아빠를 부르고 아빠의 팔짱을 끼는 연아, 수아, 지아 세 딸이 있기 때문이었고, 이렇게 화목한 가정을 만들며 든든한 후원자가 되어준 아내 정현주가 있었기 때문입니다. 우리 가족 더 많이 사랑하겠습니다. 부산에 계신 아버지, 광주에 계신 장모님 건강하시기를 기원합니다.

차 례

표 차례

제1부

한국전쟁 이전의 교육 제도와 교육 내용

I. 해방 후 학기제 변천

2020년 3월 코로나19 확산으로 개학이 늦춰지면서 9월 신학기제를 검토해 볼 만 하다는 의견이 나왔다.[1] 이에 문재인 대통령은 9월 학기제 논의는 바람직하지 않다고 했다.[2] 하지만 2020년 5월 28일 한국교원단체총연합회는 21대 국회에 '9월 신학년제'[3]를 논의할 기구를 만들자고 제안했고,[4] 10월 7일 국회 교육위원회 소속 국회의원은 서울 시내 초·중·고등학교 교사[5] 61.8%가 9월 신학기제 도입에 찬성한다는 설문조사 결과를 발표하기도 했다.[6] 9월 신학기제로의 전환과 관련된 구체적인 논의가 본격화된 것은 문민정부 때인 1997년 교육개혁위원회의 제4차 교육개혁방안에서이다. 이때 2003년 9월 신학기제 실시를 가정하여 장기 대책을 마련할 필

---

1) 「김경수, 9월 신학기제 검토해볼 만, 급여 30% 반납 동참」, 『경향신문』, 2020년 3월 22일.
2) 「문대통령, 9월 신학기제, 현재 논의하는 것 바람직하지 않아」, 『연합신문』, 2020년 3월 23일.
3) '9월 신학년제'란 매 학년도 시작일을 3월이 아닌 9월 무렵으로 변경하는 것이다. 일각에서는 같은 의미로 '9월 신학기제'라는 용어를 사용하고 있지만, 학년과 학기의 개념이 다르며 단순히 하나의 학기를 9월에 시작한다는 것이 아니라 학년도의 시작일을 9월로 변경한다는 점을 고려할 때, '9월 신학년제'라는 용어가 타당하다(황준성·조옥경, 「9월 신학년제 실행 방안」, 『position paper』 11-6, 한국교육개발원, 2014, 1쪽). 하지만 1949년 교육법 제정과 이후 개정 논의 과정에서 주로 '학기제'라고 했으므로 이 책에서는 '학기제'로 표기함.
4) 「한국교총, 9월 신학기제 논의, 코로나 종식 후 국회서 하자」, 『중앙일보』, 2020년 5월 28일.
5) 이 책에서 교사(教師)는 '교사'로, 교사(校舍)는 '校舍'로 표기함.
6) 「서울 소재 초·중·고 교사 절반 이상 '학제 개편' 찬성」, 『조선일보』, 2020년 10월 7일.

요가 있다고 했다.7) 이후 1998년 한국교육개발원이 진행한 연구에 따르면 당시 교사의 64.5%, 교장·교감의 64.1%, 교육전문직의 70.0%가 현행 학기제를 개편해야 한다는 데 긍정적으로 응답했다.8) 그리고 참여정부 시기인 2006년에는 '학제개편 공론화'가 주요 정책과정에 포함되어 전국 순회토론회가 개최되었고, 2007년에는 9월 신학기제 도입, 취학연령·수업연한 조정 등을 추진하기 위해 교육부 주관으로 학제개편팀이 운영되기도 했다. 박근혜 정부 대통령직인수위원회에서도 9월 신학기제 도입에 대한 검토가 있었다.9)

학기제와 관련된 지금까지의 연구는 3월 학기제의 문제점을 지적하며 학기제 전환의 필요성과 방안을 제시하는 것이 대부분이었다.10) 이들 연구에서 해방 후 학기제의 변화와 1962년부터 시작된 3월 학기제에 대해서 간단히 소개는 했지만, 변화의 원인과 과정에 집중하지는 않았다. 개화기부터 일제강점기를 거쳐 해방 이후의 학기제 변천에 관한 연구가 있었지만,11) 해방 후 교육법 제정과 개정 과정에서 학기제의 변화에만 집중한 연구는 없었다. I장에서는 해방 후 미군정기에 9월 학기제가 도입되고, 정부수립 후 4월 학기제가 명시된 교육법이 만들어지는 과정, 1950·1951년 학기제 변경을 요구한 교육법 개정안 제출과 논의 과정, 그리고 1961년에 3

---

7) 대통령자문 교육개혁위원회, 『세계화·정보화 시대를 주도하는 신교육체제 수립을 위한 교육개혁방안(IV)-참고 설명자료』, 교육개혁위원회, 1997, 65~71쪽.

8) 이혜영·최광만·김규태, 『학기제 개선방안 연구』, 한국교육개발원, 1998, 26쪽.

9) 황준성·조옥경, 앞의 논문, 1~2쪽.

10) 김영철 외 4명, 『미래사회에 대비한 학제개편 방안』, 한국교육개발원, 2006; 박재윤 외 6명, 『미래사회에 대비한 학제개편 방안(II)』, 한국교육개발원, 2007; 윤종혁, 「9월 신학기제 도입의 쟁점과 향후 과제」, 『학제개편 토론회 1차~6차 자료집』, 교육혁신위원회 교육인적자원부, 2006; 이혜영·최광만·김규태, 앞의 연구, 1998; 정일환, 『학년도 개시 시점에 관한 종합연구』, 대구효성가톨릭대, 1999; 정재영, 「학기제 개선 방안」, 『제13차 공청회 세미나 자료』, 대통령자문 교육개혁위원회 주최, 1997.

11) 김성혜, 「학기제 변천과정 연구」, 『교육사상연구』 17, 한국교육사상연구회, 2005.

월 학기제로 교육법이 개정되는 과정에 대해 살펴보았다. 교육법 제정과 개정 과정에서 발생했던 학기제 관련 쟁점들을 살펴봄으로써 3월 학기제 유지 혹은 개편에 대한 논의가 좀 더 발전적으로 전개될 수 있을 것이다.

1. 미군정기 9월 학기제의 도입

해방 후 미군이 인천에 도착하기 전인 1945년 8월 29일 제24군단 참모 차장은 교육 분야에서 군정이 우선 착수해야 할 일로써 다음 사항을 제시 했다.

> a. 모든 교육행정기관의 관리·통제
> b. 초등학교를 제외한 모든 교육기관의 폐쇄
> c. 모든 교직관계자의 자격심사
> d. 연합군 최고사령관 및 본 사단사령관의 정책 및 지시에 의거한 교육 과정의 개정
> e. 기독교계 학교·대학의 재개 및 설립에 관한 조사·권고12)

미군정은 남한에 도착한 후 초등학교를 제외한 모든 교육기관을 폐쇄하고, 기독교계 학교부터 재개하고 신설할 계획이었다. 하지만 미국 워싱턴의 삼부조정위원회(State-War-Navy Coordinating Committee; SWNCC)에서 한국의 미군 점령지 내에서 민간 행정업무에 대하여 맥아더 사령관에게 전달된 최초의 기본 훈령에는 "교육기관은 그 기능을 계속 수행토록 허용되어야 할 것이며 폐쇄된 것도 빠른 시일 내에 재개토록 허용되어야 할 것이다."라고 명시되어 있었다.13) 이에 미군정은 1945년 9월 17일 일반명령 제4호를 통해 공립 초등학교는 9월 24일 개학하도록 했고, 사립학교는 학

---

12) 阿部洋, 「미군정기에 있어서 미국의 대한 교육정책」, 『해방 후 한국의 교육개혁』, 한국연구원, 1987, 43쪽.
13) 김국태, 『해방 3년과 미국』 I, 돌베개, 1984, 93쪽.

무국의 허가를 받아 개학할 것을 명령했다.[14] 미군정 학무국은 한국교육
위원회와 학무국 내의 한국인의 조언[15]에 따라 초등학교 수업 재개를 결
정했다.[16] 이에 따라 1945년 9월 24일에 서울시의 41개 초등학교가 개학했
고, 출석 아동은 63,650명, 동원된 교원은 639명이었다.[17] 이후 공립 중등
학교의 수업 재개가 통고된 것은 1945년 10월 1일이었고,[18] 이에 따라 10
월 2일 학무국은 경기중, 경복중, 서울중, 경기여중, 무학여중, 경성기술학
교, 경기기술학교, 경성농업학교, 경기상업학교, 덕수상업학교를 재개교 한
다고 공표했다.[19] 그리고 1945년 10월 21일 〈학무통첩 352호-학교에 대한
설명과 지시〉를 통해 사립학교의 재개에 대한 지침을 내렸다. 이에 따르면
사립학교는 법인체, 자금 출처, 예산, 교육과정, 건물, 교사 및 학생 등에
대한 통계 자료를 첨부해 신청서를 제출한 후 허가를 받아야 수업을 재개
할 수 있었다.[20]

　　하지만 중학교 수업 재개에는 현실적인 어려움이 있었는데, 이는 미군
이 1945년 11월 1일 기준으로 45,000명의 수용 능력을 가진 중학교를 점령

---

14) 〈General Number 4〉 17 September 1945(정태수, 『미군정기 한국교육사자료집』 상,
　　홍지원, 1992, 818~819쪽).

15) 오천석을 한국인 책임자로 한 미군정 학무국 직원 사공환(해방 당시 총독부 학무
　　국 학무과 근무)과 이흥종(총독부 학무국 시학과 사무관) 등에 의해 기안된 「신조
　　선의 조선인을 위한 교육」은 9월 17일 〈일반명령 제4호〉로 발표되었다. 그리고
　　〈일반명령 제4호〉는 9월 29일 〈군정법령 제6호〉로 재공포 되었다. 이때 법격이
　　격상하고 공포 날짜만 다를 뿐 그 내용은 같다(유봉호, 『한국교육과정사연구』, 교
　　학연구사, 1992, 279쪽; 정태수, 위의 자료집, 820쪽).

16) 「History of bureau of education from 11 september 1945 to 28 February 1946」(정태
　　수, 앞의 자료집, 48~49쪽).

17) 한기언, 「해방 후의 교육」, 『한국교육사』, 교육출판사, 1972, 368쪽.

18) 「History of bureau of education from 11 september 1945 to 28 February 1946」(정태
　　수, 앞의 자료집, 50~51쪽).

19) 「Transportation communication Education: Education」, 2 Oct 1945(정태수, 위의 자료
　　집, 258~259쪽).

20) USAFIK, 352(MGEDC), 「Explanation of and Directive on School」, 21 October 1945
　　(정태수, 위의 자료집, 824~837쪽).

하고 있었기 때문이다. 미군의 학교 점령은 미군정 학무국 당국자들의 양
해와 협조 없이 미군이 한반도에 주둔했던 초기에 일어난 일이었다.[21] 실
제로 1945년 12월까지 광주, 목포 외 18개 군에서 5개의 중학교를 포함하
여 50개의 전남도 내 학교가 개교하지 못하고 있었는데, 이들 중 11개는
미군과 그 시설물로 점유되어 사용되고 있었기 때문이었다.[22] 미군정 학
무국은 1946년 4월까지 학교에 주둔 중인 군대는 철수할 것이라고 했지만,
1946년 12월까지도 일부 중등학교는 미군 주둔지로 이용되고 있었다.[23]

모든 공·사립학교의 재개에 대한 조치[24]가 내려진 이후인 1945년 10월
말쯤부터 활동을 시작한 미군정 자문기구인 조선교육심의회[25] 제2분과위
원회에서 '1학년의 학기 수, 개학 일정과 방학 일정'이 포함된 교육제도에
대해 논의했다. 이 분과위원회는 유억겸 위원장을 비롯하여 김준연, 김원
규, 이훈구, 이인기, 오천석, 에레트(P.D. Ehret) 소령으로 구성되었다.[26] 조
선교육심의회는 분과위원회의 교육제도 안을 토대로 새 학제를 만들고 이
에 따른 임시조치안을 1945년 12월 13일에 발표했다.[27] 그리고 학기와 관
련된 조선교육심의회의 결정 내용을 당시 신문은 다음과 같이 보도했다.

---

21) Major Lockhart Report: from 11 Sept, 45 to 28 Feb 46, 「Troops in Schools」(정태수,
   위의 자료집, 634~635쪽).
22) Grant. E. Meade 저, 안종철 역, 『주한미군정 연구』, 공동체, 1993, 277쪽.
23) Capt Glenn S. Kieffer, INF, Asst Advisor to Director, Dept of Educ. 「Report on Educ
   in South Korea」, 3 Dec 1946. p.3(정태수, 앞의 자료집, 986~987쪽).
24) 미군정기 학교 재개 정책에 대해서는 '김상훈, 「미군정의 학교 재개 정책과 서울
   의 중등학교 재개」, 『서울과 역사』 113, 2023.'에서 면밀히 검토하였다.
25) 김상훈, 『해방 직후 국사교육 연구』, 경인문화사, 2018, 51~53쪽.
26) 「national committee on educational planning topics to be discussed」(정태수, 앞의 자
   료집, 506~513쪽).
27) 「조선교육심사위원회, 현행교육제도에 대한 임시조치안 발표」, 『동아일보』, 1945
   년 12월 14일.

▷ 秋期를 신학기로 연 2기

새로운 교육제도가 서게 된 데 따라 지금까지의 1년간 3학기 제도는 폐지되고 1년간을 두 학기제도가 된다. 이 새로운 교육제도는 내년 9월부터 실시되며 제1학기는 9월부터 다음 해 2월까지 제2학기는 3월부터 8월까지로 되는데 8월 한 달과 12월에서 1월 사이에 한 달 동안을 여름방학과 겨울방학으로 한다. ……

▷ 신학제는 明秋부터 실시

이상과 같이 신교육제도가 내년부터 실시됨에 따라 현재의 각 학교 각 학년은 명년 8월까지 연장되며 …… 28)

즉, 일제강점기의 4월 신학기제와 1년 3학기제가29) 한국인 교육자와 미군정 학무 당국에 의해 9월 학기제와 1년 2학기제로 변경되었는데, 이는 1945년 12월에 이미 결정되었던 것이다. 이후 1946년 2월 14일 미군정 학무 당국에서는 신교육제도에 의한 학년과 학기의 시작과 끝에 관한 내용을 각 시도지사에게 정식으로 통첩했다. 이때 현재의 학년을 오는 8월 31일까지로 연장하되, 현재 학년의 학기에 대한 잠정적 조치로서 학기말 사무정리를 위하여 5일 이내의 수업을 하지 않아도 무방하다고 했다.30) 이렇게 통보된 신교육제도의 학기에 맞추기 위해 경기도는 제1학기 방학을 2월 27일부터 28일까지 이틀 동안으로 하고, 제2학기 시업식을 3월 1일에 하는 것으로 결정했다.31) 또한 4월에 진행하던 신입생 모집도 중지하고 현재 학년의 수업을 계속하도록 했다.32)

이처럼 각 시도에서 변경된 학기제에 맞춰 학사일정을 조정한 이후인

---

28) 「신생 조선의 새 학제」, 『조선일보』, 1945년 12월 17일.
29) 제1학기는 4월 1일부터 8월 31일까지, 제2학기 9월 1일부터 12월 31일까지, 제3학기 1월 1일부터 3월 31일까지였다.
30) 「신교육제도의 실시 위해 학제 개혁」, 『서울신문』, 1946년 2월 19일.
31) 「제1학기 방학」, 『조선일보』, 1946년 2월 20일.
32) 「4월 신입생 모집 중지 신교육제에 대한 임시조치」, 『동아일보』, 1945년 12월 15일.

1946년 3월 7일 조선교육심의회의 제20회 최종 총회가 경기고등여학교 강당에서 개최되었다.[33] 조선교육심의회는 '10분과 교육심의회 가결안'을 완성하고,[34] 이를 학무국에 이관했다. 여기에 '학년은 9월 1일부터 익년 8월 말일까지며, 1학기는 9월부터 익년 2월까지 2학기는 3월부터 8월까지로 하여 2학기로 나눈다'고 했다.[35] 앞서 살펴본 것처럼 해방 이후 초·중등학교가 9월 말부터 점차 재개되었기 때문에 미군정과 조선교육위원회에서 9월 학기제를 도입하는 것이 조금 더 용이했을 것이다.

이후 1946년 5월 16일 각 도학무과장회의에서는 9월 신학기에 맞춰 학사일정을 결정하고 발표했다. 이에 따르면 1945학년도 졸업식은 1946년 6월 20일부터 7월 10일까지 거행하고, 수료식은 각 학년 모두 7월 20일에 하며, 7월 21일부터 8월 31일까지를 학년말 휴가로 했다.[36] 또한 중학교 입학시험 일정도 제1기가 1946년 7월 6~10일, 제2가 7월 11~15일로 정해졌다.[37] 그리고 1946년 9월 2일 월요일에 각 학교가 일제히 새 학년으로 개학했다. 당시『조선일보』에서는 새로운 교육제도가 "현재 미국, 영국, 불란서 등 특히 미국에서 시행되고 있는 교육제도를 본받은 것으로 한 나라와 딴 나라 사이의 문화교류에 있어서 지장이 없도록 하기 위해서 쓰게 된 것이다."고 했다.[38]

---

33) 이 자리에서 러취 군정장관은 "교육은 애국적 사업이요, 국가의 기초이다. 이 기초를 세운 여러분에 감사하며 창의적 민족인 조선인이 가진바 재간을 기껏 발휘할 것으로 믿으며 이 기초 위에 민주주의 조선이 건설될 것을 믿는다."는 인사말을 하였고, 라카드 학무국장은 "심의 가결안이 空文이 되지 않기를 바란다."고 하였다(「학무 행정권을 분리」,『조선일보』, 1946년 3월 7일;「교육 조선의 새 설계도」,『조선일보』, 1946년 3월 8일).

34)「교육 조선의 새 설계도」,『조선일보』, 1946년 3월 8일.

35)「교육심의회총회, 신교육을 위한 최종 결정안 학무국에 이관」,『서울신문』, 1946년 3월 5일.

36)「시책에 전반적 개혁」,『조선일보』, 1946년 5월 17일.

37)「각도 학무과장회의 개최되어 교육전반에 대한 제문제 결정」,『서울신문』, 1946년 5월 17일.

한편 1947년 3월 제정된 중학교 규정에는 다음과 같이 9월 학기제가 명시되어 있다.[39]

> ▷ **중학교 규정**
> 제15조 중학교의 학년은 9월 1일부터 시작하여 익년 8월 말일에 종료함.
>   학년은 이를 2학기로 分하고 제1학기는 9월 1일부터 익년 2월 말
>   일까지, 제2학기는 3월 1일부터 8월 말일까지로 함.
> 제18조 수업 일수는 매 학년 210일 이상으로 함, 단, 특별한 사정이 있는
>   경우에는 문교부장의 인가를 受하여 이를 변경할 수 있음.[40]

하지만 해방 후 9월 학기제로 개편이 미국식 교육제도라는 비난도 적지 않았다.[41] 이에 9월 학기제 도입에 직접 관여했던 오천석은 "새 학제가 미군정 하에서 마련된 만큼, 미측의 압력 혹은 主見에 의하여 미국의 학제를 모방한 것이라는 비난도 없지 않았는데, 미국 학제의 영향을 받았다는 것은 사실이지마는, 이것이 미측의 압력이나 주장에 의하여 제정되었다는 것은 사실과 틀린 추측에 지나지 못한다."고 했다.[42] 또한 정부 수립 직후인 1948년 9월에 교육과학연구소 주간 정석윤은 당시의 학제개혁 논란에 대해 다음과 같이 말했다.

제도로 말하자면 가장 좋은 것인데 우리 민도의 낙후성과 당국의 운영 방책의 불원숙 또는 교육환경의 불완전 등으로 인하여 받지 않아도 좋을 비난까지 자아내고 있는 것이다. 그러나 현실에 보조를 맞추는 것도 극히 필요한 일이나 한편 현실을 리드하는 진보성과 혁신성이 교육제도 창설

---

38) 「민주교육 첫 시험대에」, 『조선일보』, 1946년 9월 1일.
39) 김상훈, 앞의 책, 90~91쪽, 각주51.
40) 국사편찬위원회, 『한국교육정책자료』 1, 극동디엔씨, 2001, 263~276쪽.
41) 「각 방면에 끼친 군정 3년의 영향」, 『국제신문』, 1948년 8월 15일.
42) 오천석, 『한국신교육사』 하, 광명출판사, 1975, 27~28쪽.

같은 데서는 더욱 긴요한 줄 안다. 이 제도는 1946년 9월부터 실시된 것
이므로 좀 더 시일을 두고 노력하고 인내하여 보아야 그 진실한 장단을
파악할 수 있을 것으로 생각된다.[43]

그리고 정석윤은 9월 신학년과 2학기제는 국제적이라며 미군정 3년간
시행된 교육정책의 장점 중 하나로 정리하기도 했다.

2. 정부 수립 후 4월 학기제의 입안과 실시

1) 1949년 교육법 제정 과정에서 학기제 논란

대한민국 정부가 수립된 직후부터 학기제에 대한 논의는 있었다. 1948
년 10월 22일 서울신문사에서 주최한 교육좌담회에서 9월 학기제에 대해
당시 문교부 편수국장 손진태와 김원규 서울중학교장, 서영호 수송국민학
교장은 다음과 같은 의견을 밝혔다.

▷ 손진태: 9월은 농번기라 가장 바쁘니까 변경하는 것이 어떠냐고 반
   대하는 사람도 있는데 또 찬성하는 사람은 독일 구라파의 예를 들
   어 농민들이 9, 10월에 개학하는 것을 반대했으나 국가에서 강행한
   결과 좋은 현상이 나타났다는 것입니다. …… 이외에 세세한 이유
   이지만 해외유학생의 학기문제도 있고 해서 당분간은 그대로 시행
   해 보기로 했습니다.
▷ 김원규: 아니지요. 절대다수가 4월에 시작을 좋아하는 것 같습니다.
   사립은 몰라도 공립은 국가의 회계연도하고 어긋나서 여러 가지
   곤란이 많습니다.
▷ 서영호: 4월에 하는 것을 대개는 희망하고 있더군요. 9월에 하면 졸
   업과 입학 사이에 간격이 있어 좀 지장이 있고 또 자연의 법칙으로
   보아도 4월은 만물의 소생하는 시기고 9월은 조락하는 가을의 계

---

43) 「학제개혁에 대한 논의 (1)~(3)」, 『서울신문』, 1948년 9월 9일.

절이라 해서 4월이 좋다는 말도 있더군요.44)

즉, 문교부에서는 9월 학기제를 유지하려 했고, 현직 초·중등 학교장은 국가 회계연도와 졸업과 입학 시기, 계절적 이유를 들며 4월 학기제를 희망했다. 학기제 논의 과정에서 회계연도가 계속 거론되는데, 미군정의 회계연도는 일제강점기의 회계법을 그대로 인정하여 4월 1일부터 다음 해 3월 31일까지였다.45)

문교부에서는 기획과를 중심으로 정부 수립 직후인 1948년 9월부터 교육법 초안을 만드는 작업을 시작했다. 그리고 교육법안 작성을 위한 소위원회가 만들어졌는데, 의장은 손진태 편수국장이 맡았고 문교부 각 과장과 장학관이 참여했다.46) 앞선 연구에서는 문교부가 일본의 교육기본법과 학교교육법을 번역47)하여 이를 참고로 '교육기본법 문교부 (안)'과 '학교교육법 문교부 (안)'(이하 '문교부 안'으로 표기함)을 만들었는데, 이는 당시의 입법 여건에 비추어 부득이한 일로 사료된다고 했다.48) 문교부가 법제

---

44) 「민주민족교육의 길: 본사 주최 교육좌담회 (1)~(4)」, 『서울신문』, 1948년 10월 22일.
45) 미군정의 예산 운용은 일제의 제도를 답습하면서 필요에 따라 새로운 제도를 도입하는 형식으로 이루어졌다. 1945년 11월 2일 군정법령 제21호는 조선총독부의 회계법규가 군정청의 재무부보와 지시통첩에 저촉되지 않는 한 그 효력이 유효함을 명시했다. 이때 1921년 4월 공포된 조선총독부의 회계법도 유효한 법률로 인정되었다. 조선총독부의 회계법은 정부의 회계연도를 매년 4월 1일에 시작되어 익년 3월 31일에 종료하는 것으로 규정했다(최광, 「미군정하의 재정제도와 재정정책」, 『재정논집』 3, 한국재정학회, 1989, 128~130쪽; 〈회계법〉, 조선총독부 법률 제42호, 1921년 4월 7일(국가법령정보센터 http://www.law.go.kr 이하 법률 출처 생략).
46) 홍정식(기획과장, 교육법 기초 업무 주무과장), 사공환(사범교육과장), 조재호(장학사), 이호성(초등교육과장), 배희성(중등교육과장), 이봉수(편수과장) 등이 참여했다. 또한 1948년 11월 1일부터 문교부 장학관으로 근무했던 심태진은 출근 첫날부터 국·과장들의 초안 심의회에 참석해 조문 정리를 맡았다고 했다(정태수, 『한국교육기본법제 성립사』, 예지각, 1996, 98쪽; 심태진, 『석운교육논집』, 우성문화사, 1981, 255쪽).
47) 일본 교육법 번역은 일본어에 능숙했던 사범교육과장 사공환이 맡았다고 한다(정태수, 위의 책, 1996, 100, 193쪽).

처와 공동 심리를 마치고 문교부 안을 확정한 것은 1949년 2월 15일 경이었다. 이때 『연합신문』은 "입학기가 4월로 되어 있던 것을 그간 9월로 변경하여 시행하여 왔었으나 우리나라의 회계연도와 일반 농촌 사정에 비추어 다시 4월로 고치기로 되었다."라고 보도했다.49) 앞선 연구에서는 문교부 안이 1949년 3월 19일 국무회의를 통과한 것이 확실하다고 했다.50) 하지만 그 근거로 제시한 『동아일보』 1949년 3월 20일 기사에는 "교육기본법이 국무회의에 회부되어 토의 중에 있다."고 했을 뿐이다.51) 문교부 안이 국무회의 토의를 거쳐 통과된 것은 1949년 3월 22일이었고,52) 1949년 3월 30일 국회에 회부되었다.53)

　　교육법 제정에 대한 선구적인 연구를 진행했던 정태수는 『동아일보』에 소개된 '교육기본법안'과 '사회교육법안'의 일부를 확인했을 뿐 '학교교육법안'을 확인하지 못했다고 했다.54) 이후 교육법 제정에 관한 연구가 답보 상태였는데, 오성철은 1949년 1월 『자유신문』에 게재된 '교육기본법 초안'과 '학교교육법 초안'을 확인하고 관련 연구를 발표했다.55) 그런데 1949년 2월에 완성된 '교육기본법 문교부 (안)'과 '학교교육법 문교부 (안)'은 1949년 5월 20일 동심사에서 발행된 『민주주의 민족교육론』에 수록되어 있다. 이 책의 집필진은 문교부 고등교육국장 사공환, 문교부 기획과장 조재호,

---

48) 정태수, 위의 책, 1996, 100쪽.

49) 「문교부, 교육기본법·학교교육법의 내용을 확정」, 『연합신문』, 1949년 2월 15일.

50) 또 다른 출처인 『한국교육10년사』의 연표에는 3월 19일에 교육기본법이 통과되었다고 기록되어 있긴 하다(정태수, 앞의 책, 102~103쪽; 한국교육십년사간행회 편, 『한국교육십년사』, 풍문사, 1960, 15쪽).

51) 「교육기본법 공포 민족국가 이념에 투철」, 『동아일보』, 1949년 3월 20일.

52) 「교육기본법안 각의 통과」, 『조선일보』, 1949년 3월 25일.

53) 「국무회의, 교육기본법 및 학교교육법안을 국회에 회부」, 『서울신문』, 1949년 3월 31일.

54) 정태수, 앞의 책, 1996, 102~103쪽.

55) 오성철, 「한국 교육법 제정의 특질-교육이념과 학교행정을 중심으로-」, 『한국교육사학』 36-4, 한국교육사학회, 2014.

문교부 편수관 이상선, 문교부 편수관 최병칠, 문교부 장학사 심태진이었다.[56] 이 책에서는 『민주주의 민족교육론』에 수록된 문교부 안을 바탕으로 논의를 전개하였다. 그리고 관련 연구가 확대되는 데 도움이 될 수 있도록 『민주주의 민족교육론』에 제시된 문교부 안을 정리하여 소개한다.

교육기본법
문교부 (안)

우리는 이미 대한민국헌법을 제정하고, 민족의 단결로써 민주독립국가를 재건하여 국민생활의 균등한 향상과 항구적인 국제평화의 유지에 노력할 것을 선언하였다. 이 국가 이상을 실현함에는 민족교육이 근본이 된다.

우리는 국민 각인의 가치와 존엄성을 인식하여 그 인격의 완성을 기하는 동시에 대한민국으로서의 책임과 사명을 자각하여 문화의 창조 발전에 공헌하는 민주적이고 민족적인 교육의 철저한 보급을 기하여야 한다.

이에 우리는 대한민국헌법의 정신을 받아 민주적 민족교육의 이념과 원칙을 명시하며 새로운 한국교육의 기본을 확립하기 위하여 이 법률을 제정한다.

제1조 교육의 목적은 홍익인간의 건국이념 아래 인격이 완전하고 애국정신이 투철하며 신심이 건전한 민주적 민족국가의 국민을 육성함에 있다.

제2조 교육의 목적을 달성하기 위하여 모든 기회와 모든 처소에서 행하는 교육은 진리탐구의 자유를 존중하고 생활을 기초로 하여야 하며 개성의 자유로운 발전을 도모하고 상호협조하여 민족문화의 앙양과 인류문화의 향상에 공헌하도록 실시되어야 한다.

제3조 모든 국민은 신앙, 성별, 사회적 신분, 경제적 지위 등에 의한 차별이 없이 그 능력에 따라 균등하게 교육을 받을 기회를 가진다.

제4조 국가 및 지방공공단체는 재능이 있는 자로서 경제적 이유로 수학이

---

56) 최병칠 외 4명, 『민주주의 민족교육론』, 동심사, 1949, 119~140쪽.

곤란한 자에 대하여 적당한 장학의 방법을 강구하여야 한다.

제5조 국민은 그 보호하는 자녀에게 6년간의 초등교육을 받게 할 의무가 있다. 의무교육에 있어서는 수업료를 받지 않는다.

제6조 학교는 국가, 지방공공단체 및 법률이 정하는 법인만이 설립한다.

제7조 국가 및 지방공공단체는 교육충용의 충실을 기하되 특히 실업교육과 과학교육에 치중하여야 한다. 공장 사업장 기타 실업교육 또는 과학교육에 필요한 시설은 그 사업 또는 연구에 장애가 없는 이상 교육에 이용할 수 있다.

제8조 학교 교원은 그 신분이 보장되어야 하며 그 지위는 적당히 우대되어야 한다.

제9조 학교는 국민으로서 필요한 정치적 교양은 교육상 이를 존중하여야 한다. 그러나 어느 정당을 지지하거나 또는 이에 반대하기 위한 정치교육 기타 모든 정치적 활동은 할 수 없다.

제10조 학교는 종교적 교양은 교육상 이를 존중하여야 한다. 그러나 국가 또는 지방공공단체가 설립한 학교는 어느 종교를 위한 종교교육 기타 모든 종교적 활동은 할 수 없다.

제11조 가정, 근로처소 기타 사회에서 행하는 교육은 국가 및 지방공공단체에 의하여 장려되어야 한다. 국가 및 지방공공단체는 성인교육 기관, 도서관, 박물관, 공회당 등 시설의 설립, 학교시설의 이용, 기타 적당한 방법으로 교육목적 실현에 노력하여야 한다.

제12조 교육은 국가의 감독 밑에 대행되며 외부에 부당한 간섭을 받지 않는다. 교육행정은 교육에 경험과 교양이 있는 공무원에 의하여 운영되어야 한다.

제13조 본법의 실시에 필요한 사항은 따로 법령으로 제정한다.

부 칙 본법은 공포일부터 실시한다.

학교교육법
문교부 (안)

제1장 총칙

제1조 본법에서 학교라 함은 국민학교, 중학교, 고등학교, 대학교, 맹학교, 농아학교 및 유치원을 말한다. 단 국민학교는 초등교육을, 중학교 및 고등학교는 중등교육을, 대학은 고등교육을 실시한다.

제2조 본법에서 국립학교라 함은 국가가 설립한 학교를, 공립학교라 함은 지방공공단체가 설립한 학교를, 사립학교라 함은 법률이 정하는 법인이 설립한 학교를 말한다.

제3조 학교를 설립코자 하는 자는 제1조의 학교 종류에 따라 감독청이 정한 설비 편제 기타에 관한 설립기준에 의하여 설립하여야 한다.

제4조 국립학교 및 법률에 의하여 설립 의무가 있는 자가 설립하는 학교 이외의 학교(대학의 분교 또는 대학원에 대하여도 동일함)의 설립, 폐지, 설립자의 변경 기타 감독청이 정하는 사항은 감독청의 인가를 받아야 한다.

제5조 학교의 설립자는 그 설립한 학교를 관리하고 법령으로 특별히 정한 경우 이외에는 그 학교의 경비를 부담한다.

제6조 학교에서는 수업료를 받을 수 있다. 그러나 의무교육에 있어서는 이를 받을 수 없다. 국립 또는 공립학교의 수업료 기타 징수금에 관한 사항은 감독청이 정한다.

제7조 학교에는 교장과 교원을 두어야 한다. 교원의 수에 관한 사항은 감독청이 정한다.

제8조 교장 및 교원의 자격에 관한 사항은 감독청이 정한다.

제9조 다음 각호의 1에 해당하는 자는 교장 또는 교원이 될 수 없다.

　　1. 금치산자 및 준금치산자

　　2. 징역 또는 금고에 처형된 자 또는 형의 집행 완료후 복권에 이르지 못한 자

　　3. 징계면직 또는 자격증 박탈처분을 받고 2년이 경과하지 않은 자

　　4. 타법령의 규정에 의하여 공직에 취임할 수 없는 자

5. 성행이 불량하다고 인정되는 자

제10조 사립학교가 교장과 교원을 임명할 때에는 미리 감독청의 인가를 받아야 하며 해임할 때에는 미리 감독청의 인가를 받고 교원은 보고를 하여야 한다.

제11조 교장 및 교원은 교육상 필요한 때에는 감독청이 정한 바에 의하여 학생에게 징계를 가할 수 있다. 그러나 체벌은 가할 수 없다.

제12조 학교는 학생 원아 및 직원의 건강증진을 위하여 신체검사를 행하고 적당한 위생 양호 시설을 하여야 한다. 신체검사 및 위생 양호의 시설에 관한 사항은 감독청이 정한다.

제13조 다음 각호의 1에 해당하는 학교는 감독청이 폐쇄를 명령한다.

1. 법령의 규정을 고의로 위반한 때

2. 법령의 규정에 의한 감독청의 명령을 위반한 때

3. 6개월 이상 수업을 하지 않을 때

제14조 감독청은 학교가 설비, 수업 기타 사항에 대하여 법령의 규정 또는 감독청이 정한 규정을 위반한 때에는 이에 대하여 시정 또는 변경을 명령할 수 있다.

제15조 사립학교는 매 회계연도의 개시 전에 수지예산을, 매 회계연도의 종료 후에 2개월 이내에 수지결산을 감독청에 제출하여야 한다.

제16조 여자를 사용하는 자는 그 사용으로 인하여 여자가 의무교육을 받는 데 방해가 되어서는 안 된다.

제2장 국민학교

제17조 국민학교는 국민생활에 필요한 기초적인 초등보통교육을 하는 것을 목적으로 한다.

제18조 국민학교에서 행하는 교육은 전조의 목적을 실현하기 위하여 다음 각호의 목표를 달성하도록 노력하여야 한다.

1. 일상생활에 필요한 국어를 정확하게 이해하며 사용할 수 있는 능력을 기른다.

2. 개인과 사회와 국가와의 관계를 이해시키어 도의심과 책임감과 협조정신을 기른다. 특히 향토와 민족의 현상 및 전통을 정확하

게 이해시키어 민족의식을 강조하여 독립자존의 기풍을 기르는
동시에 국제협조의 정신을 기른다.

3. 일상생활에 나타나는 자연사물과 현상을 과학적으로 관찰하며
처리하는 능력을 기른다.

4. 일상생활에 필요한 수량적인 관계를 정확하게 이해하며 처리하
는 능력을 기른다.

5. 보건생활에 대한 이해를 깊이하며 이에 필요한 습관을 길러 심
신이 조화적으로 발달하도록 한다.

6. 인간생활을 명랑하고 여유있게 하는 음악, 미술, 문예 등에 대
하여 기초적인 이해와 기능을 기른다.

7. 일상생활에 필요한 의식주와 직업 등에 대하여 기초적인 이해
와 기능을 기른다.

제19조 국민학교의 수업연한은 6년으로 한다.

제20조 국민학교의 교과에 관한 사항은 제17조 및 제18조의 규정에 의하
여 감독청이 정한다.

제21조 국민학교의 교과용도서는 감독청이 저작권을 가진 것 또는 감독청
이 검정이나 인정한 것이라야 한다.

제22조 학령은 만 6세가 된 익일로부터 만 12세에 이르기까지의 6년간으
로 한다. 아동이 학령에 달한 이후 최초 학년초로써 취학의 시기
로 하고 만 12세가 되는 날이 속하는 학년말까지로써 취학의 종기
로 한다.

제23조 학령아동의 보호자(친권자 또는 후견인)는 아동을 취학시기로부터
취학종기까지 국민학교에 취학시킬 의무가 있다. 전항의 의무 독
려에 관한 모든 사항은 감독청이 정한다.

제24조 학령아동이 국민학교에 준하는 학교에 재학할 때는 의무교육을 받
고 있는 것으로 인정한다.

제25조 학령아동이 불구 폐질로 인하여 취학하기 불능한 경우에는 감독
청이 정한 규정에 의하여 보호자의 의무를 면제할 수 있다.

제26조 학령아동이 병약 발육불완전 또는 부득이한 사유로 인하여 취학하
기 불능한 경우에는 감독청이 정한 규정에 의하여 취학을 유예할

수 있다.

제27조 제34조의 규정에 의하여 국민학교 설립의 의무를 면제한 구역 내의 학령아동의 보호자는 제23조에 규정한 보호자의 의무를 면제한 것으로 한다.

제28조 교장은 전염병에 걸리거나 또는 그 우려가 있는 학생 또는 성행이 불량하여 다른 학생의 교육에 방해가 된다고 인정한 학생이 있을 때에는 감독청이 정한 규정에 의하여 보호자에 대하여 그 학생의 출석을 정지케 할 수 있다.

제29조 학령에 달하지 못한 아동은 국민학교에 입학시키지 못한다.

제30조 국민학교에는 교장 교감 교사를 둔다.

필요에 따라 준교사 전과교사 양호교사 교무직원을 둘 수 있다.

교장은 교무를 총리하고 소속교원을 감독한다.

교감은 교장을 보좌하고 교무를 장리한다.

교사는 교장의 명을 받아 학생을 교육한다.

준교사는 교장의 명을 받아 교사의 직무를 담당한다.

전과교사는 교장의 명을 받아 국민학교 교과중에서 특정한 교과의 교육을 담당한다.

양호교사는 교장의 명을 받아 학생의 양호를 담당한다.

사무직원은 교장의 명을 받아 서무를 담당한다.

제31조 공립국민학교의 관리 재정경리를 위하여 시, 부, 군, 동에 교육구회를 설치한다. 교육구회에 관하여는 따로 법률을 제정한다.

제32조 교육구회는 그 구역내의 학령아동을 취학시키기에 필요한 국민학교를 설립하여야 한다.

제33조 전항의 규정대로 실시하기 어려운 경우에는 인접한 교육구회가 합동하여 국민학교를 설립할 수 있으며 또는 인접한 교육구회에 학령아동의 일부나 전부의 교육 사무를 위탁할 수 있다.

제34조 지방감독청은 전조에 의하여도 학령아동을 수용할 수 없는 처지에 있다고 인정되는 일부 지역에 한하여 국민학교 설립 의무를 면제할 수 있다.

제35조 공립 또는 사립 국민학교는 지방감독청의 소관에 속한다.

제36조 공립국민학교의 경비는 교육구회의 부담으로 한다.

　　　국고와 시, 도는 자력이 부족하다고 인정되는 교육구회에 대하여 적당한 보조를 하여야 한다.

　　　국고의 교육구회에 대한 보조는 시, 도를 통하여 배정한다.

　　　의무교육에 종사하는 교직원의 봉급에 요하는 경비는 그 전액을 국가가 부담한다.

제3장 중학교

제37조 중학교는 국민학교에서 받은 교육의 기초위에 중등보통교육을 하는 것을 목적으로 하되 인문교육과 실업교육으로 나눈다.

제38조 중학교에서 행하는 교육은 전조의 목적을 실현하기 위하여 다음 각호의 목표를 달성하도록 노력하여야 한다.

　　　1. 국민학교 교육의 성과를 더욱 발전 확충시키어 중견국민으로서 필요한 기본적인 자질을 기른다.

　　　2. 사회에서 필요한 직업에 대한 기초적인 지식과 기능 근로를 존중하는 정신과 행동 및 개성에 따라 장래의 진로를 선택하는 능력을 기른다.

　　　3. 학교 교외에 있어서의 자율적 활동을 조장하며 감정을 바르게 인도하고 공정한 판단력을 기른다.

　　　4. 신체를 양호 단련하여 체력을 증진시키며 건전한 정신을 기른다.

제39조 중학교의 학과에 관한 사항은 전2조의 규정에 의하여 감독청이 정한다.

제40조 중학교에는 야간제 중학교를 둘 수 있다.

제41조 중학교의 수업연한은 3년으로 한다. 그러나 야간과정의 수업연한은 3년을 초과할 수 있다.

제42조 중학교에 입학할 수 있는 자는 국민학교 또는 이에 준하는 학교를 졸업한 자 또는 감독청이 정한 바에 의하여 이와 동등 이상의 학력이 있다고 인정된 자로 한다.

제43조 중학교의 교과용도서, 입학, 퇴학, 전학, 기타 필요한 사항은 감독청이 정한다.

제44조 중학교에는 교장 교감 교사 및 사무원을 둔다. 필요에 따라 준교사
특수교사 기타 직원을 둘 수 있다. 제30조의 제4항에서 제7항까지
와 제10항의 규정은 중학교에 준용한다.

특수교사는 교장의 명을 받아 특수한 교과의 교육을 담당한다.

제45조 중학교에는 실무에 관하여 특수한 지식 기능을 교수하기 위하여
전수과를 둘 수 있다.

전수과에 입학할 수 있는 자는 중학교 또는 이에 준하는 학교를
졸업한 자 또는 감독청이 정한 바에 의하여 이와 동등 이상의 학
력이 있다고 인정된 자로 한다.

전수과의 수업연한은 1년 이상으로 한다.

제46조 제35조의 규정은 중학교에 준용한다.

제47조 공립 중학교의 경비는 지방공공단체의 부담으로 한다.

국고는 자력이 부족하다고 인정되는 경우에는 상당한 보조를 하
여야 한다.

공립 중학교의 교직원의 봉급에 요하는 경비의 반액은 국고에서
부담한다.

제4장 고등학교

제48조 고등학교는 중학교에서 받은 교육의 기초위에 고등보통교육을 하는
것을 목적으로 하되 인문교육과 실업교육과 사범교육으로 나눈다.

제49조 고등학교에서 행하는 교육은 전조의 목적을 실현하기 위하여 다음
각호의 목표를 달성하도록 노력하여야 한다.

1. 중학교 교육의 성과를 더욱 발전 확충시키어 중견국민으로서
필요한 자질을 기른다.

2. 국가 사회에 대한 이해와 건전한 비판력을 기른다.

3. 민족의 사명을 자각하여 체위의 향상을 도모하며 개성에 맞는
장래의 진로를 결정하며 일반적 교육을 높이고 전문적 기능을
기른다.

사범교육[57]에 있어서는 특히 감화력이 충실한 국민교육의 사
표가 될 자질을 기른다.

제50조 고등학교의 학과와 교과에 관한 사항은 전2조의 규정에 의하여 감
　　　독청이 정한다.
제51조 고등학교에 입학할 수 있는 자는 중학교 또는 이에 준하는 학교를
　　　졸업한 자 또는 감독청이 정한 바에 의하여 이와 동등 이상의 학
　　　력이 있다고 인정된 자로 한다.
제52조 고등학교에는 전문적인 실무에 관하여 특수한 지식 기능을 교수하
　　　기 위하여 전수과를 둘 수 있다.
　　　전수과에 입학할 수 있는 자는 고등학교 또는 이에 준하는 학교를
　　　졸업한 자 또는 감독청이 정한 바에 의하여 이와 동등 이상의 학력
　　　이 있다고 인정된 자로 한다. 전수과의 수업연한은 1년으로 한다.
제53조 제40조, 제41조, 제43조, 제44조의 제1항 제2항 및 제4항, 제30조의
　　　제4항에서 제7항까지와 제10항, 제35조 및 제47조의 규정은 고등
　　　학교에 준용한다.

제5장 대학
제54조 대학은 우리 민주국가 및 인류사회 발전에 필요한 학술의 심오한
　　　이론과 그 광범하고 정치한 응용방법을 교수 연구하며 지도적 인
　　　격을 도야하는 것을 목적으로 한다.
제55조 대학의 수업연한은 4년으로 한다. 그러나 특별한 경우에는 2년 또
　　　는 5년으로 할 수 있다.
제56조 대학에는 몇 개의 단과대학을 둔다. 그러나 특별한 경우에는 단과
　　　대학만을 둘 수 있다.
제57조 대학에서는 야간에 수업을 할 수 있다.
제58조 대학에 입학할 수 있는 자는 고등학교 또는 이에 준하는 학교를
　　　졸업한 자 또는 감독청이 정한 바에 의하여 이와 동등한 이상의
　　　학력이 있다고 인정된 자로 한다.
　　　대학에는 청강생을 둘 수 있다.
제59조 대학에는 총장 학장 교수 부교수 조교수 강사 조교 및 사무직원을
　　　둔다.
　　　전항 외에 필요한 직원을 둘 수 있다.

　　총장 또는 학장은 교무 일체를 통할하고 직원을 통독하며 학생을 감독한다.

　　교수, 부교수, 조교수, 강사는 학생을 교수하고 그 연구를 지도하며 각자가 연구에 종사한다.

　　조교는 교수 및 부교수의 지도를 받아 학술에 관한 조무에 종사한다.

　　사무직원은 서무를 담당한다.

제60조 중요한 사항을 심의하기 위하여 대학에는 교수회와 평의원회를 둔다.

　　교수회는 교수 및 부교수로써 조직하고 필요한 경우에는 조교수 기타 직원을 참가시킬 수 있다.

　　평의원회는 각 단과대학 교수중에서 총장이 임명한 자로써 조직한다.

제61조 대학에는 연구소 기타 연구시설을 부설할 수 있다.

제62조 대학에서 4년 이상 재학하고 일정한 시험에 합격한 자는 학사라고 칭한다.

　　학사에 관한 사항은 감독청이 정한다.

제63조 대학은 문교부장관이 관할한다. 그러나 국립대학 총장의 임면에 관하여서는 문교부장관의 추천으로 국무회의의 결정을 경하여야 한다.

제64조 대학에는 3년 이상의 대학원을 둘 수 있다.

제65조 대학원은 일층 심오한 학술 및 응용을 교수 연구하여 문화진전에 기여하는 것을 목적으로 한다.

제66조 대학원에는 수개의 연구과를 둔다. 그러나 특별한 경우에는 1개의 연구과를 둘 수 있다.

제67조 대학원에 입학할 수 있는 자는 4년 이상의 대학을 졸업한 자로 한다.

제68조 대학원을 두는 대학을 감독청이 정한 바에 의하여 박사 기타의 학위를 수여할 수 있다.

　　박사 기타의 학위에 관한 사항은 감독청이 정한다.

제69조 대학에는 공개강좌를 둘 수 있다.

　　공개강좌에 관하여 필요한 사항은 감독청이 정한다.

제6장 특수교육

제70조 맹학교 농아학교 및 양호학교는 맹아, 농아자, 정신박약자, 신체부
　　　자유자 기타 심신에 장애가 있는 자에게 유치원, 국민학교, 중학교
　　　또는 고등학교에 준한 교육과 그 실생활에 필요한 지적 기능을 가
　　　르침을 목적으로 한다.

제71조 맹학교 농아학교 및 양호학교에는 초등부를 두어야 한다. 경우에
　　　따라 중등부, 고등부 또는 유치부를 둘 수 있다.

제72조 맹학교 농아학교 및 양호학교의 초등부, 중등부, 고등부의 교과,
　　　학과 및 교과용도서 또는 유치부의 보육내용은 국민학교, 중학교,
　　　고등학교 및 유치원에 준하여 감독청이 정한다.

제73조 시, 도는 맹학교, 농아학교 및 양호학교를 각 1교 이상 설립하여야
　　　한다.

제74조 국민학교 중학교 및 고등학교에 다음 각호의 1에 해당하는 학생을
　　　위하여 특수학급을 둘 수 있다.
　　　1. 성격이상자
　　　2. 정신박약자
　　　3. 농자 및 난청자
　　　4. 맹자 및 약시자
　　　5. 언어부자유자
　　　6. 기타 불구자
　　　7. 신체허약자

제75조 제19조, 제30조(제44조 및 제53조에 준용하는 경우를 포함함), 제35
　　　조, 제41조(제53조에 준용하는 경우를 포함함), 제42조, 제45조, 제
　　　51조, 제52조, 제79조 및 제80조의 규정은 맹학교, 농아학교 및 양
　　　호학교에 준용한다.

제7장 유치원

제76조 유치원은 유아를 보육하고 적당한 환경을 주어 심신의 발육을 조
　　　장하는 것을 목적으로 한다.

제77조 유치원은 전조의 목적을 실현하기 위하여 다음 각호의 목표를 달

성하도록 노력하여야 한다.

1. 건전하고 안전하고 즐거운 생활을 하기에 필요한 일상의 습관을 기르고 신체의 모든 기능의 조화적 발달을 도모한다.
2. 집단생활을 경험시키어 즐기어 이에 참가하는 태도를 기르며 협동, 자주 및 자율의 정신을 싹트게 한다.
3. 신변의 사회생활과 환경에 대한 바른 이해와 태도를 싹트게 한다.
4. 말을 바르게 쓰도록 인도하고 동화 그림책 등에 대한 흥미를 기른다.
5. 음악, 유희, 회화, 수기 기타방법에 의하여 창작적 표현에 대한 흥미를 기른다.

제78조 유치원의 보육내용에 관한 사항은 전 2조의 규정에 의하여 감독청이 정한다.

제79조 유치원에 입원할 수 있는 자는 만 3세로부터 국민학교 취학시기에 달하기까지의 유아로 한다.

제80조 유치원에는 원장 원감 교사를 둔다.

　　　전항 외에 필요한 직원을 둘 수 있다.

　　　원장은 원무를 통할하고 소속 직원을 감독한다.

　　　원감은 원장을 보좌하여 원무를 장리한다.

　　　교사는 원아를 보육한다.

　　　기타직원은 서무를 담당한다.

제81조 제35조의 규정은 유치원에 준용한다.

제8장 잡칙

제82조 제1조에 있는 학교 이외에 학교교육과 유사한 교육을 행하는 것은 각종학교라고 한다.

　　　각종학교는 제1조에 있는 학교의 명칭을 사용할 수 없다.

　　　제4조에서 제7조까지, 제9조에서 제11조까지, 제13조에서 제15조까지의 규정은 각종학교에 준용한다.

　　　전항 이외에 각종학교에 관하여 필요한 사항은 감독청이 정한다.

제83조 문교부장관 또는 지방장관은 학교 또는 각종학교 이외에서 각종학

교의 교육을 행하고 있다고 인정할 때에는 전조의 규정을 좇도록 명령할 수 있다.

제84조 학교교육상 장애가 없는 범위 내에서 학교에 사회교육상 필요한 시설을 부설하거나 또는 학교의 시설을 사회교육 기타 공공을 위하여 이용할 수 있다.

제85조 본법에 규정한 이외에 본법 시행에 필요한 사항은 감독청이 정한다.

제9장 벌칙

제86조 제13조의 규정(제82조 제3항을 준용하는 경우를 포함함)에 의한 폐쇄명령에 위반한 자는 6개월 이하의 징역 또는 금고 또는 십만 원 이하의 벌금에 처한다.

제87조 제16조의 규정에 위반한 자는 삼만 원 이하의 벌금에 처한다.

제88조 제23조 제1항의 규정에 의한 의무이행의 독촉을 받고도 이를 이행하지 않는 자는 일만 원 이하의 벌금에 처한다.

제89조 제82조 제2항의 규정에 위반한 자는 오만 원 이하의 벌금에 처한다.

부칙

제90조 본법은 단기 4282년 3월 1일부터 시행한다. 그러나 의무교육은 단기 4282년 9월 1일 현재로 취학시기에 달한 학령아동으로부터 시행한다.

제73조에 규정한 맹학교 농아학교 및 양호학교의 설립 의무의 시행기일은 문교부장관이 정한다.

제91조 교육에 관한 종전의 다음 법령은 본법 시행일로부터 폐지한다.

4271년 3월 3일부 칙령 제103호 (조선교육령)

4276년 1월 21일부 칙령 제36호 (중등학교령)

4276년 3월 8일부 칙령 제109호 (사범학교령)

4236년 3월 27일부 칙령 제61호 (전문학교령)

4251년 12월 6일부 칙령 제388호 (대학령)

4253년 7월 6일부 칙령 제200호 (학위령)

4279년 8월 22일부 법령 제102호 (국립서울대학교 설립에 관한 법령)

제92조 본법을 시행할 때 현재하는 종전의 규정에 의한 국민학교, 국민학교에 준하는 각종학교, 국민학교와 유사한 각종학교 및 유치원은 본법에 의하여 설립한 것으로 본다.

제93조 본법을 시행할 때 현재하는 종전의 규정에 의한 학교(전조에 규정한 학교를 제외함)는 종전의 규정에 의한 학교로 당분간 존속할 수 있다.

　전항에 규정한 학교는 문교부장관이 정한 바에 의하여 종전의 규정에 의한 다른 학교가 될 수 있다.

　전 2항의 규정에 의한 학교에 관하여 필요한 사항은 문교부장관이 정한다.

제94조 종전의 규정에 의한 학교가 제1조에 있는 학교로 될 경우의 재학자에 관하여 필요한 사항은 문교부장관이 정한 바에 의한다.

제95조 종전의 규정에 의한 학교의 졸업자의 자격에 관하여 필요한 사항은 문교부장관이 정한 바에 의한다.

제96조 제3조에서 법률이 정하는 법인이라 함은 당분간 민법에 의한 재단법인을 말한다.

제97조 교육구회는 당분간 학령아동의 전부 또는 일부의 교육 사무를 국가 또는 시, 도 또는 사립학교를 경영하는 자에게 위탁할 수 있다.

　사립학교에서 전항의 규정에 의하여 위탁 받은 의무교육에 관하여는 수업료를 받을 수 없다.

제98조 본법을 시행할 때 학령아동으로서 취학치 못한 아동의 조치에 관하여는 문교부장관이 정한 바에 의한다.

제99조 본법에서 감독청이라 함은 대통령을, 지방감독청이라 함은 서울시장 또는 각 도지사를 말한다. 문교부장관은 그 권한을 서울시장 또는 각 도지사에게 위탁할 수 있다.

그런데 국회에 회부된 문교부 안에는 학기에 대한 조항이 별도로 제시되어 있지 않다. 이에 정태수는 문교부 원안에서 학년의 개시를 언제로 정

---

57) 『민주주의 민족교육론』에는 '師範敎督'으로 되어 있음. 사범교육의 오자로 판단되어 수정하였음.

하여 규정하였는지 명확하지 않다며 학기제에 대해 '미상'으로 처리했다.[58] 하지만 문교부 안의 부칙 제90조는 '본법은 단기 4282년 3월 1일부터 시행한다. 그러나 의무교육은 단기 4282년 9월 1일 현재로 취학 시기에 달한 학령아동으로부터 시행한다.'고 규정했다.[59] 즉, 초등학교 의무교육의 첫 시작 시기를 9월 1일 학령아동으로 정한 것은 1949년 새 학년 새 학기 시작이 9월 1일임을 전제한 것이다. 따라서 문교부는 미군정기부터 실시 중이던 9월 학기제를 유지하려 했음을 알 수 있다.

문교부 안이 국회에 회부되었을 때 국회 문교사회위원회(이하 '문사위'로 표기함)에서는 문교부 안은 맥아더 사령부 하의 일본 교육법을 그대로 번역한 것이라 하여 이를 각하하고 새로운 교육법안 작성을 추진했다.[60] 국회가 문교부 안에 대해 반대하고 새로운 교육법안을 만들고자 했던 이유에 대해 정태수는 다음과 같은 사정이 있었을 것으로 생각했다.

> 일본 식민지로부터 해방되고 독립 정부를 수립한 오늘날 정부 측에서 일본법과 유사한 교육법을 채택한 데 대하여, 반일적 민의를 대변하는 국회의 처지가 일본과 구별되는 법문화의 전통을 세워야 하겠다는 의지로 응결되어, 문교부의 일본식 교육 3법안에 대하여 거부적 태도로 표명된 것이었다고 생각된다. 그리하여 법률의 명칭을 비롯하여 법률의 형식도 일본법과는 다른 것으로 하고 싶었으리라고 보아진다.[61]

그런데 문교부 안에 관해 연구한 오성철은 "문교부 초안은 결코 일본 교육법의 단순한 '번역·복제물'이 아니었다. 오히려 '복제해서는 안 될 견본' 혹은 '반면교사'와 같은 것으로 간주되는 측면조차 있었던 것은 아닐까"라고 평가하기도 했다.[62]

---

58) 정태수, 앞의 책, 145쪽.
59) 최병칠 외 4명, 앞의 책, 119~140쪽.
60) 「교육법안 제정과 관련한 문교부와 국회 대립」, 『주간서울』, 1949년 10월 31일.
61) 정태수, 앞의 책, 111쪽.

  문사위에서는 이재학 의원에게 교육법안의 기초를 위탁했었다. 그리고 국회 전문위원이었던 박희병은 문교부 안과 이재학 의원의 안을 수정·증보한 안을 만들었다.63) 이 3가지 교육법안 검토를 위해 문사위에서는 교육계의 권위자 20명으로 심사위원회를 조직하고 6월 3일 첫 모임을 가졌다.64) 이날 회의에는 문사위 의원 17명과 국회 전문위원 5명도 참석했다. 교육계와 국회 측 인사까지 42명이 참가한 첫 회의에서 문교부 안, 이재학 의원 안, 박희병 안의 3안을 참고로 하여 다시 새로운 안을 기초하기로 결정했다. 그리고 교육계의 백낙준, 오천석, 유진오, 장리욱, 현상윤 5명과 국회 전문위원 이선교, 윤재천, 윤세구, 정건영, 박희병 5인에게 교육법안의 작성을 위탁했다. 이들 기초위원 10명은 7월 말에 법안 기초 작성을 완료했다. 이후 이 기초안은 다시 교육계 측의 20인위원회에서 토의되었는데, 이때 문사위위원장과 3명의 문교부 관료가 매회 참석했다. 이렇게 20인위원회를 거친 교육법안에 대해 문사위에서 심사를 시작한 것은 1949년 9월 28일이었다. 문사위 심사 때는 안호상 문교부장관을 비롯하여 문교부 국·과장도 매회 참석했다.65)

---

62) 오성철, 앞의 논문, 154쪽.

63) 박희병이 저술한 『교육법해의』가 1950년 4월 15일에 발행되었다. 이 책에는 문교부장관 안호상, 대한교육연합회회장 오천석, 국회문교사회위원장 권태희의 序가 차례로 실려 있다. 안호상은 "저자는 국회 문교사회 전문위원으로 교육법 제정에 관하여 처음부터 끝까지 많은 공적이 있는 분이다. 따라서 교육법을 잘 이해하는 한 분이다. 이 저자가 교육법에 관한 해설을 집필한 것은 누구나 기대하던 일이요 가장 적절한 일이라고 아니할 수 없다."고 하였고, 오천석은 "교육법을 만드는데 가장 수고를 많이 한 분이 본서의 저자인 박희병 선생이다. 선생은 아마도 이 법을 2·30번은 고쳐 썼을 것이라고 생각한다. 그러므로 이 법을 그 정신에 있어서나 그 표현에 있어서 가장 잘 아는 분이 선생일 것이다."고 했으며, 권태희는 "박선생의 동법 제정에 대한 辛勞란 이로 형용키 難한 것으로서 1년여를 두고 주야를 가리지 않고 조사하며 연구하여 기초하였으며 나아가서는 동법이 정당한 모습으로 탄생되도록 두루 활동한 것이었다."고 했다(박희병, 『교육법해의』, 교육주보사, 1950, 16쪽).

64) 「교육법 분위 심의완료 근일 중 국회에 상정!」, 『경향신문』, 1949년 10월 21일.

기초위원 10인과 20인위원회에 모두 참여했던 오천석은 기초위원 10인
은 종전대로 9월 학기제로 의견 일치를 보았는데, 20인위원회에서 4월 학
기제로 변경되었다고 했다.[66] 이는 1949년 8월 22일까지만 해도 20인위원
회에서 심사하던 교육법안은 '각 학교의 학년은 9월 1일에 시작하여 익년
8월 31일에 그친다'로 되어 있었다는 점,[67] 이후 1949년 9월 10·13일 개최
된 회의에 상정된 교육법안에는 현행 학기인 9월을 4월로 개정할 것이 포
함되었음을 통해서도 확인할 수 있다.[68] 당시 『서울신문』에서는 문교부
안과 20인위원회에서 만든 안이 목적부터 근본적 차이가 있는데, 국회에서
어느 것을 통과시킬지 주목된다고 하며 두 법안의 차이점과 양측의 견해
를 국내파와 국외파의 대립으로 보며 다음과 같이 소개했다.

> 문교부 안에 의하면 목적을 민주적 민족교육에 두었으나 전문위원회
> 안에는 민족적이란 것을 표방하지 않았다. 그리고 문교부에서는 기본법·
> 학교교육법·사회교육법 등 3법안으로 구분하여 있으나 전문위원회는 교
> 육법으로 단일화한 것 …… 또한 전자는 학년초를 9월 1일로 한 것을 후
> 자는 4월 1일로 한 것 …… 그러나 이상과 같은 차이를 나타내게 된 것은
> 각 초안자의 교육이념의 차이에서 온 것이라고 볼 수 있지만 각자가 체
> 득한 제도에서 대별하면 국내파(일본을 포함)와 국외파의 2조류로 나눌
> 수 있다.[69]

65) 박희병, 앞의 책, 16~17쪽; 국회사무처, 『국회 임시회의 속기록』, 제1대국회 제5회
   제26호, 1949년 10월 28일(국회회의록 http://likms.assembly.go.kr/record/ 이하 국회
   회의록 출처 생략).
66) 오천석, 「새 교육법을 비판함」, 『오천석교육사상문집』 1, 광명출판사, 1975, 311쪽.
67) 「국회 문교사회위원회, 교육관계위원들 참여하에 교육법안을 심사」, 『서울신문』,
   1949년 8월 25일.
68) 「국회 문교사회위원회에서 심의중인 교육법 초안 주요 내용」, 『서울신문』, 1949
   년 9월 11일.
69) 「교육법초안의 내용을 두고 문교부와 교육법심의회가 이견」, 『서울신문』, 1949년
   9월 16일.

문사위에서는 20인위원회를 통해 만들어진 교육법안에 대해 9월 말부터 독회를 개시하였고, 10월 19일 제3독회까지 마치고 새로운 교육법안을 만들었다. 여기서 학년도는 원칙적으로 4월 1일부터 익년 3월 말일까지로 하는데, 1950년에 한하여 임시조치로 5월 말일을 학년말로 한다고 했다.[70] 이렇게 문사위에서 만들어진 교육법안이 1949년 10월 26일 제5차 국회 본회의에 상정되었다. 그런데 이날 국회 본회의 의사일정에는 문교부가 발의한 '교육기본법안 학교교육법안 및 사회교육법안' 제1독회가 포함되어 있었다. 하지만 문사위위원장 이영준은 정부에서 제출한 3법을 본회의에 부치지 않고, 문사위에서 최종 조율되어 11장 175조로 구성된 '대한민국교육법안'을 상정했다. 이후 10월 27일 의사일정부터 '대한민국교육법안 제1독회'가 포함되었고, 10월 28일 첫 독회가 있었다. 이때 문사위위원장은 그동안의 경과에 대해 보고했고, 학기제에 대해서는 "대개 다른 나라에서 9월에 하는 것이 보통입니다. 하지만 우리나라의 모든 기후와 풍토 여러 가지를 생각해서 학기 초를 4월로 작정한 것입니다."라고 했다. 또한 상정된 교육법은 약 반년 동안이나 전문가들이 애써서 조문마다 토론을 한 것이니, 본회의에서는 너무 길게 끌지 말고 원안을 통과시켜 줄 것을 당부했다.[71] 여러 논의를 거쳐 국회 본회의에 상정된 대한민국교육법안에 대해 문사위위원장은 다음과 같이 그 과정을 설명했다.

> 이것을 재검토 할 때에는 문교부장관 차관 각 국장은 다 나와서 같이 질문도 하고 정정도 하는 동시에 문교부에서는 우리가 과거 제안한 안은 다 철회하고 이 안이 대단히 좋다고 하는 것을 시인하고 문교부와 교육가 전체와 문교사회분과위원회의 통일한 안으로 국회에 상정시켜 달라는 이 안이 지금 여러분 앞에 드린 11장 175조로 된 대한민국교육법안입니다.

---

70) 「국회 문교사회위원회, 교육법안을 통과」, 『서울신문』, 1949년 10월 15일; 「교육법 분위 심의완료 근일중 국회에 상정!」, 『경향신문』, 1949년 10월 21일.
71) 국회사무처, 『국회 임시회의 속기록』, 제1대국회 제5회 제24·25·26호, 1949년 10월 26,27,28일.

물론 이 법에 대해서 여러분이 보시는바, 혹 수정할 점도 있을 것이요 혹 불만한 점도 있겠지만 확실히 한 가지 말씀드리는 것은 문교사회분과위원회와 문교부 대한민국에 있어서 교육가의 권위 있는 분들의 대개 일치한 수정안으로 알려 주십사 하는 것입니다.[72]

대한민국교육법안에서 학기제와 관련된 조항은 다음과 같다.

제6장 수업

제149조 각 학교의 학년은 4월 1일 시작하여 익년 3월 31일에 끄친다.

　　　　학기 수업일수 휴업일 등에 관한 사항은 문교부령으로써 정한다.

제11장 부칙

제165조 본법은 공포한 날부터 시행한다.

　　　　의무교육은 단기 4283년 6월 1일 현재로 취학시기에 달한 학령아동으로부터 시행한다.

　　　　제149조의 규정은 단기 4284년 4월 1일부터 시행한다.

　　　　단기 4282년도 학년말은 단기 4283년 5월 31일에 끄친다.[73]

국회 본회의에서 대한민국교육법안에 대한 심의가 시작되었을 때 『주간 서울』은 "교육계의 원로를 망라하여 만든 교육법 초안이 지금 심의 중에 있는데, 그 획기적인 장점으로 학기초를 4월로 하자는 것이었다."고 했다. 그리고 4월 학기제의 필요성과 장점에 대해 다음과 같이 덧붙였다.

일부 당국자를 제외한 식자들은 대체로 4월설을 지지하고 있으니 무릇 학년초는 대체로 그 나라의 회계연도와 시작을 같이하는 것으로 4월 1일에 회계연도가 시작되는 일본의 학년초는 4월부터, 1월 1일에 그것이 시작되는 소련은 2월부터, 또 7월 1일에 회계연도가 시작되는 미국은 9월부

---

72) 국회사무처, 『국회 임시회의 속기록』, 제1대국회 제5회 제26호, 1949년 10월 28일.

73) 국회사무처, 『국회 임시회의 속기록』, 제1대국회 제5회 제28호, 1949년 10월 31일.

터 학년초가 시작되는 것이다. 그런데 해방 후 무조건으로 미국제도가 시작되는 9월에 우리나라의 학년이 시작되므로 학교경영상 혼란도 막대하며 그뿐 아니라 학기시험과 입학시험을 2월초와 8월 초인 혹한 혹서에 치르게 되어 교원과 학생을 괴롭히며 더구나 4월이란 신춘과 함께 새로운 학년이 출발하는 것이 학생에게 주는 심리적 효과는 9월에는 도저히 맛볼 수 없는 것이다. 그러므로 국회 측 초안에는 학년 초는 4월로 되었으며 문교부 측도 여기에 대해서는 點示의 찬의로 표시하고 있다.[74)

즉, 학기의 시작은 그 나라의 회계연도에 맞춰 시작해야 하는데, 해방 후 무조건 미국제도에 맞춰 9월에 학기를 시작해서 여러 문제가 있었고, 그래서 4월 학기제로 변경하는데 문교부에서도 찬성의 뜻을 보였다는 것이다.

하지만 1949년 10월 28일 국회 본회의에서 대한민국교육법안 심사가 시작된 후 11월 30일에 통과될 때까지 학기제에 대한 논의는 계속되었다. 먼저 허영호 의원은 학기 초를 4월로 고친 것에는 찬성하지만, 이것이 일제강점기에 4월로 했으니 막연히 4월로 한 것은 아닌지 물었다. 그리고 4월은 학생들의 마음은 들떠있고, 기후는 가장 자극적이어서 학생들을 공부시키는데 부적당한 철이라며, 한 달이라도 앞당기는 것이 어떻겠냐고 했다. 그러면서 4월 학기제의 과학적 기초나 충분한 이유를 물었다. 이에 문사위위원장 이영준은 "기후 관계가 있을 뿐만 아니라 모든 예산 관계가 3월 말 하고 4월에 되는 관계도 있고, 또한 가장 더운 때 하는 것보다 4월을 신학기로 하는 것이 모든 주위환경이 더 좋다."고 보았기 때문이라고 답했다.[75)

이처럼 예산 문제가 계속 거론되는 것은 대한민국 정부가 수립된 이후에도 일제강점기와 미군정 때의 4월 1일에 시작하는 회계연도가 계속 유지되고 있었기 때문이다. 대한민국의 재정법은 1951년 9월 24일에서야 제

---

74) 「교육법안 제정과 관련한 문교부와 국회 대립」, 『주간서울』, 1949년 10월 31일.
75) 국회사무처, 『국회 임시회의 속기록』, 제1대국회 제5회 제28호, 1949년 10월 31일.

정되는데, 여기서도 4월 1일에 시작하는 회계연도는 유지되었다.[76] 따라서 학기를 회계연도와 맞춰야 한다는 주장이 계속되었던 것이다.

이러한 상황에서 1949년 11월 3일 국회에 참석했던 안호상 장관은 다음과 같이 9월 학기제를 주장했다.

> 夏期의 9월을 학기 초로 함이 세계의 공통된 바인데 이 교육법에는 4월로 되어 가지고 있습니다. 물론 여러분께서도 4월이 좋다고 전부 다 대다수가 손을 드실 줄로 압니다마는, 그것은 대단히 잘못입니다. (소성)
> 왜 그런고 하니 2월이나 3월 4월의 석 달이 공부하기에 제일 좋은 시절이지만 입학시험을 본다, 시험 준비를 한다, 또 개학한다 하야 이 석 달 동안은 공부 못 합니다. 이런 까닭에 세계 각국에서 9월 학기 초라고 한 것은 6월 7월 달이 더우니까 공부할 시기도 좋지 못한 고로 입학 준비에도 상관이 없고 입학 시작함에도 상관이 없고 이런 의미에서 9월로 한 것인데 7, 8월에 입학시험을 본 뒤에 방학 동안은 잘 쉰 뒤에 9월부터 공부하는 것이 가장 합리적이라고 해서 세계가 9월로 한 것이올시다. 그러니까 이 글을 외국 사람에게 대해서도 수치스럽지 않다고 하는 책임을 면하기 위해서 저는 여기서 9월로 해 주십시오 하는 것이올시다. 그러나 여러분께서는 4월로 손드실 줄로 압니다. (소성)[77]

안호상 장관은 국회의원들이 4월 학기제를 통과시킬 것을 알면서도 국회에 출석하여 9월 학기제의 필요성에 대해 주장했었다. 이에 대해 조한백 의원은 학생들이 가장 공부를 많이 할 때가 입학시험을 앞둔 시기인데, 9월 학기제가 되면 더울 때 시험 준비를 해야 하는 학생들이 고달프다며 4월 학기제가 가장 적당하다고 했다.[78]

1949년 11월 9일 국회 본회의에서는 문사위에서 상정한 '대한민국교육법'이라는 명칭에서 '대한민국'을 삭제하고 '교육법'으로 하자는 수정안과

---

76) 〈재정법〉, 법률 제217호, 1951년 9월 24일.
77) 국회사무처, 『국회 임시회의 속기록』, 제1대국회 제5회 제31호, 1949년 11월 3일.
78) 위의 자료.

'국민교육법'으로 하자는 수정안이 발의되어 표결을 통해 '교육법'으로 결정되었다.[79] 이후 국회 본회의에서 교육법에 대한 심의가 마무리되어가던 1949년 11월 26일에는 4월 1일로 규정된 학기 초를 3월 1일로 하자는 허영호 의원의 수정안에 대한 표결이 있었다. 수정안은 재석 113명 중 찬성이 한 명도 없었고, 반대 28명으로 미결되었고, 원안에 대한 표결로 이어져 찬성 87명, 반대 0명으로 가결되었다. 이로써 교육법에서 4월 학기제는 확정되었다.[80] 그리고 1949년 11월 30일에 11장 177조로 구성된 교육법은 국회 본회의를 통과했다.[81] 교육법에서 학기와 관련된 조항은 다음과 같다.

제6장 수업
제151조 각 학교의 학년은 4월 1일 시작하여 익년 3월 31일에 끝인다.
　　　　학기·수업일수, 휴업일 등에 관한 사항은 대통령령으로써 정한다.
제11장 부칙
제167조 본법은 공포일로부터 시행한다.
　　　　의무교육은 단기 4283년 6월 1일 현재로 취학 시기에 달한 학령 아동으로부터 시행한다.
　　　　제151조의 규정은 단기 4284년 4월 1일부터 시행한다.
　　　　단기 4282연도 학년말은 단기 4283년 5월 31일에 끝인다.[82]

교육법이 통과된 이후에도 문교 당국자와 학교 현장의 중학교 교장은 학기제에 대해 다음과 같이 대립하는 양상을 보였다.

▷ 문교부 당국 담: 학기 초를 4월로 하였는데 선진민주주의 국가의 예를 보면 모두 9월로 되어 있음에도 불구하고 4월로 가결 통과되

---

79) 국회사무처, 『국회 임시회의 속기록』, 제1대국회 제5회 제36호, 1949년 11월 9일.
80) 국회사무처, 『국회 임시회의 속기록』, 제1대국회 제5회 제51호, 1949년 11월 26일.
81) 국회사무처, 『국회 임시회의 속기록』, 제1대국회 제5회 제54호, 1949년 11월 30일.
82) 〈교육법〉, 법률 제86호, 1949년 12월 31일.

었는데 이는 1년을 3학기로 구분하는 데 편의가 있는 관계이다. 문
제는 실지 운영에 있는데 문교부 자체의 새로운 창의가 이 기본법
에 기준하여 있어야 할 것이다.

▷ 趙 동덕여중 교장 담: 학기 초에 있어 9월이 4월로 단축되어 있는
모양인데 4월은 일부에서 日式으로 세계 수준인 9월[83])이 좋다는
말도 흔히 들어왔으나 나는 4월이 기후로도 아동과 선생들의 고통
을 다소 피해준 것으로 생각하는 동시에 민도와 생활수준에 부합
된 학제로 모두가 기분으로도 좋다고 찬성하는 바이며 단점이라고
는 조금도 발견할 수 없다. 더구나 학생들의 진학문제도 별로 지장
이 없을 것이고 또한 5,6년 학생들의 처지도 문교행정력에 의거하
여 적절히 해결될 것으로 믿는 바이다.[84])

오천석은 해방 후 미군정기를 거치며 교육법이 제정되던 1949년 당시까
지도 운영되고 있던 9월 학기제를 4월 학기제로 고친 3가지 이유에 대해
언급했다. 첫째는 회계연도와 동일하게 하자는 것, 둘째는 입시 시험기가
더운 여름과 장마 때라고 하는 것이다. 그런데 오천석은 이는 극히 부당하
고, 박약한 이유라 했다. 그는 사람들이 말하지 않는 숨어 있는 더 큰 이유
는 일제강점기 때 그렇게 했으니 그것이 좋아서 4월 학기제를 하자는 것이
라고 했다. 또한 4월 학기제는 교육적으로 극히 비능률적이고 비경제적이
라며 9월 학기제의 교육적 장점에 대해 말했다. 오천석은 여름방학 동안
충분한 심신의 휴양과 건설적 활동이 있고 난 뒤에 새 학년을 시작하는 것
이, 3월에 학년시험을 보고 심신이 피로한 상태로 4월에 새 학년을 시작하
는 것보다 훨씬 합리적이라고 했다. 무엇보다 4월에 개학하면 공부에 적당
한 2·3·4월의 3개월을 학기시험, 졸업식, 입학시험, 개학 등의 행사로 희생
하게 된다고 했다. 또한 4월에 학년을 시작한다면 1학기와 2학기가 동일한
학기 기간을 보유할 수 없어 다시 3학기제로 돌아가야 하고, 4월 학기제는

---

83) 『동아일보』에 '七월'로 되어 있는데, 이는 '九월'의 오자로 보임.
84) 「실시엔 창의필요 교육법통과와 각계 견해」, 『동아일보』, 1949년 12월 1일.

교과서 개편의 중대한 문제가 따를 것을 미리 각오해야 한다고 했다.[85]

2) 1950년 교육법 개정안 논의

1949년 11월 30일 국회 본회의에서 통과된 교육법은 1949년 12월 31일 공포된 것으로 되어 있다. 그러나 교육법은 1949년 12월 8일 정부에 이송된 후 공포 기한인 12월 23일까지도 공포되지 않았고, 교육부는 소급 공포를 전제로 교육법 개정안을 작성했다.[86] 이에 1950년 1월 12일 신익희 국회의장은 교육법이 공포되지 않은 이유를 급속히 답변하여 달라는 공한을 대통령에게 보냈었다.[87] 이후 교육법은 1949년 12월 31일 자로 '호외' 관보에 게재되었고,[88] 문교부에서 교육법 공포 기념일을 맞아 서울중학교에서 교육 대강연회를 개최한 것은 1950년 1월 29일이었다.[89]

그런데 교육법 공포에 대한 국회의장의 공식 요청이 있은 다음 날인 1950년 1월 13일, 정부에서는 고등학교 입학자격자 문제, 학기 문제 등 4개 항목에 걸친 교육법 개정안을 국회에 제출했다. 이때 이승만 대통령의 공한을 첨부하여 개정안이 반드시 통과될 것도 요청했다. 이 개정안에 학기 초는 9월로 하고, 의무교육은 1950년 9월 1일 취학연령이 된 아동으로부터 한다는 것이 포함되었다.[90] 당시 『동아일보』는 "국회에는 기왕대로 학기 초를 9월로 하자는 의견과 4월로 함이 타당하다는 양론이 대두되어 과연 이 학기 문제가 어떻게 결론이 날지 예측하기 어렵다."며 문교부가 밝힌 9월 학기제의 필요성과 학년 초를 4월로 변경하지 않았을 때의 이익에 대해 다음과 같이 정리했다.[91]

---

85) 오천석, 앞의 글(1975), 318~320쪽.
86) 「문교부, 교육법 개정안을 법제처에 회부」, 『자유신문』, 1950년 1월 5일.
87) 「교육법 공포를 국회서 독촉」, 『조선일보』, 1950년 1월 14일.
88) 대한민국정부 공보처, 『관보』, 호외, 1949년 12월 31일.
89) 「교육법 공포 기념 대강연회를 개최」, 『조선일보』, 1950년 1월 29일.
90) 「학기말은 9월로 교육법 개정안 국회 제출」, 『동아일보』, 1950년 1월 16일.

▷ 학년 초를 9월로 하자는 이유

　① 古人이 이른바 新凉이 入郊墟하니 燈火를 稍可親이라는 독서
　　호시절에 학년 초를 시작한다는 점

　② 수업 상 적당한 시기가 중단되지 않고 계속 된다는 점

　③ □□□□□從치 않는다는 점

　④ 8·15 해방 후 9월에 새 출발을 하였다는 기념

　⑤ 8·15 건국 후 9월에 새 출발을 하였다는 기념

　⑥ 유학생 교류상 세계열방과 균형을 保持하자는 점

▷ 학년 초를 4월로 변경하지 않는다면 이익되는 점

　① 학적부 기타 아동에게 관계되는 부책 개정에 대한 무용의 경비
　　를 소비하지 않는다는 점

　② 교과서 개편에 혼란을 일으키지 않는다는 점. 해방이후 5년이나
　　걸려 간신히 궤도에 올려논 교과서를 다시 개편하자면 적어도
　　수년 이상 걸리며 교육계는 진공상태로 돌아갈 터임

　③ 현행 교과서 그대로 사용케 됨으로 폐본이 되지 않아 좌기와 여
　　한 물자와 비용을 절약할 수 있다는 점.

　　a. 용지 10,204연(255톤)

　　b. 책수 1,636,262책

　　c. 책가 130,732,156원

　④ 교과서를 개편하지 않으므로 인하여 인쇄용지를 절약할 수 있
　　다는 점

　⑤ 국회의원 선거 시기와 동시에 교과서를 발행치 않게 되는 관계
　　로 교과서대가 올라가지 않는다는 점

　문교부가 제시한 이유는 가을이 공부하기 좋은 계절이고, 학기 중 방학
으로 수업이 끊어지지 않고, 해방 후 9월에 새 출발을 했고, 세계와 공통된
학기제라는 것이다. 또한 9월 학기제는 해방 후 시행 중이기 때문에 교육
체제를 개편함으로써 쓸데없이 발생하는 경비가 없게 되고, 교과서 개편에

---

91) 「학년초는 9월 문교 당국 국회에 제시」, 『동아일보』, 1950년 2월 13일.

따른 혼란이 없을 뿐 아니라 용지와 비용을 절약하는 이익이 있다고 했다.

1950년 2월 13일 국회 본회의에서 학기제 개정과 관련된 토의가 있었다. 이때 국회의원과 안호상 장관의 발언 내용 중 일부를 소개하면 다음과 같다.

▷ 조규갑 의원: 4월 학기는 아직까지 농번기가 되지 않으므로 어린 자녀들을 학교에 시험치러 갈 때에 학부형이 그것을 인솔하고 가는 것을 누구든지 하고 있는 것입니다. …… 8월 9월 시험시기에 학기 초로 정한다면 그때에는 우리 농촌 농사를 짓는 데 대단히 분망한 이종기이며 또 기타 여러 가지 제일 분망한 시기올시다. …… 만일에 일본식을 추종하는 것이 나쁘다고 할 것 같으면 일본 사람이 나와서 만들어 논 철도나 도로도 다 뜯어 버려야 됩니까. …… 학기 문제는 절대다수의 농촌 자제의 공부를 위해서 또 많이 시험을 치는 데에 큰 도움이 된다는 의미에서도 4월 1일로 하지 않으면 안 된다는 것을 강력히 주장하고 싶습니다.

▷ 문교부장관 안호상: 4월보다는 7, 8월이 가장 한가한 시기입니다. 벼 다 심고 나서 놀고 있는 시기입니다. 이 시기가 농번기이니 우기이니 하는 것은 말이 되지 않습니다. …… 4월에는 돈이 있고 6, 7월에는 돈이 없다, 그 말 사실 맞지 않습니다. …… 그러한 여러 가지 이유를 듣는다고 하면 그런 이유는 피상적이요 재래의 관습이지 절대로 교육학적 이론은 되지 않습니다. 모든 나라에 있어 가지고 차차 4월을 없애 버리고 9월로 하는 것은 교육학적 의미가 있는 것입니다. …… 가장 공부 잘할 시기인 2월 3월 4월에 학교 입학시험, 입학시험 준비시험, 입학 수속 …… 이 석 달 좋은 시기를 전부 다 이리저리 버리게 돼요. …… 만일에 4월로 한다고 하면 두 학기로는 되지 않고 3학기로 할 수밖에 없게 됩니다. 또 우리가 이 외에 교과서 문제를 말합시다. …… 지금 교과서 된 것은 9월을 학기 초를 잡어 가지고 교과서가 전부 그렇게 되어 있습니다. 그러면 4월에 앉아서 9월 타령은 하지 못하기 때문에 교과서를 다 뜯어고 쳐야 됩니다.

▷ 이정래 의원: 지방에서 날마다 학기를 4월로 해 달라고 아이들이 조릅니다. 또 중학교 선생으로 있는 이 큰 자식이 있는데 전보로

'아버지 4월로 해 달라'고 하는 그러한 전보가 와요. 그러나 지금 우리가 4월이냐 9월이냐 하는 문제를 생각할 때에 단순히 본인은 생각하기를 과거의 인습이 우리가 4월 그야말로 봄철에 입학을 했기 때문에 4월이라는 것이 머리에 가졌습니다. …… 원칙적 문제는 이미 정해졌으니까 지엽 문제를 가지고 고집할 필요가 없고 말하자면 9월로 하는 것이 가장 공통성이 있어서 대단히 좋을 줄로 알아서 말씀드리는 것입니다.

▷ 박우경 의원: 두 달 전에 2,000만 민중의 총의가 집중된 이 자리에 있어서 통과한 이 법을 고쳐 내와도 분수가 있지 그렇게 대대적으로 대폭적으로 고쳐 나갈 이유가 어디에 있겠습니까. …… 소학교 중학교 고등학교까지는 우리 식으로 하고 대학 외국 갈 사람들은 또 대학에 가서 외국 풍조를 배워 가지고 그때 9월로 배워도 좋고 아무렇게 해도 좋다고 생각합니다. …… 소학교 중학교 측의 얘기를 들을 때에 학제는 4월이 옳다는 것을 들었을 것인데 9월로 하는 것을 좋다고 하는 것을 들은 것은 한 번도 없습니다.

▷ 주기용 의원: 9월이냐 4월이냐 하는 문제를 우리가 생각할 때에 이 기본 원칙을 어디다가 둬야 되느냐 …… 그러면 뻔한 일은 이것은 물론 학생을 표준해야 될 줄 압니다. …… 9월을 학기 초로 한다면 …… 이것이 대단히 학생의 건강을 위해서 좋을 뿐만 아니라 수학상에 대단히 도움이 되는 것이 아닙니까. …… 4월은 유혹이 가장 많이 있을 것입니다. 졸음이 많이 오는 것도 4월입니다. …… 해방 후에 5년 동안이나 지금 이것을 계속해 온 것을 생각해서 이것을 갑자기 역행해서 …… 4월로 고치면 역시 이 교과서 전체를 고치지 않으면 안 될 줄 압니다. 이것으로 말하면 여기에 막대한 비용이 드는 것을 생각해야 될 것입니다.

▷ 부의장 김동원: 표결에 부칩니다. …… 개정안은 무엇이냐 하면 학년 초가 9월입니다. …… 재석원 수 117, 가에 25, 부에 72, 부결되었습니다.[92]

9월 학기제를 주장하는 안호상 장관과 이에 동의하는 이정래, 주기용 의

---

92) 국회사무처, 『국회 정기회의 속기록』, 제1대국회 제6회 제29호, 1950년 2월 13일.

원은 앞서 살펴본 문교부의 주장을 수용하며 이것이 학생을 중심으로 한 것이며 교육학적으로도 옳은 것이라고 했다. 반면 조규갑 의원은 절대다수의 농촌 자제들을 고려한다면 농번기 이전인 4월에 학기를 시작해야 하고, 일본식이라고 무조건 반대해서는 안 된다고 했다. 또한 박우경 의원은 두 달 전에 전국민의 뜻을 모아 교육법을 만들었는데, 이를 수정하자는 것에 분개하며, 초·중등학교 모두 4월 학기제가 옳다고 하고 9월 학기제가 좋다고 하는 것을 들어보지 못했다고 했다. 결국 표결에서 9월 학기제로 개정하자는데 찬성한 의원은 25명에 불과했고, 반대 72명으로 부결되었다.

그런데 이때 김봉조 의원 외 21명이 4월 학기의 시작을 2년 연기해 달라는 수정안을 제출했다. 그 이유는 1951년 4월 1일에 도저히 신학기를 시작할 수 없다는 것이었다. 즉, 160여만 권의 교과서를 전부 고칠 수도 없고 용지와 인쇄 능력상 불가능하며, 교과서를 개편하는 것은 엄청난 경제적 손실이라는 것이다. 그래서 1953년 4월 1일에 새 학년 새 학기를 시작하고 그때까지는 지금의 교과서를 쓰고, 그 사이에 문교부에서는 새 교과서를 만들자고 했다. 이에 대해 송진백 의원은 문사위에서 논의되지도 않은 수정안을 상정한 것에 대한 불만을 표시하며 이에 대해 반대했다. 또한 이진수 의원은 새 학년 새 학기 시작을 2년 더 늦춘다는 것은 의무교육의 실시 시기를 2년 더 늦추는 것이 되기 때문에 도저히 승복할 수 없다며, 개정안 철회를 요구하기도 했다. 이 수정안도 표결에 부쳐져 재석 110명 중 찬성 10명, 반대 56명으로 부결되었다.[93] 결국 교육법 원안은 유지되었다. 이에 따라 1950년 중학교 입학시험은 2기에 나누어 1950년 5월 13~22일에 실시되었고, 고등학교는 5월 22~26일에 실시되었다.[94] 이후 1950년 6월 1일 각급 학교가 개학했고,[95] 6월 5일 전국의 초·중등학교 입학식이 거행되었다.[96] 즉, 1950년 새 학년 새 학기는 한국전쟁이 발발하기 며칠 전에 시작

---

93) 국회사무처,『국회 정기회의 속기록』, 제1대국회 제6회 제29호, 1950년 2월 13일.
94) 「문교부, 중학교·고등학교의 입시요강을 결정」,『서울신문』, 1950년 3월 12일.
95) 「6월의 메모」,『경향신문』, 1950년 6월 1일.

된 것이다.

4월 학기제 시행으로 교과서 문제가 대두될 것이라는 경고는 현실이 되었다. 『동아일보』는 '이래서 학부형은 골탕. 해마다 바뀌는 교과서 수지맞는 건 출판업자 뿐'이라는 제목 아래 당시의 교과서 문제에 대해 보도했다. 이에 따르면 1950년 6월 새 학년이 시작될 때 1949년 검정을 받은 6백여 권 중 검정 효력 연장을 받은 것은 2백여 권이었다. 그리고 5월 20일까지 새롭게 검정을 받은 것은 64권에 불과했다. 그런데 교과서가 전적으로 개편되었기 때문에 학생들은 새 교과서를 사야 했고, 문교부는 막대한 수량의 교과서를 버려야 했다. 이에 대해 어느 중학교 교장과 문교부 편수과장은 다음과 같이 말했다.[97]

▷ 모 중학교장 담: 학생들의 편의를 보아 주려고 우리 학교에서는 상급생들이 사용한 교과서를 수집하여 하급생들에게 나누어 주려하였더니 문교부에서 보내온 교과서 일람표를 보니 과거에 사용하던 책은 거의 다 검인정이 무효가 되어 못쓰게 되었다는 것이다. 그러면 새로 검인정된 교과서를 보아도 질적으로 별로 향상된 것 같지도 않다. 지난 학기 초에 문교부의 지시에 의하여 교과서를 정비하였다는데 이번에 또다시 검인정된 교과서가 무효가 되는 것은 그 진의를 이해키 곤란하다.

▷ 문교부편수과장 담: 교육법의 통과로 학제와 학기변경으로 이번에 검인정을 한 것은 불가피한 것이다. 그리고 작년도에 검인정을 한 교과서 중에도 질적으로 고쳐야 할 점이 있어 한 것이 앞으로는 검인정 갱신이 별로 없을 것이다.

---

96) 그런데 1950년 신학기가 6월 13일부터 개시된다는 보도가 있어 일선 교육당국자들을 혼란하게 하였다. 또한 학교에 따라 입학식을 6월 20일 경에 하더라도 학기초는 6월 1일이 틀림없다고 하였다(「학기는 6월 1일」, 『동아일보』, 1950년 5월 22일).
97) 「이래서 학부형은 골탕 해마다 바뀌는 교과서」, 『동아일보』, 1950년 6월 7일.

3) 1951년 제2대 국회에서 교육법 개정안 논의

1950년 5·30 총선을 통해 구성된 제2대 국회에 문교부가 학년 초를 9월로 하는 교육법 개정안을 제출한 것은 1950년 11월 말이었다. 하지만 문사위 예비 심사에서 충분히 검토할 시간적 여유가 없고, 교육법을 너무 자주 개정한다며 다수 의원이 반대한다는 이유로 12월 20일에 소집될 정기국회에서 심의하기로 했다. 하지만 문교부는 9월 학기제 개정안을 1951년 3월 이전에 어떻게든 통과시키고, 이에 대비해 초·중등학교 임시조치안을 추진했다. 즉 1950학년도를 1951년 3월 말에 끝내지 않고 8월 말까지 계속하고, 현재 중학교 3학년은 8월에 졸업하고 고등학교로 진학시키는 등의 준비를 한 것이다.[98]

그러나 9월 학기제를 규정한 교육법 개정안이 문사위를 통과한 것은 1951년 2월 19일이었다.[99] 그리고 2월 28일부터 국회 본회의에서 논의가 진행되었다. 이날 백낙준 문교부장관이 출석해서 학년 초를 9월 1일로 변경해 줄 것을 요청하며 두 가지 이유를 말했다. 첫 번째는 긴급한 이유로 1950년 6월 새 학년이 시작된 후 며칠 만에 한국전쟁이 발발했고, 학생들이 교육을 거의 받지 못한 상태로 진급과 졸업을 시킬 수 없다는 것이었다. 따라서 1951년 7월까지 1년 동안의 공부를 마치고 9월 1일부터 1951학년도를 시작하자고 했다. 다음은 장기적 이유로 4월을 학년 초로 잡으면 2월에 졸업시험, 3월에는 입학시험, 4월은 개학하며 허비하기 때문에 새 학년을 9월로 시작하는 것이 오늘날 세계가 공통적이라고 했다. 또한 4월에 예산이 통과되지만 실행은 9월에 가야 한다는 것도 덧붙였다. 이후 이재학 의원은 문사위에서 9월 학기제가 통과된 이유에 관해 설명했다. 9월 학기제의 경우 학생들이 매우 더운 때 입시를 준비해야 하고, 그래서 교육법에 4월 학기제가 성립된 것이었다. 하지만 초등학교에서 대학교까지 전

---

98) 「교육법 개정안 문교부서 강력 추진」, 『동아일보』, 1950년 11월 25일.
99) 「국회, 교육법 개정안 통과 및 국회법 개정안 논의」, 『부산일보』, 1951년 2월 21일.

체 학생 생활 중에 입시를 치르는 날은 며칠 되지 않기 때문에 관계가 없
다는 이유로 해서 개정안이 통과되었다는 것이다.[100]

이후 국회 본회의에서는 9월 학기제에 대한 찬반 토론이 며칠간 계속되
었는데, 이를 정리해보면 다음과 같다.[101]

▷ 이동환 의원: 학년에 대해서, 시기에 대해서 말씀인데 저는 전적으
로 9월을 반대합니다. 4월을 찬성합니다. 그것은 무엇 때문에 그러
냐 하면 문교장관께서 이런 전시를 당해 가지고 응급조치로서 부
득이한 일이라고 하지마는, 이것은 일시적 현실이요. 일시적 현실
을 가지고 중대한 학기의 일을 갖다가 변경한다는 것은 부적당하
다고 생각합니다. …… 예산이 3월까지 결정이 되어 가지고 4월부
터 예산을 쓰게 되면 괜찮지마는, 이것을 9월이나 10월에 예산을
쓰게 된다고 말씀을 하셨습니다. 이것은 정부 자체를 갖다가 모욕
하는 언사라고 생각합니다. …… 대개 시방 학교의 입학률을 볼 것
같으면 10 내지 20 대 1의 율로서 간신히 난관을 돌파해 가지고 입
학을 합니다. …… 그 어린애들이 중학이나 대학에 들어가기 위해
서 그 더운 혹서에 공부를 하기 시작합니다. 낮에 더운데 쪼들려
가지고 공부를 하고 밤에도 모든 고통을 당해 가지고서 공부를 하
기 때문에 국민 전체의 보건상 미치는 영향이 나는 지대하다고 봅
니다. 또 한 가지는 입학 시기에 중학이나 대학은 도시에 집중되었
기 때문에 시골 아동들이 전부 입학시험을 보기 위해서 도시에 집
중합니다. 여름에는 전염병이 만연하는 시기인데 시골서 도시에 많
이 사람이 집중한다는 것만 하드라도 우리 국민 보건상 영향으로
본다고 할 것 같으면 이것은 도저히 불가능하다고 생각합니다. 그
다음에 소학교의 입학을 9월에 시켜 가지고 불과 두어 달 공부를
시켜 가지고 곧 추위가 옵니다. 어린애들이 훈련을 잘 받지 못한
어린애들이 추운 겨울에 연료도 부족해 가지고 난로도 때지 못하

---

100) 국회사무처, 『국회 정기회의 속기록』, 제2대국회 제10회 제36호, 1951년 2월 28일.
101) 『국회 정기회의 속기록』의 표기를 그대로 옮기는 것을 원칙으로 하였음. 다만 '~
읍니다.'는 '~습니다.'로 수정하였음.

는 그 교실에 있어서 어린애들이 공부를 한다는 것은 어린애들의 보건상 미치는 영향이 큽니다. 이것을 4월부터 해 가지고 학교에서 체조를 한다든지 훈련을 통해 가지고 건강한 몸을 만들어 가지고 추위를 당한다고 하면 그 아동에게 주는 영향이 적으리라고 생각합니다. …… 우리가 과거에 경험한 바입니다마는, 4월 달에 만물이 소생할 때에 卒業歌를 들을 때에 무엇인지 가슴이 약동하는 힘이 있습니다. 이것을 갖다가 8월 달 더운 때, 또는 모든 만물이 凋落될 때에 이 소리를 들어야 아무 감각이 없습니다.

▷ 조주영 의원: 그 학년을 3월을 9월로 하자는 것 이런 제도에 있어서는 우리의 과거의 습관이라든지 이런 것, 우리네들이 대단히 무시할 수 없는 것입니다. 이런 점에 있어서도 이전에도 9월로 해 오다가 3월로 고친 지가 얼마 되지 않는다고 생각해요. 이런 것도 물론 조령모개식으로 하는 것이 대단히 좋지 못하지만, 아까도 어느 의원이 말씀했지만, 현재에 있어서 입학경쟁은 이것은 불가피한 엄연한 사실이에요. 그러면 아동들의 건보상태라든지 이런 점에 대해서 어떠한 그 폐해라든지 그 입학경쟁에 대한 이런 폐해를 막기 위해서 곧 중학교라든지 이런 것을 몇 개나 몇십 개나 이런 것을 불릴 만한 용의를 가졌는가 안 가졌는가, 그렇다고 할 것 같으면 현재의 입학경쟁이라든지 여기에 대해서 계절적으로 보아서 가장 부적당하다고 생각해요. 7, 8월 더운데 자제 가진 부형으로 보아서 입학경쟁 때문에 공부를 해서 병나는 이런 실례를 무시할 수 없는 것이에요.

▷ 백낙준 장관: 9월 학기 문제에 대해서 여러분들이 여러 가지 이유를 누누히 말씀했습니다만, 그중에 중요한 점은 입학시험 문제가 제일 중요한데 오늘날까지 우리의 교육에 폐단이 있다고 하면, 일정시대의 잔재로 무엇이 있느냐 하면 우리의 공부는 입학 준비하는 공부에요. 나는 그런 교육을 고만두자고 할 것입니다. 왜 입학준비를 해 가지고 앓도록 공부를 시켜야 되느냐 하면 평소에 공부 안 시키기 때문이에요. 그러므로서 우리의 교육은 입학시험을 중심으로 하는 교육은 고만두자는 것이에요. 그러므로 평소에 교육을 시켰다가 우리 그때에 시험 볼 때에 그가 그렇게 고생 안 하고 입학시켜 보자는 것입니다.

▷ 이교선 의원: 제151조에 학년 초를 9월 1일로 시정하자는 것입니다.

그 이유를 몇 가지 들겠습니다. 첫째로 학년 초 역시 이것이 개정이 아니고 환원시키는 것입니다. 이 제도는 그대로 돌아가자는 것입니다. 이 학년 초 변경은 학동과 학부형에게 많은 영향을 주는 것만큼 생각지 않을 수 없습니다. 제167조 제8항 제151조 규정에 4284년 4월 1일부터 시작한다고 기재되었습니다. 아직도 이것은 법적으로 실시되지 않은 것으로 보고 있습니다. 이것을 실시되기 전에 이것을 고쳐야 될 것입니다. 동란으로 인해서 수학하지 못하는 그 학동을 중도 9월에 교육시킬 수 있는 이로운 점도 있고 동시에 학령에 달한 아동을 구제할 수 있는 그런 장점도 있는 것입니다. 둘째로는 …… 봄에는 고연스리 惰怠해 가지고, 또는 잠이 오고 일하기가 싫고 병들기 쉬운 이러한 허약한 신체를 갖기가 쉽습니다. 그래서 처음으로 학교에 입학한 사람, 혹은 진급한 진급학생 학과가 가장 어려웁고 가장 공부를 해야만 할 이 중대한 시기에 잘못하면 그릇치기 쉬운 그런 염려가 있습니다. …… 9월이 어떠냐 하면 이것은 천고마비한 만곡이 무르익는 실질적으로 든든한 때입니다. 건전한 정신과 건전한 신체를 갖게 됩니다. 공부하기 싫은 사람도 야! 어디 책장 좀 펴라 공부 좀 하자, 일하기 싫은 사람도 일하려 드는 이러한 때입니다. 심적으로나 생리적으로나 희망과 욕망과 결심을 가지고 나갈려는 이런 좋은 시절입니다. 셋째로는 수험시기와 건강관계로 9월이 좋다고 합니다. 3월에 입학시험에 시달린 몸으로 바로 입학을 해 가지고 들어가서 공부하기가 대단히 어려운 것입니다. …… 5월 달에 입학시험을 끝내고 6월 7월 8월 3개월이라는 긴 하기휴가 동안에 자연의 속에서 놀고 산과 바다에서 놀아서 심신을 건강히 해서 9월부터 새로운 공부를 해야 되겠다는 것입니다. 어떤 분이 말하기를 2, 3개월 노는 것은 큰 손실이라 생각하는 분도 계십니다. 그러나 6년 만에 한 번, 혹은 3년 만에 한 번 맨들어서 건강 회복의 길을 주는 것이 과히 나쁘지 않다고 생각합니다. 넷째로 경제면으로 볼 때에 9월이 좋다고 했습니다. 춘기는 춘궁기라고 해서 대단히 어려운 때입니다. 돈이 없습니다. 우리 농촌 실정으로 볼 때에 봄에는 그 쌈지 주머니에 돈이 없어요. 그러나 아들을 학교에 보냈어도 학비를 조달 못 하면 들어간 그것은 허실이 되고 마는 것입니다. …… 이상의 학년제도나 학년 초를 볼 때에 이것이 세계에 공통된 것이라는 것을 우리가 무시할 수 없습니다. …… 앞으로는 우리의 교육자가, 우리의 학도가 외국에 유학할 것이요 외국의 교수가, 학도가 우리나라에 와서 유학을 해야 될 것이니 문화를 서로 주고받지 않으면 안 될 이러한 단계에 놓여 있습니다. 이것을 생각할 때에 세계의 공통한 이 제도를 무시하는 것은 대단히 삼가해야 될 줄 생각하는 것이올시다.

▷ 박정근' 의원: 4월, 9월 얘기도 이거 아까 이교선 동지 하시는 말씀 매우 흥미 있게 들었습니다만, 다 그런 문인 같은 잠고대 꿈꾸는 소리는 고만둡시다. (소성) …… 이웃나라 이웃나라 운운하지만 나 듣기에는 일본에서도 맥아더 사령부에 대하여 존중하는 의미에서 9월로 해 봤으면 어떻겠는가 했는데 민간 측에서 안 들어서 그대로 4월로 했다는 것입니다. 내가 잘못 알았는지는 몰라도 나 알기까지는 그렇습니다. 또 이웃나라 중국도 1월 1일부터 시작한답니다. 그리고 독일서도 4월부터 한답니다. 그런데 하필 미국이 그랬다고 9월에 하자고 하니 장래에 미국대학에 갈 사람이 얼마나 많소? 도대체 미국학교에 연결시켜 논다고 9월로 할 필요가 없어요. 그러니까 그것도 4월부터 합시다. 또 아까 4월부터 개학하면 학비 부담이 어렵다 하시는데 농촌 실정을 저렇게 모르시는가 나는 생각했습니다. 9월에 무슨 돈이 있소? 지금 중학교 입학시키려면 적어도 5, 6만 원 내지 10만 원 돈이 들 터인데, 음력 8월에는 농가에 돈이 바짝 마를 그때입니다. 4월이라면 적어도 가을에 추수한 돈이 다만 얼마라도 남아 있다고 하지만, 8월이나 9월에는 도저히 돈이 없습니다. 그러면 교육시키는 그러한 부형의 실정을 본다 하드라도 4월에 시작해야지 9월에 해 가지고는 안 됩니다.

▷ 이석기 의원: 이 법안을 토의를 할 때에 입안을 하려고 했을 때에 그 교육심의회에 있어서는 현 문교장관 백낙준 씨와 또한 오천석 씨, 장리욱 씨, 현상윤 씨, 유진오 씨 다섯 분을 임명해서 기초위원으로 해서 한 것입니다. …… 학년을 9월 초를 극히 주장하신 분이 현 장관 백낙준·오천석·장 씨 세 분이었고, 현상윤 씨는 조선 실정에 적합하지 않으니 그것을 반대하는 분으로서의 한 대표자가 되는 동시에 유진오 씨는 적당한 그러한 중간을 취했다고 생각합니다. 따라서 오늘날 과거 국회에서 그와 같은 장시일이 걸려서 이 교육법을 제정했는데도 불구하고 이 개정법률안이 제출되었다는 것은 만

일 현 문교장관 백낙준 씨가 아니었드라면 이런 개정법률안이 나오지 않으리라고 생각하는 바입니다. …… 문교부의 의사를 존중하며 또한 우리의 실정을 더 우리 국회의원들이 연구도 하고 더 조사도 하는 그런 기한을 두는 의미로서 제 뒤에 많은 발언하실 분이 계십니다만, 우리가 교섭단체도 작성이 되었고 또한 각 분과위원회도 구상된 만큼 그때까지 보류하는 것이 어떠할까 하는 의견을 가지고 있습니다. 만일 여러분이 찬성하신다면 …… (「동의하시요」 하는 이 있음) 분과위원회가 구성될 때까지 보류하기를 저는 동의합니다. (「재청합니다」 하는 이 있음) (「3청합니다」 하는 이 있음)

▷ 김봉조 의원: 우리가 여름이 제일 어려운 때인데 그는 학년 중간에 끼었습니다. 7월부터 시작해 가지고 졸업을 하고 또한 입학을 하고 그리고 한두 달 동안 수양을 하고 쉬고 가을에 시작하는 것이 제일 좋습니다. 봄에는 3월·4월에는 공부하기 좋은 때인데 입학시험, 졸업시험, 졸업식으로 해서 공부를 도저히 못 하게 된단 말이에요. 이것을 7월·8월에 해서 3월·4월은 학기 중간에 넣어 가지고 하면 공부는 대단히 능력을 낼 수 있습니다. …… 일본이 4월이었는데 무슨 까닭으로 되었으냐 하면 독일이 세계에서 독특하게 4월을 했어요. 그리고는 전부 다 9월이에요. 독일이 4월로 한 것을 따서 일본이 4월을 해 가지고 일본과 독일이 4월에 하다가 제2차대전 후 독일은 9월로 고쳤고 일본도 최근에 와서는 9월로 간 줄로 압니다. 그런 것을 왜 우리나라에서 4월로 또 주장할 것이 무엇입니까? …… 제가 분명히 말할 수 있는 것은 더구나 시방 10만 교육자들이 이구동성으로 이 제도를 찬성하는 줄 압니다. 여기의 백 장관은 시방 단순히 일개 문교장관뿐 아니라 우리나라에서는 누구나 다 아는 거와 마찬가지로 대교육자의 하나입니다. 그러니 여러분 이걸 가지고 더 고집하지 마르시고, 한번 교육자들이 그것이 좋겠다고 하니 한번 생각해 주시기 바랍니다.

▷ 방성하 의원: 학기 문제에 있어서 좀 불만을 가지고 있는 사람의 한 사람이올시다. 시험 보는 데 있어서 모두 8월 또는 7월을 말합니다마는, 제가 학교를 운영한 결과로, 제가 시험을 본 경험으로 양력으로 7월 초순에 시험을 보았습니다. 음력은 5월 하순이 아니면 6월 초순입니다. 우리나라 기후로서는 제일 그중 더운 삼복중이고

또한 농가로 봐서 농번기로서 모를 일찍 심은 논은 김을 매는 시기로서 농촌경제로 봐서 제일 돈이 없으니 또한 영양이 부족할 때 쌀밥도 먹을 수 없고 순보리밥만 가지고 도저히 영양이 부족하므로 해서 모든 악한 유행병이 많이 만연하고 있을 때입니다. 이럴 때 아까 말씀드린 바와 같이 그렇게 시험이 합격되기 어려운 시험공부를 해야 되겠고, 시험을 처야 되겠는데, 공부는 영구히 할 수 있는 시간이 있을른지 모르지만 농촌에는 모심기에 …… 모내는 시기를 잊어버리면 폐농합니다. …… 저는 가을이 좋으니, 봄이 안 되었으니까 4월이니, 9월이니 거기에 대해서보다도 농사를 짓는 자녀들이 그 입학시험에 적절하게 올 수 있겠느냐, 입학금이 충분히 조달이 되느냐 안 되느냐, 거기에 대해서 반대하는 것입니다. 적어도 우리나라의 경제부흥이 되어서 중등학교까지는 장관의 말씀과 같이 의무교육이 실시되는 시간이 이 교육법안은 충분히 구현할 수 있는 법안이 아닌가 싶은 생각으로서 말씀드린 바이올시다.

▷ 조주영 의원: 저는 학부형의 한 사람으로 저의 집 학생으로 벤또를 싸는 애들이 7, 8명이 되어요. 또 여러 가지 우리 실정에 비추어서 이 법안을 몇 가지 이유로 반대하는 이유를 말씀하겠습니다. 문교부장관께서 요전에 말씀을 들었어요. 우리나라 종래의 교육이 입학시키려면 그 교육이 잘못된 교육이라고. 평소부터 공부를 잘 하면 입학 공부 할 필요가 어데 있느냐, 입학하자는 교육, 그것은 잘못된 교육입니다. 그러나 실제에 있어서는 평소에 학교에서 공부 잘 하고 우등생일수록 시험 때에 가서는 초조하게 밤낮으로 안타깝게 공부를 하는 것을 우리는 실지 목도하고 있는 것이에요. 우리나라에 있어서 외국과 마찬가지로 중등학교를 지금보다도 수십 배나 늘켜 놓고 그런 말씀을 한다면 지당하단 말씀이에요. 현재에 있어서 입학시키려면 10 대 1 이와 같은 시험지옥을 우리는 경험했어요. 이 현실에 비추어 보아서 평소에 아모리 공부를 잘하고 우등생일수록 이 시험장에 들어가서 남보다도 시험을 잘 할려고 어린애들이 안타깝고 잠을 자지 않어 얼굴이 못되어 가면서, 영양이 부족하면서 시험공부를 하는 것을 이것은 학부형으로 할 도리가 없어요. …… 이 현실에 비추어 보아서 입학 시기를 9월에 가을에 한다는 것은 우리의 현실에 맞지 않고 부당한 일이에요. 혹은 논자가 말

하기를 교육법 중 개정법률안은 10만 교육자가 다 찬성을 한다고
이런 말씀이에요. 그 교육자가 대학 이상의 교수가 10만 명이 될는
지 몰라도 다른 일선에 있는 교육자는 90%, 100%가 다 반대해요.
(「거짓말이요」 하는 이 있음) 내가 아는 바로도 과거 過政 시대에
있어서 이 학기 제도라는 것을 가을에 했지마는 이 학기 제도를 봄
으로 개정된 중대한 원인이 여기에 있는 것이에요. 중대한 원인은
일선에 있는 교육자, 전문 교육자가 반대하고 전 학부형이 반대했
기 때문입니다. 이 현재에 있는 시험지옥, 이 실정에 비추어 가을에
한다고 하면 5, 6월 더위에 아이들이 입학시험 준비를 하느라고 밤
과 낮으로 이 참혹한 것을 보고 이 학기를 9월로 아니 하겠다는 것
이에요. 그럼에도 불구하고 이것이 수년이 못 되어서 또 뒤집어 놓
는다. …… 일반 실정을 무시하고, 일선 교육자의 의사를 무시하고
이런 제안을 한 것을 퍽 유감스러운 한 가지라고 나는 생각합니다.

▷ 정기원 의원: 저는 교육자의 한 사람으로서 또는 우리 대한민국 정
부 안에 있는 교육자로서 어떻게 해야 우리 청년들을 잘 가르켜서
세계적으로 유명한 정치가가 나오고, 발명가가 나오고, 유명한 인
물들이 나올까 하는 그것을 교육자로서 늘 생각하고 있습니다.
…… 교육자들은 또한 어떤 시기를 어떠한 시간을 이용해서 그 학
생들에게 참다운 지식을 넣어 줄까 하는 것을 우리 교육자들은 제
시기와 제 시간을 연구하는 것이 우리 교육자들이 할 의무이올시
다. …… 9월이 좋으냐, 4월이 좋으냐, 그것을 제가 제 경험에 비추
워서 말씀할려고 합니다. …… 4월에 시작하면 건강상으로 좋지
못합니다. 그러나 9월 달에 한다면 좋은 점이 여러 가지가 있어서
도무지 그런 해독이 없습니다. 그래서 저는 4월에 그렇게 하면 여
러분 그 결과는 폐결핵자, 폐병자, 그 가운데에서 청년들을 사실상
불구자로 만드는 영향이 많습니다. 4월에 하는 것은 제 경험에 의
해서 이것은 부적당하다는 것을 말씀드립니다. …… 필수과목만은
9월에 시작해서 더워지기 전에 전수 맞치고, 그다음에 여름에는 선
택과목을 남겼다가 하는 것을 보았습니다. 그래서 9월 달로 학기를
정하는 것이 좋다고 생각하고, 동시에 제가 경험한 것으로 …… 저
는 3월 달에 졸업했습니다. 3월에 졸업하고 5월에 미국으로 들어갔
습니다. 그때는 중간학기입니다. 학교에 들어가려고 해도 중간학기

니까 받아 주지 않습니다. 그래서 공연한 시간을 미국에서 떠돌아다녔습니다. 만일 9월 달에 시작하여 6월 달이나 7월 달에 졸업했으면 가서 곧 대학에 들어갔을 텐데 중간에 가 가지고 4개월의 긴 세월을 허비했습니다. …… 외국 선진국가의 교육자가 연구해서 이 교육법이 가장 적합하므로서 9월 달에 정했습니다. 그래서 외국 문명을 수입하기 위하여 그 문명이 앞선 나라에서 그것을 과학적으로 연구한 그 방법에 순응해 나간다는 것이 도무지 우리에게 필요가 없으리라고 생각하지 않어요. 그러므로 저는 9월 달로 1학기를 하는 것이 좋다는 것을 여러분에게 말씀드렸습니다.[102]

이와 같은 국회의원들의 발언 후 백낙준 장관은 우리나라가 조금 더 안정이 되면 2학기제를 폐지하고 4학기제를 채용하고 싶다는 자신의 생각을 밝혔다. 그리고 이러한 제도의 토대를 만들기 위해서라도 9월 학기제가 필요하다고 했다.

장차 우리나라가 조금 더 안정되면 2학기제를 나는 폐지하고 싶습니다. 이 2학기를 폐지하고 4학기제를 채용하고 싶습니다. 소위 한 학기라는 것은 현행 법률로서 40주일 공부하는 것을 한 학년이라고 합니다. 선진국가에서는 1년에 36주일 공부하는 것을 한 학년이라고 합니다. 그래서 근래에 선진국가에서는 네 학기로 나눠 12주씩 한 학기를 나눈 데가 많습니다. 그러니까 1년을 돌아가면서 그대로 공부할 수가 있습니다. 학생의 체질과 신체에 따라서 여름에 쉬고 싶으면 여름에 쉬고, 봄에 쉬고 싶으면 봄에 쉬고, 가을에 쉬고 싶으면 가을에 쉬고, 세 학기 꼭 36주일만 공부하면 마칠 수가 있게 되었습니다. 그러므로 우리에게 조금 더 안정이 될 것 같으면 그러한 제도를 써서 시험이나 학기가 언제냐 하는 문제가 다 일소되기를 바랍니다마는, 그러한 제도가 실행의 기초를 삼으려고 하면 9월 달이 적당하다고 생각되어서 여러분에게 개정을 청한 것입니다.[103]

102) 국회사무처, 『국회 정기회의 속기록』, 제2대국회 제10회 제36·39·40호, 1951년 2월 28일, 3월 5,6일.
103) 국회사무처, 『국회 정기회의 속기록』, 제2대국회 제10회 제40호, 1951년 3월 6일.

1951년 3월 7일 계속된 국회 본회의에서 지연해 의원은 1946·1947년의 9·10월에 농촌 물가가 하락하였는데, 그 이유가 그때 갑작스럽게 4월 학기를 9월 학기로 변경했기 때문이라고 했다. 이는 두 달 후면 한 가마에 만원이 될 것을 알면서 입학금 마련을 위해 9·10월에 5천 원에 파는 것이 현실이기 때문이라고 했다. 그리고 9월 학기제는 이론은 타당하지만 대한민국 현실로 봐서는 50~60년 후에 할 일을 지금 할 필요가 없다고 했다. 지연해 의원 발언 후 9월 학기제에 대한 1차 표결이 있었는데, 이때 재석 115명 중 찬성 49명, 반대 41명으로 미결되었다.

그리고 다시 한번 찬반 발언이 이어졌다. 이때 김용우 의원은 한 학생이 대학교 졸업할 때까지 세 번 입학시험을 치르는데 이 때문에 전체 학생 시절 중 공부할 수 있는 좋은 시간을 허비할 수 없다고 했다. 이에 대해 이종형 의원은 우리는 4월 학기제를 한 경험이 있고, 독일과 일본은 4월 학기제를 해도 과학이 발전하고 문명했다고 했다. 이후 9월 학기제 개정안은 다시 한번 표결에 부쳐졌는데, 이때는 재석 115명 중 찬성 55명, 반대 48명으로 미결되어 폐기되었다.[104] 당시 개정안이 통과되기 위해서는 58명의 찬성이 필요했다.

이렇게 제2대 국회에서 교육법 개정안에 대한 처리가 마무리된 후인 1951년 3월 8일『동아일보』는 "문교 당국의 숙원이던 6·3·3제와 9월 학기안은 그중 6·3·3제만이 통과를 보게 되었다."고 보도했다.[105] 문교부 장학관으로 1949년부터 교육법 안을 만드는 데 참여했던 심태진도 "1951년 3월에 6·3·3학제와 9월 신학기제의 교육법 개정안을 국회에 제출하였으나 9월 신학기제는 부결되고, 6·3·3학제만 겨우 통과되었다."고 했다.[106]

하지만 9월 학기제의 교육법 개정안이 부결된 후인 1951년 3월 24일, 백낙준 장관은 학기와 관련된 임시조치법이 국무회의를 거쳐 국회에 제출되

---

104) 국회사무처,『국회 정기회의 속기록』, 제2대국회 제10회 제41호, 1951년 3월 7일.
105) 「6·3·3·4제를 채택 학년초 9월안 폐기」,『동아일보』, 1951년 3월 8일.
106) 심태진, 앞의 책, 223~224쪽.

었고, 1951학년도는 여러 가지 사정으로 9월 1일에 개학한다고 밝혔다.[107] 그리고 이는 교육법 개정안이 아니라 단독 법률의 형태로 문사위를 통과해 1951년 3월 26일 본회의에 상정되었다. 이때 문사위위원장 이재학은 한국전쟁으로 학교가 문을 닫아 공부를 못했고, 그래서 이번 4월에 이 학생들을 졸업이나 진급을 시킬 수 없기 때문에 좀 더 시간이 필요하다는 정부안이 타당해서 본회의에 상정했다고 설명했다. 그리고 1951학년도 올해만 그렇게 하자는 것이기 때문에 일사부재의의 원칙에 어긋나지도 않는다고 했다. 이후 토론 없이 바로 표결이 진행되었고, 재석 108명 중 찬성 73표, 반대 6표로 가결되었다. 이때 통과된 법률은 다음과 같다.

단기 4283년도 학년 말 및 단기 4284년도 학년 초에 관한 건 (법률안)
단기 4283년도 각 학교의 학년은 단기 4284년도 8월 말일에 끝이고 단기 4284년도 각 학교의 학년은 단기 4284년 9월 1일에 시작한다.
부칙
본 법은 공포한 날부터 시행한다.[108]

당시 『동아일보』는 "지난번 국회에서 통과한 교육법 개정안 중 정부에서 9월을 주장하였음에도 불구하고 4월로 결정된 데 비추어 특히 금년도에 있어서는 사변으로 인하여 학교 교육이 불충분한 관계상 1950년도 학년말을 8월 말일, 1951년도 학년초는 9월초로 금년에 한하여 실시할 것을 통과시켰다."고 했다.[109]

이와 같은 임시조치에 맞춰 한국전쟁 중이던 1951년 6월 8일 문교부는 전국 장학관회의를 개최하여 중학교 입학 국가고사 실시를 결정했다.[110]

---

107) 「문교부장관, 기자회견에서 학기·예산·북한교원 재교육 문제 등에 관해 언급」, 『대구매일』, 1951년 3월 26일.
108) 국회사무처, 『국회 정기회의 속기록』, 제2대국회 제10회 제51호, 1951년 3월 26일.
109) 「금년만 9월 개학 오늘 소위 벽보사건 진상보고」, 『동아일보』, 1951년 3월 27일.

그리고 1951년 7월 31일 서울특별시와 경기도, 강원도 일부를 제외한 8도에서 시험이 시행되었고, 9월 30일에는 경기도 한강 이남 지역, 10월 30일에는 서울특별시에서도 시험을 보았다.[111] 고등학교의 경우 2기에 나누어 9월 8~19일에 입시가 진행되었다.[112] 즉, 임시조치에 따라 1951학년도를 9월 학기제로 규정했지만, 전쟁 중이던 1951년 9월 1일에 전국의 모든 학교가 일제히 개학하고 신입생이 입학하지는 못했다. 이러한 상황에 대해 『동아일보』는 '이해할 수 없는 시책'이라는 사설에서 "시기에 맞춰서 교과서를 배부한 일도 없거니와 도대체 이 나라 학기초는 4월인가 9월인가?"라며 혼란한 학기제에 대해 지적하기도 했다.[113]

문교부에서는 1952년 4월 신학년 시작을 위해 준비했지만, 이때도 교과서가 문제였다. 문교부는 1952년 4월에 초·중·고 전 학년 교과서를 동시에 개편하지 못했고, 우선 신입생을 위한 교과서만 편찬하고 타 학년은 종전의 교과서를 사용하게 했다. 특히 초등학교 1학년에게는 계절에 맞는 수업을 할 수 있는 교과서 편찬을 추진했다.[114] 이런 상황에서 서울시 소속의 중·고등학교가 학기초를 5월로 하고 입학시험을 4월에 실시하려는 움직임을 보이자 『경향신문』은 사설을 통해 입학과 졸업이 근거 없이 실행된다며 문교 당국과 교직원에게 다음과 같이 요구했다.

　　학년초를 둘러싸고 9월이니 4월이니 다시 6월이니 5월이니 몽유병자의 발자취 같은 불안정 된 학기 취택으로 말미암아 수업 통산에 일관한 표준을 얻지 못했고 입학 졸업에 基據를 두지 못하게 하여 온지 오래였다. 기왕 4월 신학년 개시를 결정한 바에는 만난을 배제하고 실시하도록 하라.

110) 「문교부, 중등교 입학고사 시행 요령 결정」, 『부산일보』, 1951년 6월 10일.
111) 김상훈, 「1951~1954년 중학교 입학 국가고사의 실시와 중단」, 『한국민족운동사 연구』 102, 2020, 415~421쪽.
112) 「문교부, 고등학교 입학 선발 요항 시달」, 『서울신문』, 1951년 8월 17일.
113) 「이해할 수 없는 시책」, 『동아일보』, 1951년 9월 9일.
114) 「문교부, 새로운 교과서 편찬에 착수」, 『자유신문』, 1952년 2월 4일.

서울특별시 관계 학교만에 지장이 있는 까닭이 무엇인지 묻고 싶은 바이나 속단해서 학생모집과 경비 염출이 그리고 校舍 문제 등등이 그 지연의 주된 원인이요 객년중의 수업일수 부족을 운위할 것이나 이는 문제가 아니다. …… 전국 일제히 4월 1일 신학년 신학기를 준수함으로써 새로운 기분과 새로운 의욕으로 학창을 열도록 하라. 校舍와 서울 출신학생 모집에 대하여는 지금부터 조직적으로 활동을 개시하라. 한 달 덜 배워주는 것을 탄하지 말고 한 달 더 가르쳐 줄 것을 연구하라.[115]

하지만 1952년 2월 21~23일 개최된 전국 장학관회의에서는 1952학년도 중학교 입학시험을 4월 1일에 실시하고, 4월 17일에 입학식을 하는 것으로 결정했다.[116] 고등학교의 경우 1기는 4월 3~7일, 2기는 4월 11~15일에 고사를 실시하고, 4월 20일에 입학식을 하도록 했다.[117] 이렇게 1952학년도 4월 1일에 새 학년을 시작하지 못했고 교과서 문제는 여전히 남아 있었다. 문교부는 초등학교 1학년 교과서는 4월 말에나 완료되고, 나머지 학년은 6월 초순 무렵에나 새 교과서가 배부될 것이라고 했다. 그래서 임시조치로 2학기 교과서를 진급 후인 5월 말까지 사용하도록 했다. 하지만 교과서 발행과 관련된 한 관계자는 "당국에서 예상하고 있는 기일 내에 교과서가 나오기만 해도 다행한 일"이라고 했고, 이를 보도한 신문은 "이번엔 늦지 않고 예정 기일 안에나마 나오게 될는지 일반의 주목을 끌고 있다."고 했다.[118]

이처럼 1952학년도 입시 일정이 마무리되고 입학식이 있었던 후인 1952년 4월 23일 대통령령으로 〈교육법시행령〉이 제정되어 다음과 같이 학기를 규정하였다.

---

115) 「문교 당국과 교직원에게」, 『경향신문』, 1952년 2월 8일.
116) 「전국 각도 장학관회의, 중등학교 고시 방침 변경 결정」, 『민주신보』, 1952년 2월 23일.
117) 「두 번 응시기회 부여 고등교 입학요령 결정」, 『동아일보』, 1952년 3월 2일.
118) 「신학기 교과서 발행 지연으로 말썽」, 『서울신문』, 1952년 3월 17일.

제70조 학교의 학기는 다음과 같이 두 학기로 나눈다.
제1학기 4월 1일부터 9월 30일까지
제2학기 10월 1일부터 익년 3월 31일까지[119]

〈표 I-1〉 1951~1953년 배재고·숙명여고 학사 일정[120]

배재고등학교	숙명여자고등학교
1951년 8월 20일부터 하휴	1951년 9월 1일 신학년도 시업식 거행
9월 1일 개교	9월 25일 중학교 입학식 거행
12월 19일 제1학기 시험 실시	10월 6일 신입생 환영회 개최
12월 29일부터 동기 휴업	12월 29일 동계 휴가(1월 13일까지)
1952년 1월 7일 개학	1952년 3월 25일 고등학교 제1회 졸업식
2월 20일 중간시험	3월 31일 중학교 제 41회 졸업식
3월 10일 3년과 6년 졸업시험	4월 7일 신년도 시업식 거행
3월 25일 졸업식	4월 23일 중학교 입학식 거행
4월 4일 개학식	7월 25일 하기휴가(8월 20일까지)
4월 20일 중학교 신입생 합격자 발표	12월 17일 동계휴가(1월 19일까지)
4월 23일 중학교 신입생 입학식	1953년 3월 21일 중학교 42회
5월 28일 중간시험	고등학교 2회 졸업식
7월 15일 임시 시험	3월 25일 졸업식(서울)
8월 21일 개학식	4월 7일 시업식, 고등학교 입학식
9월 4일 뇌염 유행으로 중학교	4월 13일 중학교 입학식(부산)
임시 휴업	4월 14일 신입생 환영회(부산)
9월 25일 1학기 시험 실시	4월 17일 중학교 입학식(서울)
10월 6일 중학교와 고등학교 개학	4월 27일 신입생 환영(서울)
10월 13일 중학교 학기말 시험	6월 10일 중간고사
12월 11일 임시 시험 실시	7월 13일 학기말고사
12월 27일부터 동기 휴업	7월 20일 하기휴가(8월 20일까지)
1953년 1월 21일 개학식	

---

119) 〈교육법시행령〉, 대통령령 제633호, 1952년 4월 23일.
120) 배재학당, 『배재80년사』, 학교법인배재학당, 1965, 626~628쪽; 숙명100년사편찬
위원회, 『숙명백년사』, 숙명여자중고등학교, 2006, 207~208쪽.

1949년 교육법 제정 이후 1952년 4월 학기제가 법적으로 실시되기까지 학교 현장에서는 어떻게 학사 운영이 이루어졌는지 배재고와 숙명여고의 사례를 통해서 확인할 수 있다.

4월 학기제가 실시된 후인 1953년 3월 30일 『서울신문』은 '쌀값 대폭 하락'이라는 제목으로, 4월 14일 『평화신문』은 '쌀값이 지속적으로 하락'으로 기사를 실었다. 이에 따르면 예년에는 4월이 되면 쌀값이 급격히 올라 도시민들에게는 배고픈 계절이었는데, 예년처럼 쌀값이 걷잡을 수 없이 오르던 현상은 사라지고 오히려 쌀값이 하락하였다. 그리고 그 이유 중 하나가 신입생 입학기에 자녀교육비 마련을 위해 농촌이 보유한 쌀의 방출량이 늘어났기 때문이라고 했다.[121] 이후 1955년 4월 2일 『조선일보』는 학생과 학부모의 사진을 게재하며 "각 국민학교 어제 일제 개학"이라는 기사를 실었다.[122] 이를 통해 1955년에는 4월 1일에 정확하게 신학년이 시작된 것을 알 수 있다. 4월에 신학년을 시작하는 2학기제가 운영되었지만 문교 당국에서는 각시도에 대해 일률적인 방학 시기를 규정하지 않았고, 각 학교의 학칙에 의해 방학을 실시하고 있었다. 그러던 중 1958년 1월 25일 문교부에서는 방학기간을 설정하여 시달하였다. 문교부에서 지시한 방학기간은 다음과 같다.

▷ 여름방학= 7월 21일 - 8월 20일까지 31일간
▷ 겨울방학= 12월 26일 - 1월 25일까지 31일간
▷ 제1학기말 휴가 = 9월 28일 - 동 30일까지 3일간
▷ 제2학기 학년말 휴가 = 3월 27일 - 동 31일까지 5일간[123]

---

121) 「쌀값 대폭 하락」, 『서울신문』, 1953년 3월 30일; 「서울 쌀값 지속적으로 하락」, 『평화신문』, 1953년 4월 14일.
122) 「각 국민학교 어제 일제 개학」, 『조선일보』, 1955년 4월 2일.
123) 「문교부서 방학기간을 개정」, 『경향신문』, 1958년 1월 26일.

3. 1961년 교육법 개정과 3월 학기제 성립

1957년 문교부에서는 각급 대학의 학년 시작을 1개월 앞당겨 3월 1일로 변경하는 구상을 했다. 이는 3월에 졸업시험과 졸업식 등을 하고 4월 초순부터 새 학년이 되어도 등록 사무와 입학 사무 기타 잡무로 인해 가장 화창한 4월을 학습에 전념하지 못하고, 교수들 역시 사색의 계절을 낭비하게 된다는 이유 때문이었다. 그래서 3월 1일을 학기 초로 함으로써 졸업식과 입학식을 함께할 수 있고 또한 입학 수속 사무도 끝내서 4월부터는 정상적인 강의를 받을 수 있게 한다는 것이었다. 이 계획은 교육특별심의위원회의 결의로 기안되었다.[124] 대학교가 3월 1일에 학년을 시작하고 입학식을 이에 맞춰야 한다면 중등학교의 학사일정도 이에 맞춰 변경될 수밖에 없다. 이처럼 1957년에 3월 학기제를 추진할 수 있었던 것은 1956년 6월 27일 재정법이 '국가의 회계연도는 매년 1월 1일에 시작해서 동년 12월 31일에 종료한다.'로 개정되었기[125] 때문이기도 할 것이다.

이후 3월 학기제 도입을 본격적으로 추진한 것은 1961년 3월, 장면 내각 때였다. 문교부는 그동안 실시되어 온 4월 학기제가 비능률적이고 비효과적이었다며 학기 변경을 위한 교육법시행령 중 일부 개정안을 국무원사무처에 회부했다. 개정안은 각 학교의 제1학기를 3월 1일부터 8월 31일까지, 제2학기를 9월 1일부터 익년 2월 말일까지 한다는 것이다. 그리고 학기말 시험을 방학 직전에 실시하도록 했다. 이렇게 학기를 개정하는 이유에 대해 새 학기제가 실시되면 학기 도중의 방학을 피하게 되어 학습이 중단되는 폐단을 방지할 수 있고, 엄동기의 연료 절약과 학생 보건에 도움을 주며, 방학 동안은 새 학기 시험 준비를 안 해도 되기 때문이라고 했다.[126]

---

124) 「매년 3월 1일」, 『조선일보』, 1957년 7월 2일.
125) 〈재정법〉, 법률 제387호, 1956년 6월 27일.
126) 「신학년도 내년부턴 3월로」, 『조선일보』, 1961년 3월 4일; 「학기제를 변경키로」, 『동아일보』, 1961년 3월 4일.

이와 같은 문교부의 학기제 변경 추진에 대해 대한교육연합회에서는 대의원과 각 대학 총장 및 교직원 대표 600명의 조사결과 93.4%가 찬성했다며 동의했다.[127] 그리고 1961년 4월 15일에 열린 국무회의는 종래의 학기초를 한 달 당겨 3월 1일로 고치고 이를 1962부터 시행하기로 결정했다. 정부에서는 3월 학기제를 통해 얻는 이점으로 학기를 마치고 방학을 하면 벅찬 숙제가 없어진다는 것, 학기말 시험을 방학 전에 보고 그 사무를 방학 동안에 처리할 수 있다는 점, 가장 추운 때인 1월과 2월을 방학으로 하여 월동비를 절약하고 학생들의 건강을 해치지 않는다는 점 등을 들었다.[128]

하지만 장면 내각에서 3월 학기제로 변경을 결정한 한 달 후에 5·16 군사 정변이 일어났다. 그리고 1961년 6월 21일 문희석 문교부장관은 전반적인 학제 문제는 문교부와 국가재건최고회의 기획위원회에서도 연구 중이지만, 장면 내각에서 1962년 3월부터 실시하려던 학기 변경에 대해서는 법적 심의를 끝내고 각의의 결정을 기다리고 있다고 했다.[129] 그리고 1961년 7월 18일 국가재건최고회의 제21차 상임위원회에서 교육법 중 개정법률안이 논의되었고, 이때 학년 초를 3월 1일로 한다는 것에 대해 위원들은 이의 없다며 통과시켰다.[130] 이후 1961년 8월 12일 교육법 제151조 제1항은 '각 학교의 학년은 3월 1일에 시작하여 익년 2월 말일에 끝난다'로 개정되었고, 부칙에 이 법은 1962학년도의 학년초부터 시행하고, 1961년도의 학년은 1962년 2월 말일에 끝난다고 명시되었다. 그리고 교육법 개정의 이유를 다음과 같이 설명했다.

현행 학기는 4월 1일을 학년초로 하고 익년 3월 말일을 학년말로 하고

127) 「교련측서 찬성 학기 변경안」, 『조선일보』, 1961년 4월 9일.
128) 「학기제 변경, 각의서 결정」, 『동아일보』, 1961년 4월 15일.
129) 「'학제개혁·학구개편 연구중' 문 문교장관 당면문제 언급」, 『조선일보』, 1961년 6월 21일; 「'학구제' 정리를 재검토」, 『동아일보』, 1961년 6월 21일.
130) 국회사무처, 『국가재건최고회의 상임위원회 회의록』 제21호, 1961년 7월 18일.

있는 관계로 하기방학과 동기방학이 각 학기 도중에 있게 되어 학기 중
도에 수업을 중단해야 하는 폐단이 있으며 또한 학습상 좋은 계절인 3월
은 입학시험, 졸업행사 등으로 정상적인 수업을 시행할 수 없는 실정이므
로 각급 학교의 학년초를 3월 1일로 하고 학년말을 익년 2월 말일로 하려
는 것임.[131]

3월 학기제로 교육법이 개정된 것에 대해 『조선일보』는 다음과 같은 기
사를 실었다.

> 수업기간을 우리 현실에 맞추고 수업내용을 강화하기 위하여 이러한
> 법 개정을 단행하게 된 것으로 본다. 이와 같은 학기 변경안은 민주당 정
> 권시대에도 국회에 제출된 바 있었지만 국회의원들의 태만으로 말미암아
> 폐기된 바 있었다. 우리는 군사혁명정부가 교육의 질적 향상을 기하기 위
> 하여 수업기간을 1개월간 연장한 것을 환영하는 동시에 이러한 신제도가
> 소기의 성과를 거두게 되기를 바라는 바이다.[132]

이후 1961년 9월 22일 문교부는 '학기 변동에 따르는 학습 진도에 대한
임시조치'를 각 시도에 시달했다. 이는 교육법 개정에 따라 1962년부터는
각급 학교의 학기초가 3월로 되어 실질적인 학습지도가 1961년 12월로 끝
나게 되고, 이에 따라 수업일수가 단축되어 학과진도에도 많은 영향이 있
을 것을 대비한 조치였다. 이때 시달된 임시조치의 내용은 다음과 같다.[133]

> ① 초·중·고등학교의 교과서 중 1년간 단권으로 편집된 교과서를 사
> 용하여 학습지도를 하고 있는 경우에는 오는 12월 말까지 이수 끝
> 내게 한다(국민학교 실과, 중·고교 도덕, 중·고교용 검인정 교과서
> 중 단권으로 된 것).

---

131) 〈교육법〉, 법률 제680호, 1961년 8월 12일.
132) 「학기와 입시제도의 개혁을 보고」, 『조선일보』, 1961년 8월 13일.
133) 「실질적 학습은 연말까지」, 『조선일보』, 1961년 9월 22일.

② 1,2학기용으로 나눠져 있는 교과서도 12월말까지 전학습 예정 진도
　의 3/4을 지도함을 원칙으로 하고 나머지 교재 지도는 내년 학년초
　1개월간에 보충 지도한다.

　이때 문교부에서는 졸업 학년에 재학중인 학생의 지도에 대해서는 별도
지시를 할 것이라고 했고,[134] 학기 변동에 따르는 1962년도 교과서 내용의
지도요령에 관해서도 추후 지도 지침을 내릴 것이라고 했다.[135] 또한 1962
년 3월부터 새학년을 시작하기 위한 후속 조치들도 취해졌다. 먼저 문교부
는 수업일수를 20일씩 단축하도록 지시했다. 이로써 종전에 230일이던 초·
중·고등학교의 연수업일수는 210일로, 210일이던 대학은 190일로 각각 단
축되었다. 이는 학년 초가 한 달 당겨짐에 따르는 임시조치였다.[136] 이후
1961년 11월 1일에는 3월 학기제와 취학아동의 연령을 한 달 단축하는 교
육법시행령도 개정하여 공포했다. 즉, 취학연령 기준이 4월 1일에서 3월 1
일로, 시·읍·면구청장의 취학아동 학령부 작성도 12월 말이던 것이 11월
말로 한 달씩 앞당겨졌다.[137] 이때 개정된 교육법시행령의 학기 규정은 다
음과 같다.

제70조 학교의 학기는 다음과 같이 두 학기로 나눈다.
　　　제1학기 3월 1일부터 8월 31일까지
　　　제2학기 9월 1일부터 익년 2월 말 일까지[138]

---

134) 「학습진도 빨리하라」, 『경향신문』, 1961년 9월 22일.
135) 「단권 책은 연내 이수」, 『동아일보』, 1961년 9월 23일.
136) 「각급학교 수업 20일 단축」, 『동아일보』, 1961년 10월 31일.
137) 「학년초 3월로」, 『조선일보』, 1961년 11월 2일; 「3월과 9월로 학기초를 당겨」,
　　　『동아일보』, 1961년 11월 2일.
138) 〈교육법시행령〉, 각령 제241호, 1961년 11월 1일.

변경된 학기제에 맞춰 중·고등학교는 1961년 12월 30일부터 겨울방학을 시작해서 1962년 1월 26일 개학했고, 초등학교는 2월 1일에 개학해서 한 달 정도 후에 새 학년으로 진급했다. 그리고 서울 시내 초·중등학교 신입생 입학식은 1962년 3월 5일 월요일에 있었다.[139] 하지만 1962년 당시 독감이 만연해서 부산시 교육국은 3월 6일 거행하려던 초등학교 입학식을 10일로, 개학식은 3월 9일로 연기하기도 했다.[140] 이렇게 1962년부터 시작된 3월 학기제는 여러 논란 속에서도 현재까지 유지되고 있다.

3월 학기제로의 변경이 실제 학교 현장의 학사일정을 어떻게 변화시켰는지 숭문고의 1960년과 1965년의 학교 연중행사 비교를 통해 확인할 수 있다.

〈표 I-2〉 숭문고 연중행사 계획[141]

구분	1960년	1965년
3월	입시준비, 입학시험 학년말 고사 성적 작성, 통지표 작성 졸업식, 종업식 학년말 사무 정리 검열 신학년 준비	시업식, 학급편성, 입학식 서류정비, 학교운영 계획서 작성
4월	시업식 및 학급 편성, 입학식 및 대면식 학급운영안 작성, 운영위원장 선거 교과서 준비, 지도표 작성, 교무분장 특활조직, 신분증 교부 견학·소풍 입시결과 정리, 대의원 선거, 환경정리	사무검열, 교과별협의회

3월 학기제가 시행되면서 입학시험과 새 학년 준비에 필요한 대부분의 업무가 3월 이전에 완료되었음을 알 수 있다. 이는 학기제 논의 과정에서

---

139) 「골목대장들도 나란히…국민학교 신입생 입학식」, 『동아일보』, 1962년 3월 6일;
    「K중학에서」, 『경향신문』, 1962년 3월 6일.
140) 「독감으로 입학식도 연기」, 『조선일보』, 1962년 3월 6일.
141) 숭문100년사편찬위원회, 『숭문백년사』, 숭문중·고등학교동문회, 2007, 405쪽.

제기되었던 여러 문제점 중에서 4월 학기제는 공부하기 좋은 2·3·4월을 낭비하게 된다는 주장이 어느 정도 근거가 있었음을 보여준다.

끝으로 1학기를 3월 1일부터 8월 31일까지 2학기를 9월 1일부터 2월 말일까지로 명시했던 교육법시행령은 2004년 2월 17일 다음과 같이 개정되었다.

제44조 (학기)

법 제24조 제3항의 규정에 의한 학교의 학기는 매 학년도를 두 학기로 나누되, 제1학기는 3월 1일부터 학교의 수업일수·휴업일 및 교육과정 운영을 고려하여 학교의 장이 정한 날까지, 제2학기는 제1학기 종료일 다음 날부터 다음 해 2월 말일까지로 한다.[142]

현행 제도의 운영상 나타난 일부 미비점을 개선·보완하기 위해 매 학년도 8월 31일 종료되는 제1학기 종료일을 수업일수·휴업일 및 교육과정 운영을 고려하여 학교장이 자율적으로 정하도록 하였다고 개정 이유를 밝혔다. 그리고 2010년 6월 29일 개정된 초·중등교육법시행령에는 "② 제1항에도 불구하고 자율학교 등의 장은 교육과학기술부장관이 정하는 바에 따라 제105조의4에 따른 자율학교 등 지정·운영위원회의 심의를 거쳐 학기를 달리 정할 수 있다."는 조항이 신설되었다. 이는 초·중등교육법에 규정된 3월 1일부터 다음 해 2월 말일까지인 학교의 학년도 내에서 각 자율학교가 학기를 조정할 수 있도록 한 것이다.[143]

소결

학기제 논의 과정에서 9월 학기제를 주장했던 측의 근거는 주로 교육적

---

142) 〈초·중등 교육법시행령〉, 대통령령 제18282호, 2004년 2월 17일.
143) 〈초·중등 교육법시행령〉, 대통령령 제22234호, 2010년 6월 29일.

인 측면을 강조하며 공부하기에 가장 좋은 2·3·4월을 시험과 행사로 보내지 않고 학업에 집중할 수 있으며, 9월 학기제가 세계의 공통이라는 것, 해방 후 시행되고 있는 9월 학기를 유지하는 것이 교과서 개편과 각종 제도 변경으로 발생하는 비용이 낭비를 막을 수 있다는 것이다. 반면 4월 학기제를 주장했던 측은 입시경쟁이 치열한 현실에서 가장 더운 여름에 입시 공부를 하는 것은 학생들 건강에 좋지 못하고, 농촌의 현실을 생각한다면 가을에 학기를 시작하는 것은 불가능하며, 국가의 회계연도에 학기를 맞추어야 한다는 것이었다. 또한 "과거에 경험한 바에 따르면 4월에 만물이 소생할 때 졸업가를 들으면 가슴이 약동하는 힘"이 생기고, "과거의 습관이라는 것을 무시할 수 없다."며 일제강점기의 4월 학기제에 찬성했다.

　해방 후 미군정과 이승만 정부 시기의 교육에 관한 연구에서 오천석과 안호상으로 대표되는 세력의 대립 관계에 주목하는 경우가 많았다. 실제로 교육법 제정 과정에서 이들이 의견을 달리하는 모습을 보이기도 했었다.144) 하지만 학기제 논의 과정에서 오천석과 안호상은 처음부터 줄곧 9월 학기제를 주장했다. 문교부의 교육법안에 반대했던 국회의원들도 학기제에 대한 견해가 일치하지 않았고, 이승만 대통령의 요청서가 첨부된 문교부의 교육법 개정안도 국회를 통과하지 못했다. 누구는 초·중등학교 현장의 절대다수가 4월에 시작하는 것을 좋아한다고 말하고, 또 다른 누군가는 10만 교육자가 이구동성으로 9월 학기제를 찬성한다고 했다. 모두가 계절과 날씨를 이유로 어떤 이는 봄에 학기를 시작해야 한다고 주장하고, 또 어떤 이는 가을이어야만 한다고 했다.

　9월 학기제와 4월 학기제를 주장하는 사람들을 특정 이념과 집단, 학문적 배경 등으로 구분하거나 묶는 것보다, 해방 후 학기제가 변화되는 과정

---

144) 정태수는 오천석을 '민주교육파'로 안호상을 '민족교육파'로 구분하였고, 오성철은 '오천석 그룹'과 '안호상 그룹'은 이념적 지향이 달랐다며 이들이 교육법 제정 과정에서 대립하는 양상을 보여주기도 했다(정태수, 앞의 책, 188~192쪽; 오성철, 앞의 논문, 136~137쪽).

을 살아갔던 사람들의 다양한 이야기에 좀 더 관심을 가져야 할 것이다. 그리고 그들 한 사람 한 사람의 주장과 근거에 대해 살펴봐야 한다. 그래서 학기제 적용의 실제 당사자인 학생들의 이야기를 담지 못한 것이 아쉽다.

Ⅰ장을 통해 해방 후 9월 학기제에서 4월 학기제를 거쳐 3월 학기제가 정착되기까지 논란이 되었던 부분들을 확인할 수 있다. 이를 토대로 당시의 쟁점들이 오늘날에도 여전히 해결할 수 없는 것들인지 아니면 더 이상 문제가 되지 않는 것인지 검토해 볼 수 있고, 이것이 앞으로 진행될 학기제 논의에 도움이 될 수 있을 것이다.

II. 반공 교육 실시

1945년 8월 15일 한국은 일제의 식민지배로부터 해방되었다. 일제의 무조건 항복을 이끌어낸 연합국의 승리가 해방의 중요한 요인이었음은 물론이다. 동시에 일제의 탄압과 회유에도 굴복하지 않고 끊임없이 저항한 한국인들의 독립운동도 빼놓을 수 없다. 독립운동은 민족주의, 사회주의, 무정부주의 등 다양한 이념을 가진 한국인들에 의해 전개되었고, 그중에서도 사회주의자들이 더욱 투쟁적이고 저항적으로 독립운동에 참가했다는 평가를 받아왔다.[1] 그런데도 국사교과서는 사회주의와 사회주의자들의 독립운동에 대해 언급하지 않거나 간략히 서술하고, 민족을 분열시킨 세력으로 매도하기도 했다. 그래서 해방 이후 국사교과서가 반공주의 혹은 임시정부 정통론을 토대로 편찬되면서 정치 도구화되었고, 그 과정에서 사회주의에 대해 거의 언급하지 않거나 부정적인 측면에서 서술했음을 지적한 연구들

---

1) "일제강점기 민족운동전선에서 좌파·사회주의 계열이 우세를 점했다는 것은 주지의 사실이다. 우파·자본주의 계열이 제국주의의 강력한 위력 앞에서 자신들의 노선과 존재 조건으로 인한 투항적·종속적 측면을 드러낸 것에 비해 반제국주의 노선에 선 좌파가 더 투쟁적이고 저항적이었기 때문이다."(김정인, 「이념이 실증을 압도하다-검인정기(1946~1973) 한국사 교과서」, 『내일을 여는 역사』 35, 2009, 179~180쪽);
"독립운동은 민족주의자 사회주의자 무정부주의자 등에 의해 이루어졌다. 사회주의자들은 무엇보다도 우선하여 민족해방운동을 전개하였고, 사회주의의 실현은 그 뒤에 이루어져야 하는 것으로 판단하였다. 많은 독립운동자들이 민족해방운동을 전개하는 유력한 수단으로 사회주의를 신봉하였고, 소련의 지원을 기대하였다. 또한 사회주의 무정부주의 등은 민족주의와 함께 이 시기 독립운동 이념에서 빼놓을 수 없는 위치에 있다."(서중석, 「한국교과서의 문제와 전망-근현대사를 중심으로」, 『한국사연구』 116, 2002, 147쪽).

은 꾸준히 있었다.2)

해방 직후 남한의 최고 권력자들은 자신들의 이념에 부합하는 국가를 만들기 위해 교육을 활용했다. II장에서는 미군정기에 미국식 민주주의 국가 건설을 위한 교육체제 수립 과정과 정부 수립 후 민주주의 민족교육이라는 명분으로 반공 정책에 따라 국사교과서가 편찬되었던 모습을 살펴볼 것이다. 그리고 이를 바탕으로 해방 직후 지속적으로 국사교과서를 편찬했던 이병도, 손진태의 국사교과서에서 사회주의 관련 서술3)이 어떻게 변해가는지를 분석할 것이다. 이를 통해 정부 수립 후 국사교과서에서 사회주의 관련 서술이 삭제되고, 이승만 정부에 정통성을 부여하는 서술이 추가되면서 국사교과서가 반공·반북 정책을 확산하는 도구가 되었음을 확인할 수 있다.

---

2) 박찬승, 「한국근대 민족해방운동연구의 동향과 '국사'교과서의 서술」, 『역사교육』 47, 1990; 서중석, 「국사교과서 현대사 서술, 문제 많다」, 『역사비평』 56, 2001; 지수걸, 「고등학교 국사교과서 분석-사관문제를 중심으로-근현대 국가·민족담론의 실상과 허상」, 『내일을 여는 역사』 6, 2001; 김정인, 「해방 이후 국사 교과서의 '정통성' 인식-일제강점기 민족운동사 서술을 중심으로」, 『역사교육』 85, 2003; 이지원, 「한국 근현대사 교육에서 민족주의와 근대 주체」, 『역사교육』 95, 2005; 이신철, 「국사 교과서 정치도구화 역사-이승만 박정희 독재정권을 중심으로」, 『역사교육』 97, 2006; 조성운, 「반공주의적 한국사 교육의 성립과 강화」, 『한국민족운동사연구』 82, 2015; 이신철, 「식민주의와 민족주의의 함정을 넘어서-한국 근현대사 역사(교육) 논쟁의 본질을 향한 탐색」, 『역사와 현실』 100, 2016.
3) '사회주의', '사회주의 운동', '공산주의', '좌익' 등의 용어와 개념을 명확하게 한정해서 사용해야 한다. 하지만 해방 직후 발행된 국사교과서에서 이들 용어를 엄격하게 구분해서 사용하고 있지 않았고, 이 책에서는 이와 관련된 내용을 '사회주의 관련 서술'로 묶어서 보았다.

1. 해방 직후 반공 교육의 수립과 확대

1) 미국식 민주주의 국가 건설을 위한 교육체제 수립

해방 후 한국에는 통일된 민족국가를 수립해야 한다는 시대적 요구가 있었다. 하지만 해방도 되기 전 북위 38도선 이북에는 소련군이 진주했고, 이남에도 9월 초 미군이 들어왔다. 1945년 9월 7일 태평양미국육군총사령부는 포고 제1호를 통해 북위 38도 이남의 지역과 주민에 대하여 군정을 실시하고, 모든 행정권은 당분간 맥아더 사령관의 권한 하에서 실행하며, 미군에 대하여 반항 행동을 하거나 또는 질서 보안을 교란하는 행위를 하는 자는 용서 없이 엄벌에 처한다고 했다.4) 그리고 10월 10일 미군정장관 아놀드는 "북위 38도 이남의 조선에는 오직 한 정부가 있을 뿐이다."5)라고 발표하며 조선인민공화국뿐 아니라 대한민국 임시정부까지 인정하지 않았다. 그런데 이 무렵 국내 정치는 식민지 시기 일제에 협력했던 우익보다는 좌익이 이끌고 있었다.6) 미군정의 여론 조사 동향에서도 사회주의에 대한 선호가 70%, 자본주의 14%, 공산주의 7%, 모른다 8% 순으로 나타났다.7) 그런데 응답자의 52.5%가 우익, 19.3%가 좌익, 28.2%가 중립이라고 대답했다는 것은 스스로 우익이라 생각한 사람들도 사회주의에 대해 호감을 가지고 있었음을 의미한다.8) 그래서 해방 직후는 좌파뿐 아니라 우파도 사회주의적 성격을 띤 정강 정책을 제시하던 때였다.9) 이러한 상황에서 미

---

4) 「태평양미국육군총사령부, 포고 제1·2·3호 공포」, 『매일신보』, 1945년 9월 11일.

5) 「군정장관 아놀드, 미군정부 이외의 어떤 정부도 부인 발표」, 『매일신보』, 1945년 10월 11일.

6) 역사학연구소, 『함께 보는 한국 근현대사』, 서해문집, 2016, 277쪽.

7) 「정치자유를 요구 계급독재는 절대 반대 군정청여론국 조사(1)」, 『동아일보』, 1946년 8월 13일.

8) Department of Public Information, Opinion Trands #32. 28 March 1947(한림대학교 아시아문화연구소, 『주한미군정보일지』 부록, 1990, 147~149쪽); 이길상, 「해방 전후의 여론과 교육」, 『정신문화연구』 21-3, 1998, 219~220쪽.

군정은 좌익 조직을 다른 것으로 대체하거나 그것에 대항할 수 있는 세력을 키우고자 했고, 미군정의 목표는 소련이 고무하는 국내 혁명의 조류를 저지할 '보루'를 만드는 것이었다.[10] 이것이 미국이 남한의 모든 정치 단체와 조직을 부정하고 오직 미군정만을 통해 통치하려 했던 이유였다.

미국 대통령 트루먼은 한국인에게 미국식 민주주의를 보급하는 것이 목적이며, 이를 위해 홍보 및 교육 캠페인을 수행할 것이라고 했다.[11] 미군정 사령관 하지의 보좌관이었던 윌리엄스는 "모든 사람은 현 상태를 바라거나 또는 거부하고 있다. 그 가운데에서 현 상태를 거부하는 자는 모두 공산주의자다."라는 정치 철학을 가진 해군 중령이었다.[12] 이들에 의해 미국과 미군정의 대한정책이 수립되고 운영되었다. 그리고 한국인 최초로 미군정 문교부 관리가 되어 미군정 교육정책의 수립과 운영에 큰 역할을 하였던 오천석[13]은 "패배자가 항복서에 조인한 인주가 채 마르기도 전에 또 하나의 독재 세력 나타났으니 그것은 곧 공산주의다. 우리를 해방한 미국

---

9) 서중석, 「이승만 정부 초기의 일민주의」, 『진단학회』 83, 1997, 179쪽.

10) 브루스 커밍스·김주환 옮김, 『한국전쟁의 기원』 상, 청사, 1986, 225, 232쪽.
로빈슨은 "미국의 남한 점령의 근본적인 사명은 한국에 민주주의를 수립하기보다는 소비에트 이데올로기의 영향이 팽창하는 것에 대응할 만한 보루를 구축하는 것이었다고 하는 것이 올바른 설명이다."라고 했고, 정용욱은 "대외적 측면에서 대소 방벽 쌓기를 명분으로 내걸었지만, 한반도 내부에서는 좌익세력 견제·타격과 우익세력 육성으로 나타났고, 그것이 하지가 추구했던 봉쇄의 실질적 내용이었다."고 했다(리차드 D. 로빈슨, 정미옥 옮김, 『미국의 배반(Korea: Betrayal of a Nation)』, 과학과사상, 1988, 98쪽; 정용욱, 『해방 전후 미국의 대한정책-과도정부 구상과 중간파 정책을 중심으로-』, 서울대학교출판부, 2003, 483쪽).

11) 「트루먼 대통령이 파리에 있는 에드윈 W. 포레 대사에게」, 워싱턴, 1946년 7월 16일 오후 4시(김국태, 『해방 3년과 미국 I-미국의 대한정책 1945~1948』, 돌베개, 1984, 317~319쪽).

12) 리차드 D. 로빈슨·정미옥 옮김, 앞의 책, 21쪽.

13) 「미군정 학무국사」에는 미군이 서울에 도착한 직후 문교부에서 너무 많은 일을 했고, 영향이 컸던 세 명의 한국인을 소개했다. 그 첫 번째가 오천석이었고, 그 다음이 최현배, 최승만이었다(「History of bureau of education from 11 September 1945 to 28 February 1946」, 정태수, 『미군정기 한국교육사자료집』 상, 홍지원, 1992, 52~53쪽).

과 우리 민족은 다시 새로운 적을 맞이하게 되었다."14)고 했다.

결국 미군정은 남한에 미국식 민주주의 국가를 건설해야 했고, 그 도구로 교육을 활용했다.15) 미군정 문교부 고문 언더우드는 "편수국에는 학생들에게 민주주의의 이상을 심어줄 수 있는 형태와 내용의 교과서와 책자를 준비하고 번역할 수 있는 고문이 고용되어야 한다. 특히 새로이 글을 깨우친 200만 명의 사람들과 이제 막 글을 읽으려 하는 나머지 수백만을 위하여 적극적이고 직접적인 노력이 바람직하다."고 했다.16) 즉, 민주주의에 대한 이상을 가질 수 있도록 하는 교과서를 만들어 학교에 보급하고 학생들을 가르쳐야 한다는 교육방향을 제시한 것이다.

이러한 상황에서 초·중등학교 교육과정에 사회생활과(Social Studies)가 도입되었다.17) 1946년 9월부터 시작된 새 학년, 새 학기18) 교육과정에 '역사·지리·공민'을 하나로 묶은, 한국인들에겐 낯설었던 사회생활과라는 교과가 국어·수학·일반과학 등과 함께 주당 5시간씩 배정되었다.19) 국사가

---

14) 오천석, 『한국신교육사』하, 광명출판사, 1975, 4쪽.
15) Glenn s. Kieffer, 「Report on Education in South Korea」, 3 December 1946(이길상 편, 『해방전후사자료집』 II, 원주문화사, 1992, 199쪽).
16) Horace H. Underwood, 「Where We Stand in Education Today」19 August 1947(이길상 편, 위의 자료집, 429~437쪽); 정태수, 앞의 자료집, 726~729쪽.
17) 사회생활과의 도입과 운영 및 특징에 대해선 '김상훈, 『해방 직후 국사교육 연구』, 경인문화사, 2018, 108~146쪽' 참조.
18) 1946년 2월 발표된 신학제에서는 일제강점기의 1년 3학기제가 1년 2학기제로 변경되었다. 이때 1학기는 9월 첫 월요일부터 2월의 마지막 토요일까지였고, 2학기는 3월의 첫 월요일부터 7월의 마지막 토요일까지였다(Lockard, 유억겸, 「Structure of New Educational System of korea」, USAMGIK, Bureau of Education, 13 February 1946(정태수, 앞의 자료집, 628~633쪽).
19) 문교부 조사기획과, 『문교행정개황』, 조선교학주식회사, 1947, 14~15쪽(이하 『1946년 문교행정개황』, 쪽수로 표기함); 미군정 수립 후 1945년 10월 21일 학무국에서는 〈학무통첩 제352호〉를 통해 공립 남·여 중학교의 교육과정을 제시했다. 여기에 사회생활과는 없었고, '역사·지리'가 주3시간으로 배정되어 있었다(USAFIK, 352(MGEDC), 「Explanation of and Directive on School」, 21 October 1945(정태수, 앞의 자료집, 832~835쪽).

사회생활과에 포함되는 것에 대한 반대가 있었지만,20) 미군정과 오천석을
비롯한 문교부 주요 인사들은 사회생활과를 교육과정에 포함시켰다. 미군
정 당시 문교부 편수국장 최현배와 편수관 최병칠은 미군정 미국인 고문
의 요청에 따라 사회생활과가 도입되었다고 했다.21) 미군정 문교부는 콜
로라도주 초등학교 사회생활과 교육과정을 모델로 한국의 사회생활과를
만들었다.22) 1942년에 발행된 콜로라도주 초등학교 사회생활과 교육과정
에는 '왜 사회생활과를 가르쳐야 하는가?'라고 묻고 다음과 같이 설명했다.

> 학생들이 개인별로 암기하는 것보다 가치 있는 체험을 하는 것이 더
> 낫다. 사회생활과에서는 우리의 모든 학생들에게 미국적 생활양식을 영
> 속시키고 풍부하게 하려면 단체생활, 협업, 그리고 민주적 생활방식에 대
> 한 경험이 필수적이다.23)

즉, 미국 학생들에게 민주적 생활방식을 경험하게 해서 미국적 생활양
식을 영속화시키기 위한 교과가 사회생활과였다. 이것이 미국 학생들이 사
회생활과를 배워야 하는 이유였다. 콜로라도주 초·중등학교 사회생활과
교육과정, 문교부 편수국 번역사였던 이상선이 사회생활과에 대해 소개한
『사회생활과의 이론과 실제』,24) 한국의 초·중등학교 사회생활과 교수요목
에 제시된 사회생활과의 목적을 정리하면 다음과 같다.

---

20) 김상훈, 앞의 책, 116~117쪽.
21) 최병칠, 「대담: 나와 교과서」, 『교육과 인생』, 문천사, 1972, 8~12쪽(대담은 1968년
    9월 25일 서울 대흥동 외솔의 자택에서 진행되었다).
22) 김상훈, 앞의 책, 108~109쪽.
23) State of Colorado Department of Education, *Course of Study for Elementary School*,
    1942, p.116.
24) 이 책은 1946년 11월 발행된 것으로 사회생활과의 모델이 되었던 콜로라도주 초
    등학교 사회생활과 교육과정을 번역하여 소개하였다. 이 책에는 당시 문교부 차장
    오천석과 문교부 중등교육과 교학관 김상필이 쓴 2개의 「序」가 있어서, 이를 통
    해 미군정이 사회생활과를 도입하고자 했던 의도를 확인할 수 있다(이상선, 앞의
    책, 3~5쪽).

〈표 II-1〉 사회생활과의 목적

구분	사회생활과 목적
콜로라도주 중등학교 교육과정	사회생활과는 인간과 인간 간의 관계, 인간과 인간이 살고 일하는 물리적 환경과의 관계에 관한 것이다. 따라서 개인 및 사회생활의 주된 문제를 해결하는 데 있어서 단체에 대한 소속감과 단체 행동과 관련된 습관, 기술, 이해, 태도를 습득한다.25)
콜로라도주 초등학교 교육과정	사회생활과는 주로 인간과 사회, 그리고 자연환경 간의 관계를 다룬다. 더욱 주안점을 두는 부분은 집단 간의 관계와 사회생활이다. 이러한 관계들에 대한 학습과 경험을 통하여, 아동은 사회적 존재로 발전하고 단체생활 속에서 책임감을 받아들일 준비를 하게 될 것이다.26)
이상선 『사회생활과의 이론과 실제』	인간과 자연환경 및 사회 환경의 관계를 밝힘에 있다. 따라서 그 중점은 단체생활의 상호관계와 사회생활을 밝힘에 있다. 이러한 상호관계의 연구와 경험을 통하여서 아동들을 사회화한 인간으로 도야하며 단체생활에 있어서의 책임감(자기부담)을 가진 인격을 도야함으로써 목적한다.27)
국민학교 교수요목	사회생활과(social studies)는 사람과 자연환경 및 사회 환경과의 관계를 밝게 인식시켜서 사회생활에 성실 유능한 국민이 되게 함을 목적으로 함.28)
중학교 교수요목	중학교 사회생활과는 사람과 자연환경 및 사회 환경과의 관계를 밝게 인식시켜, 올바른 사회생활을 실천 체득하게 함으로써, 민주주의 국가의 성실 유능한 국민이 되게 함을 목적으로 함.29)

〈표 II-1〉을 통해 미군정기에 도입된 사회생활과가 미국의 사회생활과 교육과정을 모델로 했음을 알 수 있다. 다만 한국의 초·중등학교 사회생활과 교수요목에 '성실 유능한 국민'을 양성한다는 것이 추가되었다. 이는 초·중등학교 학생들에게 반공과 반북의 이념을 확산할 수 있는 토대가 되었다. 앞선 연구에서는 '민주주의 국가의 성실 유능한 국민'을 반공주의적

---

25) Department of Education The State of Colorado, *Course of Study for Secondary Schools: Social Studies*, 1940, p.7.

26) State of Colorado Department of Education, *op. cit.* p.115.

27) 이상선, 앞의 책, 5쪽.

28) 군정청 문교부, 『초중등학교 각과 교수요목집』(4), 조선교학도서주식회사, 1947(이하 『국민학교 사회생활과 교수요목집』, 쪽수로 표기함).

29) 문교부, 『교수요목집: 중학교 사회생활과』, 조선교학도서주식회사, 1948, 2쪽(이하 『중학교 사회생활과 교수요목집』, 쪽수로 표기함).

이며, 친미적인 국민을 뜻하는 것으로 이해하기기도 했다.[30]

　미군정기에 소련의 확산을 막고 미국식 민주주의 국가 건설을 위한 반공 교육체제 수립을 위한 노력은 계속되었다. 하지만 미군정은 국사교과서를 완벽히 통제하지 못했다. 이는 미군정이 진단학회에 의뢰하여 편찬되고 1946년 5월 군정청 문교부 명의로 발행된 『국사교본』[31]과 미군정 문교부 편수국의 역사 담당 편수관이었던 신동엽[32]이 1946년 11월 발행한 『국사 첫 걸음』[33]에 사회주의 관련 서술이 포함되어 있음을 통해 알 수 있다.

〈표 II-2〉『국사교본』, 『국사 첫 걸음』의 사회주의 관련 서술

구분	서술 내용[34]
『국사교본』	망명지사활동 1914년 7월에 제1차 구주대전이 일어나고 1917년 8월에 瑞典 서울 '스토크호름'에서 만국사회당대회가 열리자 대표를 보내어 조선의 독립을 요망하였으며 그해 9월에 미국 '뉴욕'에서 약소민족 25국회의가 열리자 또 대표를 보내는 등 망명투사의 운동은 자못 믿엄직 하였다.[35]
	폭탄사건 상해 임시정부가 보낸 의열단원 나석주는 우리 기름진 땅의 피를 긁어먹던 경성 동양척식주식회사에 폭탄을 던졌으며(서기 1926) 성주 사람 장진홍은 조선은행 대구지점에 폭탄을 던져(서기 1927) 잠들려던 민중을 깨우쳤다.[36]
	광주학생사건 1929년 11월에는 광주에서 기차 통학을 하던 조·일 중학생 간에 싸움이 일어나 이것이 단서가 되어 마침내 전조선학생의 집단적 시위운동이 벌어

---

30) 조성운, 앞의 논문, 231쪽.

31) 군정청 문교부, 『국사교본-진단학회편』, 조선교학도서주식회사, 1946(이하 『국사교본』, 쪽수로 표기함).

32) 〈문교부 사무분장규정〉에 따르면 교과서의 편찬·검정·발행에 관한 모든 업무는 문교부 편수국의 책임으로 명시되어 있다. 미군정 문교부 편수국에 역사 편수관으로 임명된 사람은 황의돈과 신동엽이었다. 하지만 황의돈은 1946년 10월 그만두었고, 이후 신동엽이 역사과 관련 모든 업무를 총괄했던 것으로 보인다(『1946년 문교행정개황』, 5쪽; 〈임명사령 제28호〉, 1945년 11월 6일; 『미군정청 관보』 2, 원주문화사, 1991, 48~51쪽; 「국사대강연회」, 『동아일보』, 1946년 10월 11일).

33) 신동엽, 『국사 첫 걸음』, 금룡동서문구주식회사, 1946.

구분	서술 내용[34]
	지고 때를 타서 <u>사회주의 선배들의 지도로</u> 만세운동이 전국적으로 일어나 129교의 젊은 생도가 이에 가담하여 그 이듬해 2월까지 계속하였다.[37]
	신간회운동 그동안 사회주의의 지하활동도 눈부시게 전개되어 부분적인 경제적 투쟁에서 정치활동으로 옮기고 민족주의와 사회주의는 합동하여 민족단일전선으로서 신간회 창립을 보게 되어 3만여의 회원을 가지게 되었다.[38]
『국사첫걸음』	단체와 의사의 활동 이와 앞 뒤하여 국내 국외에 또 여러 단체가 조직되어 <u>좌파와 우당을 물론하고</u> 오직 조선의 광복과 민족의 해방에 굳세게 나아갔으니 구황자 의 친왕 김가진을 우두머리로 각계 대표를 망라한 조선민족대동단 안창호의 흥사단 <u>김원봉의 의렬단</u> 길림의 정의부 <u>간도공산당 조선공산당 엠엘 공산당이며 좌우 이파로 합쳐서 된 신간회</u> 녀성의 단결인 근우회 대안부인 청년단 대한애국부인회 등이다. (중략) 안명근 강우규 김익상 김상옥 오동진 김지섭 나석주 이봉창 윤봉길 <u>박렬 송학선 장진홍</u> 등의 눈부신 활동이 있었거니와(하략)[39]
	우리나라의 해방 기원 4278년 7월 "포쓰담"에서 열린 미소중영 사국회의에서 다시 한국독립을 도아주자는 "카이로" 결의를 다시 확실히 인정하였고 다음달 <u>8월 9일에 소련이 일본에 대하여 싸움을 걸자 일본은 힘이 다하여 그달 14일에 연합국에 조건 없이 항복하고 15일에 일본황제가 스스로 이를 방송하니 우리는 이날부터 자유의 해방이 되어</u>[40]

이병도가 최근세 부분을 집필한 『국사교본』에서는 3·1운동이 일어나기 전 '망명지사의 활동'이란 소제목에서 1917년 8월과 9월에 스웨덴과 미국에서 열린 만국사회당대회와 약소민족 25개국 회의에 대표를 보내 독립운동을 했음을 서술하고 있다. 또한 광주학생사건 때는 사회주의 선배들의

---

34) 이 책에서는 인용한 사료의 맞춤법을 현재의 기준으로 수정하지 않고 그대로 옮기는 것을 원칙으로 하였다.

35) 『국사교본』, 171~172쪽.

36) 『국사교본』, 173쪽.

37) 『국사교본』, 173~174쪽.

38) 『국사교본』, 174쪽.

39) 『국사 첫 걸음』, 50~51쪽.

40) 『국사 첫 걸음』, 53~54쪽.

지도로 만세운동이 전국적으로 일어났으며, 사회주의의 지하활동이 눈부시게 전개되고 민족주의와 사회주의가 합동하여 신간회가 창립되었음도 밝혔다. 『국사 첫 걸음』의 '단체와 의사의 활동'에서는 간도공산당, 조선공산당, 엠엘 공산당이 소개되었고 신간회도 좌우 이파가 합쳐서 되었다고 언급했다. 또한 소련이 싸움을 걸자 일본은 힘이 다해서 연합국에 무조건 항복하고 우리나라가 해방이 되었다고 서술했다. 『국사교본』과 『국사 첫 걸음』은 현재의 한국사 교과서에서 언급되지 않고, 해방 직후 발행된 다른 국사교과서에서도 찾아볼 수 없는 장진홍을 이야기하고 있다. 장진홍은 러시아 하바로브스크에서 한인사회당이 조직한 적위대에 참여하여 러시아 적군과 함께 하바로브스크 방위전투에 참여했다. 또한 국제공산당원인 이내성을 만나 "지금 독립운동을 해야 할 시기이므로 공산주의를 신봉하고 직접 행동을 통해 현재 사유재산제도를 부정하고, 러시아와 같은 공산주의 사회를 건설할 목적으로 국제공산당원이 되어 혁명운동에 종사하라."는 권유를 받으면서 의거를 준비했던 인물이다.[41] 이러한 장진홍이 1946년에 발행된 국사교과서에는 소개되고 있었다.

2) 반공 정책에 따른 교과서 편찬과 검정

이승만 정부는 수립 직후부터 민주주의 민족교육을 내세웠고, 초대 문교부장관 안호상도 문교 정책으로 민주주의 민족교육을 주창했다. 이승만 정부가 통치 이데올로기로 세웠던 일민주의의 교육적 표현이었던 민주주의 민족교육은 민족 주체성을 찾아 통일과 독립의 기반을 세우고, 모든 국민의 사상을 하나가 되게 하는 교육이라고 했다. 하지만 서로 다른 이념에

---

41) 1927년 조선은행 대구지점 폭파 의거의 핵심 인물은 장진홍, 이내성, 일본인 호리키리 시케사부로(堀切茂三郎)였는데, 이내성과 호리키리 시케사부로는 체포 전에 자결했다(이성우, 「창려 장진홍의 생애와 조선은행 대구지점 폭파의거」, 『한국독립운동사연구』 57, 2017, 87~88, 95~96쪽).

따라 남북 정부가 수립된 후 갈등과 대립이 심해지면서 민주주의 민족교
육은 공산주의를 배격하는 반공 이념의 토대가 되었다.[42] 민주주의 민족
교육이 무엇인지에 대해 안호상 문교부장관은 다음과 같이 말했다.

> ▷ 여상현 서울신문 문화부장: 안장관은 '민주주의 민족교육'이라는
>   말씀을 하시고 있는데 이것은 과거의 민주주의 교육이나 홍익인간
>   의 교육이념과는 어떻게 다른 것입니까?
> ▷ 안호상 문교부장관: 지금 공산주의도 민주주의, 자본주의도 민주주
>   의라고 해서 구별이 곤란합니다. 그래서 여기에 민족이라는 것을
>   강조해서 민족 전체를 목표해서 나가자는 것입니다.
> ▷ 여상현: 민족주의 교육과는 어떻게 다릅니까?
> ▷ 안호상: 오늘날의 민주주의 민족전선이라고 하면 이는 공산주의입
>   니다. 또 민족주의 속에는 제국주의도 들어있습니다. 그러므로 민
>   족주의와는 다릅니다. 조선적인 민주주의라 해서 민족을 넣은 것입
>   니다.[43]

안호상은 공산주의나 자본주의가 말하는 민주주의도 아니고, 공산주의
가 이야기하는 민족과도 다른, 조선적 민주주의이기 때문에 민족을 넣었다
고 했다.

국사학자였던 손진태는 문교부차관에 임명된 후 미군정 하에서 자유를
갖지 못했고, 그들의 지도하에 의아하고 염려하고 두려운 생각을 가지면서
도 민주주의 교육을 할 수밖에 없었다고 했다. 그리고 "아무리 고급 재봉
사가 지은 고급 의복일지라도 그것을 입을 개인의 체격과 취미에 맞지 않
으면 그 사람은 만족하지 않는다."면서 미군정기의 민주주의 교육을 '민주
주의 민족교육'으로 수정해야 한다고 했다.[44] 또한 손진태는 소련과 미국

---

42) 김한종, 「민주적 민족교육론의 정치적 변용」, 『청람사학』 22, 2013, 316~318쪽.
43) 「민주민족교육의 길: 본사 주최 교육좌담회(1)~(4)」, 『서울신문』, 1945년 10월 19일.
44) 손진태, 「새 교육자 여러분께 보내는 말」, 《새교육》 1-3, 1948(한국정신문화원 편,
    이길상·오만석, 『한국교육사료집성 현대편』 I, 선인, 2002, 189~190쪽).

모두 민주주의를 내세우지만 소련은 대담하고 노골적으로 정치적 지배를, 미국은 음험하게 친한척하면서 경제적 지배를 꾀하고 있을 뿐이라고 했다. 그리고 이러한 미·소 양국의 세계 지배 야욕에 대처하여 민족의 생존과 행복과 발전을 꾀할 수 있는 교육이념이 민주주의 민족교육이라고 언명했다. 나아가 민족 존망의 위기에서 출발한 이 이념은 약소민족이 반드시 가져야 할 신념과 철학이 되어야 한다고 했다. 그리고 '민주주의 민족교육'이 하나의 술어로 독자적인 내용을 가진 말이라고 정의했다.[45]

즉, 이승만 정부는 민주주의로 공산주의를 대항하는 것은 사상이 너무 평범하고, 이론상 엄밀한 공산주의 선전에 대항하기 위해 민주주의 민족교육이라는 것을 제시하고 이를 반공의 무기로 활용하고자 했다.[46] 문교부 편수관이 된 이상선은 1949년 현재 우리가 부딪히고 있는 가장 큰 문제는 공산주의와의 대립이라고 했다. 그리고 공산주의에 대항하는 것이 민주주의 민족교육의 사명임을 잊어서는 안 된다고 했다. 나아가 민주주의 민족교육을 통해 민족정신이 계급의식에 대해 승리하지 못한다면 우리나라를 반석위에 놓는 교육이 되지 못할 것이라고 했다.[47]

하지만 반공 정책이 1948년 정부 수립 이후 처음부터 질서 정연하게 흐트러짐 없이 전개된 것은 아니었다. 왜냐하면 많은 사람들이 냉전체제에 의해 나타난 분단을 현실로 받아들이려 하기 보다는 김구·김규식 등이 주장하듯이 통일 국가를 세워야 한다고 생각했고, 좌익은 여전히 강세였으며, 반공 정책 실천에 앞장섰던 경찰이나 관리들은 신뢰를 받지 못하고 있었기 때문이었다. 그래서 정부 수립 초기에 국가보안법은 제정되었으나, 반공활동은 1949년 5·6월이 되면서 국가적인 규모로 전개되었다.[48] 이는

45) 손진태, 「민주주의 민족교육의 이념」, 《새교육》 2-1, 1949(한국정신문화원 편, 앞의 자료집, 321~322, 325쪽).
46) 서중석, 앞의 논문(1997), 173쪽.
47) 이상선, 「민주주의 민족교육의 현재와 장래」, 『민주주의 민족교육론』, 동심사, 1949, 108~110쪽.

교육 부분에서도 마찬가지였다. 앞서 I장에서 1949년 2월에 문교부가 만든 '교육기본법 문교부(안)'을 살펴보았다.[49]

이 법안의 전문과 제1조를 보면 문교부는 '민주주의 민족교육을 근본이념으로 하여 교육제도를 확립'한다는 원칙을 바탕으로 교육법을 만들고자 했음을 알 수 있다.[50] 하지만 국회는 문교부가 제출한 교육법안을 수정했고, 심의 과정에서 '민주적 민족교육'이라는 목적에 반대했다.[51] 이에 국회 문교사회위원회에서 새로운 교육법이 만들어지고 있던 1949년 9월에 안호상 장관은 "전문위원회안에는 민주적 민족교육이란 조항이 제1조로부터 제3조에 이르기까지 한 조목도 없다"며 불만을 표시하기도 했다.[52] 그런데도 1949년 10월 국회 문교사회위원회는 '대한민국교육법안' 제1조를 다음과 같이 확정했다.

> 제1조 대한민국교육은 홍익인간의 이념 아래 모든 국민으로 하여금 인격을 완성하고 자주적 생활능력과 공민으로서의 자질을 구유하게 하여 민주국가 발전에 봉사하며 인류공영의 이상 실현에 기여하게 함을 목적으로 한다.[53]

---

48) 서중석, 「정부수립 후 반공체제 확립과정에 대한 연구」, 『한국사연구』 90, 1995, 433, 471쪽.
49) 이 책, 14쪽.
50) 「문교부, 교육기본법·학교교육법의 내용을 확정」, 『연합신문』, 1949년 2월 15일.
51) 「교육법초안의 내용을 두고 문교부와 교육법심의회가 이견」, 『서울신문』, 1949년 9월 16일.
52) 「안호상 문교부장관, 학도호국단복 문제와 교육법 등에 관해 담화」, 『서울신문』, 1949년 9월 21일.
53) 국회사무처, 『국회 임시회의 속기록』, 제1대국회 제5회 제28호, 1949년 10월 31일 (국회회의록 http://likms.assembly.go.kr/record/).

당시 신문에서도 "문교부 안에 의하면 목적을 민주적 민족교육에 두었으나 전문위원회안에는 민족적이란 것을 표방하지 않았다."고 보도했다.[54] 하지만 국회 문교사회위원회에서 만든 대한민국교육법안이 국회 본회의에 상정되어 논의되었고, 교육의 목적이 명시된 제1조는 그대로 통과되어 1949년 12월 31일자로 〈교육법〉으로 공포되었다.[55] 하지만 '민주적 민족교육'이라는 표현이 교육법에 명시되지 않았다는 것이, 이승만 정부가 민주주의 민족교육이라는 명분으로 추진하던 반공 교육을 포기했음을 의미하지 않는다.

교육 부분에 있어 이승만 정부의 반공 정책은 좌익 교원의 숙청과 학도호국단의 설립으로 강화되었다.

전남반란사건 당시 철모르고 지각없는 어린 남녀학도들이 폭도에 가담하여 뜻하지 않은 죄과를 범하였다는 사실은 전 국민의 가슴을 아프게 하였고 李 대통령도 폭동사건 직후 순수해야 할 학원에 잠입한 불순분자들에 대한 시급한 숙청을 강조한 바 있거니와, 문교 당국에서는 머지않아 전국에 걸쳐 이들 불순분자에 대한 숙청을 단행할 것으로 보인다.

즉 안 문교장관은 취임 직후부터 학원의 순수화에 뜻하여 전남반란사건이 발생하기 전부터 전국 교원에 대한 사상경향을 조사중이었는데 최근 초등교원 3만 5,000여 명, 중등교원 7,900여 명, 사범교원 3,200여 명, 전문대학교원 560여 명, 도합 5만 1,000여 명에 대한 조사가 끝났으므로 이 조사에 따라 머지않아 전면적인 숙청을 단행할 것이라는데, 탐문한 바에 의하면 숙청대상 교원수는 총인원의 약 1할인 5,000여 명에 달할 것이라 한다.[56]

---

54) 「교육법초안의 내용을 두고 문교부와 교육법심의회가 이견」, 『서울신문』, 1949년 9월 16일.

55) 〈교육법〉 법률 제86호, 1949년 12월 31일.

56) 「안호상 문교부장관, 전국 교원에 대한 사상경향 조사로 교원 5,000여 명을 숙청 예정」, 『연합신문』, 1949년 1월 23일.

위의 신문 기사에 따르면 '여수·순천 10·19 사건'에 어린 학생들이 참여했는데 이는 학교에 잠입한 좌익 불순분자 때문이었고, 그래서 이승만이 불순분자인 좌익 교원의 숙청을 강조했다는 것이다. 그리고 안호상 장관은 취임 직후부터 전국 교원의 사상경향을 조사하여 51,000여 명에 대한 조사를 마쳤고, 그중 5,000명을 숙청할 계획이었다. 좌익 교원 숙청에 관한 안호상 장관의 문답을 보면 당시의 상황을 짐작할 수 있다.

(문) 이번 실시된 교육계의 교원숙청 문제는 이것이 전국적으로 실시되는 것인가?

(답) 물론 전국적으로 숙청하는 것이다.

(문) 그 숙청 문제의 중점은 어디다 두는가?

(답) 사상에 중점을 둔다. 교원으로서 좌익적 사상을 가진 자는 전면적으로 숙청할 것이다.

(문) 그러면 좌익이라는 것을 무엇으로 밝히게 되는가?

(답) 그것은 교장과 학생 또는 일반의 여론과 경찰의 신원조사로써 밝힌다.

(문) 동료 간의 불친목인 자도 숙청 대상이 되는 모양인데 그 한계는?

(답) 역시 동료 간의 불친목은 결국 학교 내에서 학교 당국에 협의 않는 것을 의미하며, 특히 좌익사상은 아니되 학교와 학생 간의 중간적 입장으로 학원을 파괴하는 자는 그러한 사람들이다.

(문) 그렇게 되면 혹 교장과 교원 간의 사감으로도 숙청대상이 될 수 있지 않는가?

(답) 그런 일도 있을 것이다. 그러므로 불확실한 내신서에 대해서는 접수는 접수대로 하여 놓고 문교부에서는 문교부대로 사실 여부를 조사한다. 그리고 이번 숙청은 제1차로 보겠으며 앞으로 계속 숙청을 할 것이나 제2차는 그리 많지 않을 것이다.[57]

---

57) 「안호상 문교부장관, 교육계 좌익숙청에 대해 기자와 문답」, 『조선일보』, 1949년 3월 12일.

좌익 교원 숙청은 전국적으로 진행되었고, 사상 검증은 교장·학생·여론과 경찰의 신원조사로 이루어졌다. 좌익 사상을 가진 교원이 아니어도 학교에서 동료끼리 잘 지내지 못하는 교원도 숙청의 대상이 된다고 했다. 이럴 경우 교장과 교원 간의 개인적 감정으로 숙청 대상에 포함될 수 있다는 지적에 대해서, 이를 인정하면서도 그 방법은 수정하지 않을 것임을 분명히 했다. 여수·순천 10·19 사건의 해당 지역이었던 전라남도 학무국은 교원 숙청에 대해 다음과 같은 담화를 발표했다.

> 우리 대한민국 수립 후 교육의 최대 이념이 민주주의 민족교육에 있다함은 이미 명확히 지시되어 있으므로 본도에서도 이 이념에 입각한 교육을 철저히 실시하여 착착 그 성과를 이루고 있는데 여기에 큰 암은 애국적 정신을 몰각하고 공산계열의 走狗로써 반민족이며 반국가적 사상을 抱持한 악질 도배의 교직원이 자기의 사상을 은폐하고 교묘한 술책으로써 가면을 쓰고 학원에 침입하여 계획적이고 비밀적 수단으로써 소기의 목적을 달성하려 하는 것이다. …… 결언하면 대한민국 전 민족이 총집중·총궐기하여 남북통일을 戰取할 지상명령을 가진 차제에 본도 내 40만 학도의 육성사명을 맡은 자로서 관민 제위에 요청하는 바
> 제1. 반민족 교원 단호 숙청
> 제2. 민족교육의 철저적 정화[58]

정부 수립 후 민주주의 민족교육의 이념에 따라 교육한다는 방침이 각 도의 학무국에도 명확히 지시되었다. 그런데 애국정신을 무시한 공산주의 앞잡이인 반민족적이고 반국가적인 사상을 가진 악질 교원이 학교에 침입하여 자신들의 목적을 달성하려 했다는 것이다. 그래서 반민족 교원을 단호히 숙청하고 민족교육을 철저히 할 것을 당부했다. 그 결과 전라남도에서만 여수·순천 10·19 사건이 종료된 직후 400여 명의 교원이 숙청되었고,

---

58) 「전라남도 학무국, 교원숙청·강화에 대하여 담화를 발표」, 『동광신문』, 1949년 4월 14일.

1949년 5월 1,000여 명의 교원에게 숙청 지명 통보를 했다. 교원 숙청이 단행될 경우 심각한 교원 부족 현상이 발생할 것이라는 지적이 있었지만, 안호상 장관은 학교가 폐쇄되더라도 근본적인 숙청이 있어야 한다며 좌익 교원 숙청을 강행했다.[59] 결국 공산주의 사상은 반민족적이고 반국가적이기 때문에 공산주의 사상을 가진 사람들은 더 이상 이승만 정부가 말하는 '민족'에 포함될 수 없는 존재가 되었다.

학교에서 좌익 교원을 숙청하는 것과 동시에 학생들의 반공 이념을 강화하는 학도호국단의 창설도 함께 진행되었다. 1949년 4월 22일 대한민국 학도호국단이 창설되기 전인 3월 8일에 서울시 학도호국단이 먼저 결성되었다. 학도호국단은 "여수반란사건이 발생한 후부터 시국수습대책과 공산주의 세력에 대비하고자 모든 방안을 강구하여 왔는데 국가 대사 시에는 학도들이 총궐기하여 조국을 수호하여야만 하겠다는 역사적·민족적 요청"으로 결성되었다고 했다. 이 자리에서 안호상은 "학도호국대는 조국을 보호하는 이 민족의 전위부대이다. 제군이 없을 때는 이 나라가 죽고 제군이 있을 때는 이 나라가 사는 것이다. 그러므로 제군은 조국의 평화를 위하여 공산주의자들을 배격하는 동시에 이 민족을 보호하기를 바란다."고 훈시했다. 또한 서울 학도호국단 단장이 된 서울시장 윤보선은 "애국심에 불타는 제군은 민족의 전위대가 되어야 하며 세계평화와 민족의 자유에 대하여 공산주의자가 혼란을 일으키고 있는 것을 방지하여야 한다."는 취임사를 했다.[60] 1950년 4월 22일 학도호국단 1주년 기념식에서 안호상은 "외적의 압박과 침략에 시달려 병든 이 조국은 제군들을 부른다. 총칼로 육체를 무장하고 민족사상으로 정신무장을 하여 옛 우리 선조가 임전무퇴의 화랑정신으로 삼국통일을 한 것과 같이 일민주의로 실지 회복과 남북통일을 맹세코 이룩하자."고 했다. 그리고 다음과 같은 호국단 선서를 했다.

---

59) 「전라남도 경찰국의 도내 불온사상 혐의 교원 1,000명 지명통보로 제2차 교원숙청이 예상」, 『동광신문』, 1949년 5월 6일.
60) 「서울시 학도호국단 결성」, 『서울신문』, 1949년 3월 9일.

호국단 선서

1. 우리 호국학도는 화랑도의 기백과 3·1정신의 계승발휘로 불타는 조
   국애·민족애로써 공산주의와 이북괴뢰집단을 타도, 조국통일 성업
   에 몸과 마음과 피를 바친다.
1. 우리 호국학도는 일민주의 지도 원리 밑에 학원의 자유민족문화의
   향상을 위하여 전진한다.
1. 우리 호국학도는 국가의 기반을 좀먹는 일체의 부패분자를 소탕하
   고 이 민족의 도의와 양심을 바로잡기 위하여 과감한 투쟁을 전개
   한다.[61]

호국단 선서에서는 학생들이 공산주의와 이북괴뢰집단을 타도하여 조
국 통일을 이루는데 몸과 마음과 피를 바칠 것을 요구하고 있다. 이승만
정부는 학생들을 군사조직으로 편제하고, 학교를 공산주의와 맞서 싸우는
병영조직으로 만들었다. 이처럼 민주주의 민족교육은 학교에서 반공 정책
을 실천하는 근거가 되었다. 반민족적이라는 이유로 좌익 교원들이 숙청되
었고, 민족교육을 효율적으로 시행해야 한다는 명분으로 학도호국단이 설
치되었다. 민주주의 민족교육이 반공 정책을 확산하는 정치적 도구가 되었
음을 알 수 있다.[62]

정부 수립 후 민주주의 민족교육을 명분으로 한 반공 교육은 국사교과
서에도 그 영향력을 발휘해갔다. 미군정기에 도입된 사회생활과의 교과서
편찬의 기준이라고 할 수 있는 교수요목의 경우 『국민학교 사회생활과 교
수요목집』은 1947년 1월 배포되었고, 교과서도 일부 편찬되었다.[63] 하지

---

61) 「학도호국단 1주년 기념식 거행」, 『자유신문』, 1950년 4월 23일.
62) 김한종, 앞의 논문(2013), 332~333, 335쪽.
63) 1947년 3월 1~6학년 국민학교 사회생활과 교과서가 동지사에서 발행되었다. 학년
    별 집필자는 모두 편수국 편수사들이었다. 제1학년: 가정과 학교-신의섭, 제2학년:
    고장생활-이상선, 제3학년: 여러 곳의 생활-김진하, 제4학년: 우리나라의 생활-노
    도양, 제5학년: 다른 나라의 생활-이봉수, 제6학년: 우리나라의 발달-신동엽(홍웅
    선, 「최초의 사회생활과 교수요목의 특징」, 『한국교육』 19, 1992, 38쪽).

만 『중학교 사회생활과 교수요목집』은 미군정이 끝나고 이승만 정부가
수립된 이후인 1948년 12월 24일에 발행·배포되었다. 그리고 1949년 2월
에 〈교과서 검정 규칙〉[64])이 만들어졌고, 3월에는 〈교재 검정 요령〉이 발
표되었다.[65])

교재 검정 요령

(가) 요목: 문교부에서 제정한 교수요목에 맞는가(순서는 바꾸어도 무방
함. 보충은 할 수 있어도 삭감할 수는 없음)

⋮

(마) 내용: 1. 민주주의 민족교육 이념에 부합되나

　　　　　2. 내용에 틀림이 없나

　　　　　3. 주입적이 아닌가

　　　　　4. 지나치게 학문적으로만 기울어지지 않았나

　　　　　5. 생활본위인가 아닌가

　　　　　6. 내용이 생도 본위인가 아닌가[66])

〈교재 검정 요령〉에 따르면 결국 검정을 통과하기 위해서는 문교부에서
제정한 교수요목에 맞추어야 했고, 내용에 있어서는 '민주주의 민족교육

---

64) 「교과서의 검정규정」, 『동아일보』, 1949년 2월 2일; 허강, 『한국의 검인정 교과서』,
　　일진사, 2004, 97쪽.
65) 앞선 연구에서 "1949년의 검정규칙은 국정교과서에 대한 것이었다. 그러므로 『중
　　등사회생활과 우리나라의 생활(역사)』은 검정 대상이 아니었다는 점을 지적하고
　　싶다."고 했다(조성운, 앞의 논문, 239쪽);
　　〈교과서 검정 규칙〉과 〈교재 검정 요령〉을 소개한 『동아일보』에 '국정교과서 검
　　정규칙', '국정교과서 사열 요항'이라고 소개되어 있다. 하지만 이는 『동아일보』
　　기자가 국가에서 검정을 받아서 사용할 교과서를 '국정교과서'로 잘못 이해하고
　　기사를 작성한 것으로 보인다. 왜냐하면 국정교과서를 검정한다는 것이 모순이기
　　때문이다. 국정교과서는 말 그대로 국가에서 편찬한 것이기 때문에 검정이 필요 없
　　다. 그 내용만 살펴봐도 이것이 국정교과서를 대상으로 한 것이 아님을 알 수 있다.
66) 「교재검정요령 편수과서 통달」, 『동아일보』, 1949년 3월 1일; 허강, 앞의 책, 97쪽.

이념에 부합'하는 것이 첫 번째 기준이었다. 이와 같은 검정 방침을 정한 후 문교부에서는 중등학교 교과서는 국정이나 검정 이외의 것은 일절 사용하지 못하게 했다. 그리고 각 출판사로부터 4월 말까지 검정 신청을 받아 5월 말일까지는 합격여부를 결정할 계획이었다. 그래서 4월 말까지 338건의 검정 신청이 있었는데, 7월 21일 1차 발표 때까지 30건이 검정을 통과했을 뿐이었다. 30건 중 역사 부분의 교과서는 이해남의『먼 나라 생활』외 2건에 불과했다. 따라서 검정을 통과한 교과서가 부족해서 9월 새 학년에 사용할 교과서를 교부할 수 없다는 비난이 일었다.[67] 왜냐하면 문교부에서는 1949년 7월 11일 〈교과서 사용에 관한 문교부 통첩〉을 발표해서 미군정 때 허가된 도서 및 1949년 8월 말까지 유효 기한인 검인정 교과서를 모두 무효로 했고, 1949년도용으로 신규로 검정 받은 교과서만 사용할 수 있도록 했기 때문이다.[68] 1949년 9월 1일 새 학년이 시작되기까지는 50여 일밖에 남지 않았을 때였다. 그런데 최종적으로 1949년 한 해 동안 중학교용 교과서 543권이 검인정 신청을 하였고, 이 중 353권이 합격했다.[69] 1949년 7월 이전까지 30건에 불과했던 검정 통과 교과서가 개학을 앞두고 353권으로 증가한 것이다. 이는 1949년의 교과서 검정이 엄격하게 이루어지지 않았음을 의미한다.

하지만 사상적인 측면은 검증의 대상이 되었다. 해방 직후 많은 교과서를 출판했던 동지사 사장 이대의는 다음과 같이 회고했다.

> 1948~1949년까지는 검인정이 아니다가, 1949년에 문교부에서 그때까지 발행된 중등학교 교과서를 모두 제출해 검정을 받으라고 했습니다. 제출

---

67) 「문교부, 중등학교 교과서는 국정·검정만 사용하도록 결정」,『경향신문』, 1949년 7월 29일.
68) 문교부 편수국,『편수시보』제1호, 조선서적인쇄주식회사, 1950, 132~134쪽(이하 『편수시보』, 쪽수로 표기함).
69) 『편수시보』, 4~5쪽; 1949년『대한민국교육개황』에는 199종 383권이 검인정을 받은 것으로 되어 있다(문교부,『대한민국교육개황』, 1950, 39쪽).

된 책을 갖고 문교부에서 사열을 해서는 좌익 사상, 교과서로서 부적합 등 판정을 내렸어요. 좌익 사상 계열을 빼놓고 거의 합격시키고, 정가를 사정해 주었습니다. 그리고 앞으로 교과서는 검정을 신청하라고 했어요.70)

즉, 1949학년도 시작을 앞두고 교과서 발행이 절대적으로 부족한 상황에서 엄격한 검정이 진행되지는 못했지만, 그런 중에도 좌익 사상에 대한 통제는 이루어졌던 것이다.

이승만 정부는 학생들에게 국가에 대한 충성과 애국심을 요구하고 반공교육도 강화해 갔다. 1949년 7월 말 문교부에서는 신국가를 건설함에 있어 국민 일반의 확고한 신념이 절실히 필요하다며 '우리의 맹서', '학생의 맹서', '청년의 맹서'를 제정하여 이를 신념화하고 생활화하도록 했다. 그 내용은 다음과 같다.71)

> ▷ **우리의 맹서**
>   (1) 충성은 조국에 (2) 사랑은 민족에 (3) 목숨은 통일에

> ▷ **학생의 맹서**
>   (1) 진리에 살자 (2) 자유롭게 배우자 (3) 공정히 행하자

> ▷ **청년의 맹서**
>   (1) 알고 행하자 (2) 의리에 살자 (3) 용감히 싸우자

1950년 2월에 문교부 편수국에서 발행한 『편수시보』에는 1949년 7월 11일 자로 전달된 '교과서 사용에 관한 문교부 통첩'이 실려 있다. 그리고 '문교부 통첩의 일부'라고 하면서 '소련 미국의 교수상 유의점'이 수록되어 있는데, 다음과 같은 내용을 명시하고 있다.

---

70) 이경훈, 「대담: 교과서 출판 원로들에게 듣는다」, 『교과서연구』 10, 1991, 109쪽.
71) 「"우리의 盟誓" 文敎部서 制定」, 『동아일보』, 1949년 7월 29일.

1. 소련의 연혁, 정치경제, 기구를 교수하는데 강조할 점

…… 소련의 각 공화국의 구성, 5개년 계획 등은 상세히 취급하지 말고 그것이 자발적으로 자유의사에 따라서 행하여지는 민주주의적 선거방법에 의하여 이루어진 공화국 구성이 아니며, 5개년 계획이란 노동자, 농민의 ○使에서 이루어진 生○○○이란 점을 인식시킬 것. ……72)

소련에 대한 이와 같은 교육지침은 1949년 교과서 검정 때는 적용되지 못했지만, 1949년 새 학년이 시작되고 검정 교과서가 배포된 이후에 소급 적용되었다. 문교부는 1949년 11월에 "학원 내에 잔존하고 있는 대한민국 국책에 어긋나는 모든 사상을 전적으로 배제하고 배움의 길로 정진하는 젊은 학도들의 정신을 국토통일과 민족자주독립국 건설에 집결하고자 문교부에서는 금 학년용으로 검인정한 교과서를 전부 재검하여 국책 추진에 방해가 되는 교재를 취소 또는 그 부분을 작폐하고 그 대신 적당한 교재를 보충키로 한다."는 조치를 내렸다. 그리고 이에 해당하는 교과서를 다음과 같이 지명했다.73)

- 을유문화사 출판 정갑 저: 중학교 사회생활과 먼 나라 생활(지리부분)은 검정허가 취소
- 을유문화사 출판 정영술 저: 산업경제(경제편) 검정허가 취소
- 동지사 출판 육지수 저: 중등 사회생활과 먼 나라의 생활(지리부분)의 소비에트연방의 생활 중 7. 정치와 경제기구를 절거 소각할 것
- 탐구당 출판 노동양 저: 중등 사회생활과 먼 나라(지리부분)의 소비에트연방 중 주 5개년계획 6. 소련의 연혁 7. 정치와 경제를 절거 소각할 것

'소련 미국의 교수상 유의점'이 교과서 재검정의 기준으로 작동했음을

---

72) 『편수시보』, 123쪽.
73) 「문교부, 검인정 교과서 재검토 방침을 세우고 일부 교과서의 취소 및 내용삭제를 지시」, 『한성일보』, 1949년 11월 11일.

확인할 수 있다. 즉, 이승만 정부의 반공 정책이 학생들에 대한 교육과 교과서를 점점 강하게 통제해갔다. 그리고 1949년 12월 31일 자로 교육법이 공포된 이후 곧바로 교수요목을 개정하고, 개정된 새로운 요목에 맞추어 교과서를 편찬하고 검정하여 이를 1951학년도부터 사용할 계획을 세웠다. 교수요목을 개정해야 하는 이유를 미군정 시대에 작성된 교수요목이 해방 후 물밀듯 들어온 그릇된 외래 사상이 범람하던 시절에 만들어진 것이고, 특히 중등 국어와 사회생활과에는 그릇된 사상이 내재되어 순진한 학도를 반민족적 반국가적 방향으로 유도할 염려가 있기 때문이라고 했다.[74] 또한 안호상 문교부장관은 미군정기에 만들어진 교육제도에 대해 다음과 같이 평가하기도 했다.

해방이후 남한의 교육은 상당한 보급을 보이고 있다. 그러나 이러한 보급의 이면에는 우리 민족교육에 대하여 큰 위기를 자아내고 있다. 북한의 순소련식 교육이 우리의 민족교육을 위태케 할 때 남한의 순미국식 교육이 우리의 민족교육을 반드시 방해하지 않는다고 단언할 수는 없다. 남한의 교육제도는 너무나 무비판적으로 미국식만을 흉내 내며 숭배한 결과 우리의 민족교육에 상당한 혼란을 일으킨 것만은 사실이다. 아무리 미국식 교육이 좋고 훌륭하다고 할지라도 그것은 아메리카에 대하여서 요, 역사와 문화·정치와 경제생활과 환경 등의 여러 가지가 전혀 다른 우리 한국에 대하여 까지 맞고, 좋고, 훌륭할 수는 없다.[75]

안호상 장관은 남한의 교육제도가 무비판적으로 미국식만을 숭배하여 우리 민족교육을 방해하고 상당한 혼란을 일으키고 있다고 보았고, 그래서 이를 수정하려 했다. 실제로 문교부는 1950년 6월 2일 〈교수요목제정심의회 규정〉을 공포[76]하여 교수요목 개정을 위한 작업에 착수했지만 한국전

---

74) 배희성(편수과장), 「국정 및 검인정 도서에 대하여」, 『편수시보』, 6~8쪽.
75) 「교육법안 제정과 관련한 문교부와 국회 대립」, 『주간서울』, 1949년 10월 31일.
76) 〈교수요목제정심의회 규정〉, 문교부령 제9호, 『관보』, 1950년 6월 2일.

쟁의 발발로 중단되었다.

2. 정부 수립 후 국사교과서에서 사회주의 관련 서술 삭제

II-2장에서는 이병도와 손진태의 국사교과서 서술 내용의 변화를 통해 이승만 정부의 반공 정책이 국사교과서 서술에 반영되고, 반공이 교과서 검정의 기준이 되었음을 살펴볼 것이다. 이병도는 해방 후 교과서편찬위원으로 임명된 후 지속적으로 국사교과서를 편찬했다. 그래서 해방 후 교과서 서술의 변화를 살펴보는 연구자들에 의해 검토 대상이 되어왔다. 이 책에서는 앞선 연구들에서 언급되지 않았던 부분을 추가로 확인했다. 또한 손진태의 국사교과서에 대한 검토도 있었다. 하지만 1948·1949·1950년에 발행된 손진태의 국사교과서를 모두 확인하지 못했기 때문에 교과서 서술의 변화를 비교·검토할 수 없었다. 이 책에서는 손진태가 1948년부터 1950년까지 매년 발행한 3종의 교과서를 모두 확인하고 서술 내용의 변화를 검토했다. 이병도와 손진태의 국사교과서를 검토 대상으로 선정한 이유는 이들이 해방 직후 지속적으로 국사교과서를 편찬했고, 무엇보다 민족을 주체로 교과서를 집필했음에도 이승만 정부의 반공 정책에 따라 교과서 서술이 변화되고 있음을 확인할 수 있기 때문이다.

1) 이병도의 국사교과서 서술 검토

이병도는 1945년 11월 미군정 학무국이 조직한 교과서편찬위원회의 국사과 위원으로 임명되었고,[77] 앞서 살펴본 『국사교본』의 근세·최근세 부분의 집필자이다. 또한 1948년 『새국사교본』을 발행했고,[78] 1950년 5월 15일에 『중등 사회생활과 우리나라의 생활(역사)』를 수정 발행하여 5월 20일

---

77) 「중요과목은 학무국서 교과서편찬위원 선정」, 『중앙신문』, 1945년 11월 10일.
78) 이병도, 『새국사교본』, 동지사, 1948(이하 『새국사교본』, 쪽수로 표기함).

검정을 받았다.[79] 이병도의 교과서에서 사회주의 관련 서술이 변화되는 모습을 통해 해방 직후 반공 정책에 따라 국사교과서가 만들어지는 모습을 볼 수 있다.

〈표 II-3〉 이병도의 『새국사교본』과 『중등 사회생활과 우리나라의 생활(역사)』 서술 비교

『새국사교본』	『중등 사회생활과 우리나라의 생활(역사)』
	종교·교육 각국과 통한 후로는 전에 금하던 기독교의 구교(천주교)는 물론이요, 신교의 신앙도 묵인하여 포교의 자유를 얻게 되었고, 따라 신교의 자유주의 사상은 우리 국민 문화에 큰 영향을 주었다.[80]
기미 독립운동 서기 1914년 7월에 제일차 구주대전이 일어나고 1917년 8월에 서전 서울 스토크호름에서 만국사회당대회가 열리자 대표를 보내어 조선의 독립을 요망하였으며 그해 9월에 미국 뉴욕에서 약소민족 25개국회의가 열리자 또 대표를 보내는 등 망명투사의 운동은 자못 믿음직 하였다.[81] 이듬해 구주대전은 독일의 굴복으로 끝이나고 그때 미국 대통령 월손이 민족자결주의를 부르짖으니 온 세계의 약소민족이 독립운동을 일으키게 되었다. 이때를 당하여 우리 민족은 내외지에서 호응하여 힘을 모으더니 드디어 일본정부 귀중양원, 정당수령, 조선총독에게 「합병후 조선인 일반은 일본정치에 복종치 않으며 그 다스림을 받고저 하지 않으니 국권을 돌리어 보내라」는 글을 보내고 미대통령과 파리강화회의에 대하여는 「평화를 기초로 한 새 세계가 건설되려는 오늘날 조선만이 일본의 압박정치 아래 있음」을 하소연 하기로 하여 일대 독립운동	기미 독립운동 그간 구주에서는 영·불·로 3국이 손을 잡고 독·오 동맹국과 서로 대립의 태세를 짓더니, 단기4247(서기 1914)년에 드디어 제1차 세계 대전이 일어났다. 전쟁은 4·5년 동안 계속하다가, 4251(1918)년에 독일의 굴복으로 끝이 나고, 그때 미국 대통령 월손이 민족자결주의를 부르짖으니, 온 세계의 약소민족은 큰 충동을 받게 되었다. 이때 우리의 지사들은 내외지에서 호응하여 힘을 모으더니, 드디어 고종의 인산을 계기로 기미(1919년) 3월 1일에 독립 운동을 일으키었다. 즉 민족대표 손병희 등 33인 ……[83]

---

79) 이병도, 『중등 사회생활과 우리나라의 생활(역사)』, 동지사, 1950(이하 『중등 사회생활과 우리나라의 생활(역사)』, 쪽수로 표기함).
80) 『중등 사회생활과 우리나라의 생활(역사)』, 193쪽.

『새국사교본』	『중등 사회생활과 우리나라의 생활(역사)』
을 일으키게 되었다. 즉 민족대표 손병희 등 33인은 ……82)	
기미 이후의 사정 서기 1929년 11월에는 광주에서 기차 통학을 하던 조·일 중학생간에 싸움이 일어나 이것이 단서가 되어 마침내 전조선학생의 집단적 시위운동이 벌어지고, 때를 타서 사회주의 선배들의 지도로 만세운동이 전국적으로 일어나 129교의 젊은 생도가 이에 가담하여 그 이듬해 2월까지 계속하였다.84) 그동안 사회주의 지하활동도 눈부시게 전개되어 부분적인 경제적 투쟁에서 정치 활동으로 옮기고 민족주의와 사회주의는 합동하여 민족단일전선으로서 신간회 창립을 보게 되어 3만여의 회원을 가지게 되었다.85)	기미 이후의 사정 서기 1929년 11월에는 광주에서 기차 통학을 하던 조·일 중학생간에 싸움이 일어나 이것이 단서가 되어 마침내 전조선학생의 집단적 시위운동이 벌어지고, 만세운동이 전국적으로 일어나 129교의 젊은 생도가 이에 가담하여 그 이듬해 2월까지 계속하였다.86)
민족의 해방 아! 얼마나 시원한 일이냐 우리의 독립은 대전중 서기1943년 카이로 삼국회의(미·영·중)와 1945년 포스탐 사국회의(미·영·중·소)에서 이미 약속되었으니, 일본의 악정으로 볶이고 시달리던 우리는 이제야 지난날의 시련을 토대로 하여 진정한 민주주의 국가와 찬란한 문화를 건설하야 전 세계 인류의 평화와 자유에 이바지함이 있어야 하겠다.87)	해방과 독립 아! 얼마나 통쾌한 일이냐! 대전 중 4276(1943) 카이로 3국회의(미·영·중)와, 4278(1945)년 포스탐 사국(미·영·중·소)회의에서 이미 우리의 독립을 약속하였던 것이다. 그런데 뜻하지 않은 38선을 경계로 남북이 갈라지고 미·소가 대립한 채로 있어, 그동안 혼란과 복잡한 사태는 우리가 본 바와 같다. 우리의 자유 독립의 갈망은 유·엔 총회에 반영되어, 마침내 4280년(1947년) 11월 제2차 유·엔 총회에서 한국문제가 토의되고, 4281년(1948) 2월 26일 유·엔 소총회에서 우리의 가능한 지역에서부터 선거를 실시하기로 결의하였다. 우리는 동 결의 대로 모든 절차를 밟아, 5월 10일에 역사적인 선거를 행하고 즉시 국회를 열고 헌법을 제정한 후 이승만 박사를 첫 대통령으로 추대하여 8월 15일에 드디어 대한민국 정부의 수립을 보게 되었다. 우리의 자유 독립의 종소리는 이제 높이 울려졌다. 한국 독립의 국제 승인도 우리 대표의 정당한 주장에 의하여 동년 12월 12일 달성되고 말았다. 우리는 이제 세계 열방의 일원이 되어, 세계 무대에

『새국사교본』	『중등 사회생활과 우리나라의 생활(역사)』
	등장하게 된 것이 아니냐. 그러나 우리의 남은 큰 일은, 북한의 실지 회복과 완전한 민주주의 국가의 육성, 문화 건설, 내지 세계 인류의 평화와 자유에 이바지함에 있다.[88]

　이병도는 앞서 살펴본 『국사교본』의 서술 내용을 『새국사교본』에서 유지했다. 하지만 1950년에 수정 발행한 교과서에서는 사회주의 관련 서술을 삭제했는데, 이에 대해선 앞선 연구들에서 지속적으로 논의되어 왔다. 김태웅은 해방 직후 "학술계, 민간과 국가가 편찬권과 발행권을 각각 소유하여 상호 견제함으로써 교과 내용의 수준을 제고하고 학술계·교육계의 일반적 견해를 적극 반영하면서 공급 물량을 안정적으로 확보하고자 하는데 중점을 두었다."[89]고 하면서, 이러한 상황이 우익경향이었던 이병도가 광주학생운동과 신간회에 대해 서술하면서 사회주의 관련 서술을 가능하게 했다고 보았다. 또한 이신철은 이병도가 "1946년 『국사교본』, 1948년 『새국사교본』에서 사용하였던 사회주의 관련 서술과 표현을 1950년에 이르기까지 표현을 수정하지 않았다는 것은 1950년에 이르러 자신의 학술적

---

81) 조규태는 3·1운동의 배경을 설명하는 데 있어 "러시아의 공산주의 혁명과 소비에트 러시아 및 레닌의 약소민족 해방 천명이 3·1운동의 발생에 영향을 주었다고 할지라도, 그 영향은 극히 제한적이고 미미하였을 가능성이 높다. 그렇다면 이 사실을 3·1운동 발생의 대표적인 원인으로 교과서에 서술하는 데에는 신중해야 할 것이다. 앞으로 이 문제에 대한 연구를 깊이 있게 한 후, 그 결과를 교과서에 반영하였으면 하는 바람이다."라고 했다(조규태, 「"고등학교 한국사" 교과서의 3·1운동 서술의 체계와 내용」, 『한국민족운동사연구』 69, 2011, 384쪽).

82) 『새국사교본』, 201~202쪽.

83) 『중등 사회생활과 우리나라의 생활(역사)』, 201쪽.

84) 『새국사교본』, 203쪽.

85) 『새국사교본』, 203쪽.

86) 『중등 사회생활과 우리나라의 생활(역사)』, 202쪽.

87) 『새국사교본』, 204~205쪽.

88) 『중등 사회생활과 우리나라의 생활(역사)』, 204~205쪽.

89) 김태웅, 「신국가건설기 교과서 정책과 운용의 실제」, 『역사교육』 88, 2003, 76쪽.

견해, 또는 학계와 교육계의 일반적 견해를 수정해야 할 특별한 정치적 변화와 판단이 작용하였음을 의미한다."고 했다.[90] 그리고 "교과서의 반공적 수정이 정부당국의 억압에 의한 것인지, 필자나 출판사 스스로의 개인적 검열에 의한 것인지는 정확히 알기 어렵다. 다만, 교과서의 수정 자체가 정부당국과의 협의 없이는 불가능하다는 점과, 급박하게 수정이 진행된 점은 그 정치적 영향을 충분히 짐작게 한다. 이때부터 대한민국 국사교과서에서 검정제도가 갖는 '정치적 검열'이라는 한계가 드러나고 있었던 것이다."고 했다.[91] 조성운은 이병도의 『새국사교본』과 『중등사회생활과 우리나라의 생활(역사)』의 서술 차이는 1950년 제정된 교과용 도서 검인정 규정에 따른 것이라고 보았다.[92]

앞선 연구들은 『새국사교본』에서 사회주의 관련 서술이 삭제된 것에만 집중한 것 같다. 하지만 이와 동시에 '민족의 해방'이라는 소제목이 '해방과 독립'으로 바뀌면서 추가된 내용에도 관심을 가질 필요가 있다. 『중등 사회생활과 우리나라의 생활(역사)』에는 "유엔의 결의에 따라 모든 절차를 거쳐 선거를 시행했고, 헌법을 제정해 이승만 박사를 대통령으로 추대하여 대한민국 정부를 수립했으며, 이승만 정부는 국제적 승인도 받았다."는 서술이 추가되었다. 또한 잃어버린 북한 땅을 회복하는 것이 우리의 큰일이라고 덧붙였다. 이를 통해 이승만 정부 수립 후 강화되어가던 반공 정책이 사회주의 관련 서술을 삭제하게 하는 등 국사교과서 집필에 직접적으로 영향을 미쳤고, 동시에 이승만 정부의 정통성을 뒷받침하는 도구가 되었음을 확인할 수 있다.

덧붙여 『중등 사회생활과 우리나라의 생활(역사)』에서는 서기가 단기(서기)로 표기된 것을 볼 수 있다. 민족을 강조한 민주주의 민족교육이 반영된 결과일 것이다. 그리고 고종의 인산을 계기로 3·1 운동이 발생했다는 서술이 추가되었다. 장진홍에 대한 언급이 삭제되지 않은 이유에 대해선

---

90) 이신철, 앞의 논문(2006), 183쪽.
91) 이신철, 위의 논문(2006), 185~186쪽.
92) 조성운, 앞의 논문, 239쪽.

추가적인 검토가 필요할 것 같다.

이병도의 교과서에서는 이승만 정부의 반공·반북 정책이 전근대사 서술에도 영향을 미쳤음을 확인할 수 있다. 『새국사교본』에는 서술되었지만 『중등 사회생활과 우리나라의 생활(역사)』에서 삭제된 것 중 다음과 같은 내용이 있다.

〈표 II-4〉 이병도의 『중등 사회생활과 우리나라의 생활(역사)』에서 삭제된 전근대사 서술

『새국사교본』
서경의 시설과 남경의 건치 …… 서경(평양)은 태조 이래 역대의 왕이 이를 중시하여 거기에 이궁(離宮)을 짓고 순주(巡住)를 행할뿐더러 온갖 제도와 시설을 거의 개경과 같이 하였다. 숙종 6년(서기 1011)에는 지금 서울에 남경을 건설하고 신궁(新宮)을 비롯하여 약간의 시설을 가하였으니, 경이 또 하나 늘게 되었다. 고려 시대에는 『도선비기』란 미신서가 유행하여 그 책에 「일 년을 삼기에 나누어 중경(개경)·서경·남경에 순주하면 나라가 융창하고 해외의 모든 나라가 와서 조공하리라」는 말이 있어 실상 그 때문에 이러한 시설과 건설을 보게 되었지만, 고려시대에는 이러한 사상이 인심을 지배하여 여러 가지 폐단을 일으켰던 것이다.[93]
고려의 쇠운과 왕실의 몰락 …… 개혁문제 중에 제일 중요한 것이 토지문제였다. 원래 고려에서는 이미 말한바와 같이 전국의 토지를 국유로하여 원칙적으로 공전제도를 세웠던 것인데 중엽 이후로 사전이 발달되어 중외의 귀족 호족들은 마음대로 공전을 침탈하여 많은 토지를 겸병하고 사원에서도 역시 그리하여 사전의 수효가 굉장히 늘어가는 동시에 조세를 바치지 않는 무리가 많이 생기매 공전제도가 극도로 문란하여지며 따라 국가의 재정은 큰 파란을 생하여 모든 경비를 총족하기 어렵게 되었다. 이 때문에 사전개혁문제가 일어나 개혁파에서는 마침내 구귀족계급의 경제적 지주(支柱)인 사전을 일소케 하는 일방적 승리를 얻게 되니 구귀족의 세력은 땅에 떨어지고 그들의 지지하던 왕실도 자연히 쓰러지게 되었다.[94]
초기의 정치와 사회생활 …… 새왕조의 지도자들은 공전제를 세워 귀족의 세력을 덜고 좀 더 민중을 위하고 민의를 중히 여기고 불교와 미신을 누르고 실생활에 필요하고 유익한 정치 문화에 힘을 썼었다. 그리하여 마침내 국력이 길러지고 문물제도의 찬란한 꽃밭을 이루게 되었다.[95]

93) 『새국사교본』, 77쪽.
94) 『새국사교본』, 100쪽.
95) 『새국사교본』, 114~115쪽.

북한의 수도인 평양(서경)이 중시되었고 여기에 궁궐을 짓고 살면 나라가 융성해진다는 내용이 삭제되었다. 그리고 사회주의자들이 주로 주장했던 토지개혁과 공전제를 언급한 서술도 해당 부분 전체가 삭제되었다. 즉, 토지개혁을 통해 개혁파가 구귀족에게 일방적 승리를 해서 고려를 멸망시켰다는 것과, 조선 초기 민중과 민의를 받들어 공전제를 실시하여 국력이 강화되고 문물제도가 융성해졌다는 서술이 사라졌다. 토지개혁과 공전제에 대한 긍정적 평가가 비록 고려 말과 조선 초라는 전근대 시대에 관한 것임에도 삭제된 것이다. 이승만 정부의 반공 정책이 교과서 곳곳에 영향을 미치고 있음을 볼 수 있다.

2) 손진태의 국사교과서 서술 검토

손진태는 해방 후 2년이 지난 당시까지도 국사교육은 혼돈상태였고, 국사 연구에 뜻을 가진 사람이 열 명도 되지 않으며, 그 연구 성과도 극히 빈약한데, 국사 연구의 방법론조차 과학적이지 못하다고 했다. 그리고 그 원인을 당시 정치 환경이 불우했기 때문으로 보았다. 손진태는 이러한 상황에서 국사 교육의 방향이 결정될 수도 없었으며, 완전한 국사교과서나 교원용 참고서가 간행되지 못한 것은 당연하다고 했다.[96]

손진태는 "우리 민족은 지난 4,5천년 동안 만주와 반도라는 동일 지역 내에서 성장하였고, 동일한 혈족체로 동일한 문화 속에서 변함없이 공동운명체 생활을 하여 온 단일 민족이므로, 우리 역사는 곧 민족사가 되는 것이다."라고 했다.[97] 더욱이 손진태는 소련식 민주주의나 영·미적 민주주의를 모두 원치 않는다고 하면서도 그들의 장점을 취하고 단점을 버려 조선민족에게 적절하고 유리한 민주주의 이념을 창건해야 하는데, 그러한 민

---

96) 손진태, 「국사교육의 기본적 제문제」, 『조선교육』 1-2, 1947년 6월(이길상·오만석 공편, 『한국교육사료집성-미군정기편』 III, 한국정신문화연구원, 1997, 115~116쪽).
97) 손진태, 「서문」, 『국사대요』, 을유문화사, 1949.

주주의를 '민주주의적 민족주의'라고 하며, 간단하게는 '신민족주의'라고 한다고 밝히며 다음과 같이 정리했다.[98]

> 신민족주의 사관은 계급주의 사관처럼 계급투쟁을 도발하는 것도 아니요, 자유주의 사관처럼 방관·방임하는 것도 아니다. 신민족주의 사관은 민족의 입장에서 사실을 재비판하여 선과 악을 명백하게 한다. 민족적 과오를 은폐하려고 하지 않고, 그것을 반성 시정하려고 하며, 민족적 우수성을 선양하려고 한다. 그리하여 자유 독립한 민족으로서 민족의 특수성을 충분히 발양하여 민족으로서의 행복을 누림과 함께 인류의 평화와 행복에 소임을 다하려고 하는 것이다.

손진태는 "내가 신민족주의 조선사의 저술을 기획한 것은 소위 태평양전쟁이 발발하던 때부터이었다. 동학 교우로 더불어 때때로 밀회하여 이에 대한 이론을 토의하고 체계를 구상하였다."고 했다.[99] 즉, 1941년부터 신민족주의에 따른 역사서 편찬을 준비했다고 밝힌 것이다. 그리고 1946년 봄부터 조선사개설 집필을 시작했다.[100] 이처럼 손진태는 해방 뒤에 개설서의 저술을 통한 한국사의 체계화에 관심을 쏟았고,[101] 학생들을 위한 국사 교과서와 교재도 편찬했다. 그는 1948년 9월 문교부 편수국장에 임명된 이후 문교부 차관, 서울대학교 사범대학교 학장을 맡았다. 손진태는 국사학자로서 해방 후에도 국사교육이 방향을 잡지 못하고 있는 상황에 대한 책임감을 가졌고, 그 책임감이 국사교과서 편찬과 문교부 관료 생활을 하게 했던 동력이었던 것 같다.[102]

98) 손진태, 「국사교육 건설에 대한 구상-신민주주의 국사교육의 제창-」, 《새교육》 1-2, 1948(한국정신문화원 편, 이길상·오만석, 『한국교육사료집성 현대편』 I, 선인, 2002, 57~58쪽).

99) 손진태, 「자서」, 『조선민족사개론』, 을유문화사, 1948, 2쪽.

100) 손진태, 앞의 글(1947), 115~117쪽.

101) 이기백, 「해제」, 『손진태전집』, 태학사, 1981, 4쪽.

102) 김상훈, 「해방 후 손진태의 활동과 국사교과서 편찬」, 『한국근현대사연구』 91,

손진태가 1948년부터 1950년까지 3년간 발행한 중등학교 국사교과서를
정리하면 다음과 같다.

〈표 II-5〉 손진태의 국사교과서 발행 현황

교과서명	지은이	(후)서 작성 시기	출판일	출판사	검인정
중등국사 (대한민족사)103)	국립서울대학교 문리과대학교수 손진태 저	1948년 3월	1948년 9월 2일 이전	을유문화사	없음
중학교·사회생활과 역사부분 우리나라 생활104)	손진태 지음	1949년 3월	1949년 7월 1일	을유문화사	문교부 인정필
중학교·사회생활과 역사부분 우리나라 생활 (대한민족사)	서울대학교문리과대학 학장 손진태 지음	1950년 3월	1950년 4월 20일	을유문화사	문교부 검정필

손진태가 1949년에 발행한 『중학교·사회생활과 역사부분 우리나라 생
활』(이하 『1949년 교과서』로 표기함)은 대한민국 선포일이 '8월 11일'로
잘못 인쇄된 활판을 그대로 옮겼을 정도로 본문 내용 수정 없이 1948년에
발행한105) 『중등국사(대한민족사)』(이하 『1948년 교과서』로 표기함)를 재
발행 한 것이었다. 다만 「서- 교사 여러분에게」가 새로 작성되어 추가되었

2019, 102~113쪽.
103) 이 교과서는 서원대 역사교육학과 김지형 교수님의 도움으로 확인할 수 있었다.
   이 자리를 통해 감사의 말씀을 드립니다.
104) 이 교과서를 확인하고 볼 수 있었던 것은 강원대 역사교육학과 박진동 교수님의
   도움이 있었기 때문이었습니다. 이 자리를 통해 감사의 말씀을 드립니다.
105) 필자가 확인한 『중등국사(대한민족사)』 판권지에는 정확한 발행일이 없다. 하지
   만 1948년 9월 2일 자 신문에 「최신간역사교재」로 광고가 있는 것을 통해 1948
   년 9월 1일 신학년 신학기에 맞춰 발행된 것임을 알 수 있다(「최신간역사교재」,
   『평화일보』, 1948년 9월 2일; 『한성일보』, 1948년 9월 3일; 『동아일보』, 1948년
   9월 12일).

다. 그런데 『1949년 교과서』의 분량이 2쪽 줄어들었다. 이는 『1948년 교과서』의 '네째편 고려시대. 6. 무도방탕한 임금들의 많음'106) 전체가 삭제되었기 때문이다. 그런데 『1949년 교과서』의 목차에는 그대로 남아있다. 삭제된 장은 "우리 역사상에 고려 때처럼 나쁜 임금이 많이 나고 또 오래 줄달아 난 적은 없다."고 시작하여 고려 의종 이후 원종, 충렬왕, 충숙왕, 충혜왕, 공민왕, 우왕의 무능과 실정에 대해 구체적으로 서술한 것이다. 이 부분을 삭제했던 정확한 이유를 알 수는 없지만, 「서- 교사 여러분에게」에서 "우리가 주의할 것은, 과거 지배층의 횡포한 사실을 지나치게 강조하여 계급의식을 刺戟시켜서는 안될 것이니, 그것은 민족 분열의 위험성을 조장하는 결과가 될 가 저어하는 때문입니다."라고 언급한 데서 그 이유를 짐작해 볼 수 있다. 즉, 귀족사회에 대한 비판이 자신의 의도와는 달리 계급의식을 고취하여 공산주의 세력이 확산되는 것을 염려했을 수 있다.

　여기서는 손진태의 『1948년 교과서』와 1950년 4월 20일 발행되어 검정을 받은 『중학교 사회생활과 역사부분 우리나라 생활(대한민족사)』(이하 『1950년 교과서』로 표기함)의 서술을 비교·검토했다.

〈표 II-6〉 손진태의 『1948년 교과서』와 『1950년 교과서』의 서술 비교

손진태 『1948년 교과서』	손진태 『1950년 교과서』
序 진정한 민주주의의 민족적 입지에서 엄정한 비판을 가하여, (중략) 개방적이요 세계적이요 평등적인 신민족주의 입지에서 우리 민족사를 연구하고 학습하여야 할 것이다.107)	後叙-교사 여러분에게 상술한 이념을 나는 연래로 신민족주의라고 하여 왔으나, 지금은 일민주의라고 하고 싶습니다. 나는 이 일신민주의 입지에서 이 교과서를 구상하고 서술한 것입니다. 그러므로 다른 교과서와는 형식과 내용과 이념에 있어 상당히 이색이 있을 것입니다.108)
민족 해방 김일성 장군의 게릴라 군도 오랫 동안 일본군을 괴롭게 하였다.109)	민족 해방 그 밖에 여러 우리 게리라군도 오래 동안 일본군을 괴롭게 하였다.110)

---

106) 『중등국사(대한민족사)』, 137~139쪽.

손진태 『1948년 교과서』	손진태 『1950년 교과서』
대한 민국의 독립	대한 민국의 독립
우리는 다행한 중에서도 불행하게, 북위 38도 이북은 쏘련에 의하여 점령되고 그 이남은 미국에 의하여 점령되었기 때문에, 민족과 영토를 통일한 완전한 독립 국가를 이루기에 시간이 걸리게 되었으니, 두 나라 군대의 점령은 본데 일본군을 항복 받기 위하여서의 임시적인 조치이었으나, 전쟁이 끝나자 두 강국은 곧 세계 여러 곳에서 세력 다툼을 일으키어 우리도 그 화 속에 들게되었다. <u>쏘련(쏘비에트 사회주의 공화국 연방)은 38도 이북에 쏘련과 같은 인민위원회를 조직하여 곧 공산주의 정치를 실시하고, 또 이것을 전 조선에 실시하고자 꾀하나, 미국(북 아메리카 합중국)은 이에 반대하여 우리의 자주 독립은 늦어 가다가 국제 연합 기관인 유·엔의 결정으로, 총선거를 행하여 국민의 뜻을 묻기로 되었으나 쏘련이 이에 반대하였기 때문에 38도 이남의 지역에서만 총선거를 실시하여</u>, 선거된 국회의원으로서 곧 헌법을 제정하고, 국호를 대한민국이라 하여 7월 18일 그것을 발포하고, 7월 20일에는 원수를 국회에서 선거하여, 이승만이 대통령에, 이시영이 부통령에 각각 당선되었다. 그리하여 24일에 취임식을 거행하였다. <u>그러나 남북이 언제나 완전히 통일될지는 그것을 생각하고 또 주권 회복의 기쁨에 넘쳐 이승만 대통령은 취임식에서 울었다. 마침내 대한민국은 8월 11일[111]에 선포식을 장엄하게 행하여 그 첫 걸음을 내디디었다.[112]</u>	민족 해방이 이루어지자 해외에 있던 독립운동의 선배들은 속속 귀국하여, 곧 독립 정부를 만들고자 하였다. 한국의 독립은 1943년 12월 에집트 카이로에서 열린 3국 거두(미국 루즈벨트 대통령·중국 장개석 총통·영국 처칠 수상) 회담에서 장개석 총통의 발언으로 승인되어, 곧 세계에 선언된 것이며, 1945년 7월에 독일 밸린(伯林) 교외 포쯔담에서 열린 미국·쏘련·영국의 회의에서도 다시 확인되었던 것이다. 그런데 불행하게도, 한국의 북위 38도 이북은 쏘련군이 진주하고, 이남은 미국군이 진주하였기 때문에 독립이 늦어졌으니, 본디 이 선은 두 나라가 일본군의 항복을 받기 위하여 일시적으로 정한 것이었으나, 전쟁이 끝나자, <u>쏘련은 백년 전부터의 숙원이었던 태평양 진출을 위하여, 한국을 그들의 연방으로나, 또는 적어도 그 위성 국가로 만들고자 하는 야심을 일으키어, 곧 평양에 쏘련식의 인민위원회를 만들고, 공산주의 정치를 실시하였을 뿐 아니라, 한국을 미·쏘 두 나라가 5년 동안 신탁통치할 것을 주장하였다. 미국도 처음에는 이것을 찬성하였으나, 우리 민족은 모두 이에 결사적으로 반대하였기 때문에 미국은 우리에게 복종하였다. 그러나 쏘련은 끝까지 양보하지 아니하였으므로, 여러번 회의를 거듭하였으나 아무 성과도 없었다. 그래서 미국은 이것을 국제연합 기관인 U·N에 제안하여 유·엔은 총회의 결의로 한국에 그 위원단을 보내어, 국제감시 하에서 총선거를 행하여, 한국 국민 다수의 뜻을 묻게 되었다. 그러나 쏘련은 유·엔 위원단의 북한 입국을 거절하였다. 그래서 유·엔은 다시 가능한 지역에서만이라도 총선거를 단행할 것을 결의하여, 1948년 5월 10일에, 남한만의 총선거를 행하여 200명의 국회의원이 선출되었다.</u> 선출된 국회의원으로서 곧 헌법을 제정하고, 국호를 대한민국이라 하여, 7월 18일 그것을 발포하고, 7월 20일에는 원수를 선거하여 이승만이 대통령에, 이시영이 부통령에 당선하였다. 그리하여 <u>24일에 취임식을 성대히 행하고, 8월 15일에 대한</u>

손진태 『1948년 교과서』	손진태 『1950년 교과서』
	민국은 세계에 향하여 그 독립을 선포하는 장엄한 의식을 행하였다. 그러나 5·10 선거 전후로부터 소위 좌익들의 파괴공작이 심하게 되어, 쏘련이 세운 북한의 괴뢰집단은 거의 날마다 38도 선을 여기저기 공격하고, 남한에서도 살인·방화·파괴 등을 수없이 하여, 한때는 민심이 극도로 불안하였다. 그러나 그들도 차차 공산주의의 부당함을 깨닫고, 사상을 전향한 자가 이미 수만에 이르렀으며, 질서도 매우 정돈되고, 산업도 조금식 나아가서, 국가의 자리는 점점 잡혀가고 있다. 비록 아직 남·북이 통일되지는 않았으나, 대한 민국 정부는 한국에 있어서의 오직 하나인 정부로 유·엔에서 결정되었다. 그런데 이러한 결정에도 불구하고 이것을 승인하지 않는 국가는 쏘련과 그 위성 국가들 뿐이며, 그로 말미암아 그동안 수만의 동포가 희생된 것은 실로 원통하고도 분한 일이다.113)

　해방 이후 1949년까지 손진태는 신민족주의에 따라 교과서를 편찬했다. 그는 『1948년 교과서』의 「序」에서 신민족주의에 따라 민족사를 연구해야 한다고 밝히고, 민족의 해방을 이야기 하면서 김일성 장군의 게릴라 활동을 소개114)하고 있는 것이 그 예이다. 하지만 『1950년 교과서』에서는

107) 『중등국사(대한민족사)』, 「서」.
108) 『중학교 사회생활과 역사부분 우리나라 생활(대한민족사)』, 「후~교사 여러분에게」, 3쪽.
109) 『중등국사(대한민족사)』, 203쪽.
110) 『중학교 사회생활과 역사부분 우리나라 생활(대한민족사)』, 196쪽.
111) 대한민국 선포식이 8월 11일이라고 되어 있는 것은 교과서 인쇄의 단순 오류인 것 같다.
112) 『중학교 사회생활과 역사부분 우리나라 생활(대한민족사)』, 204~205쪽.
113) 『중학교 사회생활과 역사부분 우리나라 생활(대한민족사)』, 196~198쪽.
114) 『국사대요』에도 김일성 장군의 게릴라 활동은 소개되어 있다(손진태, 앞의 책 (1949), 248쪽).

『1949년 교과서』첫머리에 있었던 「서-교사 여러분에게」를 교과서 맨 뒤로 옮겨 「후서-교사 여러분에게」로 변경했고, 「범언」도 삭제했다. 그리고 자신이 지금까지 주장했던 신민족주의를 '일민주의'라고 수정했다. 『1950년 교과서』에서 변화되는 서술을 검토하기 위해 앞서 살펴보았던 '소련 미국의 교수상의 유의점'에 있는 다음 내용을 확인할 필요가 있다.

2. 우리나라와 소련과의 관계를 교수하는 데 강조할 점
  (ㄱ) 해방 후 제정노서아가 영토적 야심, 부동항 획득욕을 가지고 얼마나 우리나라에 침범의 마수를 폈는가를 역사적 사실을 들어 설명하고, 현 소련 정권도 북한 괴뢰정권을 사주하여 민족적 염원인 38선의 철거를 거부하고 같은 노력을 계속하고 있다는 점을 연결 인식시킬 것.
  (ㄴ) 해방 후 38선의 철거를 거부하고 있을 뿐 아니라, 북한의 총선거 실시 반대, UN에 있어서의 대한민국 불승인, UN 가입에 대한 거부권 행사, 대한민국의 국제적 진출, 대한민국의 정당한 권리 행사를 방해하고 여러 가지로 파괴하려고 하는 점을 인식시킬 것.

3. 우리나라와 미국과의 관계를 교수하는데 강조할 점
  (ㄱ) 해방 전 우리나라가 일본에 빼앗기자 여러 가지로 우리에게 동정하고 독립운동을 도와주었다. 즉 혁명가 망명객을 우대하고 이주민에게도 평등한 권리를 주었다. 그뿐 아니라 유학생을 돕고 우리나라의 문화 발전에도 많은 공헌을 하였다는 점을 인식시킬 것.
  (ㄴ) 해방 후 일시 남한에 군정을 폈으나 우리의 독립 염원에 따라 대한민국의 건설에 적극 노력하고, 정부 수립 후는 정권을 이양하였다. 그 뿐 아니라 UN의 승인, 가입 문제 등에도 적극 협력하여 대한민국의 국제적 진출에 협조하고, 한미협정, E.C.A에 의하여 우리나라의 경제 부흥에도 많은 협력을 하고 있는 점을 인식시킬 것.[115]

　　문교부에서는 소련이 영토적 야심을 가지고 우리나라를 침범했었고, 북한 괴뢰정권을 사주하여 38선 철거를 거부하고 있음을 인식시키라고 했다. 또한 북한이 총선거 실시를 반대했고, UN에서 대한민국을 인정하지 않고 대한민국을 여러 가지로 파괴하고 있음을 강조해서 가르치라고 했다. 반면 미국은 우리의 독립운동을 도왔고 우리나라의 문화 발전에 많은 공헌을 했음을 인식시키라고 했다. 나아가 대한민국이 UN에 가입하는 것과 국제 사회에 진출하는 것에 협조했고, 경제 부흥에도 많은 협력을 하고 있음을 강조해서 가르치라는 지침을 내렸던 것이다.

　　손진태는 『1948년 교과서』에서 '대한 민국의 독립'이란 소제목으로 1쪽 분량으로 서술되었던 부분을 『1950년 교과서』에서 '七. 대한 민국의 독립'이란 하나의 장으로 분리하고 내용도 2쪽 분량으로 늘렸다. 손진태는 소련이 백 년 전부터 한국을 그들의 연방이나 위성 국가로 만들 야심을 가지고 있고, 대한민국 정부를 인정하지 않는 것은 소련과 그 위성국가뿐이라고 했다. 그리고 살인·방화·파괴를 일삼는 소련과 북한에 대한 반감을 드러내며 공산주의의 부당함을 강조했다. 반면 미국이 참여했던 카이로 회담에서 한국의 독립이 승인되었고, 미국은 신탁통치에 반대하는 우리 민족에게 복종하여 UN에 제안하여 총선거를 실시할 수 있었다고 했다. 그리고 한국 국민 다수가 참가한 선거를 통해 국회의원이 선출되고, 이승만이 선거를 통해 당선되어 대한민국이 선포되었고, 이것이 유엔이 인정한 유일한 정부임을 서술했다. 또한 좌익들의 파괴공작에도 불구하고 남한의 질서는 정돈되고 산업이 발전하여 국가가 자리를 잡아가고 있다고 했다. 반면 '김일성'에 대한 서술은 사라졌다. 즉, 1950년 3월에 손진태는 자신의 이념을 일민주의로 수정하고 이승만 정부 수립의 정당성을 주장했다. 손진태는 '소련 미국의 교수상의 유의점'이라는 문교부의 교수 방침을 교과서에 반영하며 실천하는 친정부 반공주의자가 된 것이다. 그리고 1950년 4월 일민주의연

---

115) 『편수시보』, 124쪽.

구원이 주최하고 일민주의보급회가 후원한 발표회에서 안호상 문교부장관의 격려사를 대독하며 일민주의 보급에 나섰다.[116]

손진태는 해방 직후 "우리는 미국을 믿을 수도 없고, 소련을 믿어서 안된다. 남의 나라 때문에 남·북이 갈라져 있는 이 불행한 시기에, 민족이 둘로 쪼개지면 독립도 바랄 수 없다. 우리 농민과 노동자들이 정말 깨닫고 일어날 때는 진실로 이때이다."[117]라고 했다. 이러한 그의 생각은 『1948년 교과서』에 반영되어 "소련이 인민위원회를 전 조선에 실시하려고 했지만 미국이 이에 반대하여 우리의 자주 독립이 늦어지고 있다."는 서술로 나타났다. 하지만 이처럼 신민족주의를 주장했던 국사학자도 이승만 정부의 반공 정책에 따라 자신의 사상을 일민주의라 수정했다. 이와 같은 손진태의 변화에는 여러 가지 요인들이 복합적으로 작동했겠지만, 무엇보다 1949년 3월 5일 자택에서 좌익 학생들에게 당했던 권총 피격 사건[118]이 변화의 중

---

116) 「본사후원『하나의 철학』 발표회 성황」, 『연합신문』, 1950년 4월 18일.

117) 손진태, 『우리 민족의 걸어온 길』, 국제문화사, 1948(손진태, 『손진태전집』 1, 태학사, 1981, 676쪽).

118) 『동아일보』, 『연합신문』은 3월 5일로, 그 외의 신문은 3월 6일에 사건이 발생했다고 보도했다. 신문 기사를 모두 확인했을 때 3월 5일이 더욱 신빙성이 있어 보인다. 범인은 상과대학 1학년 학생인데 신문에 따라 홍동진, 홍상동으로 보도되었다. 당시 신문은 이 사건을 "무차별 파괴와 살상을 지상 명령으로 하는 좌익계열의 최후발악"으로 보도했다. 그리고 체포된 범인은 손진태의 살해 목적이 학생 호국대 조직을 반대하기 위한 것이었다고 했다. 손진태에게 권총 피격을 한 학생들은 이후 언더우드 박사 부인을 저격하여 살해했고, 성남중학생 김문영 살해, 상과대학 학생 송홍국 살해 미수, 그리고 모윤숙도 살해하려고 했다. 이에 검찰 측은 관련자 6명에 대해 사형, 2명 무기징역, 1명 징역 3년을 구형했다(「손진태씨댁 침입괴한을 체포」, 『경향신문』, 1949년 3월 8일; 「상대생 체포 嗟歎할 학생행동 사대손학장댁에 권총난사」, 『동아일보』, 1949년 3월 8일; 「좌익계열이 최후발악 무차별파괴빈번」, 『연합신문』, 1949년 3월 8일; 「사대학장 피습, 진범을 즉시 체포」, 『조선중앙일보』, 1949년 3월 9일; 「사대학장댁에 괴한, 범인 상대생 현장서 체포」, 『부산일보』, 1949년 3월 9일; 「손사대학장 습격범 피체」, 『영남일보』, 1949년 3월 9일; 「언더우드 박사 부인 살해사건 결심공판에서 피의자에 사형 언도」, 『서울신문』, 1949년 9월 30일).

요한 시점이 되었던 것 같다.[119] 손진태는 『1949년 교과서』의 「서-교사 여러분에게」에서 "공산주의는 목적 달성을 위하여는 파괴와 살육 등 온갖 수단을 가리지 아니합니다."라는 서술을 추가하며[120] 공산주의 계급투쟁의 폭력성에 대해 직접 언급했다. 그리고 『1950년 교과서』의 '맺음'에서 "폭력은 민족의 불행과 분열을 일으킨다."고 서술하기도 했다.[121]

소결

미군정은 미국식 민주주의 국가 건설을 위해 교육을 활용했고, 국사를 사회생활과에 포함시킨 초·중등학교 교육과정을 수립했다. 하지만 미군정은 완벽하게 국사교과서를 통제하지 못했고, 교과서 곳곳에서 사회주의 관련 서술을 찾아볼 수 있었다. 이승만 정부는 민주주의 민족교육을 표방했는데, 이는 공산주의나 자본주의가 이야기하는 민주주의가 아니라 민족 전체를 위한 조선적인 민주주의라고 했다. 하지만 남북 정부가 수립된 후 갈등과 대립이 심해지면서 민주주의 민족교육은 공산주의를 배격하는 반공 정책의 토대가 되었다.

이승만 정부가 수립된 후 1949년 9월에 시작되는 새 학년에 사용할 교과서 검정이 있었지만 촉박한 검정 기간과 심사 대상 교과서가 많았던 물리적 여건, 정치적 환경 등이 여의찮아 반공 정책에 따른 엄격한 검정이 이루어지지 못했다. 하지만 이승만 정부는 좌익 교원을 숙청하고 학도호국단을 창설하며 학교에서 반공 교육을 확산할 수 있는 기반을 만들어갔다. 1949년 11월에는 대한민국 국책에 어긋나는 모든 사상을 배제한다고 언명하며, 이미 검정을 통과한 교과서를 재검정하여 검정 취소하거나 관련 내용을 삭제하라는 명령을 내렸다. 그리고 1950년 검정을 통과한 국사교과서

---

119) 김상훈, 앞의 논문(2019), 111, 114~115쪽.
120) 손진태, 「서-교사 여러분에게」, 『중학교 사회생활과 우리나라 생활』, 을유문화
사, 1949, 1쪽.
121) 『중학교 사회생활과 우리나라 생활(대한민국사)』, 213쪽.

에서는 사회주의 관련 서술이 삭제되고, 반공·반북 정책을 바탕으로 이승만 정부의 정통성을 뒷받침할 수 있는 서술이 추가되었다. 이승만 정부가 내세운 민주주의 민족교육은 사상이 다른 민족을 배제하고 반공 체제를 강화하는 것이었다. 결국 이승만 정부 때인 1950년 검정을 통해 만들어진 국사교과서가 이후 반공과 반북 의식을 강화하고 확대하며 정치도구화된 국사교과서의 원형이 되었다.

1990년, 냉전의 시대가 끝나감에도 여전히 냉전적 사고 틀에 따라 국정 국사교과서가 편찬되고, 중·고등학생들은 이를 통해 역사교육을 받아야만 하던 현실에 대해 앞선 연구자는 다음과 같이 희망했다.

> 이미 냉전의 시대는 종막을 고하고 있다. 이는 거대한 세계사적 흐름으로서 이미 누구도 거역할 수 없는 추세가 되었다. 따라서 국민에 대한 역사교육에서 막대한 비중을 차지하는 중등학교의 국사교과서가 아직도 냉전적 사고 틀에 의해 쓰여 진다면 이는 시대착오도 이만저만한 것이 아닐 것이다. 이러한 냉전적 사고틀에 갇힌 교과서는 이미 학생들에게도 설득력을 가질 수 없음은 물론이다. 학생들의 사고의 폭과 역사적 안목을 넓혀줄 수 있는 국사교과서의 출현을 고대하면서, 이를 위해서는 국사교과서의 '국정'제도의 폐지가 일차적으로 선행되어야 한다는 것을 부언해 둔다.122)

위와 같은 주장이 제기된 이후 30년 넘게 지나는 동안에도 한국 사회는 냉전적 사고틀에서 벗어나지 못했고, 이념 대립은 끊이지 않았다. 오히려 폐지되었던 국정 국사교과서가 다시 편찬되었고, 학교 현장에서 사용될 뻔했다. 냉전의 종말이라는 거대한 세계사적 흐름에서 벗어나 있던 한국은 남북 평화라는 새로운 시대를 만들어야 한다. 남북 평화를 이룩하는 단 1개의 정답이 있는 것은 아니다. 그래서 더욱더 "학생들의 사고의 폭과 역사적 안목을 넓혀줄 수 있는 국사교과서의 출현"이 필요하다.

---

122) 박찬승, 앞의 논문, 225쪽.

제2부

한국전쟁기 교육 정책, 학교와 학생

III. 한국전쟁 발발 후 학교와 학생

1. 전쟁 초기 교육 당국의 대응과 학교 운영의 실제

I장에서 살펴본 것처럼 1949년 12월 31일 자로 공포된 교육법에서는 4월 학기제를 채택했고, 이를 시행하기 위해 1950학년도에 한해 1950년 6월 1일에 새 학년을 시작한다고 교육법 부칙에 명시했다. 따라서 1950년 6월 25일 한국전쟁이 발발했을 당시는 학생들이 새 학년 새 학기를 맞아 개학한 직후였다.

1) 개전 직후 교육 당국의 대응과 학교 운영

한국군의 공식 전사에서는 1950년 6월 25일 오전 4시에 북한군의 공격이 시작되었다고 기록하고 있다. 하지만 구소련문서와 북한 노획문서를 종합해 볼 때 1950년 오전 4시 40분에 전군 동시 공격이 시작되었을 가능성이 크다.[1] 주한미대사 무쵸는 6월 25일 오전 10시에 워싱턴에 "공격의 성질과 그것이 시작된 방식부터가 남한에 대한 전면적인 공세로 보인다."는 전보를 보냈다.[2]

당시 서울대학교 교수였던 역사학자 김성칠은 전쟁이 시작되었던 1950년 6월 25일의 상황을 다음과 같이 일기에 적었다.

---

1) 정병준, 『한국전쟁』, 돌베개, 2006, 637~639쪽.
2) 와다 하루끼 지음·서동만 옮김, 『한국전쟁』, 창작과비평사, 1999, 159쪽.

낮때쯤 하여 밭에 나갔더니 가겟집 주인 강군이 시내에 들어갔다 나오는 길이라면서 오늘 아침 38전선에 걸쳐서 이북군이 침공해 와서 지금 격전 중이고 그 때문에 시내엔 군인의 비상소집이 있고 거리가 매우 긴장해 있다고 뉴스를 전해주었다.

魔의 38선에서 항상 되풀이하는 충돌의 한 토막인지, 또는 강군이 전하는 바와 같이 대규모의 침공인지 알 수 없으나, 시내의 爻象을 보고 온 강군의 허둥지둥하는 양으로 보아 사태는 비상한 것이 아닌가 싶다. ······ 저쪽에서 계획적으로 꾸민 일련의 연극일는지도 모를 일이다.3)

김성칠은 1950년 6월 25일 북한군의 침공이 38선에서 항상 있었던 또한 번의 충돌인지 대규모 침공인지 알지 못했고, 더욱이 북한이 꾸민 연극일지도 모른다고 생각했다. 그리고 월요일인 6월 26일 평소와 다름없이 버스를 타고 학교에 가려고 나섰지만, 버스가 오지 않아 걸어서 갔다. 연구실에는 평소처럼 두 학생이 나와서 공부하고 있었다.4)

1950년 6월 25일 백낙준 문교부장관이 각 학교에 보낸 지령과 서울시장이 시내 공사립초등학교 교장에게 보낸 공문에서 당시 문교 당국과 서울시가 6월 25일 북한군의 침공을 어떻게 인식하고 대처했는지를 확인할 수 있다.

백낙준 문교부장관 특별 지령

금번 38선 비상사태에 대처하여 관하 각 학교는 좌기의 사항에 유의할 것.
1. 만일의 경우를 우려하여 학도호국단의 만반 준비태세를 취할 것.
2. 주야는 물론하고 학교의 수호에 진력하여 수업에 지장 없도록 할 것.
3. 이적행위에 대한 경계를 엄중히 하는 동시에 유언비어를 단속할 것.
4. 일단 유사한 경우에는 군경에 적극 협력할 것.5)

---

3) 김성칠, 『역사앞에서』, 창비, 2009, 67~68쪽.
4) 김성칠, 위의 책, 69쪽.
5) 「백 장관 학원에 특별지시 발령」, 『경향신문』, 1950년 6월 27일; 「백낙준 문교부장

> **38선 비상사태 대처에 관한 건**
>
> 공사립초중등학교장 座下
>
> 今次 38선 비상사태에 대처하여 관하 각 학교는 하기 사항에 유의하여
> 긴급방위대처를 요망함.
>
> 1. 만일의 경우를 염려하여 만반 방위준비의 태세를 수립하고 주야 학교
>   수호에 진력하여 수업에 지장이 없도록 할 것.
> 2. 반동도배의 침입을 엄중 경계하는 동시에 유언비어를 단속할 것.
> 3. 일단 유사할 경우에는 군경에 적극 협력하는 동시에 광장 및 건물 사
>   용에 극력 편의를 도모할 것.
> 4. 중등 및 고등학교 호국단원은 何時에 동원명령이 내려도 급속 동원 되
>   도록 조직과 훈련태세를 취할 것.
> 5. 중요서류 및 귀중품 관리에 특별 유의할 것.
>
>   단기 4283년 6월 25일 서울특별시장6)

　1950년 6월 25일, 문교부와 서울시는 학교를 지키며 수업을 하고, 학도
호국단 단원은 동원명령이 내려지면 즉시 동원될 수 있도록 준비태세를
갖추라고 지시했다. 또한 좌익세력을 경계하며 유언비어를 단속하고, 유사
시 군경에 적극 협조하라고 했다. 즉, 6월 25일에 문교 당국과 서울시는 이
날의 상황을 '38선의 비상사태'로 인식했고, 전면적인 휴교를 고려하지 않
고 있었다. 다만 서울시는 25일 시내 고급요정, 카페 등과 시내 극장의 당
분간 휴업을 지시했다. 문교부와 서울시가 시내 각 초등학교와 중등학교
1·2학년은 임시휴학하고, 서울운동장7)에서 개최되는 모든 행사를 무기한

　관, 비상사태에 대한 지령을 각 학교에 전달」, 『민주신보』, 1950년 6월 27일.
6) 서울특별시교육연구원, 『서울교육사』 상, 서울특별시교육위원회, 1981, 620쪽.
7) 서울운동장에서는 문교부와 중앙학도호국단이 공동 주최한 제2회 전국학도체육대
　회가 6월 22일 개최되어 각도를 대표한 전국의 1천여 명의 학생 선수들이 모여 6
　월 24일까지도 경기를 벌이고 있었다(「학도체육대회」, 『조선일보』, 1950년 6월 23
　일; 「3천여 맹장 약동」, 『경향신문』, 1950년 6월 23일; 「스포-쓰계의 압권. 제2회
　학도체육대회 개막」, 『동아일보』, 1950년 6월 23일; 「泥雨 무릅쓰고 용전맹투. 학

정지시키는 조치를 내린 것은 6월 26일이었다. 이때 중등학교 3학년부터 고등 중학, 각 대학은 방위태세를 갖추고 대기할 것을 지시했다.[8] 6월 26일까지 서울 시내의 휴교 대상은 초등학교와 중등학교 1·2학년까지였다. 하지만 6월 27일 각 학교의 제2교시 수업이 끝날 무렵 전세가 위급해진 것을 안 서울시 교육국에서는 시내 모든 학교에 무기 휴교를 지시했다.[9] 그런데 6월 27일은 문교부 장·차관이 부하 직원들에게 한마디 말도 남기지 않은 채 이미 한강을 건너 남하한 후였다.[10]

한국전쟁 발발 초기 서울 시내 중등학교의 실제 모습을 종로구 화동의 경기고, 성동구 상왕십리에 있던 배명고의 사례를 통해 확인할 수 있다.

사례1. 경기고

일요일인 1950년 6월 25일 북한의 공산 괴뢰군이 남침을 개시했다는 소식이 전해진 다음날에도, 본교는 전교생이 등교한 가운데 정상적인 수업을 하고 있었다. …… 당국의 지시가 없어 27일까지 수업은 계속되었으나 전세가 위급을 고하게 되면서, 포성은 점점 가까이서 들려왔다. 북괴군이 창동 근처까지 침공해 온 탓이었다. 이날 제2교시가 끝났을 때, 당국에서는 무기휴교 지시를 내려왔다. 이것이 6·25 전의 마지막 수업이 된 것이다. 28일 서울을 점령한 북괴군은 校舍를 접수하여 공산분자들의 소굴로 만들어 버렸다. 교사들 가운데 2,3인 만이 부산에 피난했을 뿐, 대부분 이때부터 약 3개월간 서울에서 고난의 생활을 겪어야 했다.[11]

도체육대회성황속개」, 『경향신문』, 1950년 6월 24일).

8) 「서울시, 서울 시내 각 학교 휴교 및 요정, 극장 등 휴업 지시」, 『부산일보』, 1950년 6월 27일; 「국민교 임시휴교」, 『동아일보』, 1950년 6월 27일.

9) 서울특별시교육연구원, 앞의 책, 605쪽.

10) 한국전쟁 당시 문교부 편수국 직원이었던 최병칠은 1950년 6월 27일 이른 아침 문교부에 나갔을 때 장차관은 이미 渡江 南下했다고 하였다(최병칠, 『교육과 인생』, 문천사, 1972, 111쪽).

11) 경기고등학교70년사편찬회, 『경기70년사』, 경기고등학교동창회, 1970, 201쪽.

사례2. 배명고

6·25가 발발했을 때에도 배명학교에서는 평상시와 다름없이 등교하여 수업에 임하도록 강력히 지시 전달되었다. 그러나 6월 27일 오후 5시경부터는 성북구 미아리 쪽에서 폭탄이 떨어져 폭발하는 것이 육안으로도 확실히 보일 정도가 되었다. 이러한 상황에서는 수업을 계속할 수가 없어 귀가조치하고 교사들만 남아서 사태를 관망하면서 뒷수습을 하기로 하였다. …… 오후 7시쯤 되었을 때 성북동 미아리 고개로 북괴군이 진입해 오고 있다는 소식이 전해져 왔다. …… 마침내 6월 28일에는 서울 시가가 붉게 물들어 괴뢰군의 천지가 되고 말았으니 통탄할 일이 아닐 수 없었다. …… 며칠 사이에 세상이 이렇게 변할 수가 있을까? …… 6월 28일 북괴군의 서울 입성 시에 북괴군 전투기로부터 폭탄이 투하되어 마당이 연못처럼 움푹 파이고 교실 유리창은 대부분 파괴되었다. 벌써 다음날 아침 8시에는 왕십리 광무극장(학교 앞)에서 회의를 열고 인민위원회가 조직되었다.[12]

즉, 학교를 지키며 수업을 계속하라는 문교부와 서울시의 지시에 따라 6월 27일에도 학생과 교직원은 정상적으로 등교하여 수업을 하고 있었고, 27일 오전 서울시 교육국의 무기 휴교 지시에 따라 휴교했던 것이다. 그리고 27일 오후 서울의 시민들과 학생들은 피난길에 오르지 못하고 가까운 산으로 들어가 밤을 새웠고, 28일 날이 밝아서 다시 시내로 내려왔을 때는 학교 깃대에 인공기가 걸려있었다.[13]

그런데 1950년 6월 26일~6월 28일의 상황을 날자 별로 기록해 둔 경기 여고의 사례를 통해 전쟁 발발 초기 서울에 있던 학교의 또 다른 모습을 확인해볼 수 있다.

26일

본교에서는 물, 모래 가마니 등 반공 용구를 복도에 갖추어 놓고 수업

---

12) 배명65년사편찬위원회, 『배명65년사』, 학교법인 배명학원, 1999, 95~96쪽.
13) 김성칠, 앞의 책, 73~82쪽.

을 강행하였다. 하지만 수업은 오래 계속될 수가 없었다. 수업 도중에 교실 창밖 하늘에서는 공중전이 벌어지고 전선에서 전해오는 소식은 전황이 낙관할 수 없는 긴박 상태라 하였다. 이때 시 교육국으로부터 전화 연락이 왔다. 따로 지시가 있을 때까지 학업을 중지하고 임시 휴업을 하라는 내용이었다.

27일 아침

등교하라는 지시가 없었는데도 전세를 염려하는 수십 명의 학생들이 무슨 새 소식이나 들을까 하여 학교에 나와 이 구석 저 구석에 모여 서서는 쑥덕쑥덕, 근심스러운 낯빛으로 이야기를 주고받는 것이 보이었다. 교직원들도 어두운 얼굴로 교무실에 모여 앉았을 뿐 어찌할 바를 몰라 했다. 이날은 날씨조차 흐려서 잔뜩 찌푸린 하늘이 무겁게만 보이었다.

이때 정훈국에서 백도홈 대위와 또 한 명의 정훈 장교가 본교에 나타나서, "의정부가 탈환되었으니 위문단을 파견해 주시오."하고 요청하는 것이었다. 학교에서는 즉시 방송국에 연락하여 특별 공지사항으로 본교생은 곧 등교하여 교정에 집합하라는 지시를 하였다. 이래서 모인 학생이 이백여 명이었다. 위문단이라 하여도 몸만 가서는 소용없겠다고 생각하고 위문품을 마련하려고 하였으나, 시간이 없으니 급히 서둘러 달라는 요청이므로 담배, 과자 등 손쉽게 장만할 수 있는 것만 상당수를 마련하고 밥을 지을 겨를이 없어서 학생들이 각각 바께쓰를 들고 학교 근처 일대를 호별 방문하여 점심밥을 한 그릇씩 모아서 큰 그릇에 담았다. 이야말로 십시일반이다. 그리고는 군용 츄럭 석대에 분승하여 오 교감 인솔 하에 나간 곳이 창동에 있는 인창중학교 교정이었다. 여기가 사병 교대소로 되어 있는데 잠 못 자고 먹지 못하고 싸우기에 지치고 풀이 죽은 사병들은 ○○명이나 되었다. 다른 학교에서도 같은 목적으로 나온 학생들이 있었으나 그들은 맨손이고 우리에게는 비록 얻어 들인 밥이나마 있어서 학생들이 손수 주먹밥을 빚어서는 사병들에게 나누어 주고 따뜻한 위문을 하였다.[14]

경기여고는 6월 26일 물, 모래 가마니 등 방공 용구를 복도에 갖추어 놓

---

14) 경기여자중·고등학교, 『경기여고50년사』, 경기여자중·고등학교, 1957, 59~60쪽.

고 수업을 강행하고 있었고, 이날 서울시 교육국으로부터 임시휴업을 하라
는 지시를 전화로 받았다고 했다. 그리고 6월 27일 별도의 등교 지시가 없
었지만 일부 학생들과 교직원들은 학교에 나왔고, 이때 정훈국의 장교가
학교를 찾아와 위문단 파견을 요청했다. 이에 경기여고는 방송국을 통해
특별 공지를 하여 학생들을 학교로 집합시켰고, 200여 명의 학생이 모여서
담배와 과자 등의 위문품을 급히 마련했다. 그리고 군용 트럭 3대에 나눠
타고 창동에 있는 인창중학교로 갔는데, 그곳이 사병 교대소였다. 이곳에
는 경기여고 외에 다른 학교에서 나온 학생들도 있었다. 이렇게 서울 시내
에 있던 여학교들이 군인들의 인솔 하에 위문을 다녀온 날이 6월 27일이었
다. 이날 의정부로 위문을 갔던 학교 중에 이화여고도 있었는데, 이후 이날
의 위문 행위가 북한 공산군을 환영하기 위해 갔었다는 모함으로 이어져
교장이 곤경에 빠지기도 했었다.[15]

　6월 28일 서울이 북한군에 점령되었을 때 많은 서울시민이 피난길에 오
르지 못했던 것은 대통령의 서울사수 및 의정부 탈환방송, 한강다리의 폭
파 등도 영향을 미쳤지만, 상황 파악을 정확하게 할 수 없도록 만든 공보
처의 발표와 군경의 포고문, 국방부의 허위 전과 발표 등에 현혹되어 안심
하고 있었던 것도 중요한 이유이다.[16] 이는 경기여고의 사례를 통해서도
확인할 수 있다.

27일 저녁~28일 아침

　저녁 무렵에 이르러 바로 학교 맞은편에 있던 방송국에서는 정훈국 보
도 과장 고 김현수 대령의 특별 발표를 확성기를 통해서 방송하고 있었
다. "…… 내일 아침부터는 서울에 전투사령부를 설치하고 미군이 직접
전투에 참가하여 줄 것임." 이 방송을 되풀이하는데 그것을 듣는 교사나
학생들은 비로소 愁眉를 펴고 환호를 올리었다. 별안간 준비한 酒食으로

15) 이화100년사편찬위원회, 『이화100년사』, 이화여자고등학교, 1994, 313쪽.
16) 정병준, 앞의 책, 689쪽.

축배를 올리고 각각 내일 아침에 만나자는 인사를 주고받으며 흩어져 돌아가는 길을 저녁부터 내리기 시작한 궂은비가 음산하게 적시고 있는 속에 피난민들이 물결처럼 쏟아져 들어와 남으로 남으로 향하는 모습이었다. 들리는 말에는 적이 탱크를 앞세우고 서울 근방까지 와 있다는 것이다. 이것을 한갓 유언비어로 돌려버리기에는 너무나 가까워진 포성이요 너무나 엄청난 피난민의 수효이다.

　이날 밤, 비오는 서울 거리에는 붉은 깃발을 단 탱크가 미친 맹수처럼 좌왕우왕하였고, 위협하는 대포의 섬광은 어두운 밤하늘에 불똥을 날리고 있었다. 맑은 아침의 서울은 벌써 우리의 것이 아니었다.17)

　6월 27일에 의정부로 위문을 다녀온 경기여고 교사들은 사기가 떨어진 군인들을 보고 무거운 표정이었고, 이 소식을 들은 교장과 교사들은 우울했다. 그런데 내일 아침부터 서울에 전투사령부가 설치되고 미군이 직접 전투에 참여할 것이라는 정훈국의 되풀이 되는 방송을 들으며 근심을 덜고 환호했다. 그리고 술과 음식을 마련해 축배를 들고 내일 아침에 만나자며 헤어졌다. 그런데 헤어져 돌아가는 길에 수많은 피난민을 보았고, 북한군이 서울 근방까지 왔다는 것이 유언비어가 아닐지도 모른다고 생각하며 가까워진 포성을 들었다. 그리고 북한군이 점령한 6월 28일 아침을 맞은 것이다.

　6월 26일과 27일 서울시민들이 당시 상황에 대한 정확한 정보를 알 수 없었던 상황은 김성칠의 6월 26일 일기를 통해서도 알 수 있다.

　시시각각으로 더해가는 주위의 혼란과 흥분과는 딴판으로 신문보도는 자못 자신만만하게 "적의 전면적 패주"라느니 "국군의 일부 해주시에 돌입"이라느니 "동해안 전선에서 적의 2개 부대가 투항"이라느니 하는 낙관적인 소식들을 전하여 주고 있다.18)

---

17) 경기여자중·고등학교, 앞의 책, 61~62쪽.
18) 김성칠, 앞의 책, 71~72쪽.

또한 시민들이 6월 26일 아침에 보았을 『조선일보』 1면 첫 기사로 국방부 정훈국장의 담화가 호외로 다시 실렸는데, 그 내용은 다음과 같다.

25일 拂曉 5시부터 8시 사이에 38선 전역에 걸쳐 이북괴뢰집단은 大擧하여 불법 남침하고 있다. 즉 옹진 전면으로부터 개성 장단 의정부 동두천 춘천 강릉 등 각지 전면의 괴뢰집단은 거의 동일한 시각에 행동을 개시하여 남침하여 왔고 동해안에는 괴뢰집단이 船艇을 이용하여 상륙을 기도하여 왔음으로 전지역에 걸쳐 우리 국군부대는 이를 격퇴, 目下前設 각 지역의 우리 국군부대는 이를 요격하여 긴급 적절한 작전을 전개하였다. …… 數次 이들의 무모한 내습은…… 초조한 끝에 감행하게 된 공산도배의 상투수단임에 틀림없다.
이제 군으로서는 저들 반역비도에 대하여 확고한 결의 아래 단호응징의 태세를 취하여 각지에서 과감한 작전을 전개하고 있으니 전국민은 우리 국군장병을 신뢰하며 미동도 하지 말고 각자의 직장에서 만단의 태세로 군의 행동과 작전에 적극 협력하기 바라는 바이다. 군에서는 …… 저들이 불법남침 할 때 이를 포착섬멸 할 수 있는 준비와 태세가 구비되었으니 전국민은 이북 모략방송 및 유언비어 등에 속지 말 것이며 안심하고 국부적 전황에 특히 동요되지 말라. 이러한 시기를 이용하야 추호라도 후방의 치안이나 민심을 교란하는 자가 있다면 이 또한 엄중히 단속할 것이니 각계각층에서 군의 의도에 적극 협력하기를 부탁한다. [號外再錄][19]

즉, 6월 25일 이른 새벽 5시부터 8시 사이에 북한이 38선 전역과 동해안에서 불법 남침하였지만 우리 국군이 이를 격퇴하였고, 북한의 이러한 습격은 초조한 끝에 감행한 상투수단이 틀림없다는 것이다. 따라서 전국민은 우리 국군을 믿고 흔들리지 말고 각자의 직장에서 모든 준비를 갖추고 군에 협력하라고 했다. 나아가 이런 상황을 이용해 민심을 어지럽히는 자가 있다면 이 또한 엄중히 단속할 것이라고 했다. 6월 26일 자 『동아일보』도 1면에 위의 담화를 실었는데, '적의 신경전에 동요말라'는 제목을 붙였

19) 「이북 괴뢰 불법남침」, 『조선일보』, 1950년 6월 26일.

다.20) 또한 6월 26일 석간 『경향신문』에는 '괴뢰의 최후적 발악 인심혼란을 기도할 뿐 일반국민은 조금도 동요치 말라'는 제목의 공보처 발표와 "시민 여러분께서는 불필요한 외출을 삼가고 군경을 절대 신뢰하라"는 내용의 헌병사령관·서울시경찰국장 포고문과 함께 '시내는 평온하다'는 기사가 실려 있었다.21) 다음날인 6월 27일 오전에 받아본 신문의 1면에는 '국군 정예 북상 총반격전 전개-해주시 완전점령. 대한해협 적함격침', '적 주력 부대 붕괴-공비 임진도하 수포화', '괴뢰군 후퇴 개시 전차 8대를 격파', '적기 김포비행장 내습 我方시설에 손해 전무', '적 1연대귀순'과 같은 기사들로 채워져 있었다.22)

2) 북한군 점령 기간 동안의 서울의 학생과 학교

6월 28일 새벽 1시 북한군의 전차부대가 서울 시내에 진입했고, 오후 5시경에는 북한군에 의해 완전히 점령되었다. 서울을 점령한 뒤 김일성은 이승엽을 서울시 임시인민위원회 위원장 겸 조선민주주의인민공화국 군사위원회 서울시 대표로 임명했다.23) 그리고 7월 1일 북한 최고인민회의 상임위원회는 '전시동원령'을 공포했는데, 그 내용은 "전지역에 걸쳐 동원을 선포, 동원 대상은 1914~1932년(18~36세) 사이의 전체 공민, 동원령은 7월 1일부터 발효한다." 등이었다. 이에 따라 남한 점령지역 내에서도 대규모 인력 및 물자동원이 실행되었고,24) 서울에서 의용군25) 모집이 시작되었다.26)

20) 「괴뢰군 돌연 남침을 기도」, 『동아일보』, 1950년 6월 26일.

21) 『경향신문』, 1950년 6월 26일 2면.

22) 『동아일보』, 1950년 6월 27일 1면.

23) 이현주, 「한국전쟁기 '조선인민군' 점령하의 서울-서울시임시인민위원회를 중심으로-」, 『서울학연구』 31, 2008, 203~205쪽.

24) 서용선, 「한국전쟁시 점령정책 연구」, 『한국전쟁연구: 점령정책·노무운용·동원』, 국방군사연구소, 1995, 40쪽.

25) '조선인민의용군'·'의용군'은 한국전쟁기 북한이 남한 점령지역에서 동원한 병력에 대한 북한측 공식 명칭이다. 명칭은 '자원'에 따른 의용군·지원군(volunteer army)을

서울에서 의용군 모집은 3단계로 진행되었는데,27) 그 중심에 학생들이
있었다. 학생들은 각 학교마다 궐기대회를 개최하고 의용군 지원을 결의했
다. 즉, 학생들을 먼저 의용군에 지원하게 한 후 나머지 의용군 대상자들을
동원하는 패턴이 이어졌다.28) 북한이 전시동원령을 공포한 7월 1일, 서울
시 민주학생연맹은 각 대학·중학교 열성자대회를 개최했다.29) 민주학생연

의미하지만, 실제로는 자원과 강제가 병행되었으며, 전체적 경향에서는 강제 징집의
성격이 강했다. 보통 의용군은 자원에 의한 입대자로 통상 비정규군으로 활동하는
것이 일반적이었지만, 한국전쟁기 의용군은 점령 당국에 의해 강제 징집되어 정규군
에 편입된 남한 출신 민간인을 의미했다(정병준, 「북한의 남한 점령기 '의용군' 동원
과 운용: 의용군명부·포로심문조서를 중심으로」, 『이화사학연구』 46, 2013, 2쪽).
26) 7월 1일 군사위원회 제4차 회의에서 논의 결정된 「인민의용군을 조직할 데 대하
여」라는 문건에 따르면 "무장대오를 강화하고 남한 민중을 전쟁 승리를 위한 투
쟁에 적극적으로 조직 동원하며 미국과 이승만 정권을 더욱 고립 약화시키는 획
기적인 계기로 의용군을 조직한다."라고 의용군 조직의 의의를 밝히고, 의용군 모
집을 추진하기 위해 '인민의용군조직위원회'를 만들기로 했다. 조직위원회는 서울
을 비롯한 주요 도시에 훈련소를 설치하고, 여기서 의용군 입대자들을 단기 군사
정치훈련 시켜 인민군에 편입한다는 방침을 결정했다(배경식, 「민중의 전쟁 인식
과 인민의용군」, 『역사문제연구』 6, 2001, 66쪽).
27) 제1단계(1950년 7월 1일~6일)에서는 감옥에서 풀려난 좌익계 정치범과 자칭 공산
주의자 그리고 자원한 지원병들이었다. 이때 서울에서는 18~36세의 모든 남녀를
학교 건물에 집합시켜 공산주의 노래와 광범위한 정치, 사상교육을 실시한 후, 의
용군에 입대할 것을 설득하였다. 하지만 북한이 설정한 의용군 징집목표 48만 명
에 지원 숫자가 미치지 못하자 보다 강제성을 띤 제2단계(1950년 7월 10일경) 징
집이 실시되었다. 이 단계에서는 각인민위원회, 기업체, 학교 등에 징집대상 숫자
를 할당했다. 이때 각 학교에는 김일성 대학의 학생들이 파견되어 자치단체들을
조직하고 학생들을 설득하고, 이러한 활동에 호응한 학생들을 집단적으로 의용군
에 지원하도록 하였다. 그리고 낙동강전선에서의 전투가 치열해지고 병력이 부족
하자 제3단계(1950년 8월 초)의 불법적이고 무자비한 징집을 실시하였다. 이 단계
에서는 좌익계 단체(민청, 노동동맹 등)의 회원들을 동원하여 가두 검문, 철저한
가택수색 등으로 장애자를 제외한 17~45세의 모든 남녀들을 현장에서 징집했다
(서용선, 앞의 논문, 41~42쪽).
28) 정병준, 「한국전쟁기 북한의 점령지역 동원정책과 '공화국 공민' 만들기: 경기도
시흥군의 사례를 중심으로」, 『한국민족운동사연구』 73, 2012, 331~340쪽.
29) 「조국의 승리를 위하여 학생들 전선 출동을 속속 지원」, 『해방일보』, 1950년 7월

맹에서는 7월 2일 경기여고에 3백 명, 남대문국민학교에 6백 명을 집합하여 '미제구축 학생 궐기대회'를 개최했고, 오후에는 서울시 인민위원회 앞 광장에서 1천 2백 명이 참가한 '미제구축 학생 궐기대회'를 개최했다. 7월 3일에는 광화문 체신국 앞에서 6천 명, 동대문국민학교에 8천 명이 각각 참가한 '미제구축 학생 궐기대회'가 열렸는데, 이들 중 787명(여학생 68명)이 의용군에 지원했다.[30] 또한 서울시 인민위원회 광장에서 민주애국청년동맹이 주최한 궐기대회에 14,700여 명 참가했고,[31] 서울 시내 85개교 1만 6천여 명의 학생이 서울운동장에 모여 시가행진을 하고 동대문국민학교 앞에 집합해 궐기대회를 했다.[32] 7월 4일에는 대학생 4천여 명, 중등학생 1만 9천여 명, 초등학생 1만 8천 명, 총 4만 1천 명의 학생들이 의용군 참가 시위를 했다.[33] 이처럼 북한군이 서울을 점령한 직후 학생들은 각종 궐기대회와 시가행진에 참가하여 의용군 지원 캠페인을 벌였다.

북한군의 서울 점령 초기 서울에 있던 학생들의 모습을 김성칠은 다음과 같이 일기에 기록했다. 이를 통해 당시 시가행진에 참가한 학생들의 모습과 분위기를 짐작해 볼 수 있다.

1950년 7월 8일

거리에서 학생들의 데모하는 양을 보았다. 지나가는 사람들에게 물으니 날마다 있다는 것이다. ……

모두들 배고파서 허리띠를 졸라매고 다니는 이즈음에 저들은 무얼 먹고 저런 기운이 생기는가 싶다. 걸음도 힘차고 그 모습도 씩씩해 보인다. 얼굴은 상기되었으나 희망에 빛나는 눈들이다. 앞선 것이 남자 중학생들 …… 아직도 천진난만하여야 할 애송이 중학생들이 "원쑤와 더불어 싸워

4일.

30) 「청년학생들은 조국을 위한 전쟁에 용감히 나아가자!-민주학련산하학생궐기-」, 『해방일보』, 1950년 7월 6일.

31) 「침략원쑤를 타도 민애청에서 궐기대회」, 『조선인민보』, 1950년 7월 5일.

32) 「원한에 북바친 의용군참가자들 술회」, 『조선인민보』, 1950년 7월 7일.

33) 「의용군참가에 4만 학생들 데모」, 『조선인민보』, 1950년 7월 7일.

서 죽은 ……" 하는 노래를 소리 높여 부르는 양을 보고 있으면 내 가슴
이 쓰리다. 다음은 여학생들, 남학생들에게 못지않게 씩씩하고 활발하다.
한 학교의 학생이 그리 많지는 않으나 워낙 여러 학교가 동원된 모양이
다. 대개는 전에 좌익으로 지목을 받아서 퇴학처분을 당한 학생들이 주동
이 되어서 이에 동정하는 학생들이 모였다 하니 씩씩하고 기운차 보이는
것도 무리가 아닐 성싶다. 다음이 대학생들. 우리 학교 학생이 선등으로
몇십 명 열을 지어서 가고 있다. 역시 전에 처분당한 학생들의 얼굴이 많
이 보인다.34)

의용군 모집의 형식은 '자원'이었으나 실제로는 "이승만 도당들을 격멸
소탕하는 정의의 전쟁에 참가하기 위하여 의용군 조직운동이 광범위하게
일어나고 있다."35)라는 신문 기사처럼 조직적이고 집단적인 정치동원이었
다. 군중대회를 통한 모집 방식은 개인적 영웅심과 군중심리를 이용하여
일시에 다수의 인원을 모집할 수 있는 장점이 있었다.36) 그리고 학생 궐기
대회를 통한 의용군 모집은 큰 성과를 거두었다. 『조선인민보』는 7월 10일
까지 서울에서 민주애국청년동맹원 7만 8,000여 명이 의용군에 자원했
고,37) 학생들은 7월 11일까지 417개소에서 궐기대회를 개최하여 6,759명이
지원(남자 대학생 2,182명, 남자 중학생 2,244명, 여학생38) 2,333명)했다고
보도했다.39) 이처럼 신문에서는 학생과 청년의 자원 입대를 널리 선전했
지만 실상은 이와 다른 양상이 많았다. 서울지역에서는 이미 7월 10일경부

---

34) 김성칠, 앞의 책, 104~105쪽.
35) 「모두다 의용군에로! 남조선애국청년들 총궐기」, 『조선인민보』, 1950년 7월 7일.
36) 배경식, 앞의 논문, 69쪽.
37) 「민청원 7만 명 자원」, 『조선인민보』, 1950년 7월 12일.
38) 여학생들은 대부분 간호병으로 병원에 배치되었다. 7월 10일 서울에서 징집되어,
    7사단 의무대대에 배치된 의용군은 여성간호사들 대부분이 훈련받지 않은 여고생
    이었다고 증언했다(정병준, 앞의 논문(2013), 14~15쪽).
39) 이때 숙명여중 학생 426명은 궐기대회에 참석했다가 전원이 자원하였고, 풍문여
    중 356명 중 300명이 자원하였다(「7천학도 계속자원」, 『조선인민보』, 1950년 7월
    13일).

터 각 인민위원회·기업체·학교 등에 징집대상 숫자를 할당했고, 각 단체들이 호구조사를 실시해 대상인원을 파악한 후 가택수색을 실시해 강제 징집했다.[40]

김성칠은 북한군 점령기 서울에서 벌어지고 있던 학생들의 궐기대회 모습과 의용군 지원 과정에 대해 다음과 같이 적었다.

7월 12일

신문에 보면 어느 대학에서 몇십 명, 어느 중학에서 몇백 명, 심지어 동덕 같은 덴 여자중학이면서도 5, 6학년 전원 2백 명이 美敵과 이승만 도당에 대한 적개심에 불타서 자진 의용군에 지원하였다는 시세 좋은 이야기가 꼬리를 물고 게재되었다. …… 좌익계열의 선생과 학생들이 선두에 서서 덮어놓고 학교에 나오기를 선전한다. …… 나오지 않는 학생은 반동으로 처단한다, 정치보위부에 넘긴다 하여 학생을 모조리 모아놓고는 교양강좌란 이름 아래 해방일보나 조선인민보를 교재로 격렬한 선전을 하여 아이들의 정신을 얼떨떨하게 해놓고는 곧 궐기대회로 넘어간다.

몇몇 세위들이 번갈아 등단하여 "조국과 민족을 위하여 우리는 이 악독한 미 제국주의와 그의 주구들인 이승만 매국도당들을 쳐부셔야 한다." …… 하면 대열 중에서 "옳소! 옳소!"하고 더러는 "우리는 먼저 그러한 반동분자와 가열하고도 무자비한 투쟁을 하여야 할 것이오" 하고 공중을 향하여 굳센 주먹을 휘두르기도 한다. 이리하여 장내는 이상한 흥분의 도가니 속으로 들어간다. 이때 사회자가 "그럼 우리는 전원 의용군으로 지원합시다." 하면 "찬성이요, 찬성!" "찬성이오!"하는 소리가 빗발치듯한다. …… 사회자는 기회를 놓치지 않으려는 듯 "전원 찬성인 것 같소만 만일에라도 우리의 결의에 반대의견이 있는 동무는 말해주시오" 하고 다짐을 받는다. 그러면 학도호국단 시절의 감찰부원 못지않게 우악스럽게 생긴 친구들이 그 우락부락한 눈망울을 구리면서 "반대! 반대가 있으면 어디 말해봐" 하고 자못 못마땅한 듯 혼잣말처럼 배알는다. 이리하여 30초 혹은 1분이 지나면 "그럼 반대의견이 없는 모양이니 만장일치로 가결이오" 하는 선언이 내린다. 다음은 한 사람 한 사람씩 서명 날인으로 예

---

40) 서용선, 앞의 논문, 41쪽.

정한 절차를 밟고 그리고는 미리 마련해둔 "○○중학교 전원 의용군 지원"이란 플래카드를 들고 시가행진을 하고 그 길로 곧 심사장으로 향한다.
　어떤 여학교에선 이러한 절차로 궐기대회가 끝난 뒤 학생들이 서로 붙안고 통곡했다 한다. 그러나 그건 너무 감격해서 울었다는 것이다.[41]

　김성칠의 일기를 통해 학생들이 집단적으로 궐기대회에 참석하고, 의용군에 지원하기까지의 당시의 상황을 생생히 확인할 수 있다.
　또한 북한은 서울을 점령한 후 각 학교에 교책을 임명하여 학교를 통제했다. 즉, 좌익 교원으로 면직되었던 교원, 또는 아직 노출되지 않고 남로당에 가입하여 암약하던 교원들은 서울을 점령한 북한 당국자에 의해 임명된 교책을 중심으로 학교 재산을 접수하고 교직원을 통제했다. 북한은 교책 뿐 아니라 교무주임, 교양주임, 서무주임 등 간부를 파견했고, 그 외에도 수명의 좌익 교사를 배치했다.[42] 북한군 점령기 때 좌익 교원 임명과 이들에 의해 운영된 학교의 모습을 경기여고와 배명고의 사례를 통해 엿볼 수 있다.

사례1. 경기여고
　좌익파동 이래 본교에서는 엄중한 경계를 하였으나 교묘한 수단 방법을 써서 다시 침투해 있던 '뿌락치'와 ○○○ 등 전향을 가장하여 남아 있던 자들이 주동이 되어 경기여중 직장동맹이 결성되고 위원장을 선출했다. 평소에 사상이 철저하지 못하던 자들은 갑자기 그들에 아부하여 열성분자가 되었고 …… 직장동맹이 중심이 되어 가지고 아무리 열성을 보였어도 이북에서 교책으로 파견 받아온 ○○○은 직장동맹을 해체시키고 새로운 조직을 편성하였다.[43]

41) 김성칠, 앞의 책, 111~114쪽.
42) 서울특별시교육연구원, 앞의 책, 605쪽.
43) 경기여자중·고등학교, 앞의 책, 62쪽.

사례2. 배명고

가장 유능하고 모범적으로 생각했던 교사들 중에 공산당원이 있어 북괴군에 협조하고 나선 것이었다. 교무주임으로 있던 ○○○ 선생은 누가 보아도 근면 성실한 모범교사였으며, 진정한 스승이고 애국자였다. ······ 그런 사람이 서울이 공산군에 점령되자마자 철저한 공산주의자로 돌변하고 말았으니······ 그는 교장 선생에게까지도 공산당에 입당할 것을 강요하고 협박하기에 이르렀으며 교사와 학생들에게는 공산주의 사상을 주입시키기에 혈안이 되었고 교내에서 공산주의 활동을 펼치는데 너무나도 열성적이었다. 그는 선생들로부터 사랑을 받으며 학우들로부터 신망을 한 몸에 받고 있는 가장 총명하다고 생각되는 학생 ○○○군을 포섭하여 교내집회를 열고는 김일성과 스탈린을 찬양하고 공산주의를 찬미하며 이를 따르게 하는데 광분하였다.

배명학교에는 또 한 사람이 공산주의 추종자가 있었으니 바로 ○○○라는 국어과 교사였다. ······ 공산군이 서울에 입성하기가 무섭게 공산당을 지지 협조하는 데 발 벗고 나섰다. 얼마 되지 않아 그는 서울대학교 사범대학 부속고등학교의 책임자가 되어 배명학교를 떠나고 말았으니 참으로 믿어야 할 것인가 눈앞이 캄캄하였다. 이 밖에도 또 한 사람의 공산주의 광신자가 있었는데, ○○○이라고 하는 사회과 교사였다. ······ 그는 공산당에 비협조하는 교사나 학생들을 찾아내어 적극 협력할 것을 강요하였을 뿐만 아니라 자기 말에 순종하지 않는 사람이 있으면 폭력을 가하였고 협박하기를 서슴지 않았다. 그는 얼마쯤 지나 성동구 신당동 인민위원회의 책임자로 나가게 되었다. 또 ○○○이라는 체육교사도 공산당에 앞장서서 적극적으로 협력을 하더니 마침내 양정고등학교의 책임자로 가게 되었다.[44]

한편 극렬한 좌익 운동으로 퇴학당했던 학생들이나,[45] 교내에 잠적하고

---

44) 배명65년사편찬위원회, 앞의 책, 97~98쪽.

45) 1949년 11월 25일까지 자수한 남로당 및 민전 산하단체에 가입하였던 학생이 약 300여 명이었는데, 그중 중등학교 별 학생수는 다음과 같다. 진명여중 9, 배화중 3, 한양여상 3, 여상 5, 동명여중 10, 제삼여중 1, 풍문여중 3, 부여중 1, 한성여중 2, 동덕 20, 배재중 9, 한성중 41, 양정중 19, 경기중 21, 경복 18, 도상 1, 보인상

있던 좌익 학생들은 교사들이나 학우들에게 행패를 부리기도 했으며, 학우들에게 의용대에 가담할 것을 강요하기도 했다.46) 북한군이 서울을 점령한 후 좌익들의 보복과 이를 피해 서울을 떠나야 했던 당시의 상황을 숭문고의 사례를 통해 확인할 수 있다.

> 학교를 접수한 좌익 학생들이 최우선적으로 지목하고 검거에 혈안이 되었던 사람은 교장을 비롯하여 ○○○ 선생 등 5명이었다. 교장과 ○○○ 선생은 이미 한강을 건너 피난길을 떠난 후였고 ○○○ 선생은 어느 좌익 주동 학생의 사전 제보로 몸을 숨길 수 있었다. 그러나 ○○○ 선생은 죄 없는 우리들을 어떻게 하겠느냐고 학교를 지키다가 불행히도 납북당하여 현재까지 소식을 알 수가 없다.47)

1950년 9월 28일 서울이 수복되고 북한군이 후퇴하면서 더 이상 의용군 징집은 없었다.48) 하지만 수복된 서울에서는 부역자 처리 문제가 전면에 등장했다.

1, 보성중 32, 동성중 7, 휘문중 5, 중앙중 6, 전기공 21, 경성공 1, 상공 3, 성남 10, 서울공업 10, 경기사범 8, 성동공 16, 덕수상업 25, 백남중 2, 경신중 3, 한양공 1, 조선공 1, 고계 7, 숭문상 8(「서울 시내 각 학교의 자수자 현황」, 『동아일보』, 1949년 11월 30일).

46) 서울특별시교육연구원, 앞의 책, 605쪽.

47) 숭문100년사편찬위원회, 『숭문백년사』, 숭문중·고등학교총동문회, 2007, 352쪽.

48) 북한점령기 의용군의 범위와 관련해 현재 5가지 정도의 기준 수치를 얻을 수 있다. 거제포로수용소에 수감된 의용군 출신 공산군 포로 5만 명, 한국정부 조사결과에 포함된 6만 5천 명, 김일성·박헌영이 지목한 10만 명, 북한의 공식 전사가 제시한 40~45만 명, 서용선이 제시한 60만 명 등이다. 낙동강 전선에서 북한군의 규모(7만 명)를 염두에 둔다면 40~60만 명 동원 주장은 큰 설득력을 얻기 힘들다. 또한 포로의 숫자 5만 명과 한국정부의 조사결과 6만 5천 명을 염두에 둔다면, 역시 김일성·박헌영이 제시한 10만 명 내외가 북한점령기 동원된 의용군의 최대 규모였을 것으로 추정된다(정병준, 앞의 논문(2013), 13쪽).

2. 9·28 수복 후 학교 재개와 부역자 처리

1) 9·28 수복과 학교 재개

1950년 9월 15일 인천상륙작전 성공 이후 9월 28일 서울이 수복되자 서울시 교육국장은 9월 29일 자로 '공산괴뢰군 퇴거에 관한 긴급대책 실시의 건'이란 공문을 중등학교장 앞으로 발송했다.

공산괴뢰군 퇴거에 관한 긴급대책실시의 건

각 구청장 각 중등학교장 座下

6·25 북한괴뢰군의 남침한 후 3개월간, 그 노골적인 강도행위와 9·28 퇴거에 際하여 발악적인 파괴적 행위로 말미암아 수도 서울은 극히 황량하여져서 그 처참함은 실로 형언키 難하야 이러한 시련에 반발력이 풍부한 민족의 우수성을 발휘하여 파괴에서 건설로 혼란에서 평화로 복구시킴은 현하 우리의 최대 과제임을 인식하고 모든 질서 회복에 교육자가 선구적 역할을 다하도록 좌기사항을 철저히 실시하여 주심을 요망함. 이하 지시 내용은

1. 적색환경일소
2. 학교실태 조사보고
3. 학교 校舍 시설에 대한 경비수호
4. 적색교원 적발보고, 해당자는 출근을 정지시키며 잡인출입을 철저히 단속할 것
5. 직원 상황보고
6. 개학 준비
7. 시·구·동회 등 긴급 의뢰사항에 대한 협력
8. 현직원 이력서 2통 제출

단기 4283년 9월 29일 서울특별시 교육국장[49]

---

49) 서울특별시교육연구원, 앞의 책, 621쪽.

　서울시 교육국에서는 가장 먼저 학교가 북한군에 점령되었던 흔적을 지울 것을 지시했다. 그리고 학교 상황을 조사해서 보고하고, 학교 시설에 대한 경비를 철저히 할 것을 당부했다. 또한 적색 교원을 가려서 보고하고, 현직원의 이력서를 제출하도록 하는 등 교직원을 통제하고 검증하며 개학을 준비하라고 했다. 끝으로 해당 지역 관청의 요구에 학교가 협력하라고 했다. 이후 10월 5일 문교부는 수복지구의 초·중등 교육을 재건하기 위해 시급히 '지방교육재건임시위원회'를 설치하고, 그 임무에 대해 공고했다.

공고

　탈환지구의 학교 재해를 시급히 복구하고 파괴된 한국 교육을 건전하게 재건하기 위하여 다음과 같이 조치하니 교육행정 담당자 교직원 및 학생은 일치협력 멸공구국 정신을 발휘하여 실시의 완벽을 기하여 주기 바란다.

1. 초·중등학교에 대한 조치
　　전반 도지사(含 서울특별시장) 회의 시에 문교부에서 지시한 '지방교육재건임시위원회 설치 요망'에 의하여 서울특별시 또는 각도에 지방교육재건임시위원회를 시급히 설치하여 좌기 사무를 신속히 처리하여 주기 바란다.
　　1) 학교 임시관리 책임자의 추천
　　2) 학교장 및 교직원의 심사와 임시 배치에 대한 추천
　　3) 재해 조사의 철저와 대책 강구
　　4) 학교 校舍 및 시설의 복구 계획 수립
　　5) 학생의 동태조사
　　6) 사태수습에 적응한 교육 실시 대책의 연구
　　7) 임시학급 편성과 개교 계획 수립
　　8) 이재 교직원에 대한 조치 강구
이상 諸項의 자문을 받은 지방장관은 문교부와의 긴밀한 연락 하에 적절 신속한 행정조치가 있기를 바란다.

⋮

3. 학도호국단 운영

 9월 3일부 대통령각하 담화에도 있는 바와 같이 학도호국단 이외의 학생단체는 인정치 않는다. 따라서 학도 諸君은 즉시 학도호국단에 복귀 집결하여 좌기 중대 임무를 완수하여 주기 바란다.

 1) 군경에 대한 협력

 2) 학교의 수호

 3) 재해복구 근로 작업에 참가

4. 학생등록

 중등학교 이상의 학생은 학교 학도호국단에 좌기 사항을 10월 8일까지 등록하여야 한다(단 좌익분자 제외).

 1) 과목

 2) 학년

 3) 성명

 4) 생년월일

 5) 주소

 6) 6월 28일 이후의 동정

각 학도호국단장은 그 결과를 대학 및 사범학교에 있어서는 문교부장관에게 중학교·고등학교에 있어서는 서울특별시장 또는 도지사에게 10월 10일까지 보고하여야 한다. 서울특별시장 또는 도지사는 그 결과 보고를 10월 12일까지 제출하여야 한다.

단기 4283년 10월 5일 문교부[50]

 문교부는 학생들이 학도호국단에 복귀하여 학교를 수호하고, 군경에 협력하며, 재해복구에 참가하는 중요한 임무를 완수할 것을 당부했다. 또한 좌익분자를 제외한 중등학교 이상의 학생은 학도호국단에 인적사항과 6월

---

50)「문교부, 지방교육재건임시위원회 설치와 학도호국단 운영에 대한 공고를 발표」, 『서울신문』, 1950년 10월 6일.

28일 이후의 동정을 등록하도록 지시했다. 그리고 각 중등학교 학도호국단 장은 그 내용을 10월 10일까지 서울시장 또는 도지사에게 제출하도록 했 다. 10월 5일 자 문교부의 공고에 따라 서울시도 교육재건임시위원회를 설 치했던 것으로 보인다. 10월 11일 서울시 교육국이 시내 사립중학교 설립 자·재단 이사장에게 보낸 공문의 내용이 문교부의 지시 사항을 그대로 반 영하고 있는 것을 통해 이를 확인할 수 있다.

학교 임시 관리 책임자 위촉 보고에 관한 건

각 사립중학교 설립자 재단이사장 座下

공산 괴뢰군 격퇴 후 파괴된 학원의 급속한 복구 건설을 위하여 최대한 노력을 경주하고 계실 줄 사료되오나 전란 중 교직원의 변절 이산 등으 로 말미암아 인사진용의 혼란 상황에 빠졌음에 鑑하여 가급적 최단 기 간 내에 교직원의 재심사 결원 보충 등 전면적 재조정을 할 예정인바 사 립학교에 있어서도 우선 당면한 좌기 임무를 수행케 하기 위하여 정식 학교장이 추천 인가될 시까지 각기 학교 교직원 중에서 학교 임시 관리 자를 선정 위촉하시고 기결과를 來 10월 15일까지 無違 보고하심을 요 망함.

학교 임시 관리 책임자의 임무

1. 치안 확보되는 대로 당해 학교 직원의 복교 방도를 강구하여 此를 등 록하고 그들의 협력을 얻어 관리의 만전을 기하는 동시에 其 상황을 보고할 것.
2. 학교 校舍 및 시설의 피해 상황을 조사하여 신속히 보고할 것.
3. 학교 校舍 및 시설의 파괴 도난 화재 등을 방지하여 그 완전 보존을 期함은 물론 旣히 도난된 물건에 대하여는 그 탐색에 노력할 것.
4. 직원 및 학생의 동태를 내사 보고 할 것.
5. 학교장이 근무하게 되면 그 사무를 인계하고 보고할 것.

단기 4283년 10월 11일 서울특별시 교육국장[51]

서울시 교육국은 시내 사립중학교 설립자와 재단이사장에게 북한군이 서울을 점령하며 임명한 교책을 대신할 임시 관리자를 사흘 내에 각 학교 교직원 중에서 임명하여 보고하도록 했다. 학교 임시 관리 책임자는 흩어진 교직원을 복교 시키고, 학교 피해 상황을 조사하고 보존하며, 교직원과 학생의 동태를 내사해서 보고해야 했다. 그리고 정식 학교장이 임명되면 그 사무를 인계하는 것이 임시 관리 책임자의 임무라고 명시했다.

계속해서 서울시 교육국은 학교 개학에 관한 다음과 같은 사항을 지시했다.

▷ **학교 개학에 관한 사항**

 1. 공립 초·중등학교의 개학일은 10월 16일로 결정함. 당일 각 학교에서는 오전 10시 일제히 개학식을 거행하고 시의에 적합한 훈화를 할 것.

 2. 학교 校舍 시설 등을 급속히 정리 정돈하여 개학에 지장이 없도록 할 것.

 3. 校舍 시설이 소실 또는 군대 주둔 등으로 학교로 사용하지 못하는 경우에는 다른 시설을 임시 차용 또는 인접한 학교에 분산 위탁 등 상세한 임시 조치안을 작성하여 전기 개학일 본관의 승인을 받아 개학할 것.

▷ **승인 신청인**

 초등학교는 구청장이 신청하고, 공립중학교는 교장이 신청하며, 사립중학교는 설립자가 신청할 것.

 4. 공산 도배에 협력한 자를 제외한 학교 직원은 그 신분에 관하여 별도 지시가 있을 때까지 각기 종전 직위에서 당면 부여된 사명을 다할 것.

 5. 개학 당일의 상황을 별지 서식에 의하여 10월 18일까지 無違 보고할 것.[52]

---

51) 서울특별시교육연구원, 앞의 책, 621~622쪽.

서울시의 지시에 따라 시내 초·중등학교가 10월 16일 오전 10시에 일제히 개교식을 거행했다는 소식이 신문에 실렸다.[53] 그리고 북한군의 강제징집으로 등록 학생 수가 상당히 감소될 것으로 보인다고 했다.[54] 무엇보다 북한군 점령 3개월간에 파괴된 校舍 및 교육시설과 흩어진 교직원의 파악 등이 어려워 즉시 정상수업에 들어갈 수는 없었다. 또한 대다수 중등학교는 서울시 교육국의 지시에 따라 북한군 점령하에서의 교직원과 학생의 행적에 대한 심사·보고, 파괴·소실된 시설 파악, 제반 장부의 정비 등 전쟁의 뒷정리로 1개월여의 시간을 보내야 했다.[55]

그렇게 중등학교가 개교한 지 한 달쯤 지난 1950년 11월 18일 문교부는 중앙청 제1회의실에서 각도 문교사회국장 회의를 개최하고 문교행정의 당면한 여러 문제에 대한 지침을 밝혔다. 지시된 중등학교 운영에 관한 임시조치요강은 다음과 같다.

▷ **사범학교 및 중등학교 운영에 관한 임시조치**
- 校舍의 소실 또는 유지재단의 고갈 기타 이유로써 전연 재건 불가능한 경우에는 감독관청의 허가를 얻어 폐교할 수 있다(국민학교는 제외).
- 재건의 시일을 요하는 경우에는 일시 휴교할 수 있다. 폐교 또는 일시 휴교 시에는 학생은 적절한 타교에 전교시킨다.
- 校舍가 일시 이전을 요하는 경우에는 국공사립을 막론하고 타 校舍를 공동 사용할 수 있고 수 개소의 분교를 설치할 수 있다.
- 타 校舍를 사용할 때에는 2부 또는 3부 수업을 실시할 수 있다. 그리

---

52) 서울특별시교육연구원, 위의 책, 606쪽.
53) 「서울시 각 초등학교 개교」, 『동아일보』, 1950년 10월 17일.
54) 숙명여고의 경우 6월 25일 당일에 재적 학생수는 1,199명이었으나 11월 16일까지 학교에 연락이 된 학생은 923명이었다(숙명100년사편찬위원회, 『숙명백년사』, 숙명여자중고등학교, 2006, 196쪽).
55) 서울특별시교육연구원, 앞의 책, 605쪽.

고 교실시설 등을 고려하여 합동교수 또는 복식교수를 실시하고 학
생의 혼성학급을 편성해도 무방하다.
- 학생의 통학거리를 조정하기 위하여 국공사립을, 학과별을 막론하
고 지망에 따라 각 학교 전입 등의 문호를 개방한다.

▷ **학년 학기 졸업 임시조치**
- 1950년도는 학기 구분 없다.
- 1950년도는 학년말은 8월로 하고 수업일수의 3분의 2 이상 출석하여
야 한다.
- 군인으로 출전한 학생병은 퇴진하여 전학년의 성적을 기준으로 진
급 또는 졸업을 결정한다.
- 동기 및 하기 휴가는 소정의 교정을 이수완료 할 계획이 있는 경우
에 적당히 실시한다.56)

문교부의 방침에 따르면 파괴 정도가 심해 복구가 불가능한 학교는 폐
교할 수 있지만 의무교육 대상인 초등학교는 폐교할 수 없었다. 그리고 학
교 재건을 위해 일시 휴교하거나 폐교할 경우 해당 학교의 학생들이 학업
을 이어갈 수 있는 조치들이 구체적으로 제시되었다. 휴·폐교 학교의 학생
은 전학시키고, 일시 휴교일 경우 다른 학교의 校舍를 사용하거나 분교를
여러 곳에 설치하는 것도 가능하게 했다. 다른 학교 校舍를 이용할 경우
2부·3부 수업뿐 아니라 혼성학급 편성도 허용되었다. 또한 학생들의 통학
거리를 고려하여 국·공·사립, 학과를 구분하지 말고 인근 학교에 전입할
수 있도록 지시했다. 무엇보다 전쟁으로 인한 학년·학기·졸업에 대한 임시
조치도 내려졌는데, 1950학년도는 학기 구분을 없앴고, 학년말을 8월로 연
장했다. 즉, 1950년 6월 1일 시작된 새학년 새학기가 전쟁으로 3개월 이상
중단되었고, 수업일수를 채우기 위해 학기 구분을 없애고 1951년 3월 말이

---

56) 「문교부, 각도 문교사회국장회의에서 휴교·폐교 요건 등 현안 지시」, 『서울신문』,
1950년 11월 20일.

아니라 8월 말로 학년말을 연장한 것이다.[57]

이처럼 서울 수복 이후 학교 재개를 위한 문교부와 서울시의 노력이 있었지만, 중국군의 전쟁 개입으로 전세가 불리해지자 11월 말 방학에 들어갔던 서울 시내 중등학교는 또다시 12월 20일 무기 휴교했다.[58]

1950년 10월 16일 개학 후 서울의 학교가 어떻게 운영되었는지는 숙명여고의 교무일지 기록을 통해 알 수 있다.[59]

〈표 III-1〉 서울 수복 후 숙명여고 학사 운영

날짜	내용
10월 17일	5,6학년 등교 3시간 수업
10월 18일	3,4학년 등교 3시간 수업
10월 19일	1,2학년 등교 3시간 수업
10월 20일	4,5,6학년 등교 3시간 수업
10월 21일	1,2,3학년 등교 3시간 수업
10월 24일	UN데이 행사, 종합 축하식, 시가행진 참가(시청광장), 위문 연예(본교 강당)
10월 27일	정부 환도, 평양 탈환 경축 국군·UN군 환영 국민대회 전교생 참가
10월 30일	1,2,3,4학년 수업 5,6학년 작업
11월 1일	1,2,5,6학년 수업 3,4학년 작업. 국방부 정훈국 선전 공작 대원 내교하여 전교생에게 국민가요(전우여 잘 있거라)를 지도함
11월 6일	전학년 4시간 수업
11월 9일	본교에 주둔하는 군인을 위하여 연예회를 강당에서 하였음. 전교생 대한 청년 총궐기대회(서울운동장) 시가행진 참가
11월 20일	1,2,3학년 3시간 수업 4,5,6학년 4시간 수업
12월 5일	종업식 거행

숙명여고의 경우 서울이 수복되었던 9월 28일에 교직원 8명과 학생 3명, 29일에 교직원 13명과 학생 7명이 학교에 나와서 무너진 담을 수리하고 파괴된 물건을 치웠다. 그리고 10월 3일에 개천절 기념식을 겸한 개교식을 했다. 서울시의 공식적인 개학 지시보다 앞서 자체적으로 학교 운영을 재

---

57) 이에 관해서는 이 책 I장의 52~53쪽에서 자세히 다루었다.
58) 서울특별시교육연구원, 앞의 책, 606쪽.
59) 숙명100년사편찬위원회, 앞의 책, 196~197쪽.

개했던 것이다. 그리고 10월 17일부터 수업이 진행되었는데, 처음에는 2개 학년씩 3시간 수업을 했고, 이후 3~4개 학년이 바꿔가며 수업을 하다가 11월 6일에 전학년이 4시간 수업을 했다. 이는 파괴와 군대 주둔 등으로 수업을 할 수 있는 校舍를 충분히 확보하지 못했기 때문이었다. 이러한 상황에서도 학생들은 궐기대회와 시가행진 등에 참가했고, 군인 위문활동도 했던 것이다.

경기여고는 서울 수복 후의 학교 상황을 '재건 제1호'라는 제목 아래 다음과 같이 정리했다. 이를 통해 당시의 상황을 좀 더 구체적으로 확인할 수 있다.

지하에 숨었던 교직원과 학생들이 나와서 건설단을 조직하고 안팎 정비에 착수하였다. 그동안 부역하며 날뛰던 학생과 직원들은 모조리 숨어버리고 극렬분자는 아니었다 할지라도 협력하였던 자들은 그래도 조그만 양심은 있었던지 제풀에 얼굴도 내놓지 못하였다.

부산으로 남하하였던 교장이 환도하자 학교는 다시 자리가 잡히었다. …… 일정한 기한을 두어 학생들의 등록을 받았던 바 대체로 지하에 숨었던 학생들만이 당당히 나와 등록하였다. 이로써 학교와 자연히 관계가 끊어진 것이지마는 학교측에서는 신중을 기하기 위하여 미등록 학생들의 3개월간의 개별 동태를 조사하여 그 결과 교칙을 따라 응분의 처리를 하였다.

이로써 내부 정리는 끝이 났으나 校舍와 시설의 파괴 교구 비품의 손실은 막대한 것이어서 그냥 버려둘 수가 없는 형편이었다. …… 40여 년간 사서 모은 수 만권의 진귀한 도서들은 괴뢰들이 불쏘시개와 휴지로 마구 찢어 써서 이 구석 저 구석에 흩어져 있다. …… 재건 제1호는 청소와 정돈에 주력하는 일로 종시하였다. 이와 같이 깨어진 校舍 안에서도 정상적인 수업은 계속하였다.[60]

---

60) 경기여자중·고등학교, 앞의 책, 64~66쪽.

2) 9·28 수복 후 부역자 처리

서울 수복 후 서울시 교육국의 가장 어려웠던 일은 3개월간의 점령기간에 재직했던 교직원의 행적을 조사하여 그 사상을 심사하는 일이었다. 서울시장 이기붕은 1950년 9월 28일 자로 부역자 신고에 대한 포고를 통해 부역자를 경찰에 고발하도록 했고, 부역자를 은닉한 자도 동일한 범죄로 간주하여 엄벌에 처할 것이라고 했다.[61] 부역자 처벌은 1950년 6월 25일 제정된 대통령긴급명령 제1호 '비상사태하의 범죄처벌에 관한 특별조치령'에 근거했다. 법령에 따르면 부역자에 대한 법원의 심판은 단심으로 단독 판사가 진행했고, 기소 후 20일 이내에 공판을 열어 40일 이내에 판결을 완료해야 했다. 무엇보다 판결에 있어 증거 설명을 생략할 수 있었다.[62] 국회는 서울 수복 전에 억울한 처벌과 私刑을 방지하기 위해 9월 17일 '부역행위특별처리법'과 '私刑금지법' 제정에 착수하여,[63] 9월 28일 국회 본회의를 통과시켜 10월 7일 정부에 회부했다.[64] 하지만 이승만은 이 법안의 재심을 요구했다. 이에 국회는 11월 13일 본회의에서 재석 144명 중 부역행위특별처리법 134명, 사형금지법 128명 찬성으로 정부의 재심을 거부하고 법률을 확정하여,[65] 12월 1일 공포되었다.[66] 하지만 이승만 정부는 국회에서 통과된 이 법을 무시했고 시행조차 하지 않았다.[67]

군검경합동수사본부는 "9월 24일 입경 당시에는 각 동회 치안대·자위대

61) 「이기붕 서울시장, 서울 수복을 계기로 공유재산 반환과 부역자 신고에 대한 포고를 발표」, 『서울신문』, 1950년 10월 3일.
62) 〈비상사태하의 범죄처벌에 관한 특별조치령〉, 대통령긴급명령 제1호, 1950년 6월 25일(국가법령정보센터, http://www.law.go.kr 이하 법률 출처 생략).
63) 「제8회 27차 국회 본회의, 부역행위특별심사법과 사형금지법안 심의」, 『민주신보』, 1950년 9월 19일.
64) 「부역처리법 회부」, 『동아일보』, 1950년 10월 10일.
65) 「부역자처리법 등 정부 재심을 일축」, 『동아일보』, 1950년 11월 14일.
66) 〈부역행위특별처리법〉, 법률 제157호, 1950년 12월 1일.
67) 박원순, 「전쟁부역자 5만여 명 어떻게 처리되었나」, 『역사비평』 9, 1990, 183쪽.

등이 난립하여 빨갱이 숙청이라 하여 무차별 체포로 인하여 치안상태가 매우 혼란하였다.”고 했다.68) 무엇보다 계엄사령관은 서울 시내 각 구동회의 애국반원들이 10월 20일까지 모든 애국반원 연대책임 하에 부역자를 철저히 적발하여 명부를 작성하여 동회를 거쳐 소관 파출소에 제출하도록 지시했다.69) 이러한 과정에서 군경뿐 아니라 공무원이나 일반 시민들이 부역자로 지목된 사람들의 집이나 재산을 가로채고, 부역자를 불법 구속하고 구타하며, 사실을 날조하여 허위 무고하는 일들이 자행되었다. ‘逆産 불법 점거 등 장 헌병사령관 담화 발표’, ‘입주허가증 없는 불법침입 한 자 고발하라’, ‘합동수사본부, 양민을 괴롭히는 사설단체 엄중 처단 경고’와 같은 기사가 지속적으로 보도되었던 것은70) 당시 그러한 행위들이 사회적 문제였음을 방증하는 것이다.

실제로 만 14세의 소년이 “괴뢰군이 입성하자 그들 소위 내무서에 근무하여 동 서원들의 제반 사무를 조력하고, 동 내무서원에게 거동 우익인사의 가옥을 안내하여서 동인들을 살해케 한 것이다.”라는 이유로 부역자로 기소되었고, 당시 17,8세 되는 두 명의 중학생이 기소된 이유는 1950년 6월 28일 빨갱이들이 가재도구를 잔뜩 싣고 나온 경찰 책임자의 집에서 양주병 두세 개, 비누갑 기타 일용품 등 여기저기 흩어져 있던 몇 가지를 가져갔다는 것이었다.71) 당시의 특별조치령에 따르면 이 경우 사형, 무기 또는 10년 이상의 유기징역에 해당하는 죄였다. 김성칠은 서울 수복 후 부역자

---

68) 「합동수사본부, 1만여 건의 부역자 심사」, 『경향신문』, 1950년 10월 30일.
69) 「부역자는 우리 손으로 20일내 반단위로 적발」, 『동아일보』, 1950년 10월 12일.
70) 「역산 불법점거 등 장헌병사령관 담화 발표」, 『동아일보』, 1950년 10월 14일; 「입주허가증 없는 불법 침입한자 고발하라」, 『동아일보』, 1950년 10월 17일; 「합동수사본부, 1만여 건의 부역자 심사」, 『경향신문』, 1950년 10월 30일; 「김창룡 군·검·경 합동수사본부 책임자, 현안에 대해 기자와 간담」, 『서울신문』, 1950년 11월 7일; 「합동수사본부, 양민을 괴롭히는 사설단체 엄중 처단 경고」, 『경향신문』, 1950년 11월 10일.
71) 유병진, 『재판관의 고민』, 서울고시학회, 1964, 121~123, 134~135쪽.

처벌이 벌어지던 당시의 상황을 다음과 같이 기록했다.

1950년 10월 16일

어리석고 멍청한 많은 시민(서울시민의 99% 이상)은 정부의 말만 믿고 직장을 혹은 가정을 '사수'하다 갑자기 赤軍을 맞이하여 90일 동안 굶주리고 천대받고 밤낮없이 생명의 위협에 떨다가 천행으로 목숨을 부지하여 눈물과 감격으로 국군과 UN군의 서울입성을 맞이하니 뜻밖에 많은 '남하'한 애국자들의 호령이 추상같아서 "정부를 따라 남하한 우리들만이 애국이고 함몰 지구에 그대로 남아 있는 너희들은 모두가 불순분자이다" 하여 困迫이 자심하니 고금천하에 이런 억울한 노릇이 또 있을 것인가.

이미 정부 각계 수사기관이 다각적으로 정비되었고 또 함몰 90일 동안에 적색분자와 악질 부역자들이 기관마다 마을마다 뚜렷이 나타나 있으니 이들을 뽑아내어서 시원히 처단하고 그 여외의 백성들일랑 "얼마나 수고들 하였소, 우리들만 피란하게 되어서 미안하기 비길 데 없소" 하여야 할 것이거늘, 심사니 무엇이니 하고 인공국의 입내를 내어 인격을 모독하는 일이 허다하고, 심지어는 자기의 벅찬 경쟁자를, 평소에 자기와 사이가 좋지 않던 동료들을 몰아내려고 하는 일조차 있다는 낭설이 생기게끔 되었으니 거룩할진저, 그 이름은 '남하'한 애국자로다.[72]

정부를 따라 '남하'한 사람들은 애국자가 되었고, 서울에 그대로 남아 있던 사람들은 모두가 불순분자로 취급된 것이다. 결국 부역자로 지목된 사람들은 정부의 말만 믿고 직장과 가정을 '사수'했던 시민들이었다. 이승만 정부는 자신들의 잘못을 시인하지 않으려 했고, 오히려 부역자들을 더 엄중하게 처벌함으로써 자신들의 잘못을 감추려 했다.[73] 이승만은 부역자 처리에 대해 다음과 같이 밝혔다.

---

72) 김성칠, 앞의 책, 266~267쪽.
73) 박원순, 앞의 논문, 184쪽.

공산도배들과 연락하는 따위의 즉 박쥐 노릇을 한 자도 있을 것이다. 이러한 붕당무리들은 단연코 容許치 않을 것이다. …… 민국에서 나쁜 사람을 적발하고 공산당이었다면 부모 형제간이라도 용서하지 말고 처단토록 해야 할 것이다.[74]

부역처단은 앞날의 우리나라의 기초를 안정시키는데 가장 기본적인 요소가 되는 중대한 사실이므로 정실에 끌려서 우리 국가와 우리 민족의 장래를 그르치는 일이 없도록 철저히 단속하도록 엄령을 내리겠다.[75]

이승만은 '공산당이었다면 부모형제 간이라도 용서하지 말고 처단'해야 한다고 했고, 부역자 처단이 우리나라의 기초를 안정시키는 가장 기본적인 요소라며 철저히 단속할 것을 명령했다.

부역자 처리 건수에 대한 분명한 통계는 없으며 몇만 명에서 몇십만 명으로 그 건수에 대한 편차도 크다. 9·28 수복 이후 부역자 검거와 심사 결과에 대한 내용도 당시 신문 보도와 미국 측 문서가 일치하지 않는다.[76] 다만 내무부가 발표한 부역자 검거 통계에 따르면 1950년 9월 28일부터 11월 13일까지 각 시도 경찰국에서 검거한 부역자 총수는 서울 13,948명을 비롯해 55,909명이었다. 이 중 15,892명이 석방되었고 12,375명이 검찰에 송치되고, 27,642명이 군법회의에 회부되었다.[77] 서울에서 검거된 부역자 심사를 맡았던 합동수사본부의 오제도 검사는 정보장교와 경찰관, 검사로 심사반을 편성해서 죄의 경중에 따라 ABC로 부역자를 구분해서 A는 군법회의로, B는 검찰청으로 송치하고 C 해당자는 전원 석방시킨다는 기준을

---

74) 「이승만 대통령, 수도 탈환 이후의 제반 문제에 대해 기자문답」, 『민주신보』, 1950년 9월 23일.
75) 「이승만 대통령, 부역자 처단문제 등에 관하여 기자회견」, 『경향신문』, 1950년 11월 15일.
76) 이임하, 「한국전쟁기 부역자 처벌」, 『사림』 36, 2010, 120~123쪽.
77) 「전쟁 부역자 5만여 명 검거」, 『경향신문』, 1950년 11월 16일; 「내무부, 부역자 검거 통계」, 『조선일보』, 1950년 11월 17일; 「5만 5천여 명 전국 부역자 검거수」, 『동아일보』, 1950년 11월 16일.

만들었다고 했다.[78] 재판에 회부된 부역자 중 사형에 관한 부분만 살펴본다면, 10월 4일부터 11월 3일까지 1개월간에 걸쳐 180여 명에 대하여 사형선고가 내려졌고, 11월 7일에 26명의 사형이 집행되었다. 당시 신문에는이들의 이름과 직업 등이 보도되었는데, 이 중에는 19세와 22세의 학생 2명이 포함되어 있다.[79] 그런데 계엄사령부 부사령관 이호준 준장은 기자들과의 만남에서 11월 3일까지 39건 사형을 집행했고,[80] 11월 10일에는 사형집행이 40건이 넘는다고 했다.[81] 그리고 계엄사령부의 11월 23일까지의통계는 사형 선고가 877명, 집행 161명이었다.[82] 또한 미국의 UP통신은 11월 25일 877명 중 322명에 대한 사형을 집행했다는 기사를 보냈다.[83] 즉,서울 수복 후 부역자 재판에서 사형이 선고되고 동시에 지속적으로 사형이 집행되고 있었던 것이다. 결국 서울 수복 후 부역자를 처리하는 과정에서 국민을 속이고 '남하 한 애국자들'이 정부를 믿고 서울에 남아 있던 다수의 시민들을 '불순분자'로 낙인찍고 억울한 처벌과 죽음으로 내몰기도한 사건이 발생했던 것이다.

서울에 살던 교원 부부의 한 가정이 점령과 수복의 과정을 거치면서 어떻게 무너졌는지 김성칠의 일기를 통해 생생히 확인할 수 있다.

1950년 10월 25일
국씨의 따님이 돈암국민학교에서 일 보고 계셨는데, 역시 학교 교원 노릇하던 그 부군이 6·28 직후 대수롭지 않은 일로 정치보위부에 잡혀갔으므로 어찌하면 그 남편을 구해낼까 하여 고심한 나머지 인민공화국에 성의를 보여서 반동가정이 아니란 표시를 할 양으로 여맹의 일을 보았는데,

---

78) 「그때 그 일들, 오제도 - 부역자처리」, 『동아일보』, 1976년 6월 28일.
79) 「부역자 26명 사형집행」, 『서울신문』, 1950년 11월 10일.
80) 「사형만 39건 군법회의의 부역자 판결」, 『동아일보』, 1950년 11월 4일.
81) 「생필품 반출입 자유」, 『동아일보』, 1950년 11월 11일.
82) 「부역자 161명 사형 집행」, 『경향신문』, 1950년 11월 25일; 「사형언도된 부역자 867명」, 『동아일보』, 1950년 11월 25일.
83) 「부역자 322명 사형 집행」, 『부산일보』, 1950년 11월 27일.

이번에 그것이 동티가 나서 그 따님이 헌병대에 체포되었다는 것이다.

"사위는 인민공화국에 잡혀가서 행방불명이고 딸은 대한민국에 구금되어 있고 외손자들을 갑자기 고아가 되어 와서 밤낮 보채고만 있으니 글쎄 내 마음이 편할 수 있으리까" 하고 호젓이 웃으신다. 그러한 일이 어찌 그 가정 뿐 이리요 싶어서 가슴이 쓰리다.[84]

서울에 남아 있던 교직원에 대한 부역자 심사도 진행되었다. 문교부는 부역 교직원 심사 기준을 각 학교에 통보했는데, 이에 따르면 부역자 심사는 학교 관리책임자를 위원장으로 하는 9명 이내의 교직원조사위원회를 구성하여 실시하고, 심사결과 부역행위의 정도에 따라 파면·권고사직·정직 등의 징계를 하게 했다. 학교에 통보된 부역교직원 심사 기준은 다음과 같다.

1. 괴뢰집단의 각 기관(정부, 사회단체 포함)에 임명된 자
2. 각종 기관의 자치위원회의 총무부장 이상의 간부로서 처음부터 끝까지 근속 또는 적극적으로 활동한 자
3. 남하 대피한 교직원 또는 북한괴뢰집단의 침구를 받지 않은 지역에서 근무한 교직원으로서 북한괴뢰집단에 대한 이적행위를 행한 자
4. 괴뢰집단에 필요 이상으로 아부한 자 또는 열성적으로 협력한 자, 단 특수기술자·노무자 또는 특수사정에 의하여 부득이 또는 강제적으로 괴뢰집단에 근무한 자 중 불가항력의 사유를 인증하는 자에 한하여 예외로 취급할 수 있다.[85]

서울시는 각 학교가 교직원조사위원회를 설치하여 부역한 교사 및 학생들의 동태를 보고하도록 했고, 서울시 교육국 학무과에 심사위원회를 설치하여 해당 업무를 맡겼다. 그리고 부역의 정도에 따라 A급, B급, C급으로 심사 분류한 후 A급은 파면, B급은 그 정도에 따라 좌천, 감봉, 전직 등의

---

84) 김성칠, 앞의 책, 274~275쪽.
85) 「문교부, 부역교직원 심사 기준을 각 학원에 통첩」, 『서울신문』, 1950년 11월 21일.

징계 처벌을 하고 C급은 관용한다는 원칙을 세웠다. 서울시 교육국에서는 교직원의 부역 사실 유무와 그 정도뿐만 아니라 자진 월북자, 강제 납북자, 행방불명자, 피난 중, 병사자, 전사자 등으로 상세히 조사했다. 조사 결과에 따르면 의용군으로 끌려간 교직원도 적지 않았고, 중등교육계의 교장, 교감 등 간부급 교원의 희생이 많았다.[86]

각 학교에서 진행된 부역자 심사는 교장 주재 아래 교직원조사위원회가 엄정한 입장에서 심사해야 하는데, 일부에서는 학생들만이 주동이 되어 개인적 감정으로 심사를 하고 학부형의 부역을 그 자제에게 짊어지우는 등의 불미한 일이 많아서 이에 대해 문교부가 각 시도 학무국장을 통하여 각 학교에 경고하기도 했다.[87] 서울 수복 후 교육 당국의 지시와 조치들이 학교 현장에서 반영되어 운영되는 모습을 숭문고의 사례를 통해 짐작해 볼 수 있다.

> 1950년 10월 16일 서울시의 각 학교 개교 지시에 따라 본교는 복귀한 교장, ○○○ 선생 등과 일부 복귀한 학생들만으로 10월 중순부터 학생 감찰부원들이 주동이 되어 학생 성분검사를 거쳐 등록을 받기 시작했다. 그러나 그 동안의 공산주의자들의 행패와 전화로 인한 물적·인적 피해는 막대한 것이었다. 우선 파괴된 학교시설을 복구하는데 전력을 다함은 물론 서울에 잔류하고 있었던 교직원과 학생들을 대상으로 그들의 부역 사실과 사상 동향을 심사하여 정리하여 갔다. 이러한 과정에서 좌·우익 교사간의 마찰로 학교 분위기가 험악해지기도 하였다.[88]

하지만 1950년 10월 중국군의 참전 이후 서울에 다시 북한군이 진주했고, 이 과정에서 많은 사람들이 피난을 떠났다. 1950년 12월 하순부터 사실상의 1·4 후퇴가 시작되었다. 이승만 대통령은 1950년 12월 24일 공식적으

---

86) 서울특별시교육연구원, 앞의 책, 622쪽.
87) 「문교부, 부역학생 심사를 엄정히 할 것을 경고」, 『조선일보』, 1950년 11월 19일.
88) 숭문100년사편찬위원회, 앞의 책, 353쪽.

로 시민의 피난을 명령했고, 이기붕 서울시장은 비전투원이 한곳에 모여 있지 말고 흩어질 것을 권고했다. 결국 1950년 연말까지 서울시민 84만 명이 피난했고, 1951년 1월 3일까지 나머지 30여만 명도 한강을 건넜다. 이승만 정부가 부산 도청으로 이동을 완료한 것도 1950년 1월 3일이었다. 1950년 12월 10일 이후 서울역에서는 도합 7,000여 량의 기차가 126만 7천 명의 피난민을 싣고 떠났다고 한다. 그러나 모두가 서울을 떠난 것은 아니었고, 20만 정도가 잔류했다는 것이 통설이다.[89]

미국의 소리 방송국 특파원의 보도에 의하면 서울에 잔류한 시민은 약 10만 내지 20만이라 하며 전 서울시민의 90%는 남방으로 피난 중에 있다고 했다.[90] 서울 인구는 1950년 5월 1일 169만 3,224명이었고, 전쟁 직전이었던 1950년 6월 20일에는 171만을 돌파했다. 그리고 서울 수복 후인 1950년 10월 1일에는 146만 7,569명으로 조사되었다.[91] 전쟁 전후 서울시 인구에 대한 발표에는 차이가 있다. 『서울신문』에서는 1950년 5월 1일 기준으로 144만 6,019명이었고, 수도탈환 후인 1950년 10월 25일 기준으로 120만 2,478명이라고 했다.[92]

소결

1950년 6월 25일 서울의 학생들은 전쟁이 시작됐는지 몰랐고, 27일까지 정상적으로 등교했다. 그런데 전쟁 발발 3일 만에 북한군은 서울을 점령했고, 6월 28일 학교에는 인공기가 걸려있었다. 그렇게 서울의 학생들은 하

---

89) 전상인, 「6·25 전쟁의 사회사: 서울시민의 6·25 전쟁」, 『한국과 6·25 전쟁』, 연세대출판부, 2002, 214~215쪽.
90) 「서울시민 귀환은 6만 명에 양곡 일체 배급」, 『동아일보』, 1951년 3월 21일.
91) 「학살? 납치? 피신? 전후의 서울인구 격감」, 『동아일보』, 1950년 10월 7일.
92) 「전쟁 후 서울의 인구 동태」, 『서울신문』, 1950년 11월 28일; 이동원, 「6·25전쟁기 '수도 서울'의 환도와 재건」, 『6·25전쟁과 1950년대 서울의 사회변동』, 서울역사편찬원, 2018, 76~77쪽.

루아침에 전쟁 속으로 들어갔다. 그리고 점령지 서울의 학생들은 의용군이 되거나 의용군 모집 궐기대회에 참가해야했다. 3개월 후 서울은 수복되었고 학교도 재개되었지만, 이번에는 부역자가 되어 처벌받거나 부역자를 신고해야 했다.

전쟁을 겪고 살아남은 학생들은 반공 이념이 지배하는 분단된 한국에 놓여졌다. 학생들은 멸공을 외치고 전쟁을 기억하며 한국을 이끌어갈 어른이 되었다. 전쟁은 학생들에게 분단된 한국에서 살아남을 수 있는 방법을 가르쳐주었다. 서울의 학생들은 북한군 점령기 때 빨간 완장을 찬 사람들에게 보복당하는 친구를 보았고, 수복 후에는 부역자로 검거되어 끌려가고 처벌받는 친구도 보았다. 전쟁이 멈춘 후 반공 이념이 지배하는 국가에서 반공을 실천하는 주체로 살았던 사람들이 전쟁이 발발할 당시에는 '천진난만하여야 할 애송이 중학생'들이었을 수 있다. 또한 국민을 속이고 '남하한 애국자'들에 의해 '박쥐 노릇을 한' 불순분자로 몰려 억울하게 부역자가 된 사람들일 수도 있다. 1950년 6월 25일, 서울이라는 공간에서 학생으로 또는 시민으로 살고 있었다는 것만으로 의용군으로 부역자로 내몰렸던 사람들의 삶을 되짚어 볼 필요가 있다. 이것이 여전이 끝나지 않은 전쟁과 대립을 종식하고 평화와 화해의 길로 나아가는 토대가 될 것이다.

IV. 한국전쟁 중 운영된 피난학교와 훈육소

1. 피난학교 설치와 학생 생활

1) 피난학교 설치

1951년 1·4 후퇴로 서울 시내 각 중등학교가 방학에 들어간 채로 개학을 못하고 교사와 학생이 피난지를 찾아 흩어졌다. 1·4 후퇴 이후 1월 7일까지 25만~30만 명의 피난민이 부산으로 갔고, 5월에는 부산 인구가 100만 명을 넘었다.[1] 하지만 부산으로 피난 간 학생들은 머물 곳이 없었고, 부산 시내를 돌아다니는 학생들의 풍기가 문란하다는 문제가 제기되었다. 문교부는 학교 개설의 필요성을 인식했지만 단시간에 해결할 수 있는 상황은 아니었다. 그래서 서울시 교육국장의 제안으로 경남도청 무덕전에서 일주일에 하루씩 피난학생들을 모아 한 시간씩 수양을 쌓을 수 있는 이야기를 듣게 했다. 이는 남·여 학생을 구별하여 진행했기 때문에 격주로 이루어졌다. 한편 피난학생을 수용하기 위한 영화교실 개설운동도 일어났다. 영화교실은 하루에 1~2시간씩 오전에 극장을 교실의 연장으로 삼아 국내 뉴스와 문화영화를 보여주는 것이었다.[2]

문교부는 1951년 1월 7일 부산시청 한구석에 사무처를 설치하여 기존의 교육 방침을 이어갔다.[3] 그리고 1월 18일 문교부 본부는 종전대로 각 부서

---

1) 「허정 사회부장관, 피난민 구호책에 대해 언급」, 『민주신보』, 1951년 1월 9일; 「부산시, 인구 증가로 심각한 교통난」, 『경향신문』, 1951년 5월 3일.
2) 서울특별시교육연구원, 『서울교육사』상, 서울특별시교육위원회, 1981, 610~611쪽.
3) 한국교육10년사 간행회 편, 『한국교육10년사』, 풍문사, 1960, 47쪽.

의 소관 사무를 처리하고, 전시 상황에 맞춰 문교부 직원의 역량을 최대한 활용하기 위하여 전시대책위원회를 편성했다.[4] 이후 1951년 1월 20일에 피난학생은 피난지 소재 각 학교에 등록하게 하여 학업을 계속하고, 피난 교사는 피난 도에 등록하여 피난학생을 수용한 학교에 강사로 배치하는 조치를 취했다.[5] 계속해서 1951년 1월 26일 백낙준 문교부장관은 다음과 같은 전시교육방침을 밝혔다.

- 정기적 교육: 정기 교육은 현 상태로서는 불가능하다. 생도, 학생들과 교원들이 다수 일선으로 출정하였기 때문에 교육방침에 근본적인 일대 변혁을 가져오게 된 것이다. 그러나 2월 10일부터는 전국적으로 일제 개학하기로 결정지었으며 校舍시설 등이 없는 난관을 극복하고 林間, 하천 근방, 광장 등 적당한 곳을 선택하여 수업을 계속할 것이다.
- 교재: 이 전시하에 있어서 재래의 형식교육을 떠나 필승체제에 卽應하는 실천교육에 치중할 근본방침을 세웠다. 따라서 교재도 연구 개량하여 현재 新 戰時讀本 편찬 중에 있으며 한편 임기응변책으로 교재를 만들어서 2월 10일 이내로 아동생도들의 손에 들어가도록 하겠다.
- 학도 동원: 전화를 입고 소개 피난한 지역의 학생은 현재 각자가 거주하고 있는 지역에 가까운 곳의 학교에 2월 10일 개학일에 전부 입학의 수속을 해서 등교시킬 것이다.
- 학생 등록: 피난학생의 정확한 숫자 파악과 일후 대책을 수립하기 위하여 실시하고 있는 것이며 교원도 배치·봉급지출 등 필요성에 의하여 등록을 하게 하고 있다.[6]

---

4) 전시대책위원회는 총무·기획·훈련·공작·후생의 5부를 두고 문교부 직원을 적재적소에 분배하여 기동적 집무를 원활히 함으로써 멸공 구국의 과업을 완수하는 것을 목적으로 했다(백낙준, 『한국교육과 민족정신』, 문교사, 1953, 282쪽; 「문교부, 전시대책위원회 편성」, 『민주신보』, 1951년 1월 20일).
5) 백낙준, 위의 책, 285쪽; 국방부정훈국 전사편찬위원회, 「국무총리에 제출한 문교부 시정 4년간 업적보고서(발췌)」, 『한국전란 2년지』, 국방부, 1953, 205~207쪽.
6) 「백낙준 문교부장관, 기자회견에서 전시교육방침 등 문교행정에 대해 언명」, 『민주신보』, 1951년 1월 27일.

문교 당국은 1951년 2월 10일 각 학교를 개학할 것이며 전시독본과 임시 교재 만들어 배부할 것이니, 모든 학생들은 2월 10일까지 현재 거주하는 지역의 인근 학교에 등록해 학업을 계속하라고 지시했다. 하지만 수업 재개를 위해서는 학생들이 모여서 공부할 수 있는 교실이 필요했다. 전쟁과 1·4 후퇴라는 상황 속에서 정상적으로 학교를 운영한다는 것은 힘든 상황이었다. 그런데도 문교부는 수업 재개를 결정하고 나무 아래, 하천 근방, 광장 등 적당한 곳에 모여 수업을 시작하도록 방침을 정한 것이다. 이러한 문교부의 방침에 따라 그동안 휴교 중이었던 부산 시내 초·중등학교가 1951년 2월 10일부터 일제히 개학했다.[7] 그리고 2월 11일 문교부는 피난한 초·중등학생이 피난지 학교에 반드시 등록할 것을 다음과 같이 공고했다.

> 피난 남하하여온 공사립 초중등학교 학생은 자유지구 내 해당 정도의 학교에 취학되도록 지시하였으니 해당자는 左記 요령에 의하여 無違 등록 취학하기를 공고함.
> 1. 피난 초중등학생은 寄留주소 근처 학교에 등록 취학할 것.
> 2. 본 지시에 응하지 않은 자는 진급 또는 졸업에 영향 있을 것을 주의할 것.
>   단 국군으로 應徵 중에 있는 학도에게는 등록 취학을 不要함.[8]

이러한 문교 당국의 조치는 부산에 피난 중이던 학생들에게도 전달되었다. 이 책에서는 1949년 9월 경기중학교에 입학해서 학교에 다니다가 1950년 10월 부산으로 가서 1951년 3월부터 부산 피난 경기중학교에 다녔던 강신표의 기록을 통해 피난학교의 실상을 파악해 볼 것이다. 경기중 입학 이후 강신표는 사촌형의 조언으로 일기를 쓰기 시작했다. 한국전쟁 발발 전후인 1950년 일기가 유실되었지만 1954년 9월까지의 일기가 보전되어 있

---

7) 「부산시 초중등학교, 일제히 개학」, 『동아일보』, 1951년 2월 10일.
8) 「문교부, 피난학생 학교 등록 공고」, 『부산일보』, 1951년 2월 11일.

다. 또한 강신표는 부산 피난학교에서의 수업과 자신의 일상을 일기뿐 아니라 사진, 메모 등의 기록으로 남겼다.9) 강신표의 일기와 기록을 통해 서울에서 학교를 다니던 중학생이 부산 피난학교에서 어떻게 생활했는지 구체적인 모습들을 확인해 볼 수 있다. 강신표는 1951년 2월 13일 일기10)에 다음과 같이 기록했다.

> 선생님께서는 아침에 식사를 하시고 난 뒤 학교임시사무소에 간다고 가셨다. 이 □ 용길이가 와서 서울에서 온 학생은 근처 학교에 등록하여 다니야 진급 또는 졸업을 할 수 있다는 문교부 교시를 듣고 와서 같이 가자고 하였다. 그래서 마침 나도 같이 갔다가 별로 큰 영향도 없을 것 같아서 용길이와 거냥 돌아왔다.11)

피난지 학생들에게 근처 학교에 등록하라는 문교부의 조치는 신속하게 전달이 되었음을 확인할 수 있다. 또한 친구와 함께 인근 학교에 갔지만 어떤 성과도 없이 그냥 돌아왔음도 알 수 있다. 이는 부산 소재 학교에서는 피난학생들을 수용할 수 있는 준비가 완비되지 않은 상황에서 내려진 행정적 조치였음을 보여준다. 이와 같은 개학 방침과 피난학생에 대한 조치에 대해 당시 문교부 장학관이었던 심태진은 "이런 조치는 학교 건물이 있어서 취한 조치도 아니고 학생수를 예측한 것도 아니고, 교과서를 준비해 놓고 취한 조치도 아니었다. '무조건 개학', '무조건 취학'을 명한 것이었다."라고 회고했다.12)

---

9) 이옥부, 「부산 피난학교 시절 어느 고등학생의 일상과 독서모임」, 『한국교육사학』 43-1, 2021, 145~156쪽; 이훈상·이옥부, 『한국전쟁기 부산 피난학교 시절 어느 고등학생의 일상과 독서모임』, 동아대학교 석당학술원, 2021, 11~15쪽.

10) 강신표의 2월 11~16일 일기에서 2월 13일 자가 2월 11일과 12일 자 사이에 있다. 그 이유에 대해선 추가적인 확인이 필요할 것 같다(이훈상·이옥부, 위의 책, 136~137쪽).

11) 강신표, 「일기」, 1951년 2월 13일(이훈상·이옥부, 위의 책, 136~137쪽).

12) 심태진, 「피난교육 회고기」, 『석운교육론집』, 우성문화사, 1981, 250쪽.

하지만 문교부의 방침에 따라 부산시 학무과에서는 피난학생은 1951년 2월 17일부터 19일까지 현 거주지 구역 초등학교에 등록해야 하며, 만일 등록하지 않으면 원래 거주지로 돌아가서도 진학 및 수료를 인정하지 않겠다고 공고했다.13) 그리고 문교부는 1951년 2월 26일 전쟁으로 인한 학교교육의 애로사항을 타개하고 건전한 발전을 도모하기 위해 '전시하 교육특별조치요강'을 발표했다.14) 요강의 주요 내용은 다음과 같다.

> 첫째, 피난학생에 대하여 피난지 소재 각 학교에 등록하여 학업을 계속하게 할 것.
> 둘째, 校舍 난을 타개하기 위하여 假校舍의 건축, 피난 특설학교 또는 분교장의 설치와 교과별 이수시간제 실시.
> 셋째, 북한 피난학생이 집결되어 있는 거제도에서 초·중등 학생 수용 대책 마련.
> 넷째, 중등학교 학생들이 다수 피난하고 있는 부산, 대구, 대전 등지에는 서울 소재의 각 중등학교로 하여금 단독 내지 몇 학교가 연합하여 피난학교를 설치하여 수업을 계속하도록 할 것.
> 다섯째, 적은 물자로 校舍 난을 해결하기 위한 생벽돌 校舍 건축의 지시.
> 여섯째, 전시의 교과서로 "전시독본"을 발간, 배부하고 교사용으로 전시학습지도요항을 만들어 제공할 것.
> 일곱째, 1951년 5월 4일 문교부령으로 대학 교육에 관한 전시특별조치령을 공포하여 전시 연합대학을 설치.15)

---

13) 「피난학동등록 自17日至19日」, 『동아일보』, 1951년 2월 18일.
14) '전시하 교육특별조치요강'이 제정된 날짜를 『서울교육사』에는 2월 16일과 26일로 혼재되어 기록하였고, 『서울 2천년사』에서는 2월 26일로 보았다. 하지만 당시 문교부장관이었던 백낙준은 2월 16일에 제정·발포하였다고 기록했다. 그런데 숭문·무학·숙명의 학교사에서는 모두 2월 26일 발표되었다고 기록하고 있다(서울특별시교육연구원, 앞의 책, 229, 622쪽; 서울특별시시사편찬위원회, 『서울 2천년사』 37, 서울역사편찬원, 2016, 36쪽; 백낙준, 앞의 책, 285쪽).
15) 중앙대학교부설 한국교육문제연구소, 『문교사』, 중앙대학교출판국, 1974, 128~130쪽.

　문교부의 특별조치요강에는 많은 중등학생들이 피난하고 있는 부산, 대구, 대전 등에는 서울에 있던 중등학교가 단독으로나 몇 학교가 연합하여 피난학교를 설치하여 수업을 할 것을 명시했다. 이러한 방침에 따라 1951년 2월 서울사대부중이 보수공원에서 개교한 것을 시작으로 3~4월에는 경기중학교를 비롯하여 5~6개 학교가 각각 용두산, 송도, 범일동의 빈터, 산지 등에 천막교실을 마련하여 개교하기 시작했다. 1951년 3월 3일 경기중학교 피난학교 개교식16)을 열었던 당시의 모습을 강신표는 일기에 다음과 같이 기록했다.

　　학교에서도 학생들을 거냥 놀릴 수가 없어 정신무장이나마 할 작정인지 오늘 오전 10시까지 광진회사(공보원 옆) 앞에 모이라는 신문광고가 있어서 용길이와 같이 갔다. 선생님께서는 먼저 가시고 우리는 천천히 걸어서 갔다. 이미 많이 모여 있었다. 그래서 다시 열을 지어 그 앞에 있는 용두산으로 갔다. 그런데 선생님들은 약 15~6명 되어 보이고 학생은 약 150명에 가까웠다.17)

　경기중학교 피난학교가 문을 연 3일 후에는 학생들이 200명 정도로 늘어났고, 강신표는 친구들을 다시 만난 사실을 기뻐했다.18)

　이후 5~6월로 접어들면서 각 학교마다 교직원, 학부형, 학생들의 협력으로 임시 假校舍를 마련하고 수업을 시작했다. 이에 따라 1·4 후퇴로 각지에 흩어졌던 학생, 교직원은 부산으로 모이기 시작했다. 그리고 그 수는 날로 늘어나 1951년 10월까지 부산에 개설된 피난 중학교는 약 40개교에 달했다. 두 학교 이상이 연합해서 개설되었던 학교들도 학생이 증가함에 따

---

16) 『경기70년사』에는 1951년 3월 3일 오전 9시 부산 피난학교 개교식이 거행되었다고 기록하고 있다(경기고등학교70년사편찬회, 『경기70년사』, 경기고등학교동창회, 1970, 203쪽).
17) 강신표, 「일기」, 1951년 3월 3일(이훈상·이옥부, 앞의 책, 139쪽).
18) 강신표, 「일기」, 1951년 3월 4일, 7일(이옥부, 앞의 논문, 152쪽).

라 분리하여 각 학교별로 운영되었다.[19] 1951년 9월 새학년이 시작될 당시 전국의 피난 중등학교 현황은 다음과 같다.

〈표 IV-1〉 1951년 9월 중등학교 피난학생 수용 상황[20]

소재지	중등학교			
	피난학교		분교장	
	학교수	학생수	학교수	학생수
부산시	40	14,129		
거제도	21	3,179		
제주도			1	703
대구시	1	2,812		
대전시	1	860		
수원	1	350		
계	64	21,327	1	703

한편 1951년 12월 『자유신문』의 부산 피난학교 실태 조사에 따르면 부산의 피난 중등학교는 총 49개교인데 춘천종합중학교 1개를 제외하면 모두가 서울에서 내려온 학교라고 했다. 그리고 부산 피난 중등학교의 학생은 1만 4,729명, 교사는 634명이라고 했다. 또한 총 275학급 중 천막과 판자를 마련한 것이 165학급이고, 나머지는 남의 건물이나 주택을 이용하고 있다고 보도했다. 49개교 중에는 두 학교 또는 세 학교가 모여 학급을 편성한 곳도 몇 곳 있었다. 하지만 피난 중등학교는 변경된 학제에 따라 중학교 3년과 고등학교 3년을 구별하지 않고 옛 학제에 따라 6년제 간판 밑에 모여 있으며, 내용적으로만 중학교와 고등학교를 구별하고 있다고 했다.[21] 『서울교육사』와 『자유신문』을 바탕으로 부산에서 피난학교를 운영했던 중등학교를 정리하면 다음과 같다.

---

19) 서울특별시교육연구원, 앞의 책, 607~608쪽.
20) 백낙준, 앞의 책, 286쪽.
21) 「〈부산 피난학교 실태〉(2)」, 『자유신문』, 1951년 12월 17일.

〈표 IV-2〉 부산 피난 중등학교 현황(1951년 12월)[22]

학교명	개교일	학생(학급수)	학교명	개교일	학생(학급수)
경기상중	51. 6. 3	300(6)	선린상		312(6)
경기여중		877(11)	성대부중		152(6)
경기공중		460(8)[23]	성동공중	51. 5. 16	460(8)
경기중	51. 3. 3	966(12)	성동중	51. 9	339(6)
경동중	51. 5. 15	146(6)	성신여중	51. 5. 6	200(5)
경복중		606(11)	수도중	51. 3. 12	533(9)
경성전기		178(11)	숙명여중	51. 5. 21	357(6)
경신중		405(6)[24]	숭문중	51. 9. 15	214(6)[25]
계성여중	51. 5. 1	299(6)[26]	신광여중		83(6)
대광중		405(6)	양정중		202(6)
대동상중		210(6)[27]	용산중	51. 3. 7	1,172(14)
덕성여중	51	185(6)	이화여중	51. 9. 17	786(11)
동덕중		392(6)	정신여중	51. 9. 20	137(6)
동명여중	51. 4. 20	372(6)	정화여중	51. 7	
동성중		299(6)[28]	조선전기		210(6)
명성여중	51. 4		중동중	51. 10. 1	210(6)
무학여중	51. 5. 1	476(6)	중앙여중	51. 3. 12	244(6)
배재중	51. 6. 27	251(6)	중앙중	51. 9. 27	375(6)
배화여중	51. 5. 17	279(6)	진명여중	51. 5. 14	263(6)
보성여중	51. 9. 20		창덕여중	51. 4. 5	246(6)
보성중	51. 4. 1	375(6)[29]	춘천종합중		165(6)
상명여중	51. 9	200(6)	풍문여중		736(8)
서울공중	51. 8. 31	460(8)	한성중	51. 9. 6	214(6)
서울사대부중	51. 2. 20	165(6)	한양공중		287(6)
서울여상	51. 9. 1	244(6)[30]	한영중	51. 10. 1	162(6)
서울중		736(8)	휘문중	51. 8	250(6)

---

22) 『서울교육사』 상, 607쪽과 『자유신문』, 1951년 12월 17일, ‘〈부산 피난학교 실태〉
   (2)’를 종합하여 ‘가나다’ 순으로 정리하였음. 『서울교육사』에는 개교일이 나와 있
   고, 『자유신문』에는 1951년 12월 현재 학생과 학급수 조사되어 있음.
23) 서울공중·성동공중·경기공중 연합학교의 학생(학급수)임.
24) 경신·대광중 연합학교의 학생(학급수)임.
25) 숭문·한성중 연합학교의 학생(학급수)임.
26) 동성중·계성여중의 연합학교 학생(학급수)임.
27) 중동중·대동상중·조선전기 연합학교의 학생(학급수)임.
28) 동성중·계성여중 연합학교 학생(학급수)임.
29) 보성·중앙중 연합학교의 학생(학급수)임.

피난지 부산에서 쟁탈전을 벌이듯 학교를 개설할 장소를 찾고, 2개 학교가 연합하여 산꼭대기 경사지 노천에서, 목장에 천막 假校舍를 만들어 피난학교를 만들던 모습을 숭문고, 숙명여고, 무학여고의 사례를 통해 생생하게 확인할 수 있다.

사례1. 숭문고

최기종 선생은 1·4후퇴 때 부산으로 피난하여 용두산 밑 대청동의 어느 2층집 단칸방에서 미리 내려온 노모와 함께 세를 들어 살게 되었다. 이 2층 방이 부산 피난 분교를 잉태시키는 요람이었다. …… 1951년 2월 26일 전시하의 교육특별조치 요강이 발표되자 최기종 선생은 즉시 문교부에 학교 등록을 마치고, 4월에 그의 2층 셋집에서 숭문중학교 임시연락사무소 간판을 달았는데 이것이 부산 피난 분교의 태동이다. …… 서울에서 피난 내려온 본교 학생들이 소문을 듣고 몇 명이 찾아와 등록함으로써 학교문을 열 용기를 얻게 되었다. 이때 최기종 선생은 우연히 부산거리에서 동향인 한성중학교 교감 최승택 선생을 만나게 되었다. 한성중학교는 이미 천막 校舍 2동을 용두산 공원에 가지고 있었다. 두 선생은 같은 교육자이고 서울 본교가 이웃에 있다는 지연 등으로 쉽게 한성중학교 校舍에서 합동 수업을 개시하기로 합의를 보고 칸막이를 하여 교실과 교무실을 만들었다. 그해 9월 15일 학교 간판이 좌측에 숭문, 우측에 한성이 나란히 걸리게 되니 이 날짜가 부산 피난 분교의 개교일인 것이다. 개교 당시 교사진은 전임 최기종 선생과 강사 6~7명이고, 학생수는 12명이었다.31)

사례2. 숙명여고

경기도 수원 이남의 전국 각지에 흩어져 있는 학생들은 1951년 4월부터 그 지방의 학교에 위탁생으로 임시 편입되어 학업을 계속하게 되었다. 부산서는 경남여중, 부산여중, 남성여중 등에서 배웠다. 그러던 중 학생들의 요망도 있었고, 숙녀회 부산지부의 뜨거운 성원을 얻어 5월 10일 '새들원'

---

30) 서울여상·중앙여중 연합학교의 학생(학급수)임.

31) 숭문100년사편찬위원회, 『숭문백년사』, 숭문중·고등학교총동문회, 2007, 354~355쪽.

고아원 강당에서 미취학 학생들을 소집하여 개교할 것을 선언, 5월 21일 완월동 천주교회에서 개교식을 거행하고, 5월 24일부터 등록된 133명의 학생을 2부로 나누어 2시간씩의 수업을 시작하였다.

1951년 10월 3일 개천절을 맞아 초량 목장 언덕에 천막으로 假校舍 8실을 만들었다. 때마침 목장 아저씨가 젖소들의 겨우살이 터가 되는 마당을 내어 주셔서 우리는 가난한 살림에 당치도 않는 천막집을 짓기 시작하였다. 하늘이 무너져도 솟아날 구멍이 있다고 여기저기서 뻗어준 따스한 손길이 드디어 초량 목장 기슭에 가지런히 늘어선 천막집을 덧붙이게 되었다. 바람이 불면 창이 떨어져 나가고 비가 오면 천장이 새는 그러한 집이었지만 우리에겐 둘도 없는 귀중한 배움터였다. 서로서로 각기의 방을 단장하느라고 꽃이니 그림이니 야단법석을 하였다. 전보다는 훨씬 큰 칠판을 걸어 놓고 깊숙한 의자에 셋씩 나란히 앉아 윙윙거리는 바람 소리를 들으며 서글픈 겨우살이가 시작되었다.[32]

사례3. 무학여고

감히 시중에서는 학교 세울 자리를 찾지 못하여 교장선생님을 모시고 한선생과 함께 어느 산기슭에 세워 보려고 이곳저곳 수일을 헤매었다. 그때는 각 학교마다 장소 쟁탈전이 벌어진 듯한 느낌이었다. 어느 학교에서는 중요한 비품은 물론 피아노까지 감쪽같이 가져와서 그야말로 호화스런 개교준비를 하고 있었던 것이나, 서울에 있는 우리의 校舍는 이미 大破되어버리고 두 주먹만으로 거리를 헤매던 우리는 사실 비참함이 비길 곳 없었다. …… 누구 하나 거들떠보지 않는 보수산 150고지의 막바지에다 쓸쓸히 학교를 세우고, 인가 떨어진 林間에서 건설 의욕만이 난무 교차했었다. 45도 경사를 가진 이 산 비탈에서 70명이 100명이 되고, 200명을 넘어 300명, 400명이 되도록 그리고 오늘날 서울과 부산을 합쳐서 근 1,500명을 헤일 수 있는 진용을 다시금 이루고 보니, 인간의 힘이 이렇게도 위대하다는 것을 새삼 느꼈으며 ……[33]

---

32) 숙명100년사편찬위원회, 『숙명백년사』, 숙명여자중고등학교, 2006, 197~199쪽.

33) '이정희선생 회고기', 「무학」 2호, 1953년 4월 15일 발행(무학60년사편찬위원회, 『무학60년사』, 무학여자고등학교·무학여자고등동창회, 2000, 108쪽).

1951년 2월부터 부산에서 피난학교가 개설되기 시작하자, 5월경에 안성, 9월에 수원·대전·대구에서 서울시 연락사무소에 등록한 중등학교 남녀학생을 모아 연합중학교를 개교하여 운영했다. 부산 외 지역에서 운영된 서울시 연합중학교 상황은 다음과 같다.

〈표 IV-3〉 부산 외 지역 서울시 연합중학교 상황(1952년 5월 말)[34]

지역	개교일시	교실수	교직원수		학년별 학급수 및 학생수							
			남	여	1학년		2학년		3학년		계	
					학급	학생	학급	학생	학급	학생	학급	학생
대구	1951.9.20	28	46	9	5	중 608 / 고 475	5	중 432 / 고 318	3	중 343 / 고 249	13	중 1,383 / 고 1,042
대전	1951.9.15	8	21	3	3	중 166 / 고 102	3	중 188 / 고 114	2	중 127 / 고 80	8	중 481 / 고 296
수원	1951.9.1	10	12	1	4	중 453 / 고 125	3	중 239 / 고 49	3	중 247 / 고 55	10	중 939 / 고 299
안성	1951.5	5	15		2	중 70 / 고 20	2	중 90 / 고 5	1	중 70 / 고 10	5	중 230 / 고 35

부산뿐 아니라 대구에서도 피난학교를 운영했던 이화여고의 사례를 통해 대구 피난학교의 상황을 짐작해볼 수 있다.

　　부산과 서울 외에 대구에도 이화 학생들이 상당수 있었다. 이화에서는 대구 체류 이화 학생 지도 책임자로 오주경을 임명하여 이화 학생의 교육을 맡게 하였다. 오주경은 이화 학생을 대구 시내 몇 개의 학교에 임시로 위탁 등록하여 공부를 시켰다. 이화 학생의 연락 본부를 대구 감리교 제일교회에 두고 정기적으로 모여 교가를 부르며 모교를 잊지 않으면서 때로는 부상병 위문단을 조직하고 군병원을 돌며 전상병을 위문하였다.
　　1952년 5월 10일 대구 감리교 제일교회 내에 '대구 이화여고 후원회가' 가 조직되었다. 회장에 박암, 부회장에 김형익, 총무 이봉구 외에 8명의 이사들이 이화를 돕기로 결의하였다.
　　각지에 산재한 학생 총수를 종합하면 다음과 같다.

34) 서울특별시교육연구원, 앞의 책, 608~610쪽.

1. 부산: 13학급 992명
2. 서울: 12학급 886명
3. 대구: 140명(타교에 임시 등록하여 이수하고 있었음)
4. 기타: 약간명[35]

대구 이화여고 피난학교의 경우 별도의 校舍가 마련된 것은 아니었고, 대구지역 학교에 위탁해서 교육을 실시했다. 하지만 대구 제일교회에 연락본부를 두고 정기적으로 모여 교가를 부르며 애교심을 북돋우고, 부상병 위문단까지 조직해서 위문활동을 했음을 알 수 있다.

보인고등학교의 경우 대전에 피난학교를 개설했는데, 이는 이종국 부교장의 피난처가 충청도였기 때문이었다. 피난 중이던 교사들은 이종국 부교장 댁에서 숙식하며 지냈고, 김현정 교장이 서울과 대전을 오가며 피난학교를 운영했다. 이후 1953년 4월 말 피난학교 문을 닫고 6월 5일에 서울의 옛 자리에서 6월 5일 개교했다.[36]

시간이 지나면서 부산 피난학교의 시설이 점차 개선되기도 했는데, 그 중에서도 여건이 호전되었던 경기여고의 사례를 통해 그 일부의 모습을 짐작해 볼 수 있다.

동래에 있던 31 육군 병원 원장이 채용증을 받고 대형 천막 여섯 개를 빌려주었다. 다른 길로 또 빌린 천막이 셋, 구입한 것이 넷, 도합 열세 개의 천막을 치고 백색 천막은 걷어치웠다. 취학생 수가 400여 명이니 이것만 가지고는 부족하였기 때문이다. 이리하여 교무실 하나, 교실수 11, 음악 교실 하나, 이렇게 13개의 천막이 즐비하게 일어섰다.

가을이 되자 바람이 몹시 불어 이것이 자꾸 쓰러지고 또 추위도 닥쳐오니 방한 설비도 해야겠으므로 판자집을 지어서 유리창을 달고 천막은 지붕으로만 썼다. 이렇게 되니 아무리 가마니를 깔고 앉는다 하여도 냉기

---

35) 이화100년사편찬위원회, 『이화100년사』, 이화여자고등학교, 1994, 319쪽.
36) 보인70년사편찬위원회, 『보인70년사』, 보인중·상업고등학교, 1978, 196쪽.

를 막을 수가 없게 되어서 학교장은 영단을 내리어 학생들이 쓸 책상과 걸상을 만들게 하였다. 채광이 부족하여 전등 가설도 하였고 흑판도 큰 것으로 갈아 달았다. 뜰에는 농구대가 서고 음악교실에서는 교장이 私物을 기증한 피아노가 아름다운 선율을 내고 있으며 一人一技 교육을 위하여 신설한 특별 교실에서는 다섯 대의 타이프라이터가 쉴 사이 없이 또드락또드락 경쾌한 금속성을 내고 있다. 어찌 그뿐이랴 교장실을 독립시켜서 전화 가설을 하였고 위생실을 새로 두어 약품을 갖추고 간호 선생으로 하여금 학생들의 보건을 담당케 하였으며 전시실에는 학생들의 작품을 상시 전시하여 언제나, 누구나가 와서 공람케 하였다. 살림이 늘어나니까 자연 숙직의 필요가 생겨서 소사실과 숙직실을 새로 지어 학교 守直에 만전을 기하였다. …… 서울에 묻어놓고 왔던 학적부를 가져오고 교수 참고 도서도 많이 구입하였다. 환도 후에 차려놓을 살림을 여기서 미리 장만하자는 계획이었다. 이렇게 되니 현지의 학교라도 엔간한 곳에는 추종을 불허하리 만큼 시설과 내용이 작으나마 충실해갔다.[37]

경기여고의 경우 1951년 겨울을 앞두고 판잣집에 천막지붕으로 만든 13개의 교실을 갖추었고 책상과 걸상도 만들었다. 전등도 설치하고 특별실·음악실·교장실·숙직실·전시실 등의 부속 건물도 추가되었고, 약품을 갖추고 간호 교사가 배치된 위생실도 생겼음을 알 수 있다. 이처럼 피난지 부산에 개설된 피난학교 중에는 부산 현지에 있던 학교도 따라올 수 없을 정도의 시설을 갖춘 학교도 있었던 것이다.

그리고 숭문고의 1953년 졸업생 본적지를 통해 북한과 남한 전역에서 부산으로 피난했던 학생들이 피난지에서 학업을 이어갔음을 확인할 수 있다.

⟨표 IV-4⟩ 1953년 숭문고 졸업생의 본적지 현황[38]

경남	서울시	함북	평남	함남	경북	평북	전남	경기	황해	충북	계
26	11	7	7	6	3	3	3	2	1	1	70

---

37) 경기여자중·고등학교, 『경기여고50년사』, 경기여자중·고등학교, 1957, 74~76쪽.
38) 숭문100년사편찬위원회, 앞의 책, 358쪽.

졸업생 70명 중 부산 인근지역인 경남 출신이 26명으로 가장 많았지만 북한지역 출신도 24명이나 되었고, 서울·경기지역은 13명이었다.

정전협정과 정부 환도를 앞둔 1953년 7월 서울 시내의 93개 초등학교와 78개의 중등학교가 개학 중이었는데, 이 중 17개의 초등학교와 16개의 중등학교를 미군기관에서 사용하고 있었다. 결국 전쟁으로 인한 파괴와 군대 주둔으로 校舍가 부족하여 3분의 1에 해당하는 학교가 2부제로 운영되었다. 그리고 서울시 교육국의 통계에 따르면 1953년 7월 현재 복귀한 초등학생은 11만 1,560명이었고 미복귀생이 4만 6,932명이었으며, 중등학생은 복귀생이 4만 6,976명이고 미복귀생은 2만 4,909명이었다. 따라서 이들 복귀 학생만을 수용하기 위해서도 최소한 약 600개의 교실이 필요했는데 이에 대한 예산은 전혀 없었다.39) 하지만 1953년 7월 27일 정전협정이 체결되고, 8월에 정부가 환도함에 따라 부산 피난학교들 사이에는 피난살이를 청산하고 서울로 복귀하자는 움직임이 세차게 불었다. 하지만 8월 중순 서울시 교육국은 군기관이 상당수의 학교 건물을 사용하고 있어 校舍 부족을 면할 길이 없으므로 서울로의 대폭 복귀를 삼가라는 공문을 부산에 있는 피난학교에 보냈다. 실제로 경기고의 경우 화동 校舍가 미군 통신부대에 징발되어 반환을 예측할 수 없는 형편이었다. 그래서 경기고는 덕수초등학교 校舍 일부를 빌린 假校舍에서 1953년 10월 3일 서울·부산 두 곳의 학교가 통합한 개교식을 했다.40) 부산 피난 경기고 학생이던 강신표는 피난학교 생활을 마무리하고 서울로 복귀하는 과정을 다음과 같이 일기에 기록하였다.

1953년 8월 12일
저녁을 먹고 있는데 Y가 왔다. 그는 같이 좀 나가자고 전하매 같이 나

---

39) 「휴전 앞둔 서울 상황」, 『민주신보』, 1953년 6월 23일; 「환도 앞둔 서울의 생활 조건」, 『평화신문』, 1953년 7월 7일.
40) 경기고등학교70년사편찬회, 앞의 책, 204~205쪽.

갔다. Tea Room이다. 레몬과 cake로 같이 나누어 먹었다. …… 집은 모두 서울로 떠났다고 하며 그도 곧 떠난다고 한다.

1953년 8월 22일

방학식이 학교에 있었다. …… 약 30명이 우리 반에서 서울 가고 없었다. 그 중에서도 H가 없는 것이 가장 슬펐다. 대학교가 서울로 올라가매 강사 선생님도 서울로 올라가셔서 수업에 지장이 많겠다.

1953년 9월 4일

실로 어제 시험 칠 때의 생각은 말할 수 없거니와 오늘 역시 마찬가지다. …… 내일 저녁은 서울행이다. 오늘 저녁이 부산서 마지막이 아니요. 아버지, 어머니 안녕히 주무십시오.[41]

1953년 7월 27일 정전협정이 체결된 후, 校舍가 부족하기 때문에 일시에 피난학교가 복귀하는 것을 피해달라는 서울시 교육국의 요구가 있었다. 하지만 부산 피난학교를 다니던 친구들은 8월 중순부터 하나둘 서울로 돌아갔고, 8월 하순이면 한 반에서 30명이 이미 서울로 떠났다.[42] 하지만 강신표의 경우 부산 피난학교에서 시험을 마치고 9월 5일에 서울로 돌아갔고, 1953년 10월 3일 덕수초등학교 假校舍에서 열린 서울·부산 통합학교 개교식에 참석했을 것이다.

부산에 피난학교를 개설하고 이후 서울과 부산에서 학교를 운영하다가

---

41) 강신표, 「일기」, 1953년 8월 12일, 8월 22일, 9월 4일(이옥부, 앞의 논문, 154쪽에서 재인용).

42) 실제로 『경기70년사』에서도 1953년 서울로 복귀할 당시의 상황을 다음과 같이 기록했다. "8월에는 임시 수도 부산의 거리에 환도 바람이 세차게 불어 각 기관이 이미 환도 또는 복귀를 끝마쳐 경기의 분교 학생도 서울 복귀 증명서를 떼는 학생이 나날이 늘어났다. 특히 8월 10일 이후 이 현상이 두드러져, 여름방학 전에는 서울 본교 복귀자가 77명에 불과했던 것이 이 무렵부터는 매일 10여 명에 달했다가 15일경부터는 하루 20명에서 40명까지 늘게 되었다."(경기고등학교70년사편찬회, 앞의 책, 205쪽).

정부 환도 후 두 곳의 학교를 통합하는 과정 등을 숭문고의 사례를 통해 확인할 수 있다.

부산 피난 분교가 서울에 복귀하기 전에 서기원 교장과 최기종 분교 교감 사이에 합류에 따른 제반 사항을 숙의하였는데 대부분 원만한 합의가 이루어졌으나 분교 교사의 본교 재임용 문제로 의견이 엇갈리게 되었다. 최 교감은 전시에 피난지 부산에서의 교사들 공로를 인정하여 전원 재임용을 요구하였으나 서교장은 본교의 교사 수급 문제의 어려움을 들어 최기종 선생을 비롯하여 박청명, 오일화, 서원용, 박희열 선생 등 5명만을 재임용하였다.

또한 부산 분교 전교생 250여 명 중 150여 명은 부산에 잔류를 희망하여 낙양고등학교 및 본인 희망 학교로 전학하였고, 나머지 100여 명은 서울 본교로 복귀, 합류하였다. 실제로 부산 피난 분교의 일부 교사와 연고지가 부산인 학생들은 서울 본교로의 복귀를 반대하면서 학교의 독립운영을 주장하였고, 그 가능성도 있었다. 그때의 재정 형편은 서울 본교보다 부산 피난 분교가 오히려 나은 상태였고 학교 모습도 제법 갖추어져 있었기 때문이다. 그러나 서기원 교장의 설득으로 최기종 교감을 비롯한 4명의 교사와 100여 명의 학생은 서울 본교에 완전 복귀하였다. 그리고 1953년 9월 1일 부산 분교는 폐쇄되었다.[43]

정부 환도 이후 부산의 피난학교가 폐쇄되고 본교로 통합되면서 서울의 학교는 전쟁 이전의 모습으로 재개될 준비를 갖추었다. 하지만 서울의 학교가 본래의 기능을 수행하기 위해 파괴된 校舍를 수리·신설하고, 흩어진 교직원과 학생들을 재정비하는 등 해결해야 할 많은 문제가 있었다.

1951년 1·4 후퇴 이후 문교 당국은 2월 10일 각 학교의 개학을 명령했고, 피난지에서 피난학교를 만들어 운영할 것도 지시했다. 이에 부산을 비롯한 거제, 대구, 대전 등에 피난학교가 설립되었고 학생들은 피난지에서도 학업을 이어갔다. 천막교실로 시작한 피난학교는 바닥 교실 또는 생벽

---

43) 숭문100년사편찬위원회, 앞의 책, 361, 367쪽.

돌 교실로 발전하여 假校舍 형태를 취했고, 학생 수가 늘어남에 따라 校舍를 증설하기에 이르렀다.44) 1952년 2월 당시 부산·대구·대전·수원·천안·청주·안성 등지의 피난학교에서 학업을 이어가고 있던 서울 학생이 3만 명에 달했다.45) 1953년 8월 정부 환도 후 피난지 학교들이 폐교하고 서울로 돌아오기까지 2년 반여의 기간 동안 피난학교가 운영되었다.

한국전쟁 당시 문교부장관이었던 백낙준은 1·4 후퇴 이후 노천에 개설된 피난학교가 민족의 장래에 새로운 희망을 가져왔다며 당시의 상황에 대해 다음과 같이 기록했다.

> 전란으로 인해 학생은 학업에 뜻을 잃어 路頭에 방황하고 부형은 자녀 교육에 열의가 식고 교사는 갈 바를 잡지 못하는 참으로 비참한 환경 속에 있던 것이 1·4 철수 후의 실정이었다. 만일 교실이 없어 이를 이대로 방임한다면 그 국가장래에 미치는 영향의 중대함을 절실히 느낀 문교부는 일대 영단을 내리어 학교 재개의 명령을 내렸다. 이것은 교실이 없으면 공부를 못하고 책이 없으면 공부를 못한다는 관념을 근본적으로 타파하고 노천에서라도 교육하라는 것이었다. 이 대방침을 선포하는 동시에 피난학생은 그 소재 지방 학교에 등록하여 학업 계속을 권장하였다. 이 노천 수업은 예상 이상으로 주효되어 잃었던 학생과 선생은 서로 만나 혹은 산 앞에서 혹은 해변에서 혹은 추녀 밑에서 혹은 컴컴한 창고 안에서 열심히 공부하게 되었다. 이 눈물겨운 공부는 우리 민족의 장래에 새로운 희망을 가져오게 하였고 식었던 부형의 교육열을 소생시키어 부형들의 손으로 가교실 건축 사업이 진행되고 이 결과는 노천수업을 가교실 수업으로 化하게 하고 풍우와 한파를 면한 새로운 전시교육을 형성하게 되었다.46)

---

44) 서울특별시교육연구원, 앞의 책, 610~611쪽.
45) 「서울시, 정부 환도 시 각급 교사는 차례로 입경시킬 계획」, 『서울신문』, 1952년 2월 27일.
46) 백낙준, 앞의 책, 284쪽.

교실도 교과서도 없는 상태에서 노천에서라도 학교를 재개하라는 명령을 내렸고 교육은 재개되었다. 이것이 학부모들의 교육열을 되살렸고, 우리 민족의 미래에 새로운 희망을 가져왔다고 했다. 이처럼 전쟁 중인 국가의 피난지에서 학교 시설도 제대로 갖추지 못했음에도 교육이 실행되고 있던 모습은 외국 기자에게 강한 인상을 주었다. 1951년 6월 8일 『The New York Times』에는 다음과 같은 내용의 기사가 실렸다.

> ▷ **많은 학교가 파괴되었음에도 남한은 교육을 추진**
> **6~8명의 학생이 책 하나를 나눠 쓰면서 노천에서조차 수업**
> 혹독한 겨울 동안 기근, 추위, 질병이 수십만 명의 목숨을 앗아갔을 때에도 남한 정부와 유엔은 많은 아이들의 학업을 지속시키기 위해 방법을 찾아냈다. 현재 대부분의 학령 아동들이 정규교육을 받고 있다. …… 날씨가 따뜻해짐에 따라, 판잣집 근처에서 노천 교육이 시작되었는데, 비가 내릴 때는 학생들이 판잣집을 피난처로 삼았다. …… 전쟁으로 황폐된 나라에서는 흔히 예측할 수 있듯, 교과서 부족이 심각한 문제로 대두되었다. 그러나 어느 시골에서나 학생들이 삼삼오오 나무 밑에 앉아서 나무기둥에 박힌 한 개의 칠판을 가지고, 너덜너덜해진 교과서를 함께 보았다. …… 한국 정부의 진보적인 인사들은 국가의 미래가 교육 수준을 끌어올리고 수 세기 동안 한국의 발목을 잡았던 높은 문맹률을 낮추는 것에 있다는 것을 깨달았다.47)

기자는 전쟁으로 많은 학교들이 파괴되었음에도 대부분의 학령 아동들이 정규교육을 받고 있는 모습, 여러 학생이 교과서를 나눠보며 노천에서 수업을 듣고, 나무에 칠판을 걸어 놓고 낡은 교과서를 함께 보며 공부하는 상황을 전했다. 그리고 기자는 이와 같은 한국에서의 교육열은 정부의 진보적 관료들이 문맹률을 낮추고 교육 수준을 올리는 것에 한국의 미래가 달려 있다고 믿었기 때문이라고 보도했다.

---

47) Greg MacGregger, 「Education pushed by South Koreans despite destruction of many schools」, 『The New York Times』, June 8, 1951.

덧붙여 피난학교를 운영하는 재정과 관련된 내용을 숭문고와 경기여고
의 사례를 통해 확인할 수 있다.

사례1. 경기여고

이와 같은 시설을 마련하는데 드는 제반 비용은 독지가의 원조와 학생
들의 수업료로 충당하였다. 이때쯤은 피난살이도 자리가 잡혀가서 수업
료를 징수하는 것이 부자연스러울 형편이 아니었고 문교부에서도 이를
허가하였다. 교직원들에게도 최저 생활을 확보할만한 정도의 보수를 지
불하였다. …… 교장이 미국 시찰 여행에서 사귄 미국 친구들에게서 보
내오는 여러 가지 방대한 구호물자를 때때로 선물하였다. 이것은 근소한
것이 아니라 방대한 수량이었는데 여러 차례 왔고 오는 족족 교정에 펴
놓고서 배급하였다. 물론 교직원들도 혜택을 많이 받았다.48)

사례2. 숭문고

1952년 여름에는 정부에서 싯가 2천 몇 백만 원 상당의 쌀 배급을 주
어 이를 시장에 내다 팔아 현금화하여 2,000여만 원은 은행에 예금하여
학교 운영비에 충당하였고 나머지는 어렵게 살아가는 교사들의 급여도
올려주고 상여금까지도 지급해 주었다.49)

위의 사례를 통해 피난학교 초기에는 독지가의 원조에 의지하다가 점차
학생들의 수업료가 피난학교 재정의 중심이 되어 갔음을 알 수 있다. 또한
정부에서 현물로 배급한 쌀을 학교에서 현금화하여 운영비로 사용하기도
했고, 미국에서 보내준 구호물자가 학생과 교직원에게 큰 도움이 되었음도
확인할 수 있다.

---

48) 경기여자중·고등학교, 앞의 책, 75~76쪽.
49) 숭문100년사편찬위원회, 앞의 책, 356쪽.

2) 피난지에서 학생의 생활

중등교육에 있어 대학 입시를 위한 준비는 전시상황이라고 예외는 아니었다. 한국전쟁 중 중학교 입학시험은 국가고사[50]로 진행되었고, 고등학교와 대학교 입학시험은 학교 자체에서 실시했다. 그래서 각 고등학교는 대학 입학시험의 주요 과목이었던 영어, 수학의 시험성적을 기준으로 신입생을 선발했다. 그리고 고등학교 수업도 영어와 수학이 중심이었고, 학교에 따라서는 대학입학시험 문제집만으로 수업이 진행되는 곳도 있었다.[51] 숭문고와 경기여고의 부산 피난학교 사례를 통해 전쟁 중 피난지에도 계속된 입시 준비 교육의 실상을 확인할 수 있다.

사례1. 숭문고

학교의 재정 형편이 나아짐에 따라 대학 입학성적을 높이기 위해서 고3 전용의 큰 목조건물 1동을 지을 수가 있었다. …… 학교 당국은 보수동에 자리를 잡으면서 우수한 학생 확보를 위해 장학제도를 두었고 1·2·3학년 편·입학은 영어·수학 시험성적으로 선발하였다. 학생들의 학력 배양을 위해서 김성한, 박동묘, 오일화, 서원용, 박성배, 박희열 선생 등을 초빙하여 국어, 영어, 수학, 역사, 지리, 사회, 독어, 고문, 생물, 물리, 화학 등을 가르쳤고 매주 시험을 보도록 함은 물론 학교 기강을 바로 잡기 위하여 무단결석 3일 이상이면 퇴학을 시키기도 하였다. 이렇게 사제 간에 똘똘 뭉쳐 배전의 노력을 아끼지 않은 결과 1953년도에는 70여 명의 졸업생을 배출하기에 이르렀다. …… 특히 1954년도 졸업생들의 대학 입학성적은 매우 우수하게 나타났다. 당시 고3 졸업생 50여 명 중 서울대 13명, 연·고대 20여 명, 기타대 10여 명 등 40여 명이 합격하였다.[52]

---

50) 한국전쟁 중 처음으로 실시된 중학교 입학 국가고사에 대해서는 이 책 Ⅴ장에서 자세히 다루었다.
51) 함종규, 『한국교육과정변천사연구』, 숙명여자대학교 출판부, 1976, 222쪽.
52) 숭문100년사편찬위원회, 앞의 책, 356~358쪽.

사례2. 경기여고

…… 피난학교는 타교에서도 점차 개설하여 국민학교에서 대학교에 이르기까지 정상적인 수업을 하게 되었다. 따라서 입학시험이라는 문제가 학생들 앞에 가로놓이게 되었다. 학생들의 장래를 위해서나 '경기'의 전통을 위해서나 등한할 수 없는 절실한 일이다. 이에 박교장은 교수 내용의 충실을 기하기 위해서 교장 자신이 몸소 교단에 서서 영어 수업과 교양강좌를 담당하는 한편 권위자들을 초빙하여 강사진을 강화시켰다. 수학에 연대 교수 장기원씨, 문리대 교수 최윤식씨를 비롯하여 국어과에 장지영 교수, 영어에 김세훈 교수, 고 채동선 선생, 역사과에서는 서울여자상업고등학교의 현직교장으로 재직중이던 고 김도태 선생까지 모시게 되었다. 이제는 800명이나 되는 학생이 저명하신 선생님들의 지도 아래 열심히 공부한 보람은 이듬해 대학 입학시험 합격률로 나타났다. 99%가 넘는 합격률, 이것이 어찌 우연한 일이었으랴.[53]

1951년 2월부터 개설되기 시작했던 피난학교들에서 정규교육이 실시되었고, 따라서 상급 학교 진학을 위한 입학시험도 계속되었다. 피난학교들은 대학교수를 비롯한 우수한 교사를 초빙하였고, 엄격한 학사관리를 하며 대학 입학 준비를 했다. 그리고 높은 대학 진학률과 합격률이 학교의 명예가 되었다.

경기고 학생 강신표에게도 시험 준비와 시험 결과는 중요한 관심거리였고, 그래서 일기에 시험 일정을 상세하게 기록해두었다. 일기에 기록된 한국전쟁 기간 중 피난학교 경기고의 시험 일정은 다음과 같다.

---

53) 경기여자중·고등학교, 앞의 책, 76~77쪽.

〈표 IV-5〉 한국전쟁 중 경기고 피난학교 시험 일정[54]

구분	시험 일정	시험과목	비고
4학년 (1952년)	중간시험 (10.31~11.1)	수학, 영어, 국어(10.31) 사회생활, 과학(11.1)	
	기말시험 (12.19~23)	대수, 영작, 지리(19일)/ 영어, 화학, 공민(20일)/ 물리, 국어, 역사(22일)/ 기하, 국작, 상업(23일)	
	학년말 고사 (53.3.6~9)	기하, 영어, 공민, 역사(6일)/ 화학, 영작, 국작(7일)/ 국어, 물리, 지리, 한문(9일)	
5학년 (1953년)	실력시험 (5.15~16)	영어, 사회, 과학(15일)/ 국어, 수학(16일)	
	1학기 중간고사 (6.19~25)	영어, 공민, 상업(19일)/ 국어, 역사, 대수(20일)/ 물리, 미분, 지리(23일)/ 영작, 독어, 생물(24일)/ 심리, 기하, 화학(25일)	22일 시험은 데모참가로 중지됨

이처럼 전쟁 중 피난학교에서도 중간·기말고사뿐 아니라 실력시험까지 실시되고 있었다. 하지만 전시 상황에서 학생들은 수업과 시험 외에 각종 궐기대회와 위문활동에 참가해야 했다. 정부는 전쟁 발발 1년이 되는 1951년 6월 25일을 抗共총궐기일로 정하고 국민대회, 웅변대회, 연극 공연, 영화 상영, UN군에 위문 문집 전달 등의 다양한 행사를 진행하여 거족적인 멸공 의욕을 북돋기로 했다. 이때 부산 시내 동아극장에서는 3일간 전국의 모든 초등·중등·대학생이 참가하는 웅변대회가 개최되었고, 초등학교 학생들의 우수 작품을 영문으로 번역하여 편집한 'UN군 아저씨에게 보내는 위문 문집'을 UN군에 전달하기도 했다.[55] 부산 피난학교에 다녔던 한 학생은 당시의 웅변대회에 대해 다음과 같이 회고하기도 했다.

문교부 주최나 그 이외에 행사가 있을 때는 우리 숭문도 참석하곤 했다. 서울 법대 주최로 '제4회 전국 웅변대회'가 있었을 때 우리 숭문고등학교도 참석하였다. 참가인원이 200명이 넘었는데 거기서 예선을 거쳐 준

54) 이옥부, 앞의 논문, 152~153쪽.
55) 「6·25 발발 1주년 행사」, 『민주신보』, 1951년 6월 25일.

결승에 최후로 10명을 선출하였다. 그중에 동문인 권용수군이 입상하기도 하였다. 아무튼 그 당시 숭문이라고 하면 서울에서 피난 온 학교 중 우수한 학교로 인정받았던 것은 사실이다.[56)]

피난지 부산에서 개최된 전국웅변대회에 참가하여 입상하는 것은 학교의 명예를 높이고 명문학교로 인정받는 것이기도 했음을 알 수 있다.

무엇보다 피난지 학생들에게 수업보다 궐기대회를 비롯한 각종 행사 참여가 우선이었다. 강신표의 일기를 보면 1953년 6월 19일부터 중간고사가 시작되었는데, 시험 기간 중이던 6월 22일 시험은 데모 참가로 중지되었음을 알 수 있다. 이에 대해 강신표는 일기에 다음과 같이 기록했다.

> 자신 없지만 시험 준비를 해서 학교에 나갔다. 그러나 시험은 중지되고 오늘도 데모가 있었다. 그러나 이날 우리의 데모는 시시하기 짝이 없었다.[57)]

계획된 중간고사가 진행되던 일정 중에 시험을 보러온 학생들은 시험을 보지 않고 데모에 참여해야 했고, 다음날 다시 시험을 봐야 했던 것이다. 강신표는 1953년 6월 7일 휴전반대 궐기대회에 참석한 학생들의 모습을 직접 사진으로 찍어 남기기도 했다.[58)]

한편『경기70년사』에서 한국전쟁 중 각종 행사에 참여했던 기록을 정리하면 다음과 같다.

---

56) 한상환,「부산 피난분교 시절을 회고함」,『追憶속의 上壽』, 숭문중·고등학교 총동문회, 2006, 29쪽.
57) 강신표,「일기」, 1953년 6월 22일(이옥부, 앞의 논문, 153~154쪽).
58) 이훈상·이옥부, 앞의 책, 174쪽.

〈표 IV-6〉 한국전쟁 중 경기고 피난학교 각종 행사 참여 일정[59]

1952년		1953년	
날짜	내용	날짜	내용
3.1	중앙학도호국단 기념식 참가 후 시위 행진	2.19	국방부 정훈국의 강연회 참석
5.23	군사 강연에 고2,3년 참석	2.20	간부후보생 학생궐기대회 참가 후 시가행진
10.14	동포애 발양 위문품 수집	4.10	통일 없는 휴전반대 궐기대회에 2,3학년 참가
10.24	UN데이 기념행사 참석	4.22	학도호국단 4주년 기념행사 참가
10.26	아이젠하워 내한 환영 대회	6.10~15	전교생 통일 완수 궐기대회 참가
		6.29	반공포로 석방지지 시가행진
		7.9	송도서 해양 훈련

　강신표의 일기에 기록된 시험 중 궐기대회가 경기고의 학교사에는 기록되어 있지 않지만, 경기고 학생들이 각종 기념행사에 동원되고, '휴전반대·통일완수·반공포로 석방지지' 등의 궐기대회에 참석하여 시가행진을 했고, 군사 강연을 듣거나 바다에서 해양훈련을 받기도 했음은 분명하다. 특히 1953년 6월에 정전 협정 체결이 가시화되자 경기고 전교생은 6월 10일부터 15일까지 6일 동안 통일 완수 궐기대회에 참가했다. 그리고 그 첫날인 6월 10일에 경기중·고등학교 학생들은 통일 없는 휴전에 결사 반대한다는 결의문을 발표하기도 했는데,[60] 그 내용은 다음과 같다.

학생의 절규를 명심해 들으라

　1951년 6월 25일 침략 원흉인 소련의 마리크 UN대표의 단 30초에 걸친 짧은 제의로 출발한 한국휴전은 당사자인 전 한국민의 통일 없는 휴전 결사반대의 소리는 도외시 된 채 바야흐로 성립 단계에 이르렀다.

---

59) 경기고등학교70년사편찬회, 앞의 책, 211~213쪽.
60) 「여학생 21명이 부상」, 『동아일보』, 1953년 6월 11일.

경기중고등학교 1,100의 학도는 반만년의 한국 역사와 애국의 정신에 의하여 1919년 3·1 독립운동, 1945년 모스크바 삼상회의의 결의인 한국 신탁통치 반대운동의 정신을 받들어 무통일 한국휴전을 결사반대하여 다음과 같이 결의한다.

UN은 한국민의 소리를 들으라. 휴전 계획에 앞서 먼저 3천만의 총의를 무시함은 민주주의 원칙에 대한 역행으로, 또 하나의 침략을 의미한다.

1. 불명예한 휴전의 성립은 세계에 제2의 한국을 출연시킨다. 우리는 전세계 인민의 평화와 침략 저지를 위해서 휴전을 결사반대한다.

1. 휴전회담은 뮤니히의 재판이다. UN은 국제 공산계열의 한국 재침략 제지를 무엇으로 보증할 것인가. 제2침략을 의미하는 휴전을 우리는 결사반대한다.

1. 우리는 한국정부의 휴전에 관한 5원칙을 절대 지지하며, 필요시에는 우리의 자결권 행사도 주저해서는 안 된다.

上 결의함

1953년 6월 10일

무통일 휴전 결사반대 경기중·고등학교 학생대회[61]

학생들의 궐기대회 동원은 일상적이었다. 1951년 12월 6~8일까지 연속 3일간 남녀 중학·대학생 약 1만여 명은 '통일 없는 정전은 결사반대', '통일이 아니면 죽음을 달라' 등의 현수막을 들고 밤까지 부산 시내 곳곳을 행진했다. 당시 시위에 참여했던 학생은 다음과 같이 말했다.[62]

▷ 박창호 군: 우리는 꾸준히 공부하였습니다. 그러나 국토가 또다시 양단되려고 하고 있습니다. 어찌 가만히 있을 수 있어요. 우리는 차라리 자유와 통일을 얻지 못한다면 죽음을 택합니다.

▷ 최숙희 양: 나라가 있고야 공부도 할 수 있지요. 공산원수들과 무슨 타협이 있어요.

---

61) 경기고등학교70년사편찬회, 앞의 책, 209~210쪽.

62) 「부산시 학생, 정전반대 시위 전개」, 『경향신문(전선판)』, 1951년 12월 10일.

1953년 6월 포로송환에 관한 협정 체결 소식이 전해졌을 때 서울과 부산에서 대규모 시위가 있었고, 수만의 학생들이 등교를 거부하고 북진통일을 외치며 데모를 했다.[63] 특히 6월 11일 부산에서는 미군용 대형버스에 타고 있던 외국 군인이 학생 시위대에 총을 발사하여 서울공대생 2명과 일반인 1명이 부상당했고, 한성중학교 학생들에게 미군 헌병이 달려들어 방망이를 휘둘러 충돌이 발생하기도 했다.[64]

궐기대회 동원뿐 아니라 학생들의 위문활동도 일상적이었는데, 경기여고는 부산에서 피난학교를 개설한 후 위문단을 조직하여 활동한 내용을 다음과 같이 기록했다.

> 조국을 위하여 그리고 우리를 위하여 공산도배들과 싸우다가 전상을 입은 국군 용사들에게 위문품을 정성껏 드려 오던 본교생들은 수업의 여가를 이용하여 틈틈이 익혀둔 무용, 음악, 연극 등의 다채로운 순서를 가지고 그분들이 수용되어 있는 병원들을 찾아가 살벌한 기분을 어루만지고 따뜻이 위로하여 드리려고 조그마한 위문단을 조직하였다. 이 위문단은 공일이나 방과후를 이용해서 시내에 있는 각 육군 병원을 방문하여 가설무대에서 공연을 하고 위문품 전달도 하였다. 시내뿐 아니라 멀리 양산 통도사까지 위문 행각을 사양치 않았다. 간 데마다 환영과 절찬을 받았다. U·N군 부대에 갔을 때도 그랬고, 국민학교 무용 콩쿨 대회를 본교 위문단 찬조 출연으로 부산 문화 극장에서 '부형 위안의 밤'을 가졌을 때도 그러했다.[65]

또한 무학여고의 학사일지를 통해 피난지 부산에서 학생들이 각종 위문활동에 참여한 모습도 확인할 수 있다.

---

63) 「서울과 부산에서 휴전회담 반대 시위 진행」, 『조선일보』, 1953년 6월 11일.
64) 「외국군대 발포로 부산 휴전반대 시위군중 부상」, 『부산일보』, 1953년 6월 13일.
65) 경기여자중·고등학교, 앞의 책, 78~79쪽.

〈표 IV-7〉 한국전쟁 중 무학여고 피난학교 위문활동66)

연도	날짜	내용	날짜	내용
1951	6.23	해병대 일선 장병에게 위문문	11.26	육군 제839부대 제대식 참가
	9.28	육해공군 합동 위령제(동래)	12.8	휴전반대시위 행사 참가
	10.24	UN데이 식전 참가	12.20	일선 위문문 발송
1952	2.12	필승 기원 연예회 개최 (부산극장 2일간)	9.6	상이군인 합동결혼식 화환 증정
	2.16	영문 위문문 일선에 발송	9.11	제2 육군병원 위문
	3.6	육군 839부대 위문	9.19	군경 원호금 전달
	3.20	합창대 육군839부대 제대식 참가	10.20	해병 상이군인에게 위문품 발송
	4.14	진해 충무공 동상 제막식 참가	10.24	UN데이 기념식 참가 뉴질랜드 대표에게 화환 증정
	4.18	제15육군병원 위문	11.8	일선 장병 위문 카드 전달
	4.30	육군 제839부대 제대식 참가	11.18	대한여자청년단 주최 일선 위문문 전달
	6.24	전국남여 웅변대회 참가	11.22	일선 상이군경 위문문 전달
	6.25	6·25 동란 제2주년 기념식 참가	11.26	아이젠하워 원수 내한 환영식 참가
	6.27	상이군경 위문품 증정	11.29	1811공병대 위문문 발송
	8.26	전투경찰 위문문 발송	12.24	해병대 사령부 성탄절 축하위문 공연
	8.30	127부대 위문품 발송		

전쟁 중 피난지에서 무학여고 학생들은 일상적으로 위문문을 쓰고, 합창 반원과 무용반원이 군 트럭을 타고 군부대와 국군병원을 방문해서 위문공 연을 했으며, 군경상이용사 합동결혼식과 UN데이 기념식에 참가해서 화환 을 증정하는 등의 위문활동 등을 했다. 더욱이 진해에서 열린 충무공 동상 제막식에도 동원되었다. 한편 무학여고가 1952년 2월 12~13일 부산극장에 서 개최한 필승기원 연예회가 『경향신문』에 다음과 같이 보도되기도 했다.

　　지난 12,13 양일 부산극장에서 '필승 기원 연예회'의 이름으로 개최한 무학여고의 종합예술제는 묵묵히 교실에서 닦아온 '무학'의 숨은 자랑을

---

66) 무학60년사편찬위원회, 앞의 책, 112~117쪽.

우리에게 보여주었다.

무학여고의 종합예술제를 본 것도 처음이었고 여러 학교의 종합예술제와 견주어 이만치 학생들로서 음악과 무용 그리고 연극 등을 학업의 연장으로 생각하고 무대를 교실로 여긴 진집한 그들의 태도를 본 것도 처음이었다. 합창에 있어서도 평소의 수련이 아름다운 선율로 보여지었고 더구나 연극에 있어서는 유치진 작의 '청춘은 조국과 더부러'(전2막)를 상연하였는데 '풋내기 학생극'으로선 제법 신극운동에 보다 가깝게 접근함에 노력한 점을 두던 안 할 수 없다. 아직까지 피난 후 여러 학교에서 보여준 '풋내기극(素人劇)' 중에서 '학예회' 기분이나 '신파조' 같은 탈을 벗고 '극'을 보여준 것은 '무학'의 자랑이 아닐 수 없다. 앞으로 한층의 노력으로 신극운동을 지향하는 진집한 '풋내기 학생극'을 이룩하는데 더욱 정진할 것을 바라마지 않는다.[67]

부산극장에서 개최된 무학여고의 종합예술제를 취재했던 기자는 무학여고 학생들의 연극이 학예회나 신파조에서 벗어나 '극'을 보여준 것이었다며 칭찬과 격려를 아끼지 않았다.

피난지 부산에 있던 서울중등고등학도호국단은 3·1절을 기념하여 1952년 2월 20~24일까지 5일간 시내 동아극장에서 노래와 춤, 연극 등으로 꾸며진 종합예술제를 개최했다.[68] 경기고도 1952년 3월 7~8일에 부산극장에서 밴드와 합창반의 연주, 졸업생의 찬조 공연, 유치진 원작의 사극 '가야금의 유래(3막4장)'를 공연했다.[69] 그리고 1952년 3월 26일 부산 시내에 있는 문화극장에서 이승만 대통령의 78회 탄신을 기념하기 위해 대한교육연합회와 부산에 있는 각 교육기관이 연합해서 '연합학예회'를 개최하기도 했다.[70] 또한 경기여고는 부산에서 운동회를 겸한 학예회를 열었는데, 이

---

67) 「청춘은 조국과 더부러-유치진 작」, 『경향신문』, 1952년 2월 17일.
68) 「학도종합예술제」, 『동아일보』, 1952년 2월 20일; 「학도종합예술제」, 『경향신문』, 1952년 2월 21일.
69) 「경기중학서 예술제」, 『경향신문』, 1952년 3월 7일.
70) 「연합학예회」, 『경향신문』, 1952년 3월 26일.

를 '피난 종합예술제'라는 제목으로 다음과 같이 소개했다.

> 피난 校舍에서 우리는 하늘 높은 가을날을 가려서 동창, 부형, 내빈 여
> 러분을 한자리에 모시고 운동회를 겸한 학예회를 가졌다. 운동장이라 하
> 여도 넓지 못하고 강당은 더더구나 없어서 천막 교실로 둘린 조그마한
> 교정을 곱게 다듬어 오전에는 운동회를, 그리고 오후에는 가설 무대에서
> 학예회 순서를 披露키로 하였던 것이다.
> 소꿉장난 같은 운동회였지만 있을 종목은 다 있어서 800명 학생이 한
> 차례씩은 전부 순서에 참가하였고 오후부에는 조흔파 작 「흙에 불이 붙
> 는다(전3막)」라는 연극과 촌극을 위시하여 음악, 무용 등의 푸로를 공개
> 하였다.[71]

그런데 1953년 1월 문교부에서는 학생들의 저속한 예술제를 단속하는
지시를 내렸는데, 이와 관련된 내용은 다음과 같다.

> 학도들의 저속한 예술제를 단속하고자 문교부에서는 그간 단속의 방
> 도를 강구하여 오던바 그의 성안을 얻어 앞으로는 학교연예회를 철저히
> 단속할 것이라 한다. 즉 학생들이 예술제라는 명목 아래 각 극장에까지
> 진출하여 거액의 요금을 받으며 학생의 본분을 저버리고 값싼 웃음과 눈
> 물을 손님들에게 파는 등 저속하면서도 퇴폐적인 가무를 상연하여 학부
> 형들의 부담을 가중시켜 온 것인데 문교부에서는 이러한 학생들의 저속
> 한 연예를 단속하라는 다음과 같은 지시를 서울시에 통첩해 온 것이다.
> 이 통첩에 의하면 학교학생의 연예의 예술제·학예회 등에 극장 또는
> 연예장 사용을 엄금하며 민예에 속하는 가무라도 '화랑춤', '천안삼거리'
> 등 그 정도가 학생들의 정조에 맞지 않고 퇴폐적인 것은 출연을 금지한
> 다는 것이다.[72]

전쟁 중 피난지에서도 학생들은 학예회를 개최했고, 일부 학교는 극장

---

71) 경기여중·고등학교, 앞의 책, 83쪽.
72) 「문교부, 학생들의 저속한 연예회 엄금방침 하달」, 『서울신문』, 1953년 1월 9일.

을 대여해서 학예회를 진행하며 고가의 입장료를 받기도 했다. 이와 관련해 다른 학교 예술제 단체 관람비를 의무적으로 징수해 사회적 물의를 일으킨 일도 있었고,[73] 문교부에서는 예술제 등 각종 행사에서 화환 증정을 금지하는 조치를 내리기도 했다.[74] 결국 학생들의 학예회가 값싼 웃음과 눈물을 손님들에게 파는 저속한 공연을 하는 등 학생의 본분을 벗어났고, 이에 문교부에서는 극장이나 연예장에서 예술제나 학예회를 할 수 없으며 '화랑춤', '천안삼거리' 등의 퇴폐적인 공연도 금지시켰다.

피난학교 학생들이 정규교육을 받으며 중간·기말고사를 치르고, 각종 궐기대회와 위문활동에 동원되기도 했지만, 학생들은 피난지 부산에서도 예술제와 학예회를 개최했다. 그리고 학생들의 학예회가 사회적 문제가 되기도 했고, 문교부에서 학예회 장소와 공연 내용까지 단속하는 상황이 벌어지기도 했던 것이다.

한편 전쟁 중 피난학교 학생들도 수학여행과 소풍을 갔다. 숙명여고, 배재고, 경기고의 수학여행과 소풍 일정을 정리하면 다음과 같다.

〈표 IV-8〉 부산 피난학교의 수학여행, 소풍 일정

숙명여고[75]	배재고[76]	경기고[77]
1951.11.18. - 고3 경주 수학여행	1951.10.17. - 범어사 소풍	1952.11.5. - 고3 경주 수학여행
1952.5.4. - 고1,2,3학년 경주 수학여행	1952.5.8. - 전교생 송도 소풍	1952.11.6. - 고1,2 한산섬 수학여행
1953.5.15. - 범어사 소풍	1952.10.26. - 중3, 고1·2·3 경주 수학여행	

73) 「문회문」, 『경향신문』, 1952년 3월 16일.
74) 「화환증정 금지, 학교행사에 주의」, 『경향신문』, 1952년 5월 13일.
75) 숙명100년사편찬위원회, 앞의 책, 207~208쪽.
76) 배재학당, 『배재80년사』, 학교법인 배재학당, 1965, 626~628쪽.
77) 경기고등학교70년사편찬회, 앞의 책, 212쪽.

경기고 학생 강신표는 1952년 11월 6일 수학여행 전후의 일기에 다음과 같이 기록했다.

11월 5일
아침에 6학년 학생은 경주로 출발하고, 4,5학년은 내일 한산도와 통영 방면으로 여행하기로 했다. 아침에 돈 30,000원으로 여행비로 학교에 지출했다. 그런데 내일 출발을 위해 아버지께 금액을 요구했다가 혼났다. 하여턴 내일 준비를 위해 할머니께 돈 20,000원을 빌려서 과자를 좀 작만했다.

11월 6일
한산도, 통영 방면 여행
아침 8시 20분 ~ 오후 8시 40분
피곤한 여행을 마친 뒤로는 피곤이 온 몸을 억제하는 것이 어찌할 줄 모르겠다. 비교적 오늘 날씨나 파도로 보아도 참 좋은 날이였다. 통영서 동무들에게 갔다 올 시간이 없어서 가지 못한 것이 큰 유감이다.

11월 7일
학교에 12시에 간다 치고 어떻게 늦잠을 자는지 아침 8시 5분에 기상했다. 그래서 어떻게 머리가 아픈지 혼났다. 학교 가서 이번 다녀온 여행기를 쓰고 집에 돌아왔다.[78]

피난지 학교에서도 학생들은 수학여행을 간다는 것에 설레고, 아버지께 용돈을 달라고 하다가 혼나서 할머니께 용돈을 받아 과자를 준비했다. 또한 아침 8시 20분에 부산에서 통영으로 떠난 수학여행은 저녁 8시 40분에 끝이 났으며, 다음 날 학교 등교시간이 12시로 미뤄졌고, 학교에서는 여행기를 쓰는 과제를 해야 했다.

부산 피난학교 학생들은 학교 내에서 학교가 주관하는 활동뿐 아니라, 학생 개인이 주최한 다양한 교외활동을 했음도 강신표의 일기와 기록을

---

78) 강신표, 「일기」, 1952년 11월 5~7일(이훈상·이옥부, 앞의 책, 140~141쪽.)

통해 확인할 수 있다. 강신표는 독서모임과 세계학생문화교류협회를 직접 만들었고, 당시 국내 유일의 우표문화 연구단체인 대한우표회와 덴마크와 한국의 우호관계를 강화할 목적으로 설립된 한정협회에도 가입해 활동했다.[79] 특히 독서모임과 관련해서는 풍부한 기록을 남겼는데, 이 모임의 취지와 느낌을 다음과 같이 일기에 기록하고 있다.

> 학교생활은 그저 그랬을 뿐 별일 없었다. 나는 홍군으로부터 좋은 곳에 인도되었다. …… 서울고등학교 학생과 우리 학교에 홍성화하고 그들은 근본취지를 '서로 우정으로 얽히자'라는 두고 부속으로 문화, 도서 등 각종 多方으로 연구, 조사가 따르고 있었다. 성화의 말은 "정말 이것은 진실된 동무들이야 한다"는 것과 "우리 학교에는 그런 학생이 없어"라는 것이다. 긴말 설명이 아니도 대강 짐작할 수 있었다. 그래서 그는 내가 오늘 만내고자 바의 줄거리인양 나드러 그기에 취미 없느냐 라는 것이다. 실로 나는 기뻤다. 그기 나를 그렇게 믿어주고 신용해 준 것에 대하여 무어라 말할 수 없었다.[80]

독서모임의 구성원은 강신표를 포함하여 경기고 2명, 서울고 5명, 경복고 1명으로 모두 서울에서 온 피난학교의 학생들이지만 이후에는 부산의 해동고나 김해 출신의 학생 등 생각을 공유하는 학생들이 새로운 구성원으로 참여했다. 모임은 주로 피난학교 수업이 끝난 직후의 오후 시간을 이용했는데, 대부분의 피난학교들이 인접한 곳에 위치하고 있어 가능했다. 강신표에 따르면 피난학교들이 부산 중구지역에 밀집해 있는 상황은 학생들 사이의 접촉 빈도를 높여서 독서모임을 가능하게 하는 배경이 되었다고 한다. 독서모임은 다양한 분야의 책을 선정하여 발표와 토론으로 진행했고, 특정한 주제에 대해서는 외부 인사를 초청해 강연을 듣기도 했다. 또한 10~12페이지 분량의 회지도 총 3회 발간했다.[81] 독서모임에서 읽은 책

---

79) 이옥부, 앞의 논문, 154~157쪽.
80) 강신표, 「일기」, 1953년 2월 26일(이훈상·이옥부, 앞의 책, 143쪽).

목록은 다음과 같다.

<표 Ⅳ-9> 강신표의 부산 독서모임 도서 목록[82]

멘델의 법칙, 자아와 인격, 한국농업연구발전, 자유가 문화에 대하여 미친 영향과 역사적 고찰, 우리사회 발달의 원인, 제2의 찬스, 숙명지대, 페스트, 이방인, 탁류, 구토, 혁염은 도다. 대지, 아메리카의 비극, 處世哲言, 學生と文化, 사회문제강좌 12호, the social role of ~ of knowledge, 철학(岩波書店), 歷史主義の立場(마이넷케), 철학독본(토루스토이), 窮乏の農村, 등산기술, 역사철학(헤게루 전집 10) 등

강신표는 부산 피난학교 때 참여했던 다양한 모임에 대해 다음과 같이 회상했다.

　　"어쨌든 부산에 있을 때 동아리 가운데 지금은 미국에 가 있는 친구랑 국제문화협회라는 걸 우리가 만들었다고. 팜플렛도 내고 국제 펜팔도 많이 하고 그때 유네스코위원회하고 미군들하고 국제적인 감각에 주목했어. 대한우표회 회원이었고 …… 따지고 보면 중학교 다닐 때 동아리, 서클들이 각 고등학교 패들 많이 모이고, 일부 대학생들 쫓아다니며 막 댄스도 하고 소위 말하면 서양문물이 미군들과 함께 본격적으로 들어와 그 난리 통에 그런게 있었다고 ……"[83]

이처럼 전쟁 중 피난지에서도 서울에서 다니던 학교에 등록하여 학업을 이어간 학생들이 있었지만, 피난지에 모여들었던 모든 학생들이 학교에 다닐 수 있었던 것은 아니었다. 1951년 8월 『부산일보』는 "책가방 내동댕이 치고 직업전선에서 싸우는 이 땅 소년들의 현상은 어떠하며 이들의 장래는 어떻게 전개될 것인가?", "6·25동란 후 모든 것을 전화에 휩쓸린 알몸

81) 이옥부, 앞의 논문, 158쪽.
82) 이훈상·이옥부, 앞의 책, 15쪽.
83) 강신표의 구술, 2020년 10월 19일(이옥부, 앞의 논문, 150쪽에서 재인용).

뚱이 민중들은 그들이 사랑하는 아들 딸마저 생존투쟁의 첨병으로 거친 사회에 내세우지 않으면 안 되게 되었고 …… 다가오는 새 세대의 일꾼이 될 소년들이 배움의 기회마저 유린당한다면 이 민족의 장래는 어찌 될 것인가?"라는 질문을 던지며, 부산에서 일하고 있던 청소년 6명을 집중 인터뷰한 기사를 실었다. 신문에 소개된 인터뷰 내용은 다음과 같다.

▷ **직업의 종류**

(記) 날씨도 무더운데 간단히 몇 가지만 묻겠소. 먼저 여러분의 장사는 몇 가지나 되는지 신문 파는 김군이 말해주시오.

(김) 신문, 양담배, 구두닦이, 아이스크림 그밖에 달러, 부채, 만년필, 손수건 다 셀 수 없습니다.

(社) 피난온 사람이 많지요.

(김) 8할이 피난소년입니다.

(사) 학교에 다니는 사람은?

(이) 신문 파는 애들은 몰라도 나처럼 구두닦이는 온종일 틈이 없어 학교에 못 갑니다(모두 크게 웃는다).

(기) 이군은 어느 학교였소?

(이) 서울 성도학교 2학년이었습니다.

(기) 중학생은 얼마나 됩니까?

(이) 약 3할이고 나머지는 초등학교생이지요.

▷ **판매루트**

(기) 여러분은 어떤 데다 자기의 물건을 팝니까?

(김) 신문은 보통 거리에서 파는데 마라톤 선수가 돼야해요. 먼저 달음박질 하는 사람이 제일입니다. 요즘은 더워서 거리마다 너무 숨이 막혀요. 어떤 애는 여관과 빠, 다방을 전문으로 다니는데 그것도 기술입니다.

(기) 마라톤 선수가 우리나라에 그래서 많군(크게들 웃는다).

(송) 우리 양담배장수는 다방과 빠로 다니며 손님들에게 애를 먹입니다. 양갈보들이 잘 삽니다.

(이) 구두닦이는 떼로 지어 다니기도 하고 회사, 관청을 단골로 찾아다니기도 합니다. 거리에서 하려면 너무 경쟁이 심해서 수지가 안 맞습니다. 우리는 남의 단골을 뺏는 일은 있습니다.

(황) 아이스크림은 □□과 정거장 그리고 삼바시가 제일입니다. 극장 같은 데는 오야봉들이 다 해 먹어요.

(기) 오야봉?

(김) 신문장수도 요새는 어른들이 자꾸 나와 못 견디겠어요. 이것도 신문 오야봉입니다.

(임) 어른들은 신문장수 못하게 해주세요.

(모두들 미소를 띤다)

▷ **수지균형**

(기) 하루에 얼마나 버는지 이군 말해주시오.

(이) 아스팔트가 녹아서 모두 운동화를 신기 때문에 온종일 1,000원도 못 버는 때가 많습니다. 콤비네이션은 600원인데 어떤 사람은 500원만 던지고 달아납니다. 이젠 구두닦이도 수지가 안 맞아요.

(황) 아이스크림은 하루에 100개 팔면 7,000원 남습니다. 잘하면 만 원 넘게 벌 때도 있죠.

(이때 모두들 입을 □만큼 열며 빙과자가 제일 수지가 맞는다고 강조한다)

(김) 신문 파는 아이들이 요샌 거의 다 아이스크림 집으로 갑니다.

(기) 왜 그럴까?

(김) 수지도 톡톡히 맞고 더운데 뛰어다니지 않아도 되니까. 나도 아이스크림 장수 할까 해요.

(모두 아이스크림으로 전업하겠다고 한다)

(송) 황은 구두닦이, 양담배, 신문장수 다 해봤어요. 황은 기술자예요.

(기) 기술자, 양담배장수는 얼마나 버는지?

(송) 틀려요. 요새 백합 공작이 올라서 양담배도 껑충 2,300원으로 돼서 통 안 팔려요. 잘돼야 2,000원에서 3,000원이요.

(김) 제일 나쁜 건 신문장숩니다. 너무 더워서 신문을 보려고들 안 해요. 50장 팔아야 4,000원인데 요새는 여간 힘들지 않습니다. 다들 아이스크

림 집으로만 가요.

(이래서 신문사는 서리맞고 있다)

(송) 황은 조간, 석간 장수를 해서 80만 원 벌었대요. 그리고 요새는 아이
스크림으로 또 수지 맞고.

(모두들 □한□이 웃는다)

▷ **곤란한 일**

(기) 물건 파는 데 어려운 일은?

(김) 신문 파는 애들이 서울로 많이 가서 경쟁은 없으나 그래도 50장 팔기
가 어렵습니다. 어떤 사람들은 한참 신문을 읽고도 안 삽니다. 어떤
사람은 본전에 달라고 엉터리를 부리고.

(송) 마카오 신사들이 더 깍쟁이 입니다. 꼭 담배 한 갑에 1·2백원은 깍지
요. 어떤 사람은 가짜라고 막 다해 보고는 그냥 달아나요. 한번은 ○
○한테 6만 원어치를 몽땅 뺏긴 일도 있죠.

(이) 구두도 여자구두는 닦기 어려워요. 자꾸만 트집을 잡지요. 그래 나중
에는 부리되는 대로 해버려요. 우리는 비 온 다음 날이 제일 수지가
맞습니다.

(임) 저는 時報를 100장씩 파는데 하루에 5,000원 법니다.

(기) 시보는 뭔가?

(김) 공짜로 먹는 건데 제일 먼저 신문을 받아 50원씩 남겨 넘기는 겁니다.

(황) 빙과자도 비만 오면 통 밑져요.

(비가 오면 모두 서리 맞으니 비는 그들 원수다)

(임) 신문이 안 팔려 밤까지 돌아다니면 목에서 쇳소리가 나더군요.

(기) 임양과 같은 여자도 많소?

(임) 약 1할 됩니다.

▷ **재미있는 일**

(기) 재미있는 일은?

(김) 신문을 다 팔고 집에 와 돈을 세 보면 엉뚱하게 돈이 늘 적이 있는데
이건 캄캄한 데서 1,000원짜리를 100원짜리로 모르고 받은 거지요.

(모두들 깔깔 웃으며 두 번씩은 그런 일이 있는 듯이)
(황) 빙과자 50개를 1시간에 홀딱 팔려 의기양양
(자긴 참 기술자라고 황을 바라들 본다)
(이) 양키들이 1,000원씩 던질 때는 구두닦이도 날렸으나 요샌 양키들이
에누릴 더해요.
(송) 여자들은 한번 칭찬해주면 양담배를 잘 사요.
(기) 여자들도 많이 핍니까?
(송) 예전보다 많이 담배 피는 여자가 늘었어요.

▷ 그들의 희망
(기) 학교에 들어가고 싶지 않소?
(황) 학교에 가야 수지 맞나요? 이젠 배운 것 다 잊어버렸어요.
(저건 수지만…. 황을 노려보며 모두들 학교에 가기를 무척 원한다고)

출석자(8월 3일)
이군·탁군: 구두닦이업, 송진수군: 양담배업, 황승일군: 아이스크림업, 김
성관군: 신문가두업, 임혜□양: 동, ○기자: 社[84]

위의 신문 기사에 따르면 부산에서 일을 하고 있는 청소년들 중 약 80%
가 피난 온 사람들이고, 이중 중학생이 30% 초등학생이 70% 정도였다. 그
리고 이들 중 여학생이 약 10% 정도였다. 피난지 부산에서 장사를 하던 학
생들은 신문, 양담배, 구두닦이, 아이스크림, 달러, 부채, 만년필, 손수건 등
셀 수 없을 정도로 다양한 물건을 팔며 살아갔다. 기자가 학교에 가고 싶
지 않으냐고 물어봤을 때, 기술자로 인정받던 한 학생은 "학교에 가야 수
지맞나요? 이젠 배운 것 다 잊어버렸어요."라고 대답했지만, 나머지 학생
들은 그 학생을 노려보며 학교에 가기를 무척 원한다고 대답했다. 이처럼
서울에서 학교를 다니던 학생들 중에는 전쟁으로 인해 집과 학교를 떠나 피

---

84) 「직업전선에 뛰어든 청소년들의 실상」, 『부산일보』, 1951년 8월 3일.

난을 가야 했고, 피난지에서 일을 하며 살아야 했던 경우도 있었던 것이다.

2. 서울에 개설된 훈육소와 학생 생활

1950년 6월 25일 한국전쟁 발발 이후 3개월의 북한군 점령기와 서울 수복을 겪은 후, 1951년 1·4 후퇴 때 일부를 제외한 대부분의 서울시민들이 전국 각지로 피난을 떠났다. 그리고 1951년 3월에 서울은 재수복 되었고, 이후 피난 가지 않고 서울에 남아 있던 학생들과 피난지에서 서울로 돌아온 학생들을 위한 학교가 개설되었다. 서울시 교육국에서는 임시조치로 1951년 7월에는 초등학생들을 위한 종합국민학교,[85] 동년 9월에는 중등학생을 위한 훈육소를 설치했다.[86] 그리고 동년 10월에는 대학생을 위한 훈련소도 운영되었다.[87]

---

85) 1951년 7월 10일 기준으로 서울 시내에 7개의 종합국민학교가 설치되어 2,089명의 학생이 등교했다. 1951년 9월 9일 종합국민학교는 25개로 증가하여 약 2만 명의 학생들이 학업을 이어갔다. 그리고 1952년 1월에 종합국민학교는 51개로 증가했으며 학생수는 39,601명이었다. 이후 종합국민학교는 76개로 늘어나 학생수는 82,679명에 달했다. 결국 서울시는 1952년 10월 30일에 종합국민학교를 해체하고, 이곳에 수용되었던 학생들이 모두 원교에서 수업하도록 복귀 조치했다(「정신교육에 치중」, 『조선일보』, 1951년 7월 12일; 「9일 현재 25개소. 궤도에 올라가는 아동교육」, 『조선일보』, 1951년 9월 11일; 「서울 복구 현황. 행정면은 90% 성적」, 『경향신문』, 1952년 1월 3일; 서울특별시교육연구원, 앞의 책, 400~401쪽).

86) 「중학생훈육소 개소 예정」, 『서울신문』, 1951년 9월 1일.

87) 서울지역 대학생을 위한 잔류 대학생 훈련소는 1951년 10월 1일 명동성당 내 계성여중 자리에서 개강했다가 성균관 내 임시 校舍에서 운영되었다. 그러던 중 1953년 3월 25일 폐강식을 했다. 대학생 훈련소에서는 남녀 22개교의 재적생 5백여 명이 수강했다. 그런데 대학생 훈련소는 임경일·차용운 교수를 중심으로 자치적으로 운영한 것으로 문교부 고등교육국장은 서울의 대학생 훈련소를 인가한 적이 없다고 했다. 1951년 5월 4일에 공포된 '대학교육에 관한 전시 특별조치령'에 따르면 단독으로 수업을 실시할 수 없는 대학은 정상한 수업이 가능할 때까지 전시 연합대학의 명칭으로 문교부장관의 승인을 얻어 합동수업을 실시할 수 있었다(「응접실」, 『조선일보』, 1951년 12월 18일; 「잔류 대학생 훈련소 25일 발전적 해산」,

지금까지 한국전쟁 중 서울에 개설된 훈육소에 대해 짧게 언급한 연구는 있었고,[88] 『서울교육사』에 간단하게 정리되어 있기도 하다.[89] 하지만 '훈육소'만을 주제로 한 연구는 없었다. 1951년 봄, 전쟁은 38선 인근에서 교착상태가 되었고, 7월 초 휴전협상이 개시되었지만 정부는 여전히 부산에 있었다. 이때 서울에 머물러 있었거나 서울로 돌아온 학생들을 위한 교육기관과 그 운영에 대한 검토는 부족했다. Ⅳ-2장에서는 당시 신문과 서울 소재 중등학교의 학교사, 서울시사 등을 토대로 한국전쟁 중 서울에 개설되었던 중등학생들을 위한 훈육소에 대해 집중적으로 살펴보았다. 이를 통해 그동안 상대적으로 부족했던 한국 현대교육사의 한국전쟁 시기의 일부를 채울 수 있을 것이다. 무엇보다 훈육소의 설립과 운영에 관한 1차적인 사실 확인과 한국전쟁 중에도 식지 않았던 한국인의 교육에 대한 열정을 엿볼 수 있다. 그리고 그런 교육열을 토대로 설치되었던 훈육소 운영의 실태와 이에 대한 교육 당국의 대응과 입장, 학생들의 생활 모습도 확인할 수 있다.

1) 서울 시내 훈육소 개설

서울 재수복 이후인 1951년 3월 16일 맥아더 장군은 한국정부의 서울 환도는 불가하다고 이승만 대통령에게 충고했었다.[90] 이후 3월 20일에 허

『조선일보』, 1953년 3월 27일; 〈대학교육에 관한 전시 특별조치령〉, 문교부령 제 19호, 1951년 5월 4일. 국가법령정보센터 http://www.law.go.kr 이하 법령 출처 생략).

88) 안경식은 서울지역의 훈육소에 대해서 언급하면서 별도의 논고를 통해 종합적으로 고찰할 예정이라고 했고, 필자도 한국전쟁기 서울의 학생과 학교에 대해 검토하면서 훈육소에 대해 일부 살펴보기는 했지만 부족한 점이 많았다(안경식, 「한국전쟁기 임시수도 부산지역의 피난학교 연구-중등학교를 중심으로-」, 『교육사상연구』 23-3, 2009, 324쪽; 안경식, 「한국전쟁기 대한민국 학생의 삶」, 『교육사상연구』 24-2, 2010, 87~88쪽; 김상훈, 「한국전쟁기 서울의 학생과 학교」, 『서울과 역사』 102, 2019, 164~170쪽).

89) 서울특별시교육연구원, 앞의 책, 611~612쪽.

정 사회부장관은 환도 후 무질서한 서울 입주자에 대해서는 그 신분 여하를 막론하고 용인하지 않겠다는 담화를 발표했고,[91] 4월 1일 내무부 장관은 서울은 군사작전 범위에 있으며 수도 및 기타 공공시설이 파괴되어 일반시민이 복귀하여도 많은 지장을 받게 될 것이니 정부의 지시가 있을 때까지 현재 피난 장소에서 머물러 달라는 담화를 발표했다.[92] 그리고 4월 14일 서울을 시찰했던 백낙준 문교부장관은 "학교는 정부 환도와 함께 개학할 것이며 校舍가 부족하면 노천 교육을 시행하겠다."고 밝혔다.[93] 그런데 1951년 1·4 후퇴 이후 10~20만 명에 불과했던 서울시 인구는 4월 15일 기준으로 44만 5,449명으로 증가했다.[94] 더욱이 서울에 복귀하려고 한강 남쪽 주변에 모여든 서울 피난민들은 나날이 늘었는데, 6월에 영등포구에 집결된 피난민만 20만이나 된다는 보도도 있었다.[95] 6월 13일 서울을 시찰했던 이승만 대통령은 자신이 올라오면 피난민들도 따라 올라올 것이기 때문에 서울 시내의 수도, 전기, 식량 문제와 같은 모든 문제가 해결되어야 환도할 것이라고 했다.[96] 이후 7월 말 뚝섬 수원지가 복구되었지만 일반 시민 가정에는 급수가 불가능했고, 서울시민의 수도 문제 해결은 막연한 상태였다.[97] 그래서 1951년 8월 김태선 서울시장은 시민의 복귀는 아직 시기상조라며 지금 체류하고 있는 곳에서 조금 더 머물러 달라는 다음과 같은 담화를 발표했다.[98]

　　　피난시민의 귀경문제에 관하여는 그간 누차에 걸쳐 시기상조라는 것

90) 「서울 환도는 상조」, 『동아일보』, 1951년 3월 18일.
91) 「권력 청탁 입주 불허」, 『동아일보』, 1951년 3월 21일.
92) 「내무부장관, 피난민의 원주지 복귀 만류 담화 발표」, 『대구매일』, 1951년 4월 3일.
93) 「국무위원들, 수복 서울 시찰 소감 피력」, 『서울신문』, 1951년 4월 17일.
94) 「서울시 인구 44만 명 돌파」, 『서울신문』, 1951년 4월 19일.
95) 「입경 대기 피난민 급증」, 『서울신문』, 1951년 6월 13일.
96) 「환도는 복구 후에」, 『조선일보』, 1951년 6월 15일.
97) 「수량 2만 4천 톤. 당분간 중요기관만 급수」, 『동아일보』, 1951년 8월 8일.
98) 「서울시장, 피난민 복귀는 시기상조라는 담화 발표」, 『서울신문』, 1951년 8월 8일.

을 경고한 바 있는데도 불구하고 근일에는 한강을 건너기가 용이하다는 풍설이 유포되어 수일 전부터 도강을 꾀하는 시민이 증가되었는데 아사·병사 지경에 이르는 예도 허다하다. 마침 증수기이므로 빠져 죽은 사람[99] 도 많아 일대 혼란을 일으키고 있는데 시민 여러분은 아직 제반 준비가 되지 못하여 복귀를 허용치 않고 있다. 귀경할 시기가 되면 급속히 지시할 것이니 지금 체류하고 있는 곳에서 조금 더 머물러 주기를 바라며 허무맹랑한 낭설에 선동되어 경거망동하는 일이 없기를 바란다.[100]

즉, 정부의 환도 연기와 시민에 대한 복귀 금지조치가 있었음에도 피난 생활에 지친 시민들은 주택, 식량, 수도, 전기 등 기본적인 도시 기능조차 갖추지 못한 서울로 몰려들고 있었다.[101]

한편 1951년 봄 38선 인근에서 전쟁은 교착상태가 되었고, 미·소의 외교적 교섭이 있은 후 1951년 7월 초 휴전협상이 개시되었다.[102] 이러한 전황이 전개되던 7월 3일, 미8군은 서울시민 중 농민에 한하여 입경을 허락해 달라는 사회부장관과 서울시장의 요청을 받아들였다.[103] 그리고 7월 9일부터 농민복귀증이라는 도장을 시민증에 받고, 예방접종을 실시한 서울시 농민 8만 8,000여 명이 한강을 건너 서울로 복귀했다.[104] 서울시도 1951년 3월부터 재수복된 서울에 행정 건설대를 보내 잔류 또는 조기 복귀한 시민의 구호사무 등을 수행했고, 전선이 교착되었던 7월 무렵부터 서울 본청 중심의 시정을 폈다. 이때 서울시 교육국도 학무과장이 시장을 보좌해서 서울에 있는 학생들의 교육을 지원하는 행정을 맡았다.[105]

---

99) 1951년 8월 3일 썩은 배로 마포강을 건너다가 배가 전복하여 6명의 희생자가 발생하는 사고가 있었다(「서울로 복귀하려던 피난민들이 선박 전복사고로 희생」, 『부산일보』, 1951년 8월 6일).
100) 「서울시장, 피난민 복귀는 시기상조라는 담화 발표」, 『서울신문』, 1951년 8월 8일.
101) 이동원, 앞의 논문, 82쪽.
102) 정병준, 「한국전쟁 휴전회담과 전후 체제의 성립」, 『한국문화연구』 36, 2019, 247쪽.
103) 「5일부터 농민 복귀」, 『조선일보』, 1951년 7월 6일.
104) 「서울시 농민 복귀 개시」, 『서울신문』, 1951년 7월 11일.

정부 환도는 미뤄지고 있었지만 서울로 돌아왔거나 머물렀던 학부모들은 임시적인 형태라도 중등학생들을 교육시켜달라는 요구를 높여갔다. 서울시 당국으로서도 청소년기 학생들의 선도를 위해 중등학교의 문을 열 필요가 있었다. 이에 서울시에서는 1951년 8월 20일부터 학생 등록을 받았는데, 8월 25일까지 4천여 명의 학생이 등록했고, 이중 영등포에서 등록한 학생이 1천여 명이었다.

〈표 IV-10〉 1951년 8월 25일 훈육소에 등록한 중등학생[106]

구분	교사		1학년		2학년		3학년		4학년		5학년		6학년		계	
서울	남	여	남	여	남	여	남	여	남	여	남	여	남	여	남	여
	84	5	539	486	410	449	238	301	268	188	66	93	47	62	1,568	1,579
영등포	30		남: 698 여: 297													

서울에 설치할 중등학교 명칭을 '서울 잔류 중학생 훈련소'라 했지만, 곧 지역별 '훈육소'로 정리되었다. 훈육소는 남녀공학으로 운영되었고, 주요 목적은 다음과 같다.[107]

> 첫째, 중등학생들이 가두에 범람하여 교통 및 작전상에 미치는 영향을 시정.
> 둘째, 청소년기에 있는 중등학교 학생들의 풍기문제를 고려.
> 셋째, 청소 부흥공사에 동원할 수 있도록 하여 국가적인 사업 협조에 응하는 태세를 갖춤.

즉, 학부모들은 자녀들의 교육을 위해, 행정 당국에서는 전시 청소년들의 선도와 풍기문제, 그리고 학생들을 국가사업에 동원하기 위해 훈육소를 개설하고자 했던 것이다. 이에 남부훈육소는 영등포의 서울공업고등학교

---

105) 서울특별시교육연구원, 앞의 책, 631쪽.
106) 「중등교육을 위해 서울 잔류 중학생훈련소 개소」, 『서울신문』, 1951년 8월 29일.
107) 위의 기사.

에, 서울 시내에는 돈화문을 중심으로 동서로 나누어 동부훈육소는 덕수상업중학교에, 서부훈육소는 이화여중에 개설하기로 했으나 변경되어 경기여중에 개설되었다.108) 서울 시내에 있던 학생들은 9월 1일부터 5일까지 해당 지역 훈육소에 원서를 제출해야 했다.109) 그리고 9월 10일 개소식을 했는데, 입소생은 서부훈육소 1,572명, 동부훈육소 1,700명, 남부훈육소 541명으로 총 3,813명이었다. 훈육소는 남녀공학으로 운영했으나 5·6학년은 인원이 적어서 남학생은 동부훈육소로 여학생은 서부훈육소로 통합했고, 수업은 매일 4시간씩이었다.110) 서부훈육소 개소식에서 입소생 대표는 "배움에 굶주렸던 우리 잔류학도들에게 교문을 열어준 관계 당국의 호의에 보답하며 또한 멸공제일선에 처해 있는 서울의 학도란 긍지를 잊지 않고 열심히 훈육을 받겠다."는 선서를 했다.111)

훈육소는 근 1년 동안이나 배움의 길을 잃었던 중등학생들에게 진리탐구에 매진하게 함과 동시에, 복잡해지는 내외 시국을 정확히 파악할 수 있도록 정신교육에 치중할 계획이었다. 이를 위해 서울시 당국에서는 상경한 교직원 중 엄선에 엄선을 거듭하여 가장 우수한 교수진을 구성하도록 조치했다.112) 김태선 서울시장은 전쟁으로 폐허가 된 서울에서 다시 배움의 길을 찾은 중등학생들의 교육 상황을 보기 위하여 9월 25일 동부훈육소를 시찰하기도 했다.113) 그런데 10월 초 서부훈육소에서 일본 요미우리신문 기자가 일본을 선전하는 일본어 연설을 해서 논란이 되었다.114) 이에 김태

---

108) 경기여중에서 시작했던 서부훈육소는 1952년 2월 2일 보인상중으로 옮겼다(「일선 학도들 씩씩한 출발, 시내 3개소에 부활한 중등학원」, 『조선일보』, 1951년 9월 12일; 보인70년사편찬위원회, 앞의 책, 203쪽).

109) 「중학생 훈육소 개소 예정」, 『서울신문』, 1951년 9월 1일.

110) 「남녀공학은 4학년까지」, 『조선일보』, 1951년 9월 12일.

111) 「일선 학도들 씩씩한 출발, 시내 3개소에 부활한 중등학원」, 『조선일보』, 1951년 9월 12일.

112) 「3개소의 중학훈련소, 10일 개소식 거행」, 『조선일보』, 1951년 9월 10일.

113) 「김시장 중학 훈육소 시찰」, 『조선일보』, 1951년 9월 28일.

114) 「파편」, 『자유신문』, 1951년 10월 3일.

선 서울시장은 일본 기자를 소개한 교직원을 파면시키겠다고 했다.[115]

서울 시내에 처음으로 개설된 3개 훈육소에서 누락된 학생을 재등록시킨 결과 9월 25일 기준으로 5,752명이 매일 등교하고 있었다. 이처럼 3개 훈육소는 지정 인원이 훨씬 초과하게 되었고, 서울시는 1,500명 정도의 남녀 중등학생을 수용할 수 있는 성북중등훈육소를 돈암동 한성여자중학교에 10월 6일 개소했다.[116] 이후 1951년 10월 15일에는 서울농업중학교에 청량훈육소가 개소했다.[117] 훈육소에 등록했던 서울의 중등학생들은 1951년 11월 15일까지 각 훈육소에서 그동안 배운 것을 시험 봐서 진급할 수 있도록 했다.[118] 그리고 1951년 10월 20일 개최된 각급교장회의에서는 서울에 있는 초등학교 졸업생의 중학교 진학을 위한 구체적인 방안도 다음과 같이 마련했다.

① 국민학교 졸업반에게는 오는 30일 모두 인정서를 수여함.
② 졸업식 및 졸업장 수여는 소속 학교가 복귀된 연후에 행함.
③ 중학교 1년생 입학지원자에게는 오는 30일 동부, 서부, 영등포 3개 훈육소에서 문교부방침에 의하여 소위 국가시험을 보게 되며 성적은 11월 3일 발표함.
④ 이 합격한 자에 한하여 전기(제1 희망교) 후기(제2 희망교) 두 학교를 지원시킨 후 학교 당국의 전형에 의하여 입학시킴.
⑤ 아직 희망하는 학교가 복귀 못한 현실에 비추어 우선 11월 15일 시내 5개소의 훈육소에 입소시켜 수업케 함.
⑥ 중등훈육소에서 수업 중인 학도에게는 시험이 있은 후 11월 15일 신입 1학년생의 입소식과 아울러 이날 진급시킴.[119]

---

115) 「반입 애로 타개에 노력. 도시계획은 2주내 완료」, 『조선일보』, 1951년 10월 13일.
116) 「잔류 중학생 위해 합동 훈련소를 설치」, 『동아일보』, 1951년 9월 27일; 「돈암동에 성북중등훈육소 설치」, 『조선일보』, 1951년 9월 29일; 「성북중등훈육소 6일 개소식」, 『조선일보』, 1951년 10월 6일.
117) 「청량리훈육소 來 15일 개소」, 『조선일보』, 1951년 10월 13일.
118) 「진학의 문을 개방. 내월 중순까지 진급고시」, 『조선일보』, 1951년 10월 21일.
119) 「국민학교 졸업반엔 인정서」, 『조선일보』, 1951년 10월 22일.

이러한 조치에 따라 서울에 있던 초등학교 졸업생 중 10월 30일 진학 시험에 응시한 학생은 남녀 총 3,268명이었다.[120] 이에 서울시에는 초등학교 졸업생 3천 3백여 명과 부동층의 아동 약 천 명의 중학교 입학을 위해 11월 20일 성동·용산·마포 3곳에 새롭게 훈육소를 설치했다. 이로써 서울에는 8개의 훈육소가 문을 열게 되었다.[121] 훈육소 학생들은 부산, 대구 등 후방지역에서와 같은 수업을 받았으며, 교과서는 먼저 전시독본을 무상으로 분배해주고, 이어 각종 교과서도 부산에서 구하여 무상으로 나누어주기로 했다.[122] 이후 12월 3일 배재훈육소가 개소하여[123] 1952년 1월 3일 기준으로 9개 훈육소에 137개 학급이 설치되었고 교사는 201명이었다.[124]

그런데 1952년 2월 8일 김태선 서울시장은 남녀공학 중등 훈육소는 폐지하고 여학생을 위한 훈육소를 설치할 예정이라고 밝혔다.[125] 이러한 서울시의 방침에 따라 1952년 3월 5일 수송동의 숙명여중에 여학생만을 위한 중부여자훈육소가 개소했다.[126] 중부여자훈육소는 숙명여중·진명여중·동덕여중 학생들을 받았는데, 개설 당일 530명이 등록했고 4월에는 1,200명으로 늘어났다. 이 세 학교 학생들은 각각 분리되지 않고 같은 반에서 공부했다. 교직원은 숙명과 동덕 출신이 중심이었고, 서울에 아직 개교하지 않은 타교에 적을 두었거나 신규로 채용한 교사도 있었다. 하지만 1952년 10월에 동덕여중 466명, 1953년 1월에는 진명의 232명이 각기 분리되어 528명만 남아서 명칭도 '숙명여자훈육소'로 개칭했다. 훈육소는 학생수에

---

120) 「발표는 3일, 중등학교 입시」, 『조선일보』, 1951년 11월 2일.
121) 「3개소 증설. 성동, 마포, 용산에」, 『조선일보』, 1951년 11월 17일.
122) 「희망을 듬뿍 싣고, 시내 중등 훈육소 입학식」, 『자유신문』, 1951년 11월 17일.
123) 배재학당, 앞의 책, 632쪽.
124) 관련 기사에 9개 훈육소의 학생수가 1,361명으로 되어 있는데, 이는 조판이나 인쇄 과정에서 탈자가 생긴 것으로 보인다(「서울 복구 현황」, 『경향신문』, 1952년 1월 3일).
125) 「남녀공학은 폐지」, 『조선일보』, 1952년 2월 10일.
126) 「중부여자훈육소 개소식을 거행!」, 『자유신문』, 1952년 3월 6일.

비해 교사가 부족해서 한 학급에 100명 내지 120명이 수업을 받았다.[127]

서울시는 시내 훈육소만을 합법적 중등학교로 인정했으나, 1952년 2월 말 校舍가 빈 학교에 한하여 원교 복귀를 요청하면 분교의 명칭으로 이를 허용한다는 방침을 세웠다. 즉, △△중학교가 복귀하면 '○○중등훈육소 △△분교'란 명칭으로 개교를 허가하는 것이었다. 이는 정부가 정식 환도하고 각 학교도 복귀하여 혼란이 야기될 것을 방지하기 위해서였다.[128] 예를 들어 1952년 3월 말 '마포 남녀 중등 잔류학도 훈육소 숭문분교소'가 전쟁 이전 학교가 있던 대흥동에 개교하여 220여 명의 남학생이 등교 중이었다.[129] 이에 따라 각 학교는 피난지와 서울에 본교와 분교가 동시에 운영되었고, 각 학교의 교장은 피난지 본교와 서울 분교를 왕래하면서 학교 운영을 지휘 감독했다.[130] 이러한 상황을 경기여고는 다음과 같이 기록했다.

> 서울 분교란 말조차가 서럽다. 서울이 고향이고 부산이 타향이라면 응당 본교가 서울에 있고 분교란 것이 다른 곳에 있어야 할 것이지마는 본교를 부산에 가진 신세이니 싫어도 서울이 분교가 될 수밖에 없다.[131]

이후 1952년 4월 18일 기준으로 24개의 중등 훈육소가 전쟁 전 본래의 校舍로 복귀하여 개교했고, 1만 6천 명의 중등학생이 등교했다. 그 현황을 정리하면 〈표 IV-11, 12〉와 같다.

---

127) 숙명100년사편찬위원회, 앞의 책, 205쪽.
128) 「학원 복귀를 허용」, 『조선일보』, 1952년 2월 29일.
129) 「응접실」, 『조선일보』, 1952년 3월 23일.
130) 서울특별시교육연구원, 앞의 책, 611~612쪽.
131) 경기여자중·고등학교, 앞의 책, 77쪽.

〈표 IV-11〉 서울 시내 중등 훈육소 형태별 구분(1952년 4월 18일)[132]

구분	훈육소(학교)
종합훈육소 (9곳)	동부종합훈육소(덕수상중), 서부종합훈육소(보인상), 남부종합훈육소(서울공), 성북종합훈육소(한성여중), 성동종합훈육소(성동중), 마포종합훈육소(아현국민교), 용산종합훈육소(신광여중), 배재종합훈육소(배재), 청양종합훈육소(서울농교)
남자훈육소 (8곳)	숭문남자훈육소(숭문중), 대동남자훈육소(대동상중), 동북남자훈육소(계성국민학교. 동성.중앙.보성), 양정남자훈육소(양정교), 성남남자훈육소(성남교), 성도남자훈육소(성도교), 경성상공훈육소(경성상공), 교통훈육소(교통교)
여자훈육소 (7곳)	남부여자훈육소(계성여중), 중부여자훈육소(숙명), 창덕여자훈육소(종로국민교), 명성여자훈육소(명성교), 이화여자훈육소(이화교), 중앙여자훈육소(중앙여중), 덕성여자훈육소(덕성여학)

1952년 4월 27일까지 9개의 중등학교가 추가로 개교하여 훈육소는 총 33개였고, 4월 말까지 3개가 더 개교할 예정이었다. 이들 중등 훈육소에는 1만 6천 1백여 명이 등록되었고, 4,890여 명의 신입생이 입학 예정이어서 총 2만 1천여 명의 중등학생이 수용되어야 했다.[133] 이들 훈육소 중 일부 훈육소의 교원과 학급, 학생수 현황은 다음과 같다.

〈표 IV-12〉 서울 시내 중등 훈육소 현황(1952년 5월 말)[134]

학교명	소재지	교실	교직원 남	교직원 여	1학년 학급	1학년 학생	2학년 학급	2학년 학생	3학년 학급	3학년 학생	계 학급	계 학생
동부훈육소	성동공고		22		3	445	3	163	3	199	9	807
서부훈육소	경기여중 보인상고		12		2	167	2	293	2	218	6	878
영등포 훈육소	서울공업 고등학교	33	52	6	16	817	16	중 716 고 320	10	중 422 고 218	42	중 2,007 고 538
성북훈육소	한성여중		2		2	중 32 고 89	2	중 43 고 35	2	중 42 고 40	6	중117 고 164

132) 「활발한 학원 부흥」, 『조선일보』, 1952년 4월 19일.
133) 「포화 상태의 중학」, 『조선일보』, 1952년 4월 28일.
134) 서울특별시교육연구원, 앞의 책, 611쪽의 자료와 필자가 확인한 내용을 종합하여 작성하였음.

학교명	소재지	교실	교직원 남	교직원 여	1학년 학급	1학년 학생	2학년 학급	2학년 학생	3학년 학급	3학년 학생	계 학급	계 학생
청량훈육소	서울농업중				2	154	3	203	2	137	7	494
성동훈육소	성동중		20		4	342	4	329	4	137	12	808
마포훈육소	아현국민교				4	중 121 / 고 18	4	중 71 / 고	33	중 55 / 고 5	11	중 247 / 고 26
중부여자훈육소	숙명여고				2	214	3	317	2	145	7	676
남부훈육소	서울공고		7		2	125	1	170	1	107	4	402
동북훈육소	명동천주교회 내		15		2	202	2	201	1	70	5	473

이후에도 서울로 복귀하는 학교는 지속적으로 증가하여 겨울을 앞둔 1952년 10월 서울의 훈육소는 54개에 달했다. 결국 校舍가 없어 천막 또는 야외 수업을 해야 하는 훈육소도 있었다.[135]

1953년 2월 기준으로 73만여 명이 서울시민으로 등록되었고, 약 20만 명이 미등록 상태인 것으로 추정되었다.[136] 이는 많은 중등학교 학생과 교사들이 피난지에서 돌아왔음을 의미했고, 따라서 서울 시내의 중등학교가 각자 운영이 가능해져 교육의 원상복귀가 시급해졌다. 이에 1953년 3월 서울시 교육국에서는 피난 중에 있는 서울 시내 각 중등학교 교장에게 4월 15일까지 서울에 복귀할 것을 통첩했고, 아직도 서울에 복귀하지 않은 학교는 4월 1일까지 서울에 복귀하도록 지시했다.[137] 결국 1953년 4월 1일 새 학년을 시작하면서 훈육소는 해체되었고, 중등학생과 교사들은 각자 원교에서 수업을 하게 됨으로써 서울의 중등학교는 전쟁 이전의 상태로 복구되었다. 훈육소가 폐쇄되던 1953년 3월 말에 서울 시내 훈육소는 55개까지

---

135) 「서울지역 학교 校舍 복구 지연으로 동절기 수업 차질 예상」, 『평화신문』, 1952년 10월 11일.
136) 「서울의 인구동향」, 『서울신문』, 1953년 2월 7일.
137) 「본교 서울 복귀 통첩」, 『경향신문』, 1953년 3월 19일.

증가했었고, 훈육소의 학생 수용 상황은 중학교 21,920명, 고등학교 12,035명, 교사는 남녀 약 810명에 달했다.[138] 훈육소가 폐쇄되기 전 각 훈육소별로 졸업식도 했다.[139] 이후 부산 등 피난지에 있던 학교가 분교로 개칭되었고, 1953년 8월 정부 환도 후에 피난지 분교는 폐교되었다.[140]

서울에서 훈육소가 개설되고 폐쇄되기까지의 상황을 배재고의 사례를 통해 구체적으로 확인할 수 있다.

부산에다 본교를 둔 서울의 분교는 시민들이 하나 둘 복귀하는 대로 부모를 따라 들어오는 학도들을 가르쳐야 하였음으로 훈육소라는 명칭 아래 남부훈육소를 서울공업학교에 설치하고 동부훈육소는 덕수상업학교에 설치하고 서부훈육소는 경기공업학교에 설치하고 북부훈육소는 한성여자고등학교에 설치하였다.

사방에 흩어져 있던 학도들을 이 4개소의 훈육소로 모으고 합동수업을 하였다. 배재중고등학교에서는 서부훈육소 분교장이라는 명칭하래 분리하여서 수업을 하려고 1951년 11월 16일 신영묵 교장과 …… 교사 5명이 본 校舍로 들어와 등록 사무를 개시하여 동 17일에 24명이 등록하였고 동 22일에는 107명이 등록하였다. …… 30일에 배재 校舍 개수 작업을 시작하였다. 12월 3일에 배재 훈육소 개소식을 거행하였고 본교의 校舍는 수도 경찰학교에서 사용하고 있으므로 강당과 몇 교실을 내어서 수업을 시작하였다. 그 당시에 학생수는 중학교가 106명이고 고등학교가 71명 합하여 177명이었다. 동 17일부터 공학을 실시하여 이화·경기·수도·진명·무학·창덕·백남·경신·성동·용산·부중·양정·대신·송도·전주·배재 16개교의 남녀학생으로 공학을 하였다. 1953년 3월 28일 훈육소는 解除되는 동시에 배재 훈육소로서 고등학교는 11명(배재 재학생 뿐임) 중학교는 27명(타교 등록생 뿐임) 합하여 졸업생을 38명을 내었다.[141]

---

138) 서울특별시사편찬위원회, 『서울특별시사(해방후시정편)』, 서울특별시사편찬위원회, 1965, 855~857쪽.

139) 1953년 3월 26일 오전 11시 홍인국민학교 강당에서 성동·한양훈육소 졸업식이 있었다(「집회」, 『경향신문』, 1953년 3월 26일).

140) 서울특별시교육연구원, 앞의 책, 623쪽.

2) 훈육소 운영과 학생 생활

(1) 훈육소 운영을 위한 교육재정

1949년 12월 31일 자로 공포된 교육법 제70조에서 의무교육에 종사하는 초등학교 교원의 봉급 전액과 공립 중등학교 교원의 봉급 반액은 국고가 부담한다고 했다. 또한 제71조에서는 국가가 시·도의 교육비를 보조해야 한다고 했지만, 사립학교에 대해 국가나 시·도는 보조를 할 수 없다고 명시했다. 다만 제86조에서 의무교육을 하는 학교 이외의 학교에서는 수업료를 받을 수 있고, 수업료 기타 징수금에 관한 사항은 문교부령으로써 정한다고 했다.142) 1951년 4월 13일 문교부령으로 발표된 '학교 수업료 및 입학금에 관한 규정'에 따르면 중등학교 입학금은 국공립 3천 원·사립 5천 원이었고, 수업료는 국공립 연 3만 원·사립 연 4만 2천 원으로 4분기에 분납케 했다.143)

교육법에 따르면 국가는 서울시에서 개설한 중등 훈육소 교사의 봉급 반액과 교육비를 보조했어야 한다. 하지만 전쟁 중인 상황에서 국가와 서울시는 훈육소 운영을 위한 재정적 보조를 전혀 해줄 수 없는 형편이었다. 결국 서울에 개설된 각 훈육소에서는 학부모와 유지들의 희사를 바랄 뿐이었다. 훈육소 개설 당시 서울시에서는 전쟁으로 빈곤해진 학부형의 부담을 덜어주기 위해 입소금 3천 원과 월사금은 천원만 징수하고 강제적 기부는 엄격히 금지했다. 그리고 향학심이 높은 극히 빈곤한 학생들의 경우 무료로 입소할 수도 있다고 했다.144) 하지만 1951년 12월 『조선일보』에는 다음과 같은 가십 기사가 실렸다.

---

141) 배재학당, 앞의 책, 631~633쪽.
142) 〈교육법〉, 법률 제86호, 1949년 12월 31일.
143) 〈학교 수업료 및 입학금에 관한 규정〉, 문교부령 제18호, 1951년 4월 13일.
144) 「3개소의 중학훈련소, 10일 개소식 거행」, 『조선일보』, 1951년 9월 10일.

- ‥형겊에다 고무도장 찍은 모표 값이 2백 원 명패 값이 5백 원 게다가 두 달 치 월사금이 1만 6천 원에 책값이 2만여 원 합계 4만 원 돈이 중등훈육소에 애들을 보낸 서울 학부형의 이달 부담
- ‥호별세도 이달이 낼 달이니 아직도 작전 지구라서 우로에서 허덕이는 학부형들의 마음속이란 기가 막힌 처지
- ‥그런데 북부중등훈육소 어떤 학년에서는 월사금 1만 6천 원을 가지고 가도 접수를 않으니 이상한 일
- ‥알고 보니 책값하고 한꺼번에 가져오지 않으면 받지를 않는다고
- ‥기왕 안 받을 거면 영영 받지 않았으면 고마우련만 어쩌자고 한꺼번에 다 내란 말야?
- ‥고생하는 줄만 생각했던 선생님들 호주머니가 뿌듯한가? 그러지 않고서야 학부형의 속을 그리도 모를 리 없을 일이지!145)

즉, 서울시가 제시한 입학금과 수업료의 기준은 유명무실했고, 자녀의 훈육소 입소를 위해 학부모가 납부해야 할 교육비가 모자·명찰·교과서 대금 등의 각종 명목으로 4만 원에 달했던 것이다.

서울시에서 1952년에 지정한 훈육소의 한달 수업료는 최고 1만 5천 원이었다. 그런데 이를 각 훈육소에서 2만 원 내지 3만 원까지 인상했다. 학교 측에서는 학교의 유지비가 늘어났고 校舍 수리비 때문에 인상할 수밖에 없다고 했다. 이에 대해 서울시 교육국 과장은 "시에서 이렇다 할만한 보조를 받지 못하는 순전한 자치제인 만큼 각 훈육소의 고충도 알 수는 있으나 지정된 월사금을 무시하고 임의로 받고 있는 학교 당국의 처사를 이해하기 곤란하다."고 말할 뿐 책임 있는 말을 회피했다.146)

1953년 서울시의 총예산은 1,146,165,205원이었는데 이중 중등학교 교육비 특별예산으로 책정된 금액은 5.2%인 59,839,811원에 불과했고, 실제로 집행된 금액은 32,395,194원이었다.147) 이는 서울시의 교육비 보조로는 훈

145) 「색연필」, 『조선일보』, 1951년 12월 10일.
146) 「수업료 임의 인상」, 『조선일보』, 1952년 6월 22일.
147) 서울특별시교육연구원, 앞의 책, 222쪽.

육소를 운영할 수 없음을 의미한다. 결국 1953학년도 시작을 앞두고 서울 시내 54개교의 중등학교 훈육소장회의에서는 신학기에 입학하는 생도들에게는 최소 30만 원으로부터 여유가 있는 학생에게는 100만 원까지 입학금을 징수해도 무방하다는 안을 채택했고, 전학생인 경우에도 이에 준할 것을 합의했다. 훈육소장들의 이 같은 결정은 교육 당국의 재정 보조가 없는 상태에서 각 훈육소의 책임하에 자치적으로 학교가 운영되고 있기 때문에 입학기를 계기로 운영비를 비축해야 한다는 견해에 기인한 것이었다.[148] 이처럼 과중한 교육 부담금이 학부모에게 강요되자 서울에서는 학교운영비에 해당하는 사친회비를 내지 못해 고민하던 학부모가 자살하는 사건이 발생했고,[149] 학비 납부를 독촉받던 15세 여학생이 행방불명되는 사건도 있었다.[150]

〈표 IV-13〉의 1953년도 중등교육 재정 수급표를 보면 당시 공·사립 중등학교들이 교육재정을 확보하는 양상을 확인할 수 있다.

〈표 IV-13〉 1953년 중등교육 재정 수급표(세입)[151]

구분	공립		사립		계	
	금액	비율	금액	비율	금액	비율
국고보조	168,889,480	7.6%			168,889,480	5.1%
지방비부담	310,187,540	13.9%			310,187,540	9.4%
수업료	140,800,000	6.3%	85,260,000	8.1%	226,060,000	6.9%
입학금	3,244,500	0.1%	2,340,000	0.2%	5,584,500	0.2%
수험료	15,141,000	0.7%	6,552,000	0.6%	21,693,000	0.7%
설립자부담			119,429,626	11.4%	119,429,626	3.6%
사친회 수입	1,157,830,500	51.8%	585,384,000	55.7%	1,743,214,500	53.0%
기부금	438,540,400	19.6%	252,573,600	24.0%	691,114,000	21.0%
합계	2,234,633,420		1,051,539,226		3,286,172,646	

비고: 분표의 금액은 '환'으로 표시된 것임(당시는 화폐개혁[152] 전이므로 '원'으로 되었음).

---

148) 「서울 중고등학교 입학금을 최고 백만 원으로」, 『조선일보』, 1952년 12월 15일.
149) 「학비에 쪼들려 자살」, 『조선일보』, 1952년 11월 21일.
150) 「여학생 행방불명」, 『조선일보』, 1953년 2월 12일.
151) 문교부, 『문교개관』, 대한문교서적주식회사, 1958, 309쪽.

즉, 교육법에 따라 사립 중등학교에 대한 국고나 지방비 보조는 전혀 없었고, 공립 중등학교에 대한 지원도 학교 재정의 21.5%에 불과했다. 반면 사친회 수입에 대한 재정 의존이 사립은 55.7%, 공립은 51.8%에 달했다. 그리고 기부금도 학교 재정의 20~24%를 차지하고 있었다. 당시 문교부 보통교육국장이었던 이창석은 방대한 전쟁 수습비와 생산 부흥비를 부담해야 하는 상황에서 교육 예산을 충분히 확보하지 못하는 것은 피할 수 없는 일이라고 했다. 그리고 "교육재정의 결함은 부득이 사친회를 통한 학생의 부담으로 보전하지 않을 수 없는 실정이다."고 했다.153) 전시 상황에서 사립학교뿐 아니라 공립학교도 학교 운영에 필요한 재정을 각 학교별로 충당해야 했던 것이다. 이와 같은 상황에 대해 당시 신문에서는 다음과 같이 지적했다.

> 학교 경영방식을 보면 공사립을 막론하고 전부 학도의 부담금에서 학교경비를 편출하고 있다. 그리하여 입학수속금, 수업료, 후원회비 기타 명목으로 될 수 있는 대로 학도들의 부담금을 증가시키기에 고심하고 있는 현상이다. 이것이 교육사업의 본의에 합치되는 것인지 또는 배치되는 것인지는 학교 당국자 자신들이 이미 알고 있을 것이다. …… 학교수입을 증가시키기 위하여 별별 수단을 다 쓰고 있는 모양이니 이것이 교육자의 행위라고 해야 좋을지 상인의 행위라고 해야 좋을지 실로 분별하기

---

152) 재무부는 1952년 말 현재 1조 원을 돌파하고 있는 통화량을 수축하기 위해 1953년 2월 5일 100원을 1환으로 하는 통화개혁을 단행하였다. 통화개혁은 편재된 과잉구매력을 봉쇄하여 산업자금으로 전환한다는 표면적인 목표와 함께 그 이면에는 통화 발행고의 6할 이상을 차지하고 있었던 유엔군대여금의 회수라는 목적이 있었다. 유엔군대여금 미청산분은 한국정부가 인플레이션을 극복하려는 확고한 정책이 단행될 때 상환하겠다는 묵계가 있었기 때문이었다. 또한 이는 4조 2,000억 원이라는 방대한 적자폭을 420억 환으로 축소시켜 원조도입을 촉진하는 한편, 달러 획득을 통한 한화 가치의 안정을 도모하자는 의미를 담고 있었다(정진아, 「제1공화국기(1948~1960) 이승만정권의 경제정책론 연구 : 국가 주도의 산업화정책과 경제개발계획을 중심으로」, 연세대학교 대학원 박사학위 논문, 2007, 80쪽).

153) 이창석, 「한국교육의 당면문제」, 『동아일보』, 1953년 11월 23일.

곤란한 일이다. 일례를 들어 보결 입학자에는 중고등학교에 일만 환 내지 이만 환 대학에는 십만 환 내지 십오만 환을 항례적으로 요구하고 있으며 보결 입학이 아닌 정규 입학에도 내용으로 이상과 같은 금전 납입의 조건부로 입학을 허여한 사실이 수다히 있는 모양이다.[154]

1951년 9월 서울 시내에 3개로 시작했던 훈육소는 피난을 갔던 학교들이 훈육소 분교 형태로 개교하면서 1952년 4월이 되면 36개까지 늘어났고, 수용해야 할 학생 수도 2만 1천여 명으로 증가했다. 이는 훈육소 당 평균 583명의 학생을 수용해야 하는 상황이었다. 하지만 교사는 300명에 불과해 한 훈육소에 8명이 배치될 수 있었다. 그런데 학생 수가 100여 명밖에 되지 않는 훈육소도 있었는데, 교사들은 학생수가 적은 곳을 꺼렸다. 그래서 공무원은 상상도 못 할 30만 원의 월급을 받고 있던 교사들이 60만 원을 주는 학교로 옮기면서 교사 쟁탈전이 벌어지기도 했다. 결국 교사도 확보하지 못하고 학생도 없어 폐교해야겠다는 곳도 있었다.[155] 이러한 상황 속에서 1952년 7월 부산에 있던 피난학교 본교를 다니던 학생이 서울에 개설된 분교로 옮기는 과정에서 30만 원의 후원금 납부를 강요받기도 했다. 서울시 학무과에서는 자기 학교 학생이 자기 학교를 찾아오는데 무슨 입학금이 필요하냐면서 이 같은 처사를 묵과할 수 없다고 했을 뿐, 이에 대해 대처하지 않았다. 결국 학부모는 자식을 공부시키기 위해 사정사정해서 15만 원을 납부했다고 한다.[156] 이는 학교 운영에 필요한 재정을 절대적으로 학생들에게 의존했던 상황에서 벌어진 일이었다.

이처럼 서울에 개설된 훈육소에 대한 서울시의 재정적 지원이 전혀 없는 상황에서 오히려 서울시 교육국 직원들의 생활비까지 초등학교와 훈육소로부터 징수한 '서울시 교육국 후생비 사건'이 폭로되어 파문을 일으켰

---

154) 「학부형 부담금 과중을 재론함」, 『조선일보』, 1953년 4월 11일.
155) 「포화 상태의 중학」, 『조선일보』, 1952년 4월 28일.
156) 「이용당하는 학부형의 약점」, 『조선일보』, 1952년 7월 19일.

다. 그런데 문교부에서는 이에 대하여 어렴풋이 짐작만을 하고 있다고 무
책임한 말을 하며, 그 사실을 규명하고 단속하지 않았다는 책임 문제에 대
하여는 언급을 회피했다. 결국 1952년 12월 10일 당시 서울시 출입을 담당
하던 시정 기자단에서는 교육계의 정화를 위하여 사건에 대해 입수한 진
상을 시민에게 공개했는데, 기자단에서 밝힌 내용은 다음과 같다.

① 8만 540명의 초등학교 아동들과 3만 2,618명의 중·고등학생들로부
터 거둔 소위 교육국 직원 후생비는 연간 1억 2,000만 원이 교육국
에서 소비되고 있다.

② 통근열차 전복 사건157)으로 희생된 학생들을 위하여 거둔 900만 원
의 조의금 중에서 교육국 직원들의 식사비라는 명목으로 그중 100
만 원을 소비하였는데 조의금까지 식사비로써 써버리는 교육국 태
도에 놀라지 않을 수 없다.

③ 10월 16일 개최된 체육대회 예산 700만 원 중 개회도 하기 전에 300
만 원의 식사비가 지출되어 관계 직원에게 비난을 받고 있다.

④ 국민학교 하기 방학 책 2,000원씩 징수한 후 그중 2할 즉 2,800만 원
원을 교육국에서 징수한 후 이것을 임의로 소비하였는지 말썽꺼리
가 되고 있다.

---

157) 1952년 9월 17일 오전 7시 20분경 인천을 출발한 경인선 통근열차가 보일러 폭
발로 급정거하며 전복되는 사고가 발생했다. 사고 장소는 구로천교 위였다. 이
통근열차에는 400여 명의 학생과 기타 일반 공무원 등 500여 명의 승객이 타고
있었다. 사고로 12~17명이 사망하고 130~200여 명이 중경상을 입었는데, 희생자
는 주로 학생이었다. 당시 『조선일보』에서는 이들 희생 학생에 대해 다음과 같이
애도했다.
"이 피해를 입은 2백여 명의 남녀학생들이 오늘 아침까지도 전화를 입은 노천교
실에서나마 배움의 길을 걷고자 희망에 불타면서 이들 모자를 쓰고 책보를 옆에
끼고 기차에 올라탔을 가련한 모습이 눈에 얼른거린다."
(「사상자가 근 70」, 『조선일보』, 1952년 9월 19일; 「경인선에 철도 椿事 돌발! 기
관차 폭발로 탈선」, 『경향신문』, 1952년 9월 19일; 「사망 12, 중경상 127명 경인선
열차사고후보」, 『동아일보』, 1952년 9월 19일; 「고혼명복을 기원」, 『동아일보』,
1952년 9월 20일; 「희생자 시체 또 하나를 발견」, 『동아일보』, 1952년 9월 22일).

⑤ 중·고등학교 동기 방학교재를 학교 교장회의에서 매월 3,000원씩 징수하기로 결정하였는데 동 교재는 매권 1,800원씩 서점에 지출하고 잔액 2,400만 원을 어디다 소비하였는지 그 결과가 주목되고 있다.

⑥ 국민교 동기 방학 책을 종전에는 대한교육연합회에서 전국 아동에게 배부하여 오던 것을 이번에는 서울지구는 특수지구라는 명목 하에 서울교원회라는 친선단체에서 인쇄 배부하리라 하는데 이 역시 2할 공제해서 3,200만 원이 시교육국으로 갈 것이라고 하는데 그 결과가 주목되고 있다.

⑦ 현재 남하 피난 중에 있는 각 국민학교 각 중·고등학교에서도 이와 동일한 방법으로 교육국에서 후생비를 징수하고 있다. 동 교육국에 납부되는 후생비는 부산·서울을 합하면 무려 년에 2억 4,000여만 원에 달하는 거액이라고 한다.158)

이 보도에 따르면 서울시 교육국이 초·중등학교로부터 징수한 후생비는 1억 2천만 원으로 이는 1953년에 서울시가 교육 특별예산으로 집행한 3천 2백여만 원의 약 4배에 해당하는 금액이다. 서울시 교육국에 대한 후생비 납부는 1951년 9월 훈육소가 개설될 때부터 있었는데, 그 기준이 중등학생 1인당 1백 원, 학도호국단비 1백 원씩, 초등학교 학생은 1인당 50원씩이었다.159) 그리고 이와 동일한 방법으로 전국 각 시·도 교육국이 후생비를 징수하고 있었고, 서울·부산만 합해도 1년에 2억 4천만 원에 달하는 거액이 학부모·학생들로부터 학교를 거쳐 교육 당국으로 전해졌던 것이다.

이러한 보도가 나간 다음 날 김태선 서울시장은 출입기자단과의 회견 석상에서 창백한 안색으로 "여러분 기자들이 교육국의 비행을 이같이 조사해주었다는 사실에 대하여 백배사례하는 바이며 서울특별시의 책임자로서 부하들의 불미한 처사에 관해서는 철저히 조사시키고 있다."고 언명했다.160) 1952년 12월 11일에 서울시 경찰국은 중등 훈육소 소장회의 회계간

158) 「서울시 교육국, 각종 학생 부담금 부정 사용혐의로 물의」, 『연합신문』, 1952년 12월 13일.

159) 「사친회비 私親에 횡류」, 『조선일보』, 1952년 12월 12일.

사와 서무간사인 3명의 훈육소 소장을 심문하고, 소장회의 관계 서류도 압수하여 조사했다.[161] 그리고 12월 16일 기본적인 수사를 마치고 사건에 대해 발표했다. 『조선일보』는 "탐문한 바에 의하면 무려 1억 5천여만 원이 각급 학교에서 이미 출제되어 각 구청과 시 교육국 등에 보내진 사실이 명확히 되었다."며,[162] 경찰이 밝힌 전모를 다음과 같이 소개했다.

① 지난 7월에 판매된 「여름동무」 방학책 판매 이익금 24,349,600원 중 시교육국에 장학비 명목으로 13,460,000원 국민학교장들이 보냄.
② 작년 11월부터 연구비 명목으로 한 아동당 250원씩 거두어 국민학교에서는 각 구청에 갖다 줌.
③ 금년 9월부터 연구비 명목으로 한 아동당 50원씩 거두어 시교육국에 납부.
④ 이 대통령 재선 축하 중고등학도 체육대회가 개최된 당시 각 중고등학도로부터 징수한 일금 7백만 원 중 3백만 원을 식사비로 학교장들이 소비.
⑤ 구로리 사건의 희생 학도들에게 보낸다고 징수한 일금 8백만 원 중 40만 원을 거마비로 간사 교장들이 집어씀.
⑥ 중고등학교장회의에서 8백만 원을 장학비로 시교육국에 제공.
⑦ 중고등학교 교장회의의 회비 17,743,700원 중 9백 50만 원을 교재비로 탕진.[163]

기자들은 방학 교재 판매와 각종 명목으로 징수한 거액의 돈이 시·도 교육국에 정기적으로 납부됐고, 이 돈이 교육국에서는 어떻게 사용되었는지 밝히는 것에 집중했다. 그런데 경찰 조사 발표를 보면 시·도 교육국에 납부된 전체적인 규모에 대해선 밝히지 않았고, 학생들로부터 거둔 돈이

---

160) 「철저히 조사」, 『조선일보』, 1952년 12월 13일.
161) 「시경 드디어 착수」, 『조선일보』, 1952년 12년 13일.
162) 「기본 수사는 완료」, 『조선일보』, 1952년 12월 18일.
163) 「14일 현재 수사 결과」, 『조선일보』, 1952년 12월 16일; 「기본 수사는 완료」, 『조선일보』, 1952년 12월 18일.

서울시 교육국에 장학비 명목으로 제공하기도 했지만, 훈육소 교장들이 이를 식사비와 교제비로 '탕진'했음에 집중했다. 기자들과 경찰이 밝힌 내용 중 일치하는 것은 이승만 대통령 재선 축하 중등학교 학생 체육대회를 개최하면서 거둔 700만 원 중 300만 원을 학교장들이 식사비로 사용했다는 것 정도이다.164)

한편 훈육소 교장들이 교재비 명목으로 소비한 진상도 조사했는데, 시내 고급요정이 발행한 수두룩한 영수증도 증빙서류로 첨부되었다고 한다. 또한 동부훈육소의 경리장부를 조사한 결과 동부훈육소에서는 서울시 교육국에 보내는 후생비 외에도 소관 상부 관청인 중구청에도 매달 후생비를 제공했다. 동부훈육소가 1951년 11월부터 1952년 11월까지 1년 동안 중구청 교육행정 관계자에게 제공한 금액만 무려 1천5백60만 원에 달했고, 이 역시 훈육소가 학생들에게 거둔 사친회비 등에서 지출된 것이었다.165) 결국 경서훈육소장,166) 경기여자훈육소 교감 등이 학비횡령혐의로 서울지검에 넘겨졌다.167)

서울시 교육국 후생비 사건에 대한 서울시 경찰국의 조사와는 별개로 대통령 직속 감찰위원회168)에서도 조사를 시작하여169) 12월 24일까지 시

---

164) 1952년 9월 16일에 제7회 광복절과 제2대 대통령취임을 축하함과 아울러 전쟁 이후 처음으로 서울에서 중고등학생 훈육소를 개설한 의의 깊은 날을 기념하는 서울남녀중고등학생체육대회를 개최할 예정이었다. 하지만 이는 창궐하던 뇌염 관계로 연기되어 10월 14일서야 53개 훈육소장과 2만여 명의 남녀학생들이 참가여 진행되었다. 이날 2천여 명의 여학생들에 의한 연합체조가 있었고, 남녀 4백 미터 각 학교 대항 릴레이와 농구, 배구, 축구 경기가 이어졌다(「연합체조에 공전의 박수. 열전 전개된 학생 체육대회」, 『조선일보』, 1952년 10월 16일).

165) 「구청에도 제공. 1년간에 천여 만원」, 『조선일보』, 1952년 12월 14일.

166) 사건 당시 경서훈육소장은 1951년 9월 훈육소가 개설될 당시 서부훈육소장이었고, 학비 1천 5백여만 원을 횡령한 혐의였다(「경서훈육소장 문초 학비횡령혐의로」, 『조선일보』, 1952년 12월 29일).

167) 「경서훈육소장 등」, 『조선일보』, 1953년 1월 10일.

168) 1948년 8월 30일 제정된 〈감찰위원회직제〉의 제1조에서 그 기능을 다음과 같이 정의했다.

교육국 관계자 및 직원들에 대한 조사를 마쳤고, 26일에는 부산에 있던 정의택 서울시 교육국장을 긴급히 소환하여 조사했다. 이후 28일 조사 서류를 감찰위원회의 결의에 회부하여 검찰청 측의 형사사건 입건 여하를 막론하고 행정적 처결을 할 것이라고 했다.[170] 이 사건에 대해 국회 문교사회위원회에서도 국회 전문위원을 포함한 진상조사단을 구성하여 12월 28~29일간 서울시 교육국 직원 및 산하 교직원을 상대로 조사를 했다.[171] 이처럼 서울시 교육국 후생비 사건이 일반에 알려지고 관심이 높아지자 중등 훈육소장회의는 '필요 이상의 경비를 소비하는 회합은 필요성이 없다'는 이유로 해체하기로 했다.[172]

1953년 1월 20일 서울시 교육국 후생비 사건에 대한 감찰위원회의 징계위원회가 개최되었다. 징계위원회는 정의택 서울시 교육국장에 대해서만 3개월간 봉급의 1/3 감봉처분을 내렸을 뿐이고, 그 외 관계자 모두에 대해서는 처분하지 않기로 결정했다.[173] 더욱이 서울지검장은 이 사건에 대해 "행정처분에 그치기로 결정하였음을 서울시 당국에 연락하였다."고 간단히 언급하며 관계자를 입건하지 않고 사건을 종결했다.[174] 그런데 이 사건이 보도된 직후인 1952년 12월 10일 서울시 경찰국장은 "시 경찰국에서는 수사과장 진두지휘하에 수사를 진행 중에 있는데 만일 사실이라면 이것을 최대 악질의 범죄라고 아니할 수 없다. 우리나라 교육계의 장래를 위하여

제1조 감찰위원회는 대통령에 직속하며 좌의 사항을 장리한다.
  1. 공무원의 위법 또는 비위의 소행에 관한 정보의 수집과 조사.
  2. 전항의 공무원에 대한 징계처분과 기소속장관에 대한 정보제공 또는 처분의 요청 및 수사기관에 대한 고발.
(〈감찰위원회직제〉, 대통령령 제2호, 1948년 8월 30일).
169) 「감위에서도 조사」, 『조선일보』, 1952년 12월 21일.
170) 「감위 조사 완료」, 『조선일보』, 1952년 12월 29일.
171) 「국회에서도 조사」, 『조선일보』, 1952년 12월 31일.
172) 「건설에 부흥에 총진군하자」, 『조선일보』, 1953년 1월 1일.
173) 「정국장만을 징계」, 『조선일보』, 1953년 1월 25일.
174) 「검찰 입건 않기로」, 『조선일보』, 1953년 1월 31일.

철저히 규명할 방침이다."[175]며 진상조사에 대한 의지를 밝혔었다. 이후 감찰위원회와 국회 문교사회위원회까지 나섰지만, 사건 조사 시작 40일 후에 서울시 교육국장 1명에 대한 3개월 감봉처분으로 이 사건에 대한 처리는 끝난 것이다. 물론 문교부에 책임을 묻는다거나, 타 시·도에 대한 조사 확대는 없었다.

훈육소 소장과 서울시 교육국의 비리 행위뿐 아니라 학생들에게 직접적으로 피해를 주는 사례도 확인할 수 있다. 1952년 1월, 학비도 제때 내지 못해서 눈치 공부를 하고 있던 학생들에게 훈육소 영어 시간강사가 '영어독본' 책을 사준다며 속이고 학생 180명에게 196만 원을 빼앗아 검찰에 넘겨졌다. 그런데 이 교사는 이런 일이 두 번이나 더 있었다고 한다.[176] 앞서 교사들이 학생수가 적은 학교를 기피했던 이유 중 하나를 이 사건을 통해 짐작할 수 있다.

해방과 분단, 전쟁과 가난이라는 상황 속에서 국가는 중등교육이나 고등교육에 투자할 수 있는 재정적 여력이 많지 않았다. 해방 후 짧은 기간에 사립학교들이 급속히 증가할 수 있었던 것은 사학 운영자들이 학부모들의 교육에 대한 투자를 활용함으로써 가능했다. 국가는 사학 운영자와 학부모에게 사립학교의 신설과 증설을 맡겨두며 방임적 자세를 취했다. 결국 국가가 학부모의 교육열을 이용하다가, 학부모의 교육열에 의해 국가가 압도당하는 상황이 벌어진 것이다. 그 결과 교육에 대한 국가적 자율성을 충분히 확보하지 못하고, 국가의 교육정책이 사학 운영자들에게 끌려다니는 상황을 낳게 되었다.[177] 즉, 해방 후 상급학교 진학을 희망하는 학생들을 수용하기 위한 사립 중등학교가 설립되었지만, 정부 수립 후 제정된 교

---

175) 「서울시 교육국, 각종 학생 부담금 부정 사용혐의로 물의」, 『연합신문』, 1952년 12월 13일.

176) 「탈선한 선생님 학생 상대로 사기」, 『조선일보』, 1952년 1월 14일.

177) 최봉영, 「교육열의 역사적 전개와 성격」, 『교육열의 사회문화적 구조』, 한국정신문화원, 2000, 97~100쪽.

육법에서는 사립학교에 대한 재정 지원을 금지했다. 그리고 한국전쟁 중에
는 공립학교에 대한 재정 지원도 후순위로 밀렸다. 결국 학교 자체적으로
재정을 조달해야 하는 상황에서 각 학교는 학생들에게 각종 명목으로 교
육비를 거두었고, 학교를 지원해야 할 시·도 교육 당국은 오히려 학교에
후생비를 징수했다. 이 과정에서 교육 당국의 학교에 대한 통제는 불가능
했다. 이를 통해 학교 운영에 필요한 교육재정 지원이 교육에 대한 국가적
자율성과 직결된다는 것을 확인할 수 있다.

(2) 훈육소에서 학생들의 생활

① 남녀공학제 실시와 중단

해방 후 사회주의 이념에 기초해서 진보적 민주주의 교육운동을 벌였던
집단은 여성에 대한 교육차별 해소를 위해 남녀공학의 실시를 주장했
다.178) 그리고 조선교육심의회에서 남녀공학에 대해 논의했지만,179) 1946
년 2월 초등학교와 대학에 한해서 남녀공학을 인정하기로 결정했다.180) 이
후 1946년 4월 미국교육사절단은 한국의 각 학교가 남녀공학제도를 수립
할 것을 제의했고,181) 1946년 9월 새학년 새학기부터 중등학교 남녀공학이
실시되었다.182) 이에 1946년 8월에 공립 용산중학교는 남자 3학급 150명,

---

178) 이들은 남성에의 예속 아래 취사, 육아, 침봉, 세탁의 노예적 가정노동에서 영구
　　히 소실되고 있는 민족 역량의 절반을 노예상태에서 해방시켜 사회발전을 위한
　　물질적, 문화적 생산노동과 그 향수에 참가시키기 위해서는 교육기회의 균등한
　　부여가 선결되어야 한다고 했다(이길상, 『20세기 한국교육사』, 집문당, 2007, 190·
　　199쪽).
179) 「조선교육심사위원회, 각분과위원회 규정과 위원 결정」, 『서울신문』, 1945년 11
　　월 23일.
180) 「조선교육심의회, 중고등교육기관의 계획·설립에 관한 원칙안을 상정」, 『서울신
　　문』, 1946년 2월 19일.
181) 「조선에 남녀공학제를」, 『조선일보』, 1946년 4월 14일.
182) 「민주교육 첫 시험대에」, 『조선일보』, 1946년 9월 1일.

여자 1학급 50명으로 신입생을 모집했다.[183] 하지만 정부 수립 후 교육법 제정과정에서 중등학교 남녀공학은 다시 논란이 되었고 사범대학부속중학교 여학생 학부모들이 문교부에 남녀공학 폐지를 건의하기도 했다.[184] 중등학교 남녀공학에 대해서는 안호상 문교부장관도 반대했고,[185] 결국 중등학교 남녀공학은 폐지하는 것으로 결정되었다.[186] 하지만 한국전쟁 중 서울에 개설된 중등 훈육소는 서울시 교육당국의 주장에 따라 남녀공학으로 운영되었다. 하지만 앞서 살펴본 것처럼 김태선 서울시장은 1952년 2월 초 남녀공학 훈육소를 폐지하겠다고 밝혔다. 그리고 서울시 교육 담당자는 당시 운영되던 남녀공학의 결과에 대해 다음과 같이 말했다.

> 교실은 다르나 남녀 중학생이 한 학교를 다니고 보니 남학생들은 성질이 변할 리야 없겠지만 태도가 온순해져서 극언을 하자면 중성화하는 경향이 있어 오히려 어느 모로 보아 이것을 장점으로 볼 수 있으나 가장 난점은 남녀 학생의 학업진도가 현격한 차이를 가져오기 때문에 실지 교육에 커다란 지장을 주고 있다. 풍기문제는 별 폐단이 아직 발견되지 않았지만 여하간 공학은 곤란한 문제가 많다.[187]

이에 따르면 남녀공학이라고는 해도 교실을 분리해서 사용했고, 남학생들이 중성화 되었다고 할 만큼 온순해진 장점도 있었으며, 풍기문제도 별 폐단이 없었다. 그러나 교육을 하는데 지장을 줄 만큼 남녀 학생의 학업진도에 큰 차이가 나는 것이 가장 어려운 점이라고 했다. 실제로 사범대학부속중학교 여학생 학부모들이 남녀공학 폐지를 요구했던 이유 중 하나가 "지능의 발달은 중학교 시절인데 이때 남자는 급속히 발달하나 여자는 추

---

183) 「용산중학에 남녀공학제」, 『조선일보』, 1946년 8월 7일.
184) 「남녀공학은 유해무익」, 『조선일보』, 1948년 9월 28일.
185) 「민주민족교육의 길 : 본사 주최 교육좌담회」, 『서울신문』, 1948년 10월 21일.
186) 다만 중등학교가 하나밖에 없는 지방의 경우 남녀공학을 하여도 무방하다고 결정했다(「중등 남녀공학은 폐지」, 『조선일보』, 1948년 10월 15일).
187) 「풍기엔 별 무폐단」, 『조선일보』, 1952년 2월 12일.

종하지 못하여 각자의 소질을 충분히 발휘하지 못한다."는 것이었다.[188]
중등학교 남녀공학은 '여하간' 문제가 많다는 것이 교육 담당자의 결론이
었다.[189]

 이와 같은 서울시의 방침과 더불어 피난 갔던 중등학교가 속속 서울로
복귀하여 개교를 하게 되자 훈육소의 생도들은 각각 원교로 복귀하게 되
어 자연스럽게 남녀가 분리되었다. 그리고 서울시는 1952년 6월 영등포훈
육소의 2천여 명 모든 여학생에게 영등포여중으로 이관을 명령했다. 이러
한 사실이 알려지자 여학생들은 대회를 열고 이러한 조치에 항의했다. 특
히 여학생들은 15리나 떨어져 있는 영등포여자중학으로의 전교가 교통과
경제상에 가져오는 불편과 부담이 과중하다고 호소했고 학부모들도 분개

---

188) 「사범대학부속중학교 여학생 학부형, 남녀공학 폐지를 탄원」, 『서울신문』, 1948
년 9월 28일.
189) 1948년 10월 교육좌담회에서 최현배는 "남녀가 한데 모여 접촉하면 자연 문란해
서 미국에서는 간통이 예외가 아니라 보통이라고 했습니다."라며 중등학교에서
의 남녀공학에 대해 철저히 반대했다. 또한 안호상 문교부장관은 독일이나 프랑
스에서도 남녀공학을 하다가 폐지했다며 이에 반대했다. 1949년 8월의 전국 중
등학교장 회의에서도 농촌 등 특수한 지역에서는 실시하여도 무방하겠지만 중등
학교의 남녀공학은 시기상조라는 결론을 내렸다. 서울사대부중 학부모들이 남녀
공학 폐지를 건의할 때 "성교육에 대한 철저한 준비 지식과 교육설비가 없는 남
녀공학은 지극히 위험한 일이다. 남녀 혼합교육의 유해무익은 외국의 예로 보아
도 알 수 있다."는 점도 지적했다. 하지만 1950년 3월 『자유신문』은 남녀공학을
실시한 대학교의 풍경을 다음과 같이 보도했다. "풍기문제가 가장 염려되었는데
도 불구하고 당국자의 소리는 전부가 예상외로 풍기문제 같은 것은 들어볼래야
볼 수 없다고 말하는 것이다. …… 질적으로 약간 뒤떨어진 것 같이 보이던 여자
학생들도 요즈음 와서는 중간적인 위치를 차지하였고 현재 같은 발전이 계속된
다면 앞으로 남학생의 성적을 능가하기에 그리 먼 세월을 요하지 않으리라고 보
고 있는 것이다. …… 시기상조라는 시비가 많던 남녀공학도 실시 후 불과 수년
의 단시일 간에 이처럼 좋은 성과를 보고 있는 것이며 ……"(「민주민족교육의
길」, 『서울신문』, 1948년 10월 19일; 「전국중등학교장 교육행정강습회」, 『자유신
문』, 1949년 8월 23일; 「대학교 남녀공학 실시 후의 풍경」, 『자유신문』, 1950년
3월 18일).

했다. 이에 즉시 전교를 지시했던 서울시 학무과장은 여학생들의 고충을
참작하여 다시 고려하겠다고 했고,[190] 김태선 서울시장은 영등포훈육소와
관련된 결정사항을 다음과 같이 밝혔다.

> 남녀공학을 폐지하고 분리시킨다는 것은 시의 기본방침이며 이 방침
> 에 따라 영등포훈육소도 남녀학생을 분리시킬 계획이다. 그러나 강제로
> 영등포 여자중학교에 전교하라는 것은 다소 방침에 어긋난 처사로서 취
> 학의 자유는 항시 있는 것이니 서울 시내 학교에 통학하겠다는 학생에게
> 는 도강증도 주선하여주겠다. 그런데도 불구하고 학생들이 떠든다는 것
> 은 유감천만이며 동 훈육소를 둘로 구분하여 여자학생만을 상대로 한 훈
> 육소장을 따로 임명케 하고 그대로 동장소에서 여학생들이 공부하게 하
> 기로 오늘 아침에 최후결정을 지었다.[191]

즉, 남녀공학을 폐지하는 것은 서울시의 기본방침이지만 학생들에게 학
교를 선택할 자유도 보장하겠다는 것이다. 그래서 한강을 건너 서울 시내
로 통학을 원하는 학생에게는 도강증도 발급해줄 것이며, 무엇보다 현재의
영등포훈육소를 남녀로 구분하여 여자 훈육소를 만들고 훈육소장도 별도
로 임명하여 현재 장소에서 계속 공부할 수 있도록 했다. 실제로 1952년
6월 5일 영등포훈육소 여자부가 분리되어 손정순 훈육소장이 부임했고,
1953년 4월 훈육소 폐쇄 이후에는 영등포훈육소의 학교 비품에 대해 서울
공업고등학교와 영등포여자중·고등학교 간 계약을 체결해서 나누었다.[192]

② 전쟁 중에도 식지 않은 교육열

해방 후 일제에 의해 억눌렸던 출세에 대한 욕구가 일시에 폭발했다. 또

---

190) 「영등포훈육소에 전교령 시비 여학생들 "학교지정"에 항의」, 『조선일보』, 1952
   년 6월 5일.
191) 「전교령을 시정. 김시장 담 선교자유는 보장」, 『조선일보』, 1952년 6월 7일.
192) 영등50년사편찬위원회, 『영등오십년사』, 영등포여자고등학교·영등포여고동창회,
   2003, 26·33~36쪽.

한 한국전쟁을 통해 기존 질서가 무너지고 수중에 남겨진 금전과 지위에 따르는 권력만이 사람들을 구별하는 기준이 되었다. 이와 함께 출세의 의미도 명예보다 금력과 권력을 소유하고 행사하는 것으로 변모했고, 교육은 출세를 위한 간판 획득의 수단이 되었다. 무엇보다 출세지향적 교육관은 학부모의 교육열을 증대시켜 자녀교육에 대한 투자를 아끼지 않게 했다.[193]

전쟁 중이던 1952년 4월에 서울에서도 중학교와 대학교 입학을 위한 시험이 실시되었다. 『조선일보』는 '가슴 설레이는 입학시험', '굴치 않는 향학열'이라는 제목의 기사를 게재하며 당시의 상황과 분위기를 소개했다.

> ▷ '가슴 설레이는 입학시험'
>
> 1일을 기하여 서울 시내 10개소 중등 훈육소에서는 일제히 금년도 신입생의 입학시험을 실시하였다. 전쟁판이라고는 하지만 옛날이나 지금이나 학동을 진학시키려는 어버이의 마음에는 변함이 없어 학교 교문 밖에서는 내 아들 내 딸의 장래를 생각하는 부형들이 공연히 안정을 못하고 기웃거리며 설렁거리고 있고 또 자신의 장래와 교문 밖에 있는 부형을 생각하는 아동들의 어린 가슴은 성패를 한낱 연필대에 맡기고 머리를 짜내고 있다.[194]

> ▷ '굴치 않는 향학열'
>
> 8일 오전 10시를 기하여 서울 시내 4개소에서는 일제히 금년도 대학입학자 선발시험을 실시하였다. 미증유의 전란 속에서 입술에 밥풀칠하기도 어려운 이 때이니 더욱이 자녀를 대학까지 진학시키는 것은 상당한 문제이요, 더구나 이것이 서울 잔류시민의 자제일진대 더한층 어려운 일이지만 향학심에 불타는 청춘의 정열과 만난을 극복하여 자녀의 뒤를 거두는 부모의 성의는 결코 굴하지 않아 많지는 않지마는 각 대학입학 지원자가 서울 시내에서만도 약 350명에 달하고 있다. 그런데 이들은 서울서 입학시험을 보고 합격이 되면 서울을 떠나 부산서 개교하고 있는 각

---

193) 최봉영, 앞의 논문, 91~96쪽.
194) 「가슴 설레는 입학시험」, 『조선일보』, 1952년 4월 2일.

대학에 입학할 것인 바, 그중에는 여자가 약 160명을 차지하고 있으며 특히 국립대학교 사범대학과 약학대학은 여자가 절대다수를 차지하여 그들이 지향하는 바 건실한 한 면을 엿보여 주고 있다.[195]

　'미증유의 전란 속에서', '생계도 어려운 때에', 더욱이 피난 정부가 부산에 있고 한강을 건너 서울로 들어가는 것이 통제된 상태였다. 이러한 상황 속에서도 중등학교와 대학교 진학을 위해 입학시험을 보고 있는 학생들과, 자녀들을 상급학교로 진학시키고자 하는 학부모들의 간절한 마음을 확인할 수 있다. 앞서 자녀의 학비를 마련하지 못해 자살한 학부모에 대해 언급했었다. 그런데 그의 미망인은 "결국 가난한 살림이 이런 꼴을 보게 한 것이 아닙니까. 돈 없어 이렇게 되었으니 어떻게 해서든지 저 애들은 공부를 시켜야 하겠습니다."고 했었다.[196] 11명의 가족을 부양하던 가장을 잃고 어떻게 살아가야 할지 모르겠다며 얼굴이 붓도록 울던 어머니의 결심은 결국 자녀들을 공부시키는 것이었다.

　1951년 9월 서울에 훈육소가 개설되고 두 달여 지난 1951년 11월 14일에는 성북훈육소, 15일에는 동부·서부훈육소에서 졸업식이 있었다. 서부훈육소를 졸업한 여학생의 경우 취직이 21명, 상급학교 진학이 28명, 가사는 12명으로 진학이 가장 많았다.[197] 이후 1952년 3월 말에 서울 12개 훈육소에서 졸업예정인 700여 명의 학생들 중 90%가 대학으로 진학할 의사를 표명했다. 하지만 대학 응시는 서울이 아니라 부산이나 대구, 수원에서 해야되서 서울에 있는 훈육소의 졸업생들을 위한 대책이 필요했다.[198] 이에 국립서울대학만은 을지로에 있는 약학대학 내 서울연락사무소에서 원서를 접수하고 시험도 볼 수 있도록 했다.[199]

---

195)「굴치 않는 향학열」,『조선일보』, 1952년 4월 9일.
196)「학비에 쪼들려 자살」,『조선일보』, 1952년 11월 21일.
197)「훈육소 졸업식, 15일 동부·서부서」,『조선일보』, 1951년 11월 17일.
198)「대학엔 가고 싶으나 한강이 말썽, 별도리 없을까?」,『조선일보』, 1952년 3월 10일.
199)「국립대학만은 서울서 원서 접수」,『조선일보』, 1952년 3월 11일.

대학교 진학을 희망하는 훈육소 학생들을 위해 각 훈육소에서는 입시교육이 필요했다. 중부훈육소 교사로 근무했던 김찬삼은 "이때처럼 교육에 크나큰 보람을 느껴 본 적이 없었던 것 같다. 방과후와 일요일에 희망자를 모아 종일토록 지리과목 보충수업을 하였는데 지칠 줄을 몰랐다."며 당시를 회고했다.[200] 훈육소에서 정규수업 외에 보충수업까지 하며 입시 준비를 해주고 있었던 것이다. 1953년 2월 8일 저녁 7시 5분경에 서울 정릉에 있는 숭덕초등학교 6학년 교실에서 불이나 330평의 2층 1개 동이 모두 불타버리는 사건이 있었다. 화재 원인은 6학년 학생 과외수업을 실시하던 중 발생한 스토브 취급 부주의였다.[201] 그리고 1953학년도 입시를 앞두고는 향학열에 불타는 어린이들의 마음과 코 묻은 돈을 저울질하여 한몫 보려는 악질 학원모리배들의 불법 중학 강습소·학원·학관이 난립하여 서울시 당국에서 이들을 철저히 단속하겠다고 밝히기도 했다.[202] 이는 입시를 준비하는 학생들을 대상으로 한 불법 행위가 그만큼 많았음을 보여주는 것이다.

또한 한국전쟁 중 발행된 신문에서 중등학교 입시를 위한 수험서 광고를 많이 볼 수 있다. 이 수험서들은 '금년도 중학교 입시 난관 돌파의 신무기, 대망의 결정판 『모범지능고사』 드디어 발매 개시',[203] '문교부 방침에 준거한 최후 완성용!! 금년도 중학교 국가고사 모의시험',[204] '수험계의 금자탑, 고등학교·사범학교 간추린 입시정해',[205] '단기 4286년에 실시하는 국가고시에 나올듯한 문제의 모범해답, 고교입시 국가고시 수험준비서'[206] 등의 광고 문구로 입시를 준비하는 학생들의 눈길을 끌었다.

---

200) 「나의 청춘시절- 김찬삼」, 『매일경제』, 1990년 10월 13일.
201) 「숭덕국민교 전소」, 『경향신문』, 1953년 2월 11일.
202) 「각종 무허가 업소의 난립으로 물의 분분」, 『서울신문』, 1953년 2월 24일.
203) 「소형광고」, 『경향신문』, 1952년 2월 20일.
204) 「소형광고」, 『동아일보』, 1952년 3월 11일.
205) 「소형광고」, 『동아일보』, 1952년 9월 2일.
206) 「소형광고」, 『동아일보』, 1952년 12월 11일.

자신은 고생하더라도 자녀만은 교육시키겠다는 교육열은 전쟁 중에도 멈추지 않았고, 상급 학교에 진학한 자녀의 학비 마련을 위해 골몰하며 여러 곳에서 빚을 져야 했던 학부모들의 처지에 대해 당시 『조선일보』 사설에서는 다음과 같이 지적하고 있다.

　　자기는 온갖 고생을 다 하더라도 그 자녀만은 교육시키겠다는 우리 겨레의 거룩한 교육열을 어떻게 하면 북돋아 줄 수 있을까? 사랑하는 자녀가 좁은 문을 뚫고 희망하던 학교에 입학이 되었다고 기뻐하는데 부형은 힘에 넘치는 입학수속금을 주선하려 東取西貸에 분주하다가 소정 기한을 넘기고 낙심 끝에 머리를 싸매고 드러눕는 실례가 많은 것을 해마다 되풀이되는 희비극의 한토막이라고 가벼이 간과해 버릴 것인가?[207]

③ 학생들의 위문 활동

앞서 서울시의 훈육소 개설 목적 중 하나가 국가적인 사업에 협조하고 부흥공사에 동원하는 것이었음을 살펴보았다. 이에 따라 훈육소의 학생들은 정규 학업 외에도 각종 행사에 동원되었고, 상이군경과 군부대 방문 위문활동을 일상적으로 했다.

1951년 10월 19일 동대문경찰서 경무부장은 동부훈육소 여학생 50명과 혜화국민학교 학생 80명을 인솔하여 경찰병원과 육군병원을 방문하여 춤과 노래, 연극 등의 다채로운 프로그램으로 상의군경을 위문했다.[208] 서부훈육소 합창단은 1951년 10월 22일 서울시청에서 열렸던 유엔군 장성 10명에 대한 공로표창 수여식에서, 11월 11일 서울운동장에서 개최된 유엔군 선수단과 한국군·민 선수단의 국제친선경기대회 개막식에 참석하여 노래했다.[209] 또한 서부훈육소 학생들은 서울시 교육국과 각계의 후원을 받아

---

207) 「학부형 부담금을 신중 고려하라」, 『조선일보』, 1953년 3월 29일.
208) 「육군 병원 등 위문, 동부 여중생들이」, 『자유신문』, 1951년 10월 21일.
209) 「國聯 10장성 공로 표창」, 『조선일보』, 1951년 10월 23일; 「국제친선 경기 개막」, 『조선일보』, 1951년 11월 12일.

12월 8일 수도극장에서 전승기원 예술전을 열었는데,210) 이 예술전은 수복된 서울에서 학생들이 진행한 첫 행사여서 입장하지 못하는 관객이 넘쳐나는 성황을 이루었다.211)

1951년 12월 13일에는 서울 시내 8개 훈육소의 남녀 1,000여 명 학생이 '영구적 평화 없는 정전반대', '남북통일 없는 정전반대', '한국 민의 없는 정전반대', '개성지구 포기반대', '무기를 우리에게 다오, 우리가 싸우겠다', '평화의 보장을 달라'는 구호를 외치며 태극기와 유엔기를 들고 만국기를 흔들며 정전반대 시가행진을 했다. 이날 행진은 아침 일찍 동부훈육소를 출발해서 종로, 미국 대사관, 을지로를 지났는데 전차와 자동차도 멈출 정도였다.212) 그리고 12월 23~24일 양일간 서울 시내 8개 훈육소 학생들은 명동 서울시 공관과 미인극장(전 국도극장)에서 유엔군을 위문하는 예술제를 열었는데,213) 유엔 환영가를 비롯해 합창과 무용 등 20여 개의 프로그램으로 진행되었다.214) 크리스마스를 앞두고 성북훈육소의 전교생 2천 명은 165,100원의 위문금을 모아 자유신문사를 찾아가 기탁하기도 했다.215) 서울시에서는 '징병 고취 표어'와 '응소 장정을 보내는 표어'를 모집하여 그 심사 결과를 1951년 12월 29일에 발표했다. 입선한 표어 중 훈육소 학생들의 것도 여럿 있었는데, 그 내용은 다음과 같다.

---

210) 「서부중등훈육소서 팔목예술전」, 『조선일보』, 1951년 12월 6일.
211) 「찬란한 예술제전」, 『조선일보』, 1951년 12월 10일.
212) 「우리에게 무기를, 재경 중학생 5천여 정전반대 데모」, 『자유신문』, 1951년 12월 15일.
213) 「8개 중훈 예술제」, 『조선일보』, 1951년 12월 18일.
214) 「23일 개막, 중등훈육소 학도예술전」, 『조선일보』, 1951년 12월 23일.
215) 그런데 1951년 12월 14일 조선일보에도 성북중등훈육소 생도 일동이 위문금 163,300원을 모아서 조선일보사에 기탁했다는 기사가 있다. 두 신문사에 위문금을 전달한 대표 학생들의 이름이 자유신문사에는 이영숙·김도선, 조선일보에는 조명숙·장태선으로 되어 있다(「일선 장병에 성탄 선물, 성북중등훈육소생 본사에 기탁」, 『자유신문』, 1951년 12월 14일; 「X마스 선물」, 『조선일보』, 1951년 12월 14일).

▷ 징병 고취 표어

　1등 "남의 힘 믿지 말고 내 힘으로 싸우자"(영등포 은로국민교 6년 정화섭)

　1등 "오늘의 징병 내일의 평화"(마포훈육소 3년생 김종선)

　2등 "나서라 대한남아 징병은 우리의 의무"(공보과 이관순)

▷ 응소 장정을 보내는 표어

　1등 "나가면서 웃고 보내면서 웃자"(성북훈육소 5년생 강영희)

　1등 "맘 놓고 싸워라 뒤는 내가 맡었다"(성동훈육소 이의숙)

　2등 "조국위해 가는 몸 기쁨으로 보내자"(창신국 5의1 250)[216]

　한 겨울인 1952년 1월 동부훈육소 학생들은 제36육군병원을 방문하여 세탁봉사와 석탄운반을 했다.[217] 서울시는 1952년 3·1절 기념행사의 하나로 시내 각 훈육소 학생들을 대상으로 전선의 장병들에게 보내는 위문문을 모집하기도 했다.[218] 1952년 7월 21일부터 30일간 서울 시내의 학교들은 여름방학이었지만 학생들은 일선 위문을 비롯하여 문맹퇴치운동에 적극 협력해야 했다.[219] 여름방학 중이던 1952년 8월 13일 오전 10시까지 모든 중등학생이 소속된 훈육소로 집합되었는데, 이는 15일 거행될 대통령 취임식 및 광복절 행사에 참가하기 위한 조치였다.[220] 또한 서울 중앙여고 학생들은 8월 21일부터 일선 부대에 방문해 위문행사를 했고, 9월 4일부터 3일간은 서울 시내 중앙극장에서 일반 시민을 위로하는 '조국은 부른다'란 학생극을 비롯하여 음악과 무용 등의 공개 공연을 매일 3회씩 했다.[221] 이후에도 중앙여고 학생들은 수도 고지 탈환전에 많은 공을 세운 장병들을

216) 「징병 고취 표어」, 『자유신문』, 1951년 12월 31일.

217) 「동부훈육소생 입원 장병 세탁봉사」, 『조선일보』, 1952년 1월 17일.

218) 「삼일절 기념 위문문 모집」, 『조선일보』, 1952년 2월 18일.

219) 「21일부터 30일간」, 『조선일보』, 1952년 7월 9일.

220) 「중등교 생도들 13일 소속교에 집합」, 『조선일보』, 1952년 8월 13일.

221) 「중앙여중서 시민 위로 공연」, 『조선일보』, 1952년 8월 28일; 「중앙여중 경축공연 예정대로 4일부터」, 『조선일보』, 1952년 9월 3일.

찾아가 위문공연도 했다.[222]

미국 대통령으로 당선된 아이젠하워의 한국 방문을 앞둔 1952년 11월 25일에는 서부훈육소와 동부훈육소 양 교정에서 '아'원수 환영 서울특별시 중고등학생대회가 3만 명의 남녀 중등학생이 모인 가운데 거행됐다. 이 자리에서 "한국 성전을 승리에로 조속히 해결코저 내한하는 '아'원수를 열렬히 환영한다."는 환영사와 "세계평화의 관건이 되고 있는 한국전쟁 승리를 촉진시키기 위하여 우리에게 식량과 무기를 달라."는 메시지를 낭독했다. 환영회가 끝난 후 양 대회장에서 몰려나온 남녀 중등학생들은 '환영하노라 아이크' 현수막과 아이젠하워 사진을 들고 태극기와 성조기를 흔들며 '웰컴 아이크' 구호를 외치며 시가행진을 했다.[223]

정부는 1953년 6월 한 달간을 '군경 원호강조 기간'으로 정하고 출정 군인 또는 상이군경 유가족들을 위한 대대적인 원호사업을 전개했다. 이에 따라 서울시도 다양한 행사를 준비했는데, 중학교 이상 학생들에게 위문품을 수집하여 일선 장병 위문행사를 하고, 위문단을 조직하여 3대 육군병원과 수도경찰병원을 위문하며, 각 학교별로 군경 원호성금 갹출운동을 전개하는 등의 행사를 진행했다.[224]

『숙명백년사』에는 1952년 3월에 서울 수송동 숙명여중 校舍에 중부여자훈육소로 개설되었다가 뒤에 숙명여자훈육소로 개칭되어 운영될 당시 학생들의 위문활동 내용이 자세히 기록되어 있고, 교무일지에서는 각종 행사에 동원된 사실도 확인할 수 있다. 이를 정리하면 다음과 같다.

---

222) 「중앙여자고등교생 7296부대 위문」, 『조선일보』, 1952년 11월 13일.
223) 「서울 3만 학도」, 『경향신문』, 1952년 11월 27일.
224) 「서울시, 대대적인 원호사업 전개 계획 수립」, 『평화신문』, 1953년 6월 3일.

〈표 IV-14〉 중부여자훈육소(숙명여자훈육소) 위문활동 및 각종 행사 일정[225]

연도	날짜	내용
1952	4. 29	국군 제대식에 꽃다발 증정(중1)
	6. 3	상이군인에 보내는 위문문 병사구 사령부에 전달(중학생 2통씩)
	6. 12	상이군경 위문금으로 1,000원씩 모아 보냄
	6. 13	군경 위문 서적 70부를 보냄
	6. 15	위문금을 839부대에 전달
	6. 23	고교생 부대 마크 2개씩 제작 시교육국에 전달
	7. 20	전교생 위문문 1통씩 써서 병사구 사령부에 전달
	7. 22	제5육군병원에 위문가기 위하여 율동부와 음악부 연습 시작
	12. 4	아이젠하워 원수 환영 시민대회(중앙청 광장) 및 시가 행진 참가
1953	4. 4	학도호국단 결의에 의하여 시내 16개소 공중변소 청소
	4. 20	파주군 적성에 있는 5020화란 부대 위문
	5. 10	제36육군병원 위문
	6. 9	휴전 반대 북진통일 시위 행진 참가
	6. 15	고3 전원이 육군 피복창에 가서 군복을 재봉함
	6. 25	제36육군병원 애국 포로를 위문
	5월~9월	종교반에서 일요일마다 미군 제728부대를 위문
	9. 27	의정부 미군 제1군단 사관학교 위문
	10. 4	미군 제1군단포병대 위문
	10. 12	미군 제1군단에 녹음 방송함
	11. 27	서울역에서 휴가 장병을 안내함
	12. 22	해군 상이 병원 위문
	12. 24	미군 제1군단 크리스마스 음악 예배

중부여자훈육소 학생들은 위문편지를 쓰고 위문금을 모으는 것뿐 아니라 육군병원 위문활동을 지속적으로 했다. 무엇보다 국군 제대식에 참여해 꽃다발을 증정하고, 부대 마크를 제작했으며, 육군 피복창에 가서 군복도 만들었던 것이 눈에 띈다. 종교반 학생들은 1953년 5월부터 9월까지 일요일마다 미군 부대를 위문했음도 알 수 있다. 물론 아이젠하워 환영 시민대회, 휴전 반대 북진통일 시위에도 동원되었고, 서울 시내 공중화장실도 청소했다. 이처럼 학생들이 각종 위문활동과 행사에 과도하게 동원되는 데 대해 『조선일보』는 사설을 통해 다음과 같이 문제를 제기하고 대책을 마

225) 숙명100년사편찬위원회, 앞의 책, 206~208쪽.

련할 것을 촉구하기도 했다.

　　시국관계로 학생들이 행사에 참가하는 시간이 많은 것이다. 물론 이것
이 정신교육상으로 필요도하고 또한 학생도 국민인 이상 무슨 행사거나
협조함이 당연한 일이다. 그러나 꼭 학생들이 참가치 않아서는 안 될 일
이면 몰라도 그렇지 않은 경우에는 그들의 학업을 위하여 가급적 참가를
제한하는 것이 좋을 듯하다. 그리고 학교 당국에서는 이러한 경우를 고려
하여 시간 배정을 중점적으로 하여 주요한 학과 습득상 필요한 시간은
희생치 않도록 노력해야 한다. 또한 각 지방 학무 당국에서도 이러한 사
정을 察知하고 학과수업에 큰 지장이 없도록 학교 당국자들과 연락하여
선처하기를 바란다. 여러 가지 불리한 환경 중에서 공부하고 있는 학생들
에게 가능한 한 공부에 전심할 수 있도록 하는 것이 문교 당국이나 학교
당국의 할 일이 아닐까? …… 문교 당국과 각 학교 당국자의 고려를 촉
하는 바이며 또한 시급한 대책이 있기를 요망하는 바다.[226]

　전시 상황에서 학생들이 정부나 시·도에서 주최하는 행사에 협조하는
것이 국민으로서 당연한 것이고 정신 교육상으로 필요하겠지만, 반드시 참
가해야 할 행사가 아니라면 학생들이 공부에 전념할 수 있도록 가급적 참
가를 제한해야 한다는 것이다. 그리고 행사에 참여한다면 정규수업에 지장
이 없도록 일정을 조정해야 하며, 이것이 문교 당국과 학교 당국이 해야
할 일이라고 지적했다. 하지만 전쟁이라는 현실은 학생들이 학교에서 공부
에만 집중하는 것을 허락하지 않았다. 예를 들어 숙명여자훈육소 학생들이
휴전협정 반대 시위에 동원되었던 1953년 6월 9일은 중간고사 바로 전날
이었고,[227] 정전협정이 체결된 1953년 7월 이후에도 의정부에 있는 미군부
대까지 방문하여 위문활동을 했다.

226) 「전시교육과 학력증진」, 『조선일보』, 1952년 11월 14일.
227) 숙명100년사편찬위원회, 앞의 책, 208쪽.

소결

1950년 10월 중국군의 참전 이후 전쟁 양상이 변화되면서 다시 서울이 함락되고, 수많은 사람들은 피난을 떠났다. 그런 상황 속에서도 교육은 멈추지 않았고, 학생들은 피난지 노천학교와 천막교실에서 학업을 이어갔다. 피난학교 학생들은 정규교육을 받으며 중간·기말고사를 치르고 각종 궐기대회와 위문활동에 동원되기도 했지만, 수학여행과 소풍도 갔다. 또한 학생들은 피난지 부산에서도 예술제와 학예회를 개최했고, 여러 학교 학생들이 모여 독서모임을 비롯한 다양한 교외활동도 했다. 하지만 피난지에서 구두를 닦고, 신문·아이스크림·양담배 등을 팔면서 직업전선에 뛰어들어야만 했던 학생들도 있었다.

1951년 3월 서울이 재수복 된 후 피난가지 않고 서울에 남아 있던 학생들과 피난지에서 서울로 돌아온 학생들을 위한 학교가 개설되었다. 중등학생들을 위한 훈육소는 1951년 9월에 3개가 개설된 후 1953년 3월 말에 폐쇄될 때 55개까지 증가했고, 이곳에 등록된 중등학생은 3만 4천여 명에 달했다. 훈육소는 남녀공학으로 시작했지만 1952년부터 여자 훈육소가 설치되면서 점차 남녀 훈육소가 분리되었다. 훈육소 학생들도 각종 궐기대회와 시가행진에 참가해야 했다. 또한 위문문 쓰기가 일상이 되었고, 군부대를 찾아다니며 위문활동을 하고 위문품과 위문금을 모았다. 훈육소는 한국전쟁기 서울에 있던 중등학생들에 대한 교육 공백을 메우는 역할을 했지만 운영 과정에 문제점도 있었다. 특히, 훈육소 운영 재정을 전적으로 학생들로부터 징수했고, 이를 교육 당국에 제공하며 감시와 처벌을 피해 갔다.

무엇보다 피난학교와 훈육소의 설치와 운영을 통해 한국전쟁 중에도 교육에 대한 정부와 학부모의 관심과 열정이 계속되고 있었음을 알 수 있었다. 그 속에서 피난학교와 훈육소 학생들은 여전히 상급학교 진학을 위한 입시교육에서 벗어나지 못하고 있었음도 확인할 수 있었다. 앞으로 한국전쟁을 겪으며 그 시대를 살았던 학생들의 다양한 삶의 모습에 좀 더 관심을 가질 필요가 있다. 왜냐하면 그들이 이후 한국 사회를 이끌어간 어른이 되었기 때문이다.

V. 한국전쟁 중 실시된 최초의 중학교 입학 국가고사

일제강점기 민족차별적인 교육정책으로 초등학교 졸업생의 약 10% 정도만이 중등학교로 진학할 수 있을 정도로 중등교육의 기회 자체가 제한되었다. 고등교육의 기회도 매우 제한적이어서 중등 일반계 학생의 상급학교 진학률은 상당히 낮은 수준이었다. 더욱이 어렵게 고등교육을 받았더라도 일본인이 상층의 직업을 독점했기 때문에 고등교육을 마친 한국인들은 그에 걸맞은 자리를 얻기도 쉽지 않았다.[1) 하지만 한국은 해방이 되었고 일본인들은 떠났다. 그리고 일본인들이 떠난 자리를 차지하기 위한 한국인들의 경쟁이 시작되었다. 일제강점기 한국인들은 좋은 학교를 나온 사람들과 유학생들이 지배층으로 상승하는 것을 지켜보았다. 당시 학력에 대한 사회적 보상이 매우 높았고 따라서 학력주의적 사고도 매우 일반화되었다.[2) 이는 일제가 식민지 통치의 수단으로 학력을 이용했고, 학교를 제외한 다른 사회적 지위획득의 통로를 폐쇄함으로써 학력에 의한 사회적 지위 분배를 사회제도화 했기 때문이었다.[3) 또한 한국의 근대화 과정에서 그리고 일제강점기를 거치면서 교육은 개인이든 사회이든 간에 '도태되지 않고 적자가 되어 생존경쟁에서 살아남기 위한 수단'이 되었기 때문이다. 결국 개인들은 교육을 통해 자신의 신분 상승 욕구를 실현하고자 했다.[4)

---

1) 안홍선, 「식민지시기 중등 실업교육의 성격 연구」, 『아시아교육연구』 16-2, 2015, 165~169쪽.
2) 김종엽, 「한국 사회의 교육 불평등」, 『경제와 사회』 59, 2003, 64쪽.
3) 김신일, 『교육사회학』, 교육과학사, 2003, 417~419쪽.
4) 이우진, 「유학, 죄인인가? 구원자인가? -교육열과 공부열-」, 『한국교육사학』 35-2, 2013, 32쪽.

한편 조선총독부는 3면 1교제에서 1면 1교제로 보통학교 확대 정책을 추진했고, 1942년 12월에는 무상의 요소가 빠진 의무교육제도 실시 계획을 발표했는데 이는 1946년부터 6년간의 의무교육을 실시한다는 것이었다.5) 그리고 해방 후 설치된 조선교육심의회는 1946년 1월 26일에 6년 내 모든 학령아동을 수용한다는 의무교육안을 만장일치로 가결했고,6) 이를 위해 의무교육제실시촉진위원회를 설치하였다.7) 물론 초등 의무교육이 실현되기까지 오랜 시간이 걸렸지만,8) 초등학교 의무교육이 추진되고 있는 상황에서 학력 상승의 첫 관문은 중등학교 진학이었다. 즉, 해방된 한국인들의 교육에 대한 욕구를 충족시키기 위해서는 우선 중등학교 입학이 필요했다. 결국 학생들은 치열한 중등학교 입학경쟁에 내몰렸고, 학교는 입시교육에서 자유로울 수 없었다.

일제강점기 54%에 불과했던 초등학교 취학률은 미군정이 종료되던 1948년에 75%로, 정부 수립 후 1949년에는 81%로 증가했다.9) 그러나 1948년 8월에 미군정이 끝나고 대한민국 정부 수립 이후 시작했던 1948학년도에 초등학교 졸업생 267,256명 중 20.8%인 55,702명만이 중학교에 진학할 수 있었다.10) 이는 해방 후 중등학교의 양적 성장이 있었지만, 중등학교의 수가 절대적으로 부족했기 때문이었다. 즉, 해방 당시 275개였던 중등학교가 1947학년도가 시작될 때 406개로, 1948학년도가 끝날 때 460개로, 그리고 1949년 12월에는 488개로 증가하는 데 그쳤기 때문이다.11) 따라서 "초

---

5) 오성철, 『식민지 초등 교육의 형성』, 교육과학사, 2000, 99~101쪽.
6) 「"의교"는 자력으로 실행」, 『동아일보』, 1946년 1월 29일.
7) 「의무교육제 실시. 촉진위원회 규정 내용」, 『조선일보』, 1946년 2월 22일.
8) 문교부는 1970년대 초에 초등교육 무상의무교육이 완수되었다고 평가하였다(교육 50년사편찬위원회, 『교육50년사』, 교육부, 1998, 27쪽).
9) 한국교육10년사 간행회 편, 『한국교육10년사』, 풍문사, 1960, 116쪽.
10) 문교부, 『문교개관』, 대한문교서적주식회사, 1958, 67쪽.
11) 김상훈, 「미군정의 학교 재개 정책과 서울의 중등학교 재개」, 『서울과 역사』 113, 2023, 324~326쪽.

등학교는 물론 중등학교의 좁은 문은 해방 후에도 좀처럼 넓어지지 않고 입학시험이란 난관은 여전히 어린 학동들과 학부모들의 가슴을 졸이게 하고" 있었다.[12] 1948년 8월 15일 이승만 정부 수립이 선포된 후, 1949년 12월 31일 자로 공포된 교육법에서 초등교육 6년의 의무교육을 규정했고, 1950년 6월 1일부터 실시할 것을 명시했다.[13] 해방 후 초등학교 입학시험은 점차 사라져갔지만, 초등학교 입학생과 졸업생의 증가는 중등학교 입학 경쟁을 더욱 심화시켰다. 해방 후 초등학교 취학률과 초등학교 졸업생의 중등학교 진학 상황을 살펴보면 이를 확인할 수 있다.

〈표 V-1〉 1947~1954년 초등학교 취학률[14]

구분	취학 아동수	학령 아동에 대한 취학률
1947	2,278,263	75%
1948	2,405,301	74.8%
1949	2,778,012	81.0%
1950	2,658,420	81.8%
1951	2,073,844	69.8%
1952	2,399,776	80.0%
1953	2,247,057	75.7%
1954	2,664,460	81.5%

〈표 V-2〉 1946~1954년 초등학교 졸업생의 중등학교 진학률[15]

구분	초등학교 졸업자수	중등학교 진학자수	비율
1946년	196,050	31,117	15.9%
1947년	235,621	39,571	16.8%
1948년	267,256	55,702	20.8%

---

12) 「넓어지는 진학의 "좁은문" 공사립야간중학제 문교부에서는 9월부터 실시를 준비」, 『동아일보』, 1946년 7월 21일.

13) 〈교육법〉, 법률 제86호, 제8조, 제167조(국가법령정보센터 http://www.law.go.kr 이하 법령 출처 생략함).

14) 다음의 자료를 참고하여 작성하였음(문교부, 앞의 책, 53쪽; 「학제 개혁에 대한 논의」, 『서울신문』, 1948년 9월 9일; 한국교육10년사 간행회 편, 앞의 책, 116쪽).

15) 문교부, 위의 책, 67쪽.

구분	초등학교 졸업자수	중등학교 진학자수	비율
1949년	279,283	74,570	26.7%
1950년	295,380	76,166	25.8%
1951년	290,126	95,750	33.0%
1952년	302,989	98,880	32.6%
1953년	382,410	117,083	30.6%
1954년	302,073	127,500	42.2%

즉, 상급학교의 수용인원보다 지원자가 많을 경우 입학자 선발 과정은 불가피하다. 선발 방식과 관련해서는 일반적으로 시험제도가 사용되고 있으며, 시험의 형식 또한 학과시험, 지능시험, 적성시험, 면접시험 등 다양하다.[16] 선발 주관 기관의 성격에 있어서도 각 학교가 선발권을 행사하는 경우와 국가가 교육부 혹은 별도의 전문 기관을 통해 학생 선발권을 행사하는 경우까지 다양하다.[17]

해방 후 1950학년도까지 중학교 입시는 각 학교별로 학교장 책임하에 관리되었다. 그래서 입학시험 관리 능력에 있어서 학교별 차이, 일부 교직원과 학부모들의 부도덕성, 학원 모리배들의 준동 등은 당시 입시제도의 정상적 운영을 어렵게 만들었고 입시부정의 만연을 초래했다.[18] 이에 1948년 1월, 서울시 학무국장은 중학교 입시교육이 다음과 같은 문제점이 있다고 지적하며 중학교 입시의 폐지를 경고했다. 그리고 관계 당국과 연락하

---

16) 입시는 학생들의 순수한 교육 가능성, 즉 실력을 과학성과 객관성의 기준 위에서 학교별 혹은 국가적으로 적절한 사람을 일정 수 혹은 절대점수에 기준해서 학생들을 가려내는 것이다. 긍정적으로는 입시가 실력 있는 사람을 뽑는 것이지만 부정적으로는 학생들을 탈락시키기 위해 있는 것이다. 입시나 각종 시험은 자본제적 불평등을 과학적인 인지적 능력차로 환원시켜 차별적인 사회적 보상의 객관적 근거로 학력이 작용할 수 있게 해주는 이데올로기적 장치이다(강순원, 「우리나라 입시제도-평등주의적 관점에서의 비판과 개선책」, 『전환기에 선 한국교육-그 위기의 진단과 대안』, 한울, 1992, 188~189쪽).
17) 이길상, 「입시제도 개혁의 역사와 평가」, 『한국 교육개혁의 종합적 평가』, 한국정신문화연구원, 1995, 99쪽.
18) 이길상, 『20세기 한국교육사』, 집문당, 2007, 443쪽.

여 입학시험 제도에 대하여 가장 적합한 고사방법을 연구하여 입시 준비
교육이 쓸모없도록 최선의 방법을 강구 중이라고 밝히기도 했다.

> 첫째, 발육기에 있는 아동으로 하여금 과중한 부담을 받게 하여 신체
> 가 허약해질 염려가 있다.
> 둘째, 준비교육에 있어서는 특수과목에 한하여 그것을 암기식으로 해
> 답식으로 치중 지도하게 되는 관계상 국가가 요구하는 국민학교
> 교육을 완전히 못하게 된다.
> 셋째, 개성을 존중하는 민주주의 교육에 배치되는 주입식 교육을 하게
> 될 뿐 아니라 부모의 명예와 욕망을 위하여 무리로 준비를 시키
> 어 아동 개성에 맞지 않는 학교로 진학시키어 그 장래를 그르치
> 게 하며 한편 6학년 담임에 대한 부형의 특수한 사례 등으로 말
> 미암아 아름답지 못한 문제를 일으키기 쉽다.[19]

즉, 수험생의 건강 문제, 입시에 포함된 과목만 주입식으로 공부하는 문
제, 자녀의 개성보다 부모의 명예와 욕망에 따른 진학 결정, 입시를 담당하
는 교사와 부모의 공정하지 못한 관계 등 입시교육이 야기하는 일반적인
문제들이 해방 이후 한국 사회에서 이미 논란이 되고 있었다. 이러한 상황
속에서 1948년 7월 부정입학 등 말썽 많은 학원의 시장화에 반대하며 이를
시정하고자 결성된 '문정회'는 다음과 같은 건의서를 국회 및 문교부에 제
출하여 당국의 깊은 반성을 촉구하기도 했다.

> - 각 중등학교 입학검정 통합시험제, 합격자 근거리 교 지역별 분배제
> (주이유: 기부전제조건 또는 회뢰 정실입학과 소수 왜제 잔재의 관공
> 립학교의 편중 입학경쟁 방지 등을 위하여)
> - 학부형 부담금 정부 임시 징수제 (주이유: 학교임의예산에 의한 과중
> 혹 과소의 불공평 무규준의 갹금 및 중간 비밀 취급 방지 등을 위하

---

19) 「아동의 입시준비 교육 민주주의 교육에 배치. 이 시학무과장 폐지를 경고」, 『동
아일보』, 1948년 1월 22일.

여 右는 국민경제가 안정되어 각교에 독립한 재단기금이 확립될 때
까지 학부형의 부담 공정을 위하여 실시하되 학부형의 부담 가중에
의한 생활위협을 구하는 방책에 국가에 일반 임시교육세를 창정하여
동 필수 중등 학교비를 국고로 부담함도 可也. 일보 나아가 중등교
의무교육제도 고려할 것)
- 교원의 봉급사정 및 임의전교 금지
- 무자격 무실력 교원 사용의 저질 유사대학 정리[20]

각 중학교별로 실시되는 입학시험의 문제점을 지적하며 통합시험제를
실시하자는 목소리가 정부 수립 이전부터 있었던 것이다. 이처럼 국가가
입시 준비교육과 입시부정을 막을 수 있는 입시제도를 마련해야 한다는
요구가 이어졌고, 이에 대한 문교 당국의 대응도 늘 있어왔다. 결국 정부
수립 후인 1949년 10월에 중학교 입학준비 과외수업을 금지하는 다음과
같은 지시를 내렸고, 이에 어긋나면 그 책임을 학교장과 교사에게 추궁하
겠다고 했다.

1. 입학준비학습을 일체 폐지할 것.
2. 해방 후 교육적인 과외활동으로 1시간 정도 각종 자치활동·연구활
   동·특기활동 등은 용허하나 이 시간을 빙자하여 준비교육 시간으로
   이용하면 안 됨.
3. 과분한 가정학습과제로 인하여 아동의 심신을 과로케 하지 말 것.
4. 아동을 교사의 사택 또는 부형사택에 소집하여 지도하는 일을 엄금
   할 것.
5. 6학년 담임교사 특별대우라 하여 부형한테서 금품을 징수하여서는
   안 됨. 종전에는 학교에서 모르는 사이에 부형이 자진 징수한다는
   변명도 있었으나 차후는 징수방법 여하를 막론하고 책임을 학교에

---

20) 「학원의 시장화 방지안」, 『조선일보』, 1948년 7월 14일; 「교육시책 문정회서 건의」,
『동아일보』, 1948년 7월 14일; 「입학 검정에 통합시험제」, 『경향신문』, 1948년 7월
15일.

게 추궁하겠음.
6. 어느 특별한 학과에만 치중하지 말 것.[21]

이와 같은 서울시 당국의 방침과 지시가 있었음에도 학교 측에서는 교묘한 방법을 이용하여 입시 준비 과외수업을 계속했다. 당시의 상황에 대해 한 학부모는 다음과 같이 말하기도 했다.

아이가 늦게 돌아와서 또 많은 숙제를 하느라고 밤늦도록 공부하는 걸 보면 건강이 염려되어 아주 그만두었으면 합니다. 어제는 학교에서 아이들을 보고 누가 물어보면 아침 일찍이는 간호당번 저녁 늦게는 소제당번이나 그 밖에 이유를 붙여서 대답하라고 말하드랍니다. 선생님의 열성은 좋지만 아이가 견디어야지요.[22]

당번이기 때문에 아침 일찍 학교에 가야하고 늦게까지 남아 있었다고 속여 가며, 수업 전후에 입시 준비 과외수업을 계속했던 것이다.
1950학년도 입시경쟁이 얼마나 치열할지, 이에 따라 부정입학은 얼마나 기승을 부릴지, 이에 대해 문교 당국은 어떻게 대비하고 있는지, 다음의 신문 기사를 통해 당시 분위기를 짐작할 수 있다.

오는 5월 전국 3,500여 국민학교에서 6년간의 과업을 마치고 졸업하게 되는 아동수는 32만 9,160명인데 현재 그중 7할 정도인 23만여 명이 중학교 진학을 희망하고 있음에 비추어, 현 중학 수용능력은 진학희망자의 3할 정도에 불과한 7만 6,800명으로 15만여 명의 아동은 낙선의 고배를 맛보지 않으면 안 될 현실이며, 이번 새로이 설치될 고등학교는 전번 문교부에서 내정한 공립고등학교 56교와 앞으로 설립될 사립고등학교 50교를 예상하여 약 100교로 수용능력은 300학교 정도에 1만 5,000명에 불과할 것인데 현 중학 3년 재학생 수는 7만 776명으로 그중 약 5할인 3만 5,000

---

21) 「과외수업은 엄금」, 『조선일보』, 1949년 10월 26일.
22) 「과외수업은 여전?」, 『조선일보』, 1949년 10월 28일.

명이 진학을 희망한다 하여도 반수 이상인 2만여 명은 입학하지 못할 것이 사실이고, 초급대학 역시 현 중학 4학년 재학생 4만 7,854명 及 舊 5년제 중학 졸업생 중의 입학희망자 등이 예상되어 현재 공립 7교와 앞으로 몇몇 설립될 예정인 학교수로는 치열한 입학경쟁이 전개될 것은 명약관화한 일이다. …… 이 기회를 이용하는 학원 브로커가 상당한 수에 이르러 작년의 예를 보더라도 중학교 진학희망자의 약 3분지 1이 이들에게 넘어가서 그 당시 입학운동비의 시세 평균 5만 원 정도를 선불하고 결국은 시험에 낙제된 사람도 허다하였다 한다. 그런데 금년에 전개될 입학권 매수운동을 예상하면 현재 세간에서는 중학교 입학운동비 시세를 벌써부터 최하 10만 원서부터 최고 40~50만 원을 부르고 있는데 중등학교 교직원 그리고 후원회 관계자로 하여금 역시 몇 사람씩을 입학 허가케 하면 그 수효도 상당수에 다다를 것이다. …… 이러한 상태에 비추어 시 당국으로서도 예년 번복되는 이 같은 불상사를 사전 방지하기 위하여 특별한 조처를 강구하리라 한다. 입학브로커의 온상이 되는 보결생 모집은 금년에는 이를 일절 인정하지 않을 것이며, 합격자 발표 시에도 모집정원 전원을 일괄 발표하여 종전과 같은 발표 이후 교섭을 진행하여 소정입학금 이외의 다액의 금액을 징수하는 폐해를 일소할 것이라고 한다. 그와 병행하여 시험 진행에 있어서도 시청에서 각 학교에 감독관이 일일이 출장하여 출제·채점 및 합격자 사정에 있어 엄중한 감시와 공평한 사정을 실시할 것이며 사립학교에 대해서도 이와 같은 형식을 밟을 것이라고 한다.23)

이러한 1950학년도 중학교 입시경쟁을 반영하듯, 급기야 서울 시내 초등학교 교장 2명이 서울중학교 교사로부터 시험문제를 빼내서 자기 학교 학생에게 팔아서 40만 원을 가로채는 일이 발각되어 파면당하는 일까지 발생했다.24)

이처럼 중학교 입시와 관련된 논란이 계속되는 상황 속에서 한국전쟁 중이던 1951년 국가가 주관하는 전국단위 중학교 입학 국가고사25)가 처음

---

23) 「문교부·검찰, 부정입학 방지를 천명」, 『연합신문』, 1950년 4월 29일.
24) 「시험문제 팔아 먹고 법망에 걸려든 교원」, 『동아일보』, 1950년 6월 23일.
25) 당시 언론과 이후 연구에서는 1951~1954년까지 치러졌던 중학교 입학시험을 '국

으로 실시되었다. 국가고사란 전국이 일제히 동일한 날짜에 동일한 고사문제로 각 도 주관 하에 지역별로 고사를 실시하고, 수험자에게 도고사위원장이 성적증명서를 교부한 후, 학생이 입학하고자 하는 학교에 성적증명서를 제출하여, 학교로 하여금 성적순으로 선발하게 하는 제도였다.26) 하지만 국가고사의 성적을 바탕으로 한 중학교 입시제도는 1953년까지 3년간 실시되었고, 1954년 입학지원 마감을 하루 앞두고 이승만 대통령의 특별유시를 통해 중단되었다.27)

해방 이후 중학교 입시제도에 관한 연구는 이른 시기부터 있어왔다. 선행 연구들은 중학교 입시제도를 시기별로 구분하여 변화하는 내용을 소개하고 그 문제점을 지적하거나,28) 입시제도가 학교교육과 사회에 어떻게 작동하는지 검토했다.29) 1950년대의 중학교 입시제도만을 다룬 연구도 있었지만,30) 1951년 실시되었다가 1954년 중단된 중학교 입학 국가고사만을

가고시', '연합고시', '연합고사' 등으로 다양하게 표현하고 있다. 이 책에서는 이를 '국가고사'로 표기했다.

26) 박상만, 『한국교육사』 하, 대한교육연합회, 1959, 199쪽.

27) 「중등입시 자유경쟁으로 이대통령, 백총리에 유시」, 『동아일보』, 1954년 2월 20; 「중학입시 선발권제철폐」, 『경향신문』, 1954년 2월 21일.

28) 서울특별시교육연구소, 『우리나라 입시제도 개선을 위한 종합연구: 중학교 입시를 중심으로』, 서울특별시교육연구소, 1967; 하정숙, 「해방 이후 중학입시제도의 변천과정과 문제점에 대한 소고」, 『청구사학』 8, 1969; 안규, 「우리나라 중학교 입시제도에 관한 고찰」, 『논문집』 5, 1972; 고영복, 「우리나라 중학교 입시 변천에 관한 고찰」, 『군자교육』 8, 1977; 함종규, 「한국 중·고등학교 입시제도의 변천에 관한 연구」, 『논문집』 21, 1981; 손인수, 「입시제도의 변천과정」, 『새교육』, 1980년 5월호; 이진재 외 4명, 『우리나라 입시제도의 변천사-입시제도 개선연구(III)-』, 중앙교육평가원, 1986; 송순, 「한국 학교제도의 변천과정에 관한 연구」, 『논문집』 19-1, 1984; 이원호, 「입시제도의 변천과정과 문제점」, 『교육학연구』 3-1, 1992; 이길상, 앞의 논문, 1995.

29) 이종재, 「입시제도의 사회·경제적 측면」, 『새교육』, 1980년 5월호; 강순원, 앞의 논문, 1992; 이길상, 「입시제도를 통한 배제와 교육열」, 『교육열의 사회문화적 구조』, 한국정신문화연구원, 2000; 강준만, 『입시전쟁 잔혹사』, 인물과 사상사, 2009; 장석환·배정혜, 「한국 입시교육의 사회사적 의미」, 『동아인문학』 41, 2017.

집중해서 다룬 연구는 없었다. Ⅴ장에서는 해방 후 처음으로 중학교 입학 국가고사가 도입되는 과정과 실제 운영된 모습을 확인하고, 이승만 대통령 의 유시로 국가고사가 중단되는 과정과 원인에 대해서 검토했다.

입시제도는 각 집단의 사회경제적 이익과 맞물려 있고, 그래서 그들은 자신의 이익에 따라 입시제도의 방향을 변화시키려고 경쟁한다.[31] 무엇보 다 자신의 희망에 반하여 진학의 기회에서 탈락한 다수의 학생, 학부모는 불만을 갖게 되고 입시제도의 문제점을 지적하며 비판한다.[32] Ⅴ장을 통해 문교 당국, 초·중등학교 학교장과 교원, 다양한 계층의 학부모들 이익이 충돌하면서 중학교 입학 국가고사가 실시되고 중단되는 과정을 확인할 수 있을 것이다.

현재까지 한국 사회에서는 수월성 교육을 근거로 차별화된 교육을 실시 할 것과 교육 기회의 평등을 놓고 끊임없이 대립하고 있다. 이는 입시제도 가 수시로 바뀌는 원인이자 근거가 되어왔다. 그리고 그 양상은 단순히 진 보와 보수의 대립이 아니라 다양한 집단과 사람들의 이해관계가 얽혀서 작동하고 있다. 일제 식민지배에서 벗어나 대한민국 정부를 수립한 이후 중학교 입시제도를 둘러싼 논쟁들에 대한 검토는 오늘날 입시제도를 어떤 방향으로 개선해 나가야 할지 고민해보는 데 유용할 것이다.

1. 해방 후 중학교 입시제도 변화

일제강점기였던 1920년 경성 시내에서는 넘치는 초등학교 입학지원자 를 뽑기 위한 입학시험이 시작되었다. 1927년 초등학교 입학 조선인 지원 자 100,598명 중 15,152명이 탈락했고, 1937년에는 363,638명의 지원자 중 189,604명만 합격하여 48%가 탈락했다.[33] 중등학교의 경우 1927년 지원자

---

30) 강일국, 「1950년대 중학교입시제도 개혁의 전개과정」, 『아시아교육연구』 5-4, 2004.
31) 강일국, 위의 논문, 196쪽.
32) 이진재 외 4명, 앞의 책, 머리말.

25,123명 중 7,860명(31.1%)이 합격했고, 1939년에는 82,952명의 지원자 중 17,738명(21.4%)만이 합격했다.[34] 식민지 시기 중등학교 입학시험의 구성 요소는 4가지였다. 첫째는 초등학교 교장이 작성하는 소견표와 학급성적 일람표, 둘째는 인물고사라 불리는 구두시험, 셋째는 수험생의 체력을 측정하는 신체검사, 넷째는 지필시험이다. 지필시험은 학과목 지식에 대한 평가로서 각 학교별로 실시했고, 시험과목은 대부분 일본어와 산술이었다. 문제 유형은 학교와 과목에 관계없이 모두 주관식이며, 출제자와 채점자는 학교의 담당교과 교사였다.[35]

1) 1946학년도 중학교 입시제도

해방 후인 1946년 2월 조선교육심의회는 상급학교 진학수의 표준을 초등학교 졸업생수의 3분의 1을 중학교에, 중학교 졸업생수의 3분의 1을 고등학교에, 고등학교 졸업생수의 6분의 1을 대학교에 진학시킨다는 계획을 세웠다.[36] 하지만 해방 후에도 초등교육에 있어 의무교육이 실시되지 못했고, 따라서 초등학교부터 입학시험을 치러야 했다. 1946년 4월 25일 자 『동아일보』에는 당시 상급학교 진학 지원 예상수와 수용능력을 구체적으로 제시하며 해방된 후에도 '시험지옥'이 전개될 것 같다며 "'교육균등'은 언제 실시되나? 입학의 '좁은 문' 열라"는 제목의 기사를 보도했다. 이를 통해 1946학년도의 학교와 학생 현황을 파악해볼 수 있고, 치열했던 입시 경쟁도 헤아려볼 수 있다.

---

33) 이경숙, 「일제시대 시험의 사회사」, 경북대학교 대학원 박사학위 논문, 2006, 205~206쪽.
34) 오성철, 앞의 책, 389~391쪽.
35) 이경숙, 앞의 논문, 240, 266~272쪽.
36) 「조선교육심의회, 중고등교육기관의 계획·설립에 관한 원칙안을 상정」, 『서울신문』, 1946년 2월 19일.

초등학교 때부터 시험을 보지 않아서는 안 되는 조선의 특수현상은 9월의 신학기를 앞두고 다시 시험지옥을 전개하게 될 모양이다. 새로 신설된 신교육제도는 이제 9월 초의 제1학기 시작으로 신제도에 따른 정상적인 교육이 시작되며 8월 초에는 전과 다름없이 입학시험의 난관을 돌파하지 않으면 안 되게 되는 것이다.

▷ 국민학교

학령아동은 적어도 70만은 될 것이며 수용능력은 35만 정도인데, 서울 등 도시는 전 일인학교 등을 이용하여 거의 지원자를 다 수용하게 되었음으로 전체적으로는 65퍼센트는 수용하게 된다. 그러나 12세 미만의 미취학아동이 230만은 될 것으로 이에 대한 긴급대책이 요청되는 터이다.

▷ 초급중등, 실업학교

남녀 공사립학교가 459교인데 금년도 수용력은 11만밖에 안 될 것으로, 국민학교 졸업생이 30만만 잡더라도 그 경쟁률은 평균적으로 3 대 1이나, 전년도 졸업생이 있는 것을 가산하면 실제는 그 이상의 경쟁이 예상된다.

▷ 고급중학, 실업학교

수용력은 3만 명 내인데 졸업생은 3만 5,000 정도로서 거의 다 진학 수용할 수 있다고 보겠다.

▷ 전문대학

전부 22교인데 중학교 졸업생을 줄잡아 2만 명만 잡더라도 2,000명의 수용력을 가지고는 10대 1이란 놀라운 경쟁이 예상되는 터이다.[37]

이와 같은 상황에서 중학교 신입생 선발에 대한 해방 후 첫 방침은 1946년 5월 13일~15일 3일간 개최된 각도 학무과장 회의에서 결정되었는데,[38] 그 내용은 다음과 같다.

---

37) 「'교육균등'은 언제 실시되나? 입학의 '좁은 문' 열라. 입시구체안을 위원회서 협의」, 『동아일보』, 1946년 4월 25일.
38) 「학무과장회의 중등교 입시건 등」, 『조선일보』, 1946년 5월 16일.

▷ 1946학년도 중등학교 입학자 선발 요항
  금년도 중등학교 입학자의 선발은 출신 국민학교의 추천서 필답시험 구
  두시험 신체검사에 의하여 此를 행함. 단 그 판정은 출신 국민학교의
  추천서와 필답시험·구두시문·신체검사의 결과를 종합 판단하여서 함.
1. 출신학교의 추천서
  1) 국민학교 제6학년 학급 학년 성적 일람표
  2) 학교장의 의견서
2. 필답시험
  1) 국민학교에서 수업한 내용을 기초로 한 종합적인 것으로 대관적으로
     지원아동의 지능정도를 판단하는 것으로 함
  2) 시험은 1회로 하고 2시간을 초과치 않을 것
3. 구두시험
  지원아동의 지조, 품격, 기타 인물에 관하여 고사함
4. 신체검사
  수학 상 지장이 있는 난치 감염성 질병의 유무 기타 신체상황에 관하여
  검사함
5. 입학지원 수속
  입학원서, 의견서, 학급 학년성적 일람표를 지원학교에 제출함
6. 시험기일
  제1기 시험교 시험기일은 自 7월 6일 至 7월 10일
  제2기 시험교 시험기일은 自 7월 11일 至 7월 15일로 함
비고. 입학 검정료는 20원. 입학금은 50원으로 함.[39]

  그리고 위와 같은 중학교 입학자 선발 요항이나 각 학교의 입학시험 일
자는 일제강점기 때와 같이 각자 학교의 임의로 시행한다고 명시했다. 이
후 1946년 6월 8일 문교부 차장 오천석은 해방 후 첫 중학교 입학시험을
앞두고 "초등학교 아동들의 적은 가슴은 벌써부터 졸이고 있는데 이 좁은
문을 타개하여 과거의 입학지옥이 전철을 되풀이하지 않기 위하여" 다음

---

39) 「중등교 입학자 선발」, 『조선일보』, 1946년 5월 17일.

의 4가지 소견을 종합하여 입학자를 선발한다는 담화를 발표했다.

▷ **1946학년도 중등학교 입시 방법 문교부장 지시**
1. 출신 학교장의 추천서
   1) 6학년 학급의 학년 성적 일람표
   2) 출신 학교장의 의견서
2. 필답시험
   국민학교에서 수업한 전학교의 내용을 기초로 한 종합적인 것으로
   대관적으로 지원 아동의 지능 정도를 판단할 수 있는 것으로 함
3. 구두시험
   지원 아동의 지조 품격과 인물에 관하여 고사함
4. 신체검사
   지원 아동의 신체가 수학 상 지장이 있는 난치 감염성 질병의 유무
   를 고사함[40)]

이와 같은 중학교 입학 기준에 따라 해방 후 첫 중학교 입시는 시행되었
다. 문교부에서 입시에 필요한 서류와 과정, 일정은 정해주었지만 이를 통
해 입학자를 선발하는 것은 각 학교에서 맡았다. 그런데 1946학년도 중학
교 입학 필답시험에서 일제강점기와 비교했을 때 가장 큰 변화는 시험과
목이 일본어와 산술 2과목에서 초등학교에서 배우는 13개 모든 과목으로
확대된 것이다.[41)] 무엇보다 중등학교 입학경쟁을 완화하기 위해 1·2기 중
하나만 지원하게 하고 1·2기의 학교에 이중 합격 된 것이 발견되면 두 개
학교 모두 합격을 취소한다는 원칙을 세웠다. 그런데 시험을 한 달여 앞두
고 이 방침을 철회하고 1·2기에 모두 지원할 수 있게 하고, 두 학교에 다
합격된 때에는 임의로 학교를 선택할 수 있게 했다.[42)]

---

40) 「학과보다 지능을 주시」, 『동아일보』, 1946년 6월 8일.
41) 「13과목을 종합고시」, 『동아일보』, 1946년 5월 17일.
42) 「문교부장 통첩 중에서 중등학교 입시 시 양기 학교에 이중 응시 불가안 삭제」,

해방 후인 1945년 12월 1일 어린이를 독자로 창간된 『어린이 신문』은 1946년 7월 27일부터 8월 24일까지 5회에 걸쳐 1946학년도 각 남녀중등학교 입학시험문제를 실었는데,[43] 그 이유를 다음과 같이 밝혔다.

　　내년에 상급학교에 갈 동무들을 위하여, 이번부터 금년도 각 남녀 중등학교 입학시험문제를 실리기로 하였습니다. 상급학교에 붙고 못붙는 것은 역시 실력이 있어야 됩니다. 그러니까 평소부터 꾸준히 공부해서 실력을 기르도록 하십시오.(편집실)[44]

　『어린이 신문』에는 '경성공립중학교', '경기고녀', '경복중학', '사대부속중학', '숙명고녀', '이화고녀', '배재중학', '경기중학'의 1946학년도 입학시험문제가 실려 있다. 이 중 앞서 여러 차례 사례로 등장했던 경기중(경기고)과 경기고녀(경기여고)의 입학시험문제를 소개하면 다음과 같다.[45] 시험 시간은 경기중 2회 각 60분, 경기고여 3회 각 40분으로 '시험 시간은 2시간을 초과하지 못한다'는 규정에 따랐다. 또한 일제강점기 모든 입시 문제가 주관식이었던 것처럼 1946학년도 중학교별 입시 문제도 주관식으로 출제되었고, 국어·국사·지리·과학·수학 등 초등학교의 모든 과목이 포함된 것도 확인할 수 있다. 덧붙여 이 같은 수준의 시험문제가 초등학교 6학년 아동의 지능을 큰 틀에서 판단할 수 있는 것인지에 대해서는 다방면의 검토와 논의가 필요할 것 같다.

　『동아일보』, 1946년 6월 9일.

43) 「1946년도·각남녀중등학교 입학시험문제집 (1)~(5)」, 『어린이신문』, 1946년 7월 27일, 8월 3일·10일·17일·24일.

44) 편집실, 「1946년도·각남녀중등학교 입학시험문제집」, 『어린이신문』, 1946년 7월 27일.

45) 「1946년도 각남녀중등학교 입학시험문제집(2)」, 『어린이신문』, 1946년 8월 3일; 「입학시험문제⑤」, 『어린이신문』, 1946년 8월 24일.

경기중학
제1회(60분)

1. 다음 낱말들의 뜻을 해석하라.
(1) 배웅=　　(2) 슬기=　　(3) 주제=　　(4) 이울어=　　(5) 가다듬다=

2. 다음 낱말들로 짧은 글을 하나씩 지어라.
(1) 마침내　　(2) 모처럼　　(3) 자꾸　　(4) 감쪽같이　　(5) 도무지

3. □표 속에 적당한 받침을 넣어라.
(1) 이 나□은 잘 든다.

(2) 밤 나□을 가리지 않고 일만 한다.

(3) 고양이가 나□을 씻는다.

(4) 내 말을 드□느냐.

(5) 쌀과 콩을 나□나□이 주어 모읍시다.

4. 다음 문제에 틀린 곳이 있거던 고쳐라.
　　(1) 수박 것 할기다.
　　(2) 산을 뚫어서 길을 낸다.
　　(3) 겨울 먹일 꼴을 싸아 노아라.
　　(4) 무릎을 꿀고 안는다.
　　(5) 일을 하고 싹을 받는다.

5. 다음 낱말들을 가지고 글이 되도록 바로 잡아 써라.
　　(1) 옳은 나라를 다하는 것은 일이다. 힘을 위해서.
　　(2) 밥을 쌀을 누나가 짓는다 쓿어서.

　(3) 엿 잣 달고 맛은 고소하다 맛은.

　(4) 많이 든다 사람이 모여.

　(5) 솟아 밝은 오른다 달이.

6. 건국(建國)에 제일 필요한 것이 무엇이냐.

7. 삼일운동(三一運動)은 누가 어느 때 어떠한 목적(目的)으로 시작하였느냐?

8. 의회(議會)라는 것은 무엇을 하는 곳이냐?

9. 우리는 半萬年의 오랜 역사를 가지고 있다. 그 가운데 자랑할만한 것을
　써라.

10. 우리 민족은 반만년의 빛나는 역사를 가지고 오다가 "무슨 힘"이 부족
　하여 과거 3□년간 왜적(倭敵)의 침략을 받게 되었느냐?

11. 다음에 쓴 분은 어느 때 분이며 그 공적을 간단히 써라.
　(1) 무열왕(武烈王), (2) 을지문덕(乙支文德)

12. 다음에 대하여 써라.
　(1) 한글은 누가 지었느냐?
　(2) 불교(佛敎)는 어느 때 들어왔느냐.
　(3) 설총(薛聰)은 무슨 일을 한 사람이냐.

13. 조선의 제일가는 명산(名山)은 무슨 산이냐.

14. 우리나라는 겨울에 몹시 추우나 비교적 견디기 쉽다는 것은 어떠한 이
　유인가.

15. 우리나라에 화산(火山)이 있느냐.

16. 황해지방(黃海地方)에 있는 큰 항구(港口)를 北쪽서부터 셋(3)만 써라.

제2회 (60분)

1. 종이가 타면 무엇이 생기느냐.

2. 흰사탕에 흰모래가 많이 섞여 있어서 눈으로 구별하기 어려울 때에 모래를 어떻게 골라내어야 하겠느냐?

3. 월식(月蝕)은 어느 때 하는 것이냐? 또 이것으로 어떠한 것을 알 수 있느냐?

4. 술(酒)에서 알콜을 뽑아내는 방법을 적어라.

5. 번개ㅅ불이 보이고 나서 우뢰소리가 들리는 까닭을 적어라.

6. 모기의 유충(幼虫)을 그려보아라. 또 모기는 사람과 어떠한 관계를 가졌느냐.

7. 자기 맥박수(脈搏數)를 써라.

8. 우리가 먹는 밥에 전분(澱粉)이 있는 것을 실험을 하여서 알아내는 방법을 써라.

9. 우리가 호흡(呼吸)할 때에 "탄산까스"를 내보내고 있는 것을 실험을 하여서 알아내는 방법을 써라.

10. 음식물이 어찌하여서 썩게되느냐.

11. 한변이 5cm 되는 정사각형이 있는데 이것을 둘에다 똑 맞게 접으면 어떠한 모양이 되는가. 이 모양의 한 개 넓이는 얼마냐.

12. 갑(甲)과 을(乙) 두 사람이 420원에 어떤 일을 맡아하기로 하고 돈을 반씩 나누어 가졌다. 사정에 의하여 갑은 4일, 을은 3일 일을 하고 끝났다 하니 이 삯을 날수에 비하여 나누려면 을이 갑에게 얼마를 주었으면 좋겠느냐.

13. $\dfrac{8}{21}$ 과 값이 같은 분ㅅ수로서 분모 분자의 수가 이보다 적은 분ㅅ수를 아는대로 적어보아라.

14. 다음 문제 중에서 반비례 되는 것을 찾아라. 그리고 그 번호 위에 ◎표를 그리고 그 이유도 써라.
    (1) 넓이가 일정한 구형의 가로와 세로.
    (2) 정사각형의 한 변과 넓이.
    (3) 일정한 거리를 갈 때 가는 속력과 걸리는 시간.
    (4) 과실을 살 때 한개 값과 개수.

15. 톱ㅅ이바퀴가 열개가 다같이 한 줄로 돌고 돌때 제일 먼저 있는 바퀴를 시계침 돌아가는 방향으로 돌리면 일곱째 바퀴는 어떠한 방향으로 돌것인가. 어찌하여 그렇게 되는 이유도 써라.

16. 사과 한 개를 사는데 값이 25원이라 한다. 이 사과와 같은 종류로 직경이 한배반이나 되는 것은 70원이라 하니 분량으로 볼때 어떠한 것이 쌀까.

17. 가로가 3cm 세로가 5cm 되는 구형의 짧은 변을 축으로 회전할 때 어떠한 모양이 되는가. 또 긴 변을 축으로 하면 어떠할까. 이 두 모양의 부피는 어떠한 것이 큰가.

18. 다음 계산을 쉽게 하는 법으로 셈하고 또 그 법을 써라.

　(1) 163+99=(　　　　　)

　(2) 16×98=(　　　　　)

19. 다음 문제 중에 틀린 곳이 있거던 옆에 고쳐 써라.

　(1) 3:4=12:15

　(2) 5圓:9圓=10人:14人

　(3) 1.5:7.5=2.50:12.25

20. 18km의 길을 자동차로 가는데 한 시간이 걸린다 하다. 속력을 $\frac{3}{2}$ 곱올리면 걸리는 시간은 어떻게 되느냐.

경기고여

제1회(40분)

1. 아세아 동방(東方), 이 아름다운 강산(江山)을 가진 우리겨레의 당면(當面)한 첫째 사명(使命)은 무엇일까요?

2. 노동(勞動)은 왜 신성(神聖)하다고 합니까?

3. 다음 글에서 틀림이 있거든 고치시오.

　(1) 듯기 실타.　　(2) 앓먹겟다.　　(3) 묹어진 집.　　(4) 붓잡고.

　(5) 그렇나.　　(6) 가게 되였다.　　(7) 지붕.　　(8) 같치 가자.

4. 다음에 대해서 아는 것을 쓰시오.

　(1) 광년(光年)

　(2) 대동여지도(大東輿地圖)

(3) 보호색(保護色)

(4) 고려자기(高麗磁器)

5. 다음 漢字에 음을 다시오. (   ) 안에 읽는 소리대로 써 넣으시오.

女子(   ), 李正順(   ), 老人(   ), 新羅(   ), 六月(   )

6. 다음 받침 붙는 말을 쓰시오.

보기(例) ㄹㅁ-젊다, ㅋ-부엌

ㅌ-   , ㅈ-   , ㅊ-   , ㄳ-   , ㄾ-

7. 다음 말을 넣어 짧은글(短文)을 지으시오.

줄창 _____, 하물며 _____

8. 다음 말 中 서로 관계(關係) 있는 것을 줄(線)으로 이으시오.

보기(例) 김대성(金大城)   태극기

조선   석굴암(石窟岩)

세종대왕(世宗大王)   낙화암(落花岩)

내금강(內金剛)   훈민정음(訓民正音)

하루삔(哈爾濱)   석왕사(釋王寺)

부여(扶餘)   장안사(長安寺)

무학선사(無學禪師)   안중근(安重根)

제2회 (40분)

1. 다음 셈(計算)을 암산으로 하여 (   ) 속에 답을 쓰시오.

(1) 163+99=(   )   (2) 6.5÷0.25=(   )

(3) 816×0.5=(   )   (4) $\frac{5}{8} \div \frac{5}{8}$ =(   )

(5) $\frac{2}{3} \times 1\frac{1}{2}$ =(   )   (6) 1-($\frac{2}{5} + \frac{3}{10}$)=(   )

2. 다음 그림의 가, 나를 축(軸)으로 하고 한 바퀴 돌리면 (廻轉하면) 어떤 입체(立體)가 되는지 그 모양을 알기 쉽게 그리고 (   ) 속에 그 이름을 쓰시오.

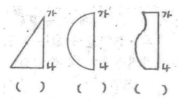

(   )   (   )   (   )

3. 아래에 있는 그림을 둘로 잘라서 이어노면 정방형(正方形)이 된다. 어디를 어떻게 자르면 되겠는가. 그 자른데를 점선(點線)으로 표시하시오.

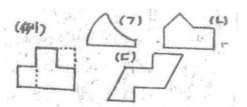

4. 검은 종이 위에 붉은 잉크로 글자를 쓰면 잘 보이지 않는 까닭(理由)을 쓰시오.

5. 다음 물질(物質) 中에 전기(電氣)가 통하는 것에 ○표를 치시오.

구리줄, 무명실, 쇠줄, 비단실, 연필알, 삼실, 탄소, 돌비늘

6. 아래 그림과 같은 위치(位置)에 초ㅅ불과 구(球)가 있소. 그때에 생기는
   그림자를 이 그림에 표시(表示)하시오.

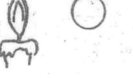

7. 피(血液)는 신체(身體)의 각부(各部)를 돌아다니며 무슨 작용(作用)을
   합니까?

8. 아침 일찍 산보(散步)하면 왜 좋습니까?

제3회 (40분)

1. 태백산맥(太白山脈)에 있는 유명한 산 하나를 쓰시오.

2. 朝鮮의 面積은 몇 平方粁입니까?

3. 우리나라에서 복선(複線)으로 된 철도(鐵道)는 어디서 어디까지입니까?

4. 우리나라 어느 강에서 수력전기(水力電氣)가 제일 많이 나옵니까?

5. 쇠(鐵)는 어느 도(道)에서 많이 납니까?

6. 조선 농민(農民)은 전인구의 몇 割이나 됩니까?

7. 우리나라에서는 어느 달이 비가 제일 많이 옵니까?

8. 제주도(濟州島) 연평도(延坪島)는 어느 도(道)에 있습니까?

9. 해안(海岸)에 면(面)하지 않은 도(道)는 어느 道입니까?

10. 다음 지도(地圖)는 어느 道입니까?

11. 三國의 이름과 그 시조(始祖)의 이름, 그 최후(最後)의 서울(都邑)의 이름을 쓰시오.

12. 고구려의 불교(佛敎)는 어느 왕(王) 때 어디서 왔습니까?

13. 이조(李朝)는 지금으로부터 몇해 전에 누구에게 망했습니까.

14. 고려시조(高麗始祖)의 ·이름이 무엇입니까.

15. 아래에 쓴 사람들은 어느 나라 때 사람입니까?
    김유신(金庾信) (   )
    김부식(金富軾) (   )
    최치원(崔致遠) (   )
    아비지(阿非知) (   )
    을지문덕(乙支文德) (   )

2) 1947학년도 중학교 입시제도

1947학년도 중학교 입시를 앞두고 경기여중 교장은 다음과 같이 말했다.

> 중등학교 입학시험은 될 수 있으면 필기시험을 폐지하고 국민학교에
> 서 6년간 배운 실적을 참작하는 것을 원칙적으로 하는 것이 좋겠다. 그리
> 고 입학난을 없이하기 위하여 중등학교를 국가에서 증설할 계획을 세워
> 야 할 터인데 현하 과도기에 있어서는 국가의 경제가 허락지 않겠지만은
> 하루 빨리 실현되어 누구나 다 같이 배울 수 있게 중등교의 문이 넓어지
> 기를 고대한다.[46)]

즉, 중학교 입시에서는 필기시험을 폐지하고 초등학교 6년간의 성적만
으로 신입생을 선발하는 것을 원칙으로 하는 것이 좋겠다는 것이다. 무엇
보다 중학교 입학난을 해결하기 위해서는 중등학교 설립을 최대한 늘려야
하는데, 이것이 현재의 국가 경제 여건상 불가능했다. 따라서 초등학교 졸
업생 중 중학교 진학을 희망하는 학생을 모두 수용할 수 있는 여건이 마련
되기 전까지 중학교 신입생 선발을 위한 절차는 필요했다.

이에 1947학년도 중학교 입학시험 요강을 결정하기 위해 1947년 4월 17일
15명의 중등교육위원회 위원과 5명의 초등교육위원회 위원이 모여 토의했다.
회의 초에 초등학교 대표 위원으로부터 서울공사립초등교육위원회에서 결의
하여 작성한 안을 제출했는데, 그 내용은 "입학시험을 실시할 것이면 초등학
교 교장의 의견서를 받지 말든지, 의견서를 받으려면 전면적으로 입학시험의
실시를 폐지하라."는 것이었다.[47)] 논의가 계속되었지만 결론을 얻지 못하고
결국 초등학교 측의 안과 중등학교 측의 안을 문교 당국에 참고 자료로 제출
하여 가부 여하를 당국에 일임하고 폐회했다. 이에 대하여 문교 당국에서는

---

46) 「경기여중교장담」, 『조선일보』, 1947년 4월 15일.
47) 「중등학교 시험문제 의견서 받을려면 시험제 폐지하라 초등대표회의서 결의」, 『동
아일보』, 1947년 4월 20일.

초등학교 교장의 의견서를 가지고 선정하는 것을 어느 정도는 할 수 있으나, 학교 간 차이가 있기 때문에 학생들의 실력 시험을 안 할 수는 없다고 했다. 당시 중등교육위원회에서 작성한 입학자 선발 요강 초안은 다음과 같다.

▷ **1947학년도 중등학교 입학자 선발 요강 초안**

1. 출신학교장의 조사서

    (가) 국민학교 제6학년 학급별 학년말 성적일람표

    (나) 학교장의 의견서

2. 지능고사

    초등학교에서 배운 전 학과의 내용을 기초로 하여 지원 아동의 지능정도를 종합적으로 판단할 수 있는 것으로 하되 다음과 같은 사항에 특별히 유의할 것

    (가) 직접 암기를 필요로 하는 문제를 피하고 생활에 밀접한 관계가 있으면서 사고를 요하는 것으로 할 것

    (나) 기술적 답을 필요로 하지 않고 채점을 용이 정확하게 할 수 있는 문제로 할 것

    (다) 문제는 간단한 것을 될 수 있는 데로 수를 많이 할 것

    (라) 출제의 근거를 표시하는 과명 같은 것을 표시하지 말 것

    (마) 문제 가운데 한자 사용은 현행 교과서 범위 내에서 할 것 고사는 2시간을 초과치 않을 것

3. 인물심사

    지원 아동의 언어 태도 성격 기타 인물에 관하여 심사함

4. 신체검사

    공부하는데 지장이 있는 고치기 어렵고 감염성의 질병 유무 기타 신체상황에 관하여 검사함

5. 입학지원 절차

    입학원서, 조사서, 학급별 학년말 성적일람표를 지원학교에 제출함

6. 시험기일

    7월 1일부터 10일까지로 함

    비고. 수험료는 20원 입학금은 50원[48]

초·중등학교 양측이 중학교 신입생 선발과 관련된 문제를 문교 당국에 일임했기 때문에 문교부에서는 초등교육위원회와 중등교육위원회 안을 검토하여 1947년 5월 7일 다음과 같은 내용의 중등학교 입학자 선발 요강을 발표하고 각 도에 통지했다.

▷ **1947학년도 중등학교 입학자 선발 요강**

1. 출신학교장의 조사서와 신체검사 지능고사 인물고사의 결과를 총체적으로 종합 판단하여 입학자의 선발을 행함
2. 학교 선택으로 인한 경쟁과 학비부담을 경감케하기 위하여 지원 학교는 거주지 근처의 중등학교를 선택함을 원칙으로 함
3. 지망자가 모집인원의 3배를 초과할 경우에는 출신학교장의 조사서에 의하여 제1차 전형으로써 모집인원의 2배 내외의 인원을 사정발표 할 것
4. 출신학교장 조사서의 성적은 500점 만점으로 심사할 것
5. 신체검사
6. 지능고사의 성적은 500점 만점으로 사정하고 그 내용은 국민학교에서 수업한 전학과의 내용을 기초로 하여 지원아동의 지능 정도를 판단할 수 있는 것을 2회에 나누어 실시하되 1회의 문제수는 50문제 이상으로 하며 시간은 1시간 이내로 할 것
7. 인물고사는 지원 아동의 언어, 태도, 성격, 기타 인물에 관하여 심사함
8. 시험기일은 7월 3일부터 9일까지 사이에 임의로 함[49]

추가적으로 출신학교가 38선 이북이어서 출신학교장의 추천을 받을 수 없는 아동은 졸업 또는 6학년 재학을 증명할만한 서류를 제출케 함으로써 추천에 대용하게 했고, 6학년에 재학하지 못한 아동 혹은 재학증명서를 가지지 못한 아동에 대하여는 초등학교 학년 전교과의 필답시험에 합격한

---

48) 「문교 당국에 결정을 일임」, 『경향신문』, 1947년 4월 19일.
49) 「중등학교 입학자 선발요강. 정실입학을 감시」, 『조선일보』, 1947년 5월 8일.

아동에 한하여 입학시험을 볼 수 있다는 방침을 정했다.[50]

문교부에서 결정한 입시요강을 살펴보면 지원자가 모집인원의 3배를 초과할 경우에는 초등학교장의 조사서에 의하여 제1차 전형으로서 모집인원의 2배 내외의 인원을 사정해서 발표하고, 초등학교에서 수업한 전학과의 내용을 기초하여 지원자의 지능 정도를 판단할 수 있는 지능고사를 실시하여 선발한다는 것이다. 문교부는 이와 같은 입시요강을 발표하면서 중등학교 교직원들이 입학과 관련해 일반의 의혹을 받지 않도록 각별히 주의하고, 시도 당국에게도 사사로운 정에 이끌리지 말고 공평무사하게 감독하라는 주의사항을 시달했다.[51] 또한 문교부는 이와 같은 입시요강이 시험지옥에서 벗어날 수 있는 공평한 입시방침에 대한 학부모의 요구, 우수한 학생이 불합격하지 않도록 하는 대책, 그리고 한 학교에 다수의 학생이 몰리는 폐단을 없애는 동시에 초등·중등학교의 입장까지 모두 고려하여 결정한 것이라고 했다.[52]

1947학년도 중학교 입시에서는 이전에는 볼 수 없었던 '지능고사'가 실시되었다. 지능고사는 암기와 기술을 요구하지 않는 문제를 통해 상식으로 답할 수 있는 기회를 많이 주자는 논의를 통해 만들어졌다.[53] 이 지능고사에 대해 서울시 학무 당국에서는 초등학교 전 과목에서 시험문제가 나오며, 평소 학교에서 배운 것으로 문자 그대로 지능과 기억력을 조사하는 것이라고 했다. 지능고사는 2회에 걸쳐서 60분 동안에 50문제를 보는데 종래의 필답시험을 대신하는 것이었다. 또한 각 중학교 모집인원의 3배가 초과될 때에는 초등학교장의 조사서로 시험 응시인원을 제한하기 때문에 절대 시험지옥은 연출되지 않을 것이라고 했다. 그리고 시험문제는 지정한 책에서 나오는 일을 없을 것이라며 지능고사 문항의 사례를 다음과 같이 소개

50) 「각 중등학교 시험」, 『동아일보』, 1947년 5월 8일.
51) 「중등학교 입학자 선발요강. 정실입학을 감시」, 『조선일보』, 1947년 5월 8일.
52) 「시험지옥 해탈은 언제. 1교 집중 방지 등」, 『조선일보』, 1947년 5월 7일.
53) 「성적, 지능에 중점」, 『경향신문』, 1947년 4월 13일.

했다.54)

- 책상 우에 책이니 잉크니 노여 있는 현물을 잠간 보이고나서 본대로 쓰라.
- 복잡한 코-쓰를 그린 그림을 거러노코 입구서 출구까지 어느 코-쓰를 가면 쉽게 나갈 수 있는가.
- 입방형을 만히 싸어노은 큰 입방형 속에는 적은 입방형이 얼마나 있는가.
- 삼각형을 떼 마치는 것.
- 시계를 그려노코 시침은 3시를 가르키고 분침은 40분을 가르친다면 이 시계의 틀린 점을 드는 것.
- 우리나라의 시조가 기자라면 맞는지 틀리는지 누군지.
- 서울서 부산까지 가는데 경경선을 이용하는 것이 빠른지 경부선을 이용하는 것이 빠른지.

그런데 초등학교장의 조사서에 의하여 제1차 선발한 후 지능고사를 통해 중학교 신입생을 선발한다는 방침이 정해지자 우선 1차 선발에 합격해 두기 위해 학생들이 여러 학교에 지원하는 경향을 보였다. 하지만 이는 발표된 입시요강의 취지에 배치될 뿐 아니라 초등학교 교원의 과중한 부담을 주었기 때문에 문교부에서는 초등학생의 중학교 지원을 3개교 이내로 제한하는 다음과 같은 지시를 각 도 학무국장을 통해 각 초등학교장에 통지했다.

1. 아동의 입학지원 학교 수는 금년도 입학교 선발요항 소정 기간 내에 3교 이내로 제한하고 그 이상의 지원은 초등교 교장이 인정하지 말 것.
2. 초등교장은 아동별 지원 학교명 조서를 작성 비치하여서, 시도학무국에서 수시로 시찰할 수 있도록 할 것.55)

---

54) 「지능은 그대로 지능」, 『동아일보』, 1947년 5월 27일.
55) 「3교 이내로 제한. 중등교 입학지원의 선정」, 『경향신문』, 1947년 6월 4일.

하지만 이와 같은 문교부의 방침에 대해 학부모들은 반발했다. 이들은 출신 초등학교에서 작성하는 성적일람표가 1차 선발에 있어 중요한 역할을 하는데, 이것이 모순되고 불공평하다고 주장했다. 예를 들어 질적으로 좋은 초등학교의 학생 중에 총점수는 90점인데 석차가 20등인 학생은 364점이고, 질적으로 좋지 않은 초등학교 학생은 총점수가 90점인데 석차가 1등인 학생은 500점으로 그 차이가 커서 1차 선발에서 떨어지는 학생이 많을 것이고, 1차에 합격해도 2차에서 그 점수를 극복하지 못한다는 것이다.[56] 즉, 초등학교 학교 간 차이를 전혀 반영하지 않은 이와 같은 중학교 입시는 모순되고 불공평하다며 반발한 것이다. 결국 1947년 6월 교장회의의 총의로 모집 정원의 3배가 초과될 때에는 초등학교장의 조사서를 참작하여 제1차 선발을 한다는 요강은 폐지되었다. 그리고 정원의 3배가 초과될 때에도 전 지원 아동이 지능고사를 볼 수 있도록 하였다.[57]

3) 1948학년도 중학교 입시제도

1948년 4월 17일 오천석 문교부 부장은 중학교 입학 선발 요항을 결정하여 각 시도에 통첩을 보냈다. 이때 수험 준비 교육의 폐단을 제거하고 격심한 경쟁에 따라 발생하는 부정을 사전에 방지하기 위하여 선발 처리 상황을 시·도 당국은 수시로 검열하여 보고하고, 기부금 징수라든가 선발 전에 입학자를 미리 정한다든가 하는 등의 일이 없도록 엄중히 통고했다. 그리고 초등학생들은 자신의 개성과 자질에 적합한 거주지 근처의 중학교를 지원하고, 실업학교를 가볍게 보는 생각을 고치라고도 했다. 이때 결정된 중학교 선발요항은 대략 다음과 같다.[58]

---

56) 「선발방법에 모순. 출신교 성적치중은 부당」, 『조선일보』, 1947년 6월 11일.
57) 「전형제 폐지코 전원 지능시험 실시」, 『동아일보』, 1947년 6월 18일.
58) 「문교부 각도에 기부금징수 금지, 중학입시요강 시달」, 『서울신문』, 1948년 4월 21일.

> ▷ 1948학년도 중학교 입학 선발 요항
> 1. 출신학교 성적일람표
>   백점법에 의하여 4,5,6학년 학년말 학급별 일람표를 작성위원회에서 작
>   성하고 그 사정은 학년별 석차에 각 학과별 성적 평균 등을 가지고 함
> 2. 지능고사
>   3백점을 만점으로 하여 한 시간 이내씩 세 번에 나누어 직접 암기
>   를 필요로 하지 않고 생활에 밀접한 관계가 있는 것을 50문제 이상
>   제시함
> 3. 신체검사
>   수학 상 지장이 있는 질병의 유무를 검사함
> 4. 시험기일
>   제1회는 7월 2일부터 6일까지
>   제2회는 8일부터 12일까지
>   2회로 나누어 양교에 수험할 수 없게 제1회 합격자를 발표함

1948학년도 중학교 신입생 선발은 초등학교의 학업성적과 지능고사, 신
체검사만으로 선발하도록 했다. 즉, 종래와 같은 어려운 문제를 풀기 위한
학과시험과 시험관의 정실관계에 영향을 받기 쉬운 구두시험도 폐지했다.
신체검사도 엄격히 하지 않고 비록 불구자일지라도 학업에 지장이 없다면
통과를 시키는 것에 주안점을 두었다. 그리고 출신 초등학교에서의 성적은
교장을 중심으로 6학년 담임을 포함한 6학년 학급수의 배 이상의 교원으
로 구성된 위원회에서 결정하도록 했다. 이 위원회는 지원 아동의 성적을
사정하여 전학부형에게 발표하고 지원학교에 초등학교 성적을 제출했다.
무엇보다 제1기 합격자 발표와 합격자 소집을 제2회 시험 일정과 겹치게
하여 제1회 합격자가 제2회 시험에 응시하지 못하도록 했다. 또한 제1회는
실업계 중학교 제2회는 인문계 중학교로 하여 2교 이상을 수험하는 폐단
도 없앴다고 했다.[59] 서울시 학무국은 문교부의 이와 같은 방침을 통해 수
험자는 원칙적으로 거주지 인근학교로 진학하도록 하고, 한 학교에 집중하

는 학벌주의의 폐단도 일소하겠다는 의지를 밝히기도 했다.[60]

중학교 입학시험 방법에 관하여 오천석 문교부 부장은 1948년 5월 21일 다음과 같이 발표했다.

방금 학력고사용지 10만 매 인쇄 중인데 고사문제는 조사기획과 고문 염광섭 박사가 안출한 것으로 이 질문 양식에는 네 가지 종류가 있다. 즉 여럿에서 가려잡기, 메우기, 둘에서 가려잡기, 짝 메우기 등인데 이들 각종 질문의 해답 완성 소요시간은 각각 3시간 반이며 동질문은 2부분으로 나누어져 있는데 최초 부분의 해답 완성 소요시간은 2시간이다. 그리고 이 4종류의 각각 상이한 질문 양식은 이를 각각 교체하여 사용함으로써 생도들이 답안을 기계적으로 암기하는 폐단을 방지할 수 있을 것이다.[61]

즉, 학과시험을 대신할 지능고사는 문교부 고문이었던 염광석 박사가 생각해 낸 것으로 질문 양식은 '여럿 가운데서 가려잡기', '메우기', '둘에서 가려잡기', '짝 맞추기'의 네 가지였다. 미군정 문교부 부장 오천석은 4종류의 상이한 질문 양식은 이를 각각 교체하여 사용함으로써 학생들이 답안을 기계적으로 암기하는 폐단을 방지할 수 있을 것이라고 했다. 그리고 지능고사를 통한 중학교 입학자 선발이 어떤 결과를 가져올지 학부모와 교육자뿐 아니라 일반인들에게도 많은 흥미를 집중시켰다.[62]

한편 서울시 학무국에서는 1948학년도 중학교 입학자 선발을 위한 서울시만의 특수한 방침을 발표했는데, 출신학교별 개인의 성적 차이를 줄이는 것에 초점을 두었다. 즉, 출신학교 성적 300점 중 60%인 180점을 졸업기본점으로 모두에게 동일하게 부여하고, 나머지 120점에 대해서만 석차에 따

---

59) 「종래의 학과시험 폐지 지능, 신체검사만 시행」, 『동아일보』, 1948년 5월 21일; 「지능고사에 중점」, 『경향신문』, 1948년 5월 21일.
60) 「중등입시 결정. 서울 시내」, 『조선일보』, 1948년 5월 21일.
61) 「입학고사에 이 묘안은? 4종으로 분류채점」, 『경향신문』, 1948년 5월 22일; 「중등입시 지능고사 '가려잡기' '메우기' '짝맞추기'」, 『동아일보』, 1948년 5월 22일.
62) 『동아일보』, 위의 기사.

라 점수를 부여하도록 한 것이다.[63)]

1948학년도 중학교 입시를 앞두고 초·중등학교 교사는 학교 선택은 학생 중심으로 할 것을 당부하며 다음과 같이 학부모들의 각성을 촉구하기도 했다.

경기여중 박은혜

또다시 입학 시험기를 맞이하게 되었습니다. 그러지 않아도 몸과 마음이 따분하고 용기가 줄어드는 7월 달에 하필 시험기로 되어있다 함이 어린아이들에게 애처롭기 짝이 없는 노릇입니다. 그러나 이는 이왕 움직이지 못할 규정이라 이렇다 저렇다 말할 필요가 없습니다만 그나마 피곤한 아이들을 더욱 지치게 하는 것은 부모님들의 태도입니다. 즉 지원학교 선택에 있어서 부모로서의 투철한 각성을 바라고 싶습니다. 말하자면 내가 그 학교를 졸업했으니 그 아이의 형이 그 학교에 다니니 혹은 내 친구 누구의 아들도 그 학교에 간다니 하는 이유로서 학교를 택하지 마시고 어디까지나 그 아이의 취미 성질 혹은 특징 그리고 통학의 편의 등을 고려하여 어디까지나 그 아이 본위로 학교를 선택하도록 힘써봐 주십시오. 모든 부모님들이 이에 대한 자각이 뚜렷할 때는 아무리 경쟁률이 심하다고 하나 그래도 골고루 나누어지게 된다면 전년의 예를 보드라도 대강은 수용하게 될 것입니다. 따라서 아동들에게 주는 입학시험에 대한 공포심은 차츰 줄어들게 될 것은 사실입니다. 또 한 가지 참고로 말씀드릴 것은 금년도 문교부의 새로운 정책으로서 어디까지나 지능 본위로 채점을 하라는 방침입니다. 이렇게 된다면 대다수의 특징 있는 재주를 가진 즉 음악 미술 혹은 체육 방면에 많은 소질을 가진 아동들이 중학교 교육조차 받을 기회를 갖지 못하게 되지 않을까 염려되는 바입니다. 그러나 신체에 몹쓸 질병이 있지 않은 한 불구자라도 그 지능 여하에 따라서 입학을 허락하라는 것은 퍽 좋은 생각이라고 말하지 않을 수 없습니다.

혜화국민학교 이만표

지원학교 선택하는 데 있어 여러 부모님께 한 말씀 첨부하고 싶은 것

---

63) 「금년도 중등교 입학선발 세칙」, 『동아일보』, 1948년 5월 25일.

은 현재 우리 국가 건설에 있어서 기술 기능자가 퍽 긴요히 요청되고 있는 것은 사실입니다. 따라서 부모님들께서는 각 기술학교에 자제분들을 보내게 되는 것을 피하지를 마시고 오히려 머리 좋고 장래성이 유망한 자제일수록 기술학교에 넣도록 하여 주셨으면 하고 바라는 바입니다. 다음으로 부탁 말씀은 이제 앞으로 한 반달 동안은 아이들의 건강에 많은 힘을 들여 돌봐주서야겠습니다. 이제는 입학시험을 위한 공부는 거의 끝났습니다. 지금에 와서는 학력 정도도 대략 결정적으로 되어져 있는 만큼 아무리 조급히 굴어도 그 아이의 지능에 있어서는 별 변화가 없습니다. 오히려 아이들의 마음을 너그러이 만들어 주며 그동안 공부하느라고 지친 맘과 몸을 서서히 풀어주며 큰일을 기다리는 데에 있어서 크고 길게 호흡을 쉴 수 있는 심정과 체력을 기르도록 해봐 주십시오.[64]

박은혜 교사는 7월에 실시되는 입시의 문제점을 지적하며 입시 준비에 지친 어린 학생들을 애처로워했는데, 그런 아이들을 더욱 지치게 하는 것이 부모님의 태도라고 지적했다. 박 교사는 자녀의 취미, 성질, 특징, 통학의 편의 등을 고려하여 학교를 선택해야 하는데, 이를 위해 학부모들의 투철한 각성이 필요하다고 했다. 즉, 부모의 욕심이나 명예를 기준으로 자녀의 진학을 결정하지 말 것을 당부한 것이다. 그리고 지능고사가 음악·미술·체육 등에 소질을 가진 학생들이 상급학교로 진학해 교육받을 기회를 차단하는 것은 아닌지 염려했다. 이만표 교사는 초등학교 졸업생들이 인문계 중학교 진학으로 편중되는 것을 우려하며, 국가 건설에 있어 기술 기능자가 꼭 필요하다며 장래가 유망한 자녀일수록 기술학교에 보내달라고 부탁했다. 또한 중학교 입학시험을 보름 정도 앞둔 시점에서는 초등학교 성적은 이미 정해졌고, 짧은 시간에 지능이 크게 좋아지거나 나빠지지 않을 것이기 때문에 공부를 강요하지 말고 학생들의 지친 마음과 몸을 풀어줄 것도 당부했다.

---

64) 「학교선택은 아동본위로」, 『경향신문』, 1948년 6월 23일.

4) 1949학년도 중학교 입시제도

대한민국 정부가 수립된 후 처음으로 시행되는 1949학년도 중학교 입시를 앞두고 문교부에서는 국가시험제도를 구상했었다. 이를 1949년 3월 30일 『동아일보』의 기사를 통해 확인할 수 있다.

> 매년 신학기를 앞두고 어린 가슴을 태우는 중등학교 입학시험에 대하여 용이하고 균등한 시험제도를 적용하고자 문교 당국에서는 이에 대하여 여러 각도로 연구한 바 있어 작년도에는 국민교 재학성적과 시험성적을 주도로 한 시험제도를 채택하였던바 그 성과가 예기한 바와는 어긋났다고 하여 금년도에는 재래와는 각도를 달리하여 국가시험제도를 채용할 것이라고 하는데 이는 문교 당국에서 일정한 시험문제를 각 중등학교에 일시에 배분하여 그의 성적과 평소의 학습 성적을 가지고 공정하게 실력 본위로 입학을 시킬 방침이라 한다. 이 제도가 또한 완전한 성과를 거둘지는 예측할 수 없으나 새로운 고안이니만치 결과는 매우 주목된다.[65]

즉, 문교부에서 만든 시험문제를 각 중등학교에 제공하여 시험을 보고, 이 시험 성적과 초등학교 성적으로 입학자를 결정하는 국가시험제도의 시행을 계획했던 것이다. 그리고 이렇게 새롭게 고안된 입시제도가 어떤 결과를 가져올지 매우 주목된다고 했다.

하지만 문교부 입학시험위원회에서 결정되어 1949년 5월 26일 서울과 각 도지사에게 시달된 중학교 입학 요항은 각 중등학교에서 시행한 학력고사 성적과 신체검사만으로 신입생을 선발하는 것이었다. 이는 학력본위, 실력본위의 제도라고 했다.[66] 1949학년도 중학교 입학 요항은 다음과 같다.

---

65) 「중등입시에 새 방법 국가시험제 채용?」, 『동아일보』, 1949년 3월 30일.
66) 「중등학교 입시요항 결정. 시험은 학력 본위」, 『동아일보』, 1949년 5월 26일.

▷ **1949학년도 중학교 입학 요항**

  1. 총칙

    1) 입학자 선발은 수험학교의 학력고사 성적에 신체검사 성적을 참작하여 사정할 것

    2) 입학 희망학교의 선정은 하기와 같은 점에 유의하여 적절히 지도할 것

      가. 학생의 개성, 가정 사정 및 국가의 요청에 적합하도록 할 것

      나. 거주지 근처의 학교를 선정하는 것을 원칙으로 할 것

      다. 학부형 및 학생에게 실업학교에 대한 인식을 시정하여 적절한 향학지도를 할 것

    3) 국민학교 제6학년에 재학하지 못한 자 또는 이력증명서를 가지지 못한 자에 대하여는 입학자격 검정시험에 합격한 자에 한하여 該학교시험을 受하도록 할 것. 그러나 현재 국민학교 등 5학년 재학인 자는 입학시험 자격검정시험에 응시함을 불허함. 자격검정시험은 입학시험 시행 전에 시행하여야 함

  2. 학력고사

    1) 국민학교의 교육정도를 표준으로 하여 출제할 것

    2) 직접 암기를 강요하지 않고 생활에 밀접한 관계가 있고 사고력을 요하는 것을 출제할 것

    3) 記述적인 해답을 요구하지 말고 채점을 정확히 할 수 있도록 출제할 것

    4) 한자 사용은 현행 교과서 범위 내에서 쓰되 국문을 주로 하고 한자는 괄호 내에 병서할 것

    5) 학력고사는 2회 이상 실시하되 1회의 소요시간은 60분 이내로 할 것

    6) 각 회의 고사문제는 전교과목에서 출제하되 학생의 지력을 종합적으로 판정할 수 있도록 할 것

    7) 출제 근거를 밝히는 교과목의 이름은 표시하지 말 것

3. 신체검사

1) 수학 상 지장이 있는 질병 유무에 관하여 검사할 것

2) 난치의 병을 가진 자라도 수학에 지장이 없는 자는 입학을 허가
할 것이나 감염성 질병을 가진 자는 입학을 허가할 수 없음

4. 수험 자격 검정시험

1) 자격시험은 입학시험 시행 전에 국민학교 최종 학년 전 교과목
에 걸치어서 시행할 것

2) 전 교과목의 평균 60점 이상인 자를 합격자로 하되 40점 미만이
2과목 이상 있을 때에는 불합격으로 할 것

5. 시험 기일

1) 시험 기일은 우기요 혹서기인 종전의 시험기를 피하여 8월 하순
을 택하였으며 전국적으로 다음과 같이 통일 실시하되 수험자에
2회 수험할 기회를 주도록 할 것. 제1회 8월 20일부터 23일까지,
제2회 8월 25일부터 28일까지

2) ① 남자중학교: 제1회 수험학교는 실업계통학교, 제2회 수험학
교는 인문계통학교

② 여자중학교: 공사립의 구별이 없이 학교 수가 평균하도록 2
회에 나누어 하되 실업계통 학교는 제1회로 할 것

3) 제1회 입학시험 합격자에게는 제2회 수험의 기회를 주지 않기
위하여 8월 24일까지 합격자를 발표하여 제2회 입학시험이 시작
하는 8월 25일에 수험학교에서 합격자를 소집할 것

6. 지원 절차

입학지원자는 본인의 입학원서사진을 출신학교장을 경유하여 지원
학교에 제출할 것. 단 입학시험 수험 자격검정시험을 요하는 입학
지원자의 입학원서는 본인이 직접 지원학교에 제출할 수 있음[67]

---

67) 「입학기 전후 기부요구 엄금」, 『조선일보』, 1949년 5월 30일.

1949학년도 중학교 입시에서는 초등학교 성적표나 초등학교장의 조사서가 필요 없고, 각 중학교에서 실시하는 시험 성적과 신체검사 결과만으로 신입생을 선발하도록 했다. 입학시험은 2회에 나누어 보았는데 1회는 실업학교, 2회는 인문중학으로 구분하여 지원자가 실업계통 1개교와 인문계통 1개교만 응시할 수 있도록 했다.[68] 또한 1회 합격자가 2회에 지원할 수 없도록 하였다.[69] 입학시험 기일은 장마와 혹서기를 피해 8월 하순으로 정했는데, 1회 실업학교 계통은 8월 20일부터 23일까, 2회 인문계통 학교는 8월 25일부터 28일까지였다.[70] 그런데 중학교 입시의 8월 시행 계획은 문교부가 국회에 회부한 교육법 안이 통과되는 것을 기다렸기 때문이었다. 하지만 국회에서는 이 법안을 반송했고, 중학교 입시 일정도 조정해야 했다.[71] 결국 1949년 6월 6일 문교부에서는 중등학교 교장협의회를 개최하고 중학교 입시 일정 변경을 통보했는데, 실업계통 중학교는 7월 5일부터, 인문계통 중학교는 2차로 7월 8일부터 실시한다는 것이었다.[72] 이후 6월 8일 중앙청에서 각 시도 학사행정과장 회의가 개최되었고, 여기서 1회는 7월 5일~8일까지, 2회는 7월 10일~13일로 최종 확정되어 각 시도에 통지했다.[73]

1949학년도 중학교 입시에서는 초등학교 5학년 재학생이 중학교 입학자격 검정시험을 보고 중학교 입시에 응시하는 것을 금지했다. 그리고 수험자격 검정시험의 통과 기준도 명시했고, 검정시험 문항도 이전과는 달리 어려운 서술 시험은 될 수 있는 한 피하고 초등학교 6학년 전 과목에 걸쳐 시행하라고 했다.[74]

---

68) 「서울시 학무국, 중등학교 입시요강 결정」, 『동아일보』, 1949년 6월 1일.
69) 「서울 각 중학 입시」, 『조선일보』, 1949년 6월 5일; 「각 중등학교 시험일 발표」, 『경향신문』, 1949년 6월 6일.
70) 「중등학교 입시요항 결정. 시험은 학력본위!」, 『동아일보』 1949년 5월 26일.
71) 「중등입시 7월로 변경? 국회 교위가 교기법 반송」, 『동아일보』, 1949년 6월 5일.
72) 「중등입시 기일을 변경」, 『조선일보』, 1949년 6월 8일.
73) 「어린 가슴 벌써 "두근두근" 중등입시 기일 결정」, 『경향신문』, 1949년 6월 9일; 「좁은 '문' 시험일 결정」, 『조선일보』, 1949년 6월 11일.

1949학년도 중학교 입학 요항을 시달하면서 문교부장관 안호상은 신입생 모집에 있어 "인가한 학급수에 상당한 인원 이상의 모집을 할 수 없는 것. 수험료는 5백 원을 한도로 실비 정도의 필요한 경비만을 징수하기로 할 것. 입학기를 전후하여 후원회 혹은 학교 명의로 기부금 요구는 절대로 하지 말 것" 등을 엄수하여 공정한 선발을 하라고 지시했다.[75]

이처럼 매년 중학교 입시제도가 변경되는 현실 속에서 학교 현장에 있던 경복중학교 교사 장창균은 입시제도의 문제점에 대해 다음과 같이 분석했다.

현하 교육계의 당면하고 있는 난문의 하나는 중등학교의 입학고사와 초등교에 있어서 그 준비교육에 관한 문제이다. 이것을 논함에 있어서 그것이 어느 입장으로부터의 제언이라 하더라도 혹은 육친으로서 형으로서 또는 교사로서 관리로서 어느 의미에 있어서 자기 몸 가까이 애통한 실례를 안 보지 않을 것이다. 따라서 그네들의 제언은 어느 것이나 진솔성실의 論이며, 통렬한 체험이 말하는 것으로 경청할만한 제언이다. 그러나 각자의 체험은 반드시 한결같지 않아 입장에 따라 현저하게 相違하기 때문에 그네들의 소론은 열심이면 열심일수록 도리어 종합적 일치점을 발견하기가 곤란하게 된다.

중학교 입학자 선발과 관련된 복잡한 파문의 근저에는 두 개의 기본적 요소가 존재하여 이 두 개의 것이 서로 사용되지 못하는 모순적 관계에 청하여 있는 것이 눈에 띤다. 하나는 준비교육의 폐해를 제거하려는 요구이며, 하나는 선발방법을 공평하게 하려는 요구이다. 일견 후자는 전자의 보족적 관계에 있으며, 혹은 하나가 원칙이 되면 그 실행의 방책과 같이 생각됨에도 불구하고 사실은 반대적 입장에 있다.

원래 내신주의는 초등교장의 지지하는 바이며, 最良의 방법으로써 강경히 주장하는 바이나, 그 이유는 과거의 선발시험은 그 결과가 대략 초

---

74) 「중등학교 입시요항 결정. 시험은 학력 본위」, 『동아일보』, 1949년 5월 26일; 「서울시 학무국, 중등학교 입시요강 결정」, 『동아일보』, 1949년 6월 1일.
75) 「입학기 전후 기부요구 엄금」, 『조선일보』, 1949년 5월 30일.

등교장의 내신에 의하여 선발한 경우와 일치하기 때문에 그 같은 허구한 시험은 폐지하고 내신에 의하여 及落을 決하는 것이 초등교 교육의 혼란을 야기하지 않는 위에 시험에 의하여 발생되는 각종의 폐해를 피할 수 있다고 하는 것이다. 그러나 내신주의는 시험과 같은 폐해는 없다고 하나 一方 초등교장의 내신에 1번 2번이라 하는 순번을 결정하기 위한 폐해가 발생되는 것을 고려하지 않아서는 안 될 것이다. 이와 같은 순위가 각 초등학교에 따라 현저한 차이가 없다고 보며 그로 인한 곤란이 없다 하드라도 초등학교 성적의 순위의 경쟁이 발행됨은 틀림없는 것이니, 견해에 따라서는 초등학교 교육전체가 常住 不斷의 입학시험화 되는 고로 角矯 牛殺의 비난은 면치 못할 것이다.

내신만능주의에 난점이 있는 이상 구두시험을 채용치 않아서는 안 될 것이다. 그러나 구두시험에서는 동일인의 시험관이 전부의 생도를 일시에 고사하는 것이 아니라, 시험관은 수인이 되며 수인이면 판정이 구구하게 되는 우려는 충분할 것이다. 결국 필답시험이 나으리라는데 미치게 된다.

필답시험은 병용하더라도 구두필답이나 필문구답에 그침이 좋다고까지 생각하였다. 그러나 공평을 구한다면 필문필답이 틀림이 없다. 필기시험을 피하지 못한다 하더라도 준비교육의 폐를 적게 하려면 과목의 수를 적게 하는 것이 좋겠다 하여 논의되었으나, 초등교육에 있어서 과목에 대한 치중 부담은 나아가서 편견을 조장하게 되어 발육기에 있는 兒孩의 심신에 끼친 영향이 多大하니 각부면의 과목을 전부 망라하여 초등교 수료과정의 아동은 누구든지 받을 수 있는 용이한 것으로 取材하려는 소위 작금의 지능고사이다. 이와 같이 준비교육을 폐하기 위한 선발법이 어느 사이에 전과목의 준비교육을 허용하지 않아서는 안 될 결과이다. 문제는 이와 같이 영원히 당당하게 巡轉을 반복한다.

반복하여 말하면 현행의 중학교 입학자의 선발방법은 입학자의 선발이 아니라 낙제자의 선발법이다. 현재 우리나라는 초등학교 졸업자의 100분의 3을 합격시키기 위하여 나머지 9할7분의 생도를 희생하고 있다. 국가적 불경제도 이에서 더 심한 것이 없다. 또 중등학교는 자기에 대하여 편의한 생도를 선발하여 불편의한 생도는 배척하는 자유를 갖고 있다고 생각하는 것은 타당치 않다.

원래 초등학교의 졸업자는 대체에 있어서 누구든지 중등학교 교육을 받을 수 있는 소질을 갖고 있기 때문이다. 또한 소위 교육 불편의자가 입

학되었다 하더라고 이 같은 사람을 교육시키는 그것이 학교교육 본래의 직책일 것이다.[76]

현직 중등학교 교사였던 정창균은 중학교 입학시험과 이를 준비해야 하는 초등학교 교육의 문제점에 대해 지적했다. 그는 중학교 입시제도와 관련해 이해 당사자들인 문교 당국과 초·중등학교장, 교사, 학부모들의 주장은 실제 경험에 바탕 한 것으로 경청해야 할 것이라고 했다. 그러나 이들이 자신의 입장을 주장하면 할수록 입시제도에 관한 합의점을 찾기가 어려울 것도 간파하고 있었다. 무엇보다 입시 준비교육의 폐해를 제거하려는 요구와 선발방법을 공평하게 하라는 요구가 서로 보완적인 것처럼 보이지만 실제로는 모순적이고 반대적 입장에 있음을 꿰뚫어 보았다. 그리고 초등학교에서 주장하는 내신주의, 중학교에서 진행되는 구두시험과 필답시험이 어떻게 작동하여 결국엔 다시 초등학교에서의 입시 준비교육으로 순환 반복되는지를 구체적으로 보여주었다. 끝으로 중학교 입시가 낙제자를 선발하는 방법이라며, 각 중등학교가 자기 학교의 조건에 맞지 않는 학생을 배척할 자유는 없다고 지적했다. 무엇보다 초등학교를 졸업한 학생들은 누구나 중등교육을 받을 수 있는 소질을 가지고 있으므로 각 중학교의 입학 조건에 맞지 않는 학생이라도 이들을 교육시키는 것이 학교 교육의 본래 책임임을 강조했다.

1949학년도 전국의 중등학교 수용 능력은 지원자 34만 명 중 7만 명 정도였다.[77] 그렇다면 '좁은 문'을 통과하기 위한 '시험지옥'은 피할 수 없는 상황이다. 그런데 1949학년도 중학교 제2회 입시가 끝난 7월 13일 『동아일보』에는 '중등교 입시에 이변 인원부족으로 재모집'이라는 제목의 다음과

---

76) 장창균, 「민주주의적 중등학교 입학자 선발법」, 『조선교육』3-4, 1949년 7월(한국정신문화원 편, 이길상·오만석, 『한국교육사료집성. 현대편』 I, 선인, 2002, 742~745쪽).

77) 「중등학교 입시요항 결정. 시험은 학력 본위」, 『동아일보』, 1949년 5월 26일.

같은 기사가 실렸다.

> ▷ 금년 서울시에 70여 남녀중등학교 입학시험기에 나타난 기현상!
>
> 즉 좁다는 중등학교의 문이 금년에는 역현상을 이루어 기다려도 응시자가 부족하여 시험을 치르지 못한다는 최근에 드문 사실이 있다. 그중 특히 학대를 받는 학교는 실업계통학교로 민생문제의 원인인지를 모르나 어쨌든 6대 1이란 격심한 경쟁률이 있는가 하면 불과 20여 명의 응시밖에 없어 부득이 시험이 유산되고 만 학교도 있는데 이 같은 형편으로 가다가는 몇몇 중등학교는 학생이 없어 운영에 큰 지장을 초래하게 될 것이라는 웃지 못할 사실이 있다.
>
> 즉 금년 전국적으로 중등학교 입학시험은 1기 2기 두 번으로 나누어 제1기 실업계통 학교를 지난 6일부터 일제히 시험을 치르러 하였으나 그중 대부분이 지원자가 없어 지난번 제1 시험을 치르지 못하고 그만두었는데 격심한 학교는 100명 모집에 불과 응모자는 23명 내지 30명 미만의 지원자밖에 없어 35교 중 약 4할이 이런 형편이었다 한다.
>
> 그리고 또한 11일부터 제2기 인문계통학교의 시험이 시작되었는데, 금년에는 입학경쟁을 없애기 위하여 제1차 실업계통학교 시험에 합격자를 11일 등교토록 하였던바 1차에 합격한 아동 중 약 4할 이상이 학교를 포기하고 인문계통 중학시험에 응시한 관계상 실업학교는 학생부족으로 재모집 시험을 보지 않으면 안 될 형편이라고 한다.
>
> 그래 학교당국자는 물론 시학무국에서도 이 기현상적인 금년 중학교 시험에 골머리를 앓고 있는데 앞으로의 귀추는 매우 주목된다. 그리고 이 같은 원인은 일반적으로 실업교육에 대한 인식이 없음을 말할뿐더러 앞으로의 실업교육에 대한 일대 암영을 던져주고 있다.
>
> ▷ 시학무국 담
>
> 실업계통의 응시자가 없고, 또한 합격한 아동이 합격을 포기하고 인문중학으로 응시한 것은 사실이다. 그러나 이것은 경제적으로 알 수 없는 일이라 무어라 말할 수 없으나 실업교육에는 큰 지장으로 부득이 연장하여 시험을 또 보도록 하는 수밖에 없다. 제3차 시험은 20일 이내에 또 보게 될 것이다.[78]

즉, 1949학년도 중등학교 입학을 위한 제1회 모집은 실업계통 학교 35개 교였는데 이중 6:1의 격심한 경쟁을 보인 학교도 있었지만, 100명 정원에 지원자가 30명 미만이어서 시험을 보지 못한 학교도 40%에 달했다. 더욱 이 1회 합격자는 2회 인문계통 학교에 지원하지 못하도록 했지만, 1회 합격자 중 40%가 등록을 포기하고 2회 학교에 지원해서 1회의 실업계통 학교는 신입생 추가모집을 위한 제3차 시험을 또 봐야 하는 상황이 된 것이다. 이러한 현상에 대해 학교와 서울시 학무국에서는 그 원인을 실업교육에 대한 인식이 없기 때문이라고 보았다.

하지만 이러한 현상이 단순히 실업교육에 대한 인식 부족 때문인 것 같지는 않다. 1949학년도 중학교 입시를 앞둔 1949년 4월의 서울시의 초등학교 졸업 예상인원과 중등학교 수용능력은 다음과 같다.

〈표 V-3〉 1949학년도 서울시 초·중등 학생·학교 현황[79]

구분		중등학교 수용 가능 인원	초등학교 졸업생 예상
공립	남	4,901	11,483
	여	1,382	8,480
사립	남	6,873	345
	여	4,615	4,463
계	남	11,774	11,828
	여	5,997	8,923

서울시 자체만으로 본다면 초등학교를 졸업하는 남학생의 대부분을 수용할 수 있고, 여학생의 경우 3천여 명이 진학을 할 수 없는 상황이었다. 그런데도 서울 시내 중학교의 입시경쟁이 지속되었던 이유는 서울 이외 지역의 학생들이 지원했기 때문이다. 〈표 V-3〉에서 서울시 초등학교 예상 졸업생이 20,751명이고, 〈표 V-4〉에서 지원자 총인원이 42,126명이라고 했을 때, 서울 이외 지역에서 서울로 지원한 인원이 21,375명으로 서울 출신

78) 「중등교 입시에 이번 인원부족으로 재모집」, 『동아일보』, 1949년 7월 13일.
79) 「교실 부족으로 난관에 직면한 의무교육제도」, 『조선중앙일보』, 1949년 4월 15일.

보다 많았음을 알 수 있다. 결국 상급학교는 서울에 있는 소위 명문학교로
진학해야 한다는 분위기가 1949년 당시에도 뚜렷하게 나타나고 있었던 것
이다. 그 결과 1949학년도 서울시 중등학교 지원자는 총 42,126명이었고,
이 중 13,185명이 합격했다. 앞서 1949년 9월에 경기중학교에 입학한 강신
표의 사례를 살펴봤었는데, 그도 1949년 부산에서 서울 시내 학교에 지원
해서 합격한 학생이었다.

계속해서 1949학년도 서울 시내 중학교 지원자 및 합격자 현황을 통해
실업교육에 대한 인식이 없어 실업계통 지원자가 없고, 인문계통 학교만
선호했다는 평가도 재검토해볼 수 있다.

〈표 V-4〉 1949학년도 서울시 중등학교 지원자 및 합격자 현황[80]

구분	인문중 (남)	인문중 (여)	상업중 (남)	상업중 (여)	공업중 (남)	농업중	사범중	소계 (남)	소계 (여)	계
지원자	13,383	12,449	4,545	1,089	9,497	425	738	28,588	13,538	42,126
합격자	3,829	3,989	1,180	570	3,167	250	200	8,626	4,559	13,185
경쟁률	3.5	3.1	3.9	1.9	3.0	1.7	3.7	3.3	3.0	3.2

〈표 V-4〉를 통해 초등학교 남학생 졸업자 중 실업계통인 상업중학교와
공업중학교 지원자는 14,042명으로 인문계통 지원자 13,383명보다 많았음
을 알 수 있다. 여기에 농업중학교를 지원한 학생을 포함하면 그 수는 더
늘어난다. 그리고 실질 경쟁률도 상업중학교의 경우 3.9:1로 인문계 중학교
의 3.5:1 보다 높았다. 여학생의 경우 인문계 중학교 지원자가 12,449명으
로 상업중학교 지원자 1,089명보다 11배 이상 많았다. 하지만 이는 모집인
원이 7배 정도 차이가 났기 때문이고, 그래서 실질 경쟁률은 인문 여중학
교 3.1:1, 여자 상업중학교 1.9:1이었다. 이러한 자료를 바탕으로 했을 때
실업계통 중학교의 미달사태는 실업교육에 대한 인식부족 때문이라기보다

---

80) 「학원기부 수십억 원. 진학난은 언제 해소? 합격된 아동 겨우 1만3천」, 『동아일보』,
1949년 7월 27일.

학교 간 서열화에 따른 우수학교 지원 쏠림현상으로 봐야 할 것이다.[81] 이
는 1949학년도 실업계 남자중학교 지원현황을 통해 확인할 수 있다.

〈표 V-5〉 1949학년도 실업계 남자중학교 지원 현황[82]

구분	선린상	대동상	덕수상	숭문상	경기상	보인상	경기공	조전중	계
정원	150	180	100	100	300	100	240	120	1,290
지원자	804	358	736	353	1,349	160	1,724	426	5,910
경쟁률	5.4	2.0	7.4	3.5	4.5	1.6	7.2	3.6	4.6

즉, 1949학년도 제1회 선발 실업계 중학교 중 40%가 미달이었지만 8개
실업계 남자중학교의 평균 경쟁률은 4.6:1이었고, 이들 학교의 지원자가 총
5,910명으로 상업중학교와 공업중학교 전체 정원 4,347명보다 많았다. 이
러한 선호 학교 쏠림 현상은 실업계통 학교뿐 아니라 제2회 인문계통 중학
교에도 나타났고, 그 결과 제2회 인문계통 중학교 중에도 지원자 부족으로
시험을 보지 못한 학교가 6곳 있었다.[83]

5) 1950학년도 중학교 입시제도

1949년 12월 31일 자로 공포된 교육법에 1950학년도 학년 초는 6월 1일
에 시작되는 것으로 명시되었다. 이에 맞춰 문교부에서는 1950년 3월 각
시도 교육국장 및 장학사 회의를 개최했고, 여기서 결정한 1950학년도 중
등학교 입시 요항은 다음과 같다.

---

81) 안홍선은 식민지 중등교육체제에 대한 연구를 통해 "중등학교에 대한 서열적 인
식은 일반계와 실업계 학교 등 계열에 따른 위계적인 분화를 이루고 있었다기보
다는 오히려 개별 학교의 역사와 사회적 위상에 따라 학생들의 선호가 달라지고
있었다고 볼 수 있다."고 밝혔다(안홍선, 『식민지 중등교육체제 형성과 실업교육』,
교육과학사, 2017, 170쪽).
82) 「서울 시내 중등학교 입시경쟁률 최고 7:1로 치열」, 『자유신문』, 1949년 7월 8일.
83) 「중등교 입시에 이번 인원부족으로 재모집」, 『동아일보』, 1949년 7월 13일.

▷ 1950학년도 중학교 입시 요항

1. 시험기일(2기)
   - 1기 5월 13일~17일
   - 2기 5월 18일~22일
2. 시험과목
   학과·구두시문·신체검사
3. 실시요령
   고시료는 500원으로 하고 학과시험에 치중하되 암기 강요가 아닌 사고력을 요하는 문제를 출제할 것이며 고등학교 설치에 따르는 수용력을 고려하여 1학급 65명 모집을 원칙으로 한다.

▷ 1950학년도 고등학교 입시 요항

1. 시험기일(1기에 한함)
   5월 22일~26일
2. 시험과목
   학과·구두시문·신체검사
   학과시험과목 : 국어·사회생활·수학·영어
   단, 실업고등학교 : 농업·공업·상업·수산·가사 중 1과목 이상 선택
3. 수험자격
   중학 3학년 수료자 及 수료예정자
4. 실시요령
   금년도 고등학교 입학시험은 문교부가 행하는 국가시험제도를 선택하며 1학급 정원은 50명으로 하고 학과시험에 중점을 둔다.[84]

1950년 당시 초등학교 졸업생은 약 35만 명이었는데, 중학교 1학년의 수용력은 서울의 18,138명을 비롯하여 전국 78,800명으로 경쟁률은 평균 4대 1로 예상되었다.[85] 하지만 실제로는 1950학년도 인문계통 중학교는 평균

---

84) 「문교부, 중학교·고등학교의 입시요강을 결정」, 『서울신문』, 1950년 3월 12일.
85) 「경쟁률은 약 4대 1」, 『경향신문』, 1950년 4월 15일.

5대 1에서 7대 1까지였고, 여중학교는 6대 1 정도, 실업계통은 4대 1 정도 였다.[86] 이는 중학교 입학 재수생과 검정고시 출신들이 추가되었기 때문 이다. 결국 중학교 입학경쟁을 피하기 어려웠고, 당국에서는 정원제를 엄 수하여 보결생 선발을 엄격히 금지함으로써 매년 반복되는 부정입학을 막 아보려고 했다.[87]

당시 신문에는 전년도에 비해 달라진 중학교 선발 시험에 대해 다음과 같이 보도되었다.

> ▷ **선발시험에 있어 색다른 점은 다음과 같다**
> 1. 암기 문제보다 생활에 밀접한 관계가 있으면서도 사고력을 요하 는 문제를 낸다.
> 2. 채점하는 선생에 따라 점수가 달라질 수 있는 記述적 문제를 피 하고 정확히 채점할 수 있는 문제를 낸다.[88]

무엇보다 문교부에서 정식으로 발행한 『객관적 고사법』을 참고해서 문 제를 출제한다고 밝혔다. 그리고 그 구체적인 예로 '훌륭한 사람이 되려 면?' 등의 추상적인 대답을 요구하는 문제가 아니고 '1에서 50까지의 수 중 2로 나머지 없이 나누어지는 수를 차저라', '신라를 통일한 장군은 ―을 지문덕 계백 김유신 강감찬―이다.(맞는데 ○을 쳐라)' 등 정확한 객관적 인 채점을 할 수 있으면서도 충분히 기능을 볼 수 있는 문제를 낼 것이라 고 했다. 또한 시험은 각 과목별로 하지 않고 종합적 문제를 내지만 모두

---

86) 「인문계통에 집중. 평균 5대1의 비율」, 『동아일보』, 1950년 5월 8일.
87) 「각급 학교의 입학준비 상황」, 『서울신문』 1950년 4월 2일.
  1950년 초등학교 졸업생과 중학교 입학자 수에 대해서『서울신문』은 "1950년도 초 등학교 남자 졸업생은 17만 2,722명이었는데, 중학교 수용 능력은 6만 6,900명으로 약 40%가 진학할 수 있었다. 그리고 초등학교 여자 졸업생은 7만 583명이었고, 이 중 약 25%인 1만 7,700명이 중학교에 진할 할 수 있었다."라고 보도하기도 했다 (「문교부, 중학교·고등학교의 입시요강을 결정」, 『서울신문』, 1950년 3월 12일).
88) 「경쟁률은 약 4대 1」, 『경향신문』, 1950년 4월 15일.

교과서에 근거가 있는 문제를 낸다고 했다. 그리고 전형방법에도 변화가
있었다.

▷ **전형방법**
  1. 전형방법에 있어 종래와 다른 점은 그 판정에 있어서 말썽꺼리
     가 되어오던 출신학교의 '소견표'를 폐지
  2. 가정의 경제력을 보는 소위 '가정환경조사표'를 없앰
  3. 전염병 혹은 盲目 등 전혀 수학할 수 없는 불구자가 아닌 이상
     눈이나 다리 한 짝이 없는 불구자일지라도 입학할 수 있음
  4. 각 학교에서는 시험 후 일주일 이내에 시험 결과를 각 시와 도
     교육국에 보고하는 한편 감독관에게 공개[89]

이에 따르면 1950학년도 중학교 입학 시험문제는 과거와 같이 추상적인
것이 아니라 실질적이며 사고력을 중심으로 문교부가 발행한『객관적 고
사법』을 참고해 채점이 쉽도록 간단한 문제로 출제한다는 방침이었다. 즉,
문교 당국에서는 ○·× 등으로 답하고 객관적 채점이 가능한 간단한 문제
가 출제될 것이기 때문에 학생들도 이에 맞춰 수험준비를 하면 된다고 했
다.[90] 시험과목은 국어, 산술, 이과, 사회생활 4과목 4백 점 만점에 성적순
으로 선발했다. 신체검사와 인물고사는 특별한 결점이 발견된 자에 한하여
예외적으로 제외할 뿐이었다. 무엇보다 1950학년도 중학교 입시제도의 특
징은 초등학교 성적표는 물론 초등학교장의 소견표와 가정환경조사표 등
을 첨부하지 않고, 입학원서와 단 하루의 학과시험 성적으로 합격자를 선
발하는 것이었다.[91]

1950년 5월 중학교 입학시험을 앞둔 4월 30일 서울의 한영중학교는 전

---

89)「경쟁률은 약 4대 1. 출제는 종합적으로」,『조선일보』, 1950년 4월 15일.
90)「서울특별시 교육국, 의무교육과 중등학교 입학시험에 대한 방침을 발표」,『국도
    신문』, 1950년 4월 2일;「각급 학교의 입학준비 상황」,『서울신문』1950년 4월 2
    일;「인문계통에 집중 평균 5대1 비율」,『동아일보』, 1950년 5월 8일.
91)「어제 중등교 입시 개막」,『동아일보』, 1950년 5월 14일.

국에서 처음으로 중학교 입학 모의시험을 실시했다. 시험과목은 산수와 국어 2과목이었고, 여기에는 성동구의 20여 개 초등학교 5,6학년 학생 400여명이 참여했다. 시험 결과에 따라 우수한 학생에게 상품도 지급하고 여러 가지 진학의 좋은 조건을 부여하기로 했다.[92] 그리고 1950년 5월 각 학교별로 입시가 시작되자 시험 전날부터 지원한 중학교 모여든 수험생과 학부형을 목표로 하여 '○○중학 안내'라 적은 책자를 만들어 한 권에 2백원 이상 받고 파는 일들이 벌어졌다. 이에 각 학교에서는 책자의 교내 판매를 금지하고 경찰에서도 단속을 했다. 하지만 각 학교에 걸쳐 광범한 규모로 부정한 방법으로 이익을 추구한 자들이 있어 학부모와 수험생들에게 피해를 주었다.[93]

시험 당일에 시험장에는 학생들의 신체검사를 위탁받은 의사들이 청진기를 귀에 걸고 아동들의 보건상태를 검사했다. 그런데 검사관들의 말에 의하면 작년에 비하여 건강상태가 좋지 않은 편이라 하며 대체적으로 영양부족으로 인한 쇠약증이 57% 이상이라고 했다.[94]

1950년 5월에 있었던 중학교 입시와 출제문제에 대해 『동아일보』는 다음과 같이 보도했다.

▷ 지능고사에 치중, 각교의 출제 내용
학력고사 문제는 종합적으로 3시간에 걸쳐 출제한 학교도 있고 또 국어, 산수 등 구별 출제한 학교도 있었는데, 그중 경기여중 종합학력고사문제는 20문 중 "이충무공에 대한 문제 중 요즘 이 어른에 대한 큰 뉴스가 무엇이냐?" 한 문제 같은 것도 있고, 이화여중의 비중산술문제 같은 것은 과연 어려운 문제가 출제되어 있었다. 그리고 서울중학의 "우리 국문의 네 가지 자랑을 들어라" 같은 것은 상식적이면서도 어려웠고, 또 어떤 학교에서는 "대마도 싸움이 어느 시대이며 어느 장수가 싸움에 나갔

---

92) 「입시 모의시험 한영중학교서 실시」, 『동아일보』, 1950년 5월 1일.
93) 「어제 중등교 입시 개막」, 『동아일보』, 1950년 5월 14일.
94) 「아동들이 당황한 중등학교 선발시험 문제」, 『한성일보』, 1950년 5월 16일.

는가?" 또는 악보의 틀린점 등을 교정하는 문제 등 지극히 과학적이며 또한 사고력을 필요로 하는 문제가 많이 출제되었는데, 시험문제는 각 학교를 통하여 60분 동안 30문제가 최고, 8문제를 출제한 학교도 있었다. 다음 중앙중학의 출제로 행정 사법 입법과 법원 국회 교회 정부 등 기관의 관계를 연결하라는 등 문제는 상식 문제로도 어린이들에게 좀 어려운 듯하였으며 부모들도 혀를 내두르는 문제가 많았다.[95]

각 학교별로 치러진 입학시험의 문항수와 난이도 등은 서로 상당한 차이가 있을 수밖에 없었다. 『한성일보』는 "모 공립여자중학교가 초등학생들이 모를 것을 알면서도 골려주려 했던 것인지 그 출제 의도를 이해하기 곤란하며, 이러한 문제를 초등학교에서 상식으로 가르쳤다 할지라도 아동들의 지능을 무시한 출제"라고 비판하며 그 사례를 다음과 같이 보도하기도 했다.[96]

- 현재 베를린을 점령하고 있는 나라들은 어느 나라냐?
- 국회의 제1독회에서는 무엇을 토의하냐?
- 우리나라에 남아있는 그림 중에 가장 오래된 것은 무엇인가?
- 서재필 박사에 대하여 다음 물음에 답하여라.
  - 그는 개화당이냐, 수구당이냐?
  - 갑신정변 때 그가 망명한 나라는?
  - 그가 돌아와서 조직한 단체와 발간한 신문의 이름 및 그는 현재 어느 나라의 시민이냐?

1950년 5월 각 중학교별로 있었던 학과시험 이후 신체검사가 어떻게 진행되었는지는 이화여중의 다음 사례를 통해서 짐작해볼 수 있다. 이화여중은 5월 14일 학과시험을 봤고, 15일에 신체검사를 했다. 관련 내용을 보도한 『연합신문』은 "이화여중은 정원이 250명인데 870명이 응시했고, 그중

---

95) 「지능고사에 치중 각교의 출제 내용」, 『동아일보』, 1950년 5월 14일.
96) 「아동들이 당황한 중등학교 선발시험 문제」, 『한성일보』, 1950년 5월 16일.

200여 명이 지방 학생이었다. 무엇보다 학과시험 실력이 서로 비슷하여 신체검사를 자세히 한 것 같다."고 했다.

▷ 인물접견: 문교부 방침에 의하여 구두시험이 금지되어 있는지라 지능 멘탈테스트는 없으나 그래도 성명·출신교를 묻는 말 중에 비치는 아동들의 전체적 표정은 평균연령이 어린데 어떻게 해서든지 자주·진취하겠다는 독립기상이 그들 조그마한 눈동자에 어리고 있음은 기특한 일이었다.

▷ 신체검사: 담당의사의 말에 의하면 전반적으로 체위가 저하(연령 저하를 고려하고서도)된 것이 현저하다는 것이다. 전에 많던 피부병이 거의 없는데 반하여 안질이 많다는 것과 때로 척추가 구부러진 실격아가 있는가 하면 예외적으로 영양·체위가 좋은 아이도 간혹 있는 것은 이 학교의 지망층과 사회현상을 반영한 것으로 다시 생각할 여러 점이 있었다.

▷ 체격·체능: 우선 키가 적어졌다는 것, 그에 따라 좌고·흉위 등 모두 좋지 않다는 것인데 特技助長을 신조로 하는 동 교에 있어 특히 체능실험실에서 본 몇 가지는 재미있었다.

　- 도보자세: 출신학교별로 심한 차이상을 나타내고 있는데 시내에서도 지능 외에 체육 일반에 유의하는 국민학교 출신 아동이 자세가 좋은 데 반하여 같은 서울 안에서도 그밖에 학교 아이는 보통 도보에도 균형 없는 자세를 하는 것이었으며 지방출신 아동은 특히 이점 말 안될 정도이었다.

　- 운동신경: 역시 생활환경과 훈육자의 지도가 좋은 아이들이 이 방면 신경에 빠른가 하면 신체검사 당시 발견되지 않은 관절기능 장애가 이곳에서 적발되는 아동도 있었다. 이로써 볼 때 대체로 체위는 좋지 않았는데 역시 체격이 좋은 아이는 그에 따라 학과도 똘똘

하다고 하니 학부형 및 교육 당사자의 새로운 주의의 대상이 될 것
이었다. 그런데 이날 동교 辛교장은 시험소감을 다음과 같이 말하
였다.

▷ 신교장 담: 무엇보다 학동 및 부형의 향학열에는 놀랄만한 것이 있다.
학과·신체 등 전체를 통하여 국민교육을 실제 생활란과 결부시켜 소
화한 아이들이 똘똘하였는데 간단한 실생활 문제 '밥상 차리기' 하나
만 가지고도 위치와 순서를 혼돈하는 아동이 많은 것을 보아 앞으로
의 국민교육이 생활화해야겠다는 시사를 준 것이라 할 것이다.97)

1950학년도 중학교 입시에서는 초등학교장의 소견서와 가정환경조사서
를 없애고, 구두시험도 볼 수 없도록 했다. 그리고 신체검사와 인물검사는
특별한 결점이 있는 학생에 대해 예외적으로 적용한다고 했다. 결국 학과
시험 성적에 따라 신입생 선발이 이루어지도록 하겠다는 방침이었다. 하지
만 이화여중의 사례를 통해 지원자의 학과 성적이 비슷했고, 그래서 신체
검사와 체격·체능 검사를 통해 탈락자를 선별했음을 알 수 있다. 특히 도
보자세와 운동신경 테스트를 통해 학교별 차이, 지방 학생, 학부모의 가정
교육 정도까지 파악할 수 있었다.

해방 후 5년간 중등학교 입시제도는 일제강점기 때처럼 각 학교별로 학
교장 책임하에 입시를 관리했다고 볼 수 있다. 다만 중학교 입학자 선발에
있어 영향력을 강화하고자 했던 초등학교와 중학교 간의 대립은 계속되었
다. 그리고 입시 준비로 힘들어하던 초등학생들 구원하기 위해 문교부에서
지능고사를 도입했지만 이것이 다시 학생들을 전과목 입시 준비에 빠져들
게 하는 악순환이 계속되었다. 결국 해방 후에도 초·중등학교는 〈교육법〉

---

97) 「중학교 입학 신체검사 결과 학생들의 체력이 낮아진 것으로 판명」, 『연합신문』,
1950년 5월 15일.

에 명시된 보통교육98)을 실현하는 곳이 아니라 상급학교 진학이라는 '좁은 문'99)을 통과하기 위한 '지옥'100)의 공간에서 벗어나지 못하고 있었다.

『조선일보』는 이러한 중학교 입시 문제를 지적하여 결국 공립 중학교 증설을 통해 중학교도 의무교육으로 나아가야 한다는 다음과 같은 사설을

---

98) "보통교육은 국민 모두에게 일반적이고 공통적으로 필요한 지식과 교양을 제공하는 교육으로 직업교육이나 고등교육이 아니다. 따라서 초·중등학교는 각각의 보통교육을 완성하는 것이 그 교육 목적에 부합하는 정상적인 교육을 수행하는 것이 된다. 하지만 해방 이후 초·중등 교육은 빈약한 교육재정과 치열한 입시경쟁 사이에서 언제나 정상적인 교육활동에 위협을 받아왔다. 학교는 자기 완결적인 교육활동보다 상급 학교 진학을 위한 입시기관이 되어버렸다."(김경미, 「보통교육정책의 전개와 그 평가」, 『한국교육사학』 23-2, 2001, 37~38쪽).

99) "초등교 어린이들은 좁은 문의 난관돌파에 가슴을 조이고"(「서울 시내 각 중등학교 입시일자, 인원 공고」, 『조선일보』, 1948년 6월 4일); "해마다 수만의 학생이 학교의 '좁은 문'으로부터 봉쇄되고 있다."(「서울 시내 중학교, 학생 수용능력이 부족」, 『서울신문』, 1949년 3월 15일); "역시 좁은 문인 상급학교 입학경쟁은 치열하리라고 한다."(「교육시설 부족으로 경기도내의 상급학교 진학률이 지원자의 절반」, 『경향신문』, 1950년 3월 28일); "학교 선택 자유의 신학기 입학시험을 앞두고 좁은 문을 개방하기 위하여 최선의 노력을 다하고 있는데"(「중등학교 입시 경쟁 치열」, 『대구매일』, 1951년 6월 12일); "학교의 우열과 따라서 우수한 학교의 좁은 문이란 면할 수 없게 되었다."(「서울 시내 중등학교 지원 현황」, 『서울신문』, 1952년 3월 21일); "금년도 중학교 입학경쟁률은 약 3 대 1로 예상되어 좁은 문은 여전하다."(「각급 학교 입학경쟁률」, 『서울신문』, 1953년 2월 5일).

100) "초등학교 때부터 시험을 보지 않아서는 안 되는 조선의 특수현상은 9월의 신학기를 앞두고 다시 시험지옥을 전개하게 될 모양이다."(「'교육균등'은 언제 실시되나? 입학의 '좁은 문' 열라 입시구체안을 위원회서 협의」, 『동아일보』, 1946년 4월 25일); "9월 신학기를 앞두고 또다시 입학생 지옥의 아비규환의 아우성이 전개될 것인데"(「학제 개편으로 입학시험에 혼란」, 『서울신문』, 1948년 6월 20일); "입학지옥도 지옥이려니와 입학 후에 이 비용이 일반 부형의 두통꺼리라 한다."(「서울 시내 중등학교 입학시험 시작」, 『자유신문』, 1949년 7월 7일); "입학지옥은 예년에 비하여 더욱 심각히 전개될 것이 예측됨"(「문교부·검찰, 부정입학 방지를 천명」, 『연합신문』, 1950년 4월 29일); "입학시험지옥을 거쳐 기쁨과 희망에 넘쳐 각기 배움의 길로 일로매진하고 있을 때다."(「어지럽다 돈과 학원과 풍기」, 『동아일보』, 1953년 4월 15일).

게재하기도 했다.

1.

금일부터 중학교 입학시험이 개시될 터인데 모집인원에 대한 지원자 수는 평균 약 4배에 달한다고 한다. 이 정도는 전일에 비하여 그리 심한 것이 아니라 할 수 있으나 특히 금년은 중학입시가 대개 1기로 집중된 관계 그러한 숫자를 나타냈을 뿐으로 총체로 보면 역시 격심한 경쟁률이다. 여하간 4분지 3은 다른 중학에 갈 기회를 얻어 보기 힘든 것이 사실이다. 막연하게 4분지 3이라고 하면 그리 대단치 않을 듯하나 1년 간혹은 영구히 중학에 못 들어갈 학동이 서울 시내만으로 보드라도 만여 명이 될 것이고 지방까지 합산한다면 실로 3~4만이란 다수에 달할 것이 아닌가. 이렇게 다수한 소년들이 향학의 열에 불타면서도 중학교 문에 들어설 수 없게 된다는 것은 국가사회에 별 영향이 없을 일일까? 입학기가 되면 부형된 사람들이 자제의 입학문제로 두통을 알른 것이 항례가 되다 싶이 한 우리사회에서는 이것이 새로운 문제가 아닌 만치 일종의 만성화한 감이 있어 의례 그러려니 하고 그리 중시치 않는 경향도 없지 않다. 일제시대에는 중학 입학에 금일 이상의 경쟁률을 보이고 있어 소위 시험지옥이란 말이 적절하다고 할 수 있었으나 이때는 식민지 백성의 서름을 깨달았을 뿐 어떻게 하는 도리가 없었던 것이지만 그들의 기반에서 해방된 금일에까지 입학난이 이렇게 격심하다는 것은 누구를 탓하여야 할 것인가. 이에 대하여 정부 특히 문교 당국의 일고를 바라지 않을 수 없다.

2.

문제는 일반 국민교육의 한계를 어느 선에 두느냐 하는 것에 있을 터인데, 의무교육 실시를 결정한 금일 누구든지 국민학교는 졸업해야 할 것은 법률로서 명시될 바이지만 중학은 의무교육에서 제외될 것이 분명하다. 그러면 중학교육은 특수한 경우에 한하고 국민학교로만 충분타고 할 것인가 하면 누구든지 이에 찬성할 수는 없을 것이다. 우리는 교육의 보편화도 필요하다. 그러나 이와 동시에 문화수준을 향상시키기 위하여 좀 더 고위의 학문을 국민 전체가 가지도록 해야 한다. 그러기 위하여는 중학은 국민학교의 연장으로 국민된 자는 누구든 지원하면 입학할 수 있도록 되어야 한다. 중학이 6년제인 시대에는 다소 곤란도 없지 않았으나 4년제가 된 금일에는 국민학교의 연장으로 함이 불가능 한 것은 아닐 듯하다. 금일 우리의 경제 실정을 매일 매일의 생활에도 곤란을 느끼고 있는 형편이지만 자제의 교육을 위하여 10년쯤 苦鬪할 각오는 대개 다 가지고 있는 모양이다. 이것은 중학 □□자수가 실증하고 있는 것이다. 이러한 향학열은 국가에서 고취해야 할 것임에도 불구하고 도리어 □□부족으로 입학을 지망하는 자를 거절하게 되는 현상이니 이것은 민족적 불행이라고 아니할 수 없다. 모든 면에 뒤떠러진 우리로서 문화의 발원처가 될 학교교육이 이렇게 국한되어서야 어떻게 문화의 향상을 바랄 수 있을 것인가. 실로 개탄을 금할 수 없는 일이다. 금일의 중학 졸업자수를 보면 매년 불과 2만여 명으로 10년이 되어야 남녀 총계 30여만 명의 중학 졸업자가 나오게 될 터이니 우리의 총인구에 비하여 얼마나 적은 수인가는 이로써 가히 짐작할 수 있을 것이다.

3.
　이러한 실정을 탄식만 한다는 것은 아무 소용없는 일이다. 하로 바삐 중학을 증설하는 것이 문제 해결의 요결이다. 그러면 어떻게 해서 중학을 증설하느냐 하는 것인데 관공립 사립을 분별할 필요는 없을 것이다. 설립은 누가하든지 수만 많고 질만 양호하다면 그만일 것이다. 그런데 현하 우리 사정으로 보아 사립중학의 증설은 용이치 않을 것이다. 그리고 혹 이름만인 중학을 세운댔자 이를 환영할 수 없는 것인즉 지방비를 재원으로 하는 공립중학을 다수 설립하는 것이 양책일 듯하다. 이것은 각지방 사정에 따라 결정될 일이지만 도시군에서 노력한다면 불가능한 일은 아닐 듯하다. 더욱이 창립 초에 사용할 건물과 토지 같은 것은 방금 경매처분에 부칠 귀산 중에서 택한다면 경비도 절약되리라고 본다. 일본의 예를 보면 사립중학 1교에 대하여 관공립중학은 3교가 된다. 중학교육은 국민교육의 연장이라는 이론으로 볼 때 이것은 당연한 일이라고 할 것이다. 우리 가급적 공립중학을 다수 설치하여 중등교육까지의 경비는 국민 전체가 부담토록 함이 옳을 것이다. 이렇게 함이 교육균등의 일실천이 될 것이다. 여하간 금년부터라도 이에 관한 계획을 세워 명년 입학기에는 입학경쟁의 폐를 좀 완화시켰으면 한다. 따라서 입학기가 될 적마다 말썽이 되는 부정입학문제도 자연 해소될 것이다. 국가 다난한 이때지만 교육문

제 만은 1일이라도 등한할 수 없다는 것을 알아야 한다.[101]

사설에서는 중학교 입학경쟁률이 4대 1이라고 하는 것은 4명 중 1명만 중학교에서 공부할 수 있는 기회를 얻는다고 봐야 할 것이 아니라, 4명 중 3명이 영구히 중학교에 들어가지 못하는 것임을 지적했다. 또한 일제강점기에 중학교 입학에 있어 시험지옥을 겪었던 것은 식민지 백성의 설움이라고 할 수 있겠지만, 해방된 지금까지 중학교 입학난이 심각한 것에 대해 문교 당국은 고민해야 할 것이라고 지적했다. 그리고 초등학교 의무교육의 연장으로 중학교에 지원하는 모든 학생이 입학할 수 있도록 해야 한다고 했다. 중학교 진학을 희망하는 국민의 향학열을 고취해야 함에도 이를 오히려 거절하는 것은 민족적 불행이라고도 했다. 그러면서 공립 중학교를 증설해야 하는데, 이때 귀속재산을 활용하면 학교 설립 초기 비용을 줄일 수 있다는 구체적인 방법도 제시했다. 그리고 중등교육의 경비까지 국민 전체가 부담하도록 하는 것이 교육균등을 실천하는 한 방법이 된다고 했다. 그랬을 때 입학경쟁의 폐단도 줄이고 부정입학 문제도 해소될 수 있을 것이라고 보았다.

2. 1951~1953년 중학교 입학 국가고사의 도입과 운영

1) 한국전쟁 중 중학교 입학 국가고사의 도입

1950년 6월 신학년이 시작된 후 얼마 있지 않아 한국전쟁이 발발했고, 3개월간의 서울 함락과 수복, 1951년 1·4 후퇴와 서울 재수복이 반복되는 속에서 교육법은 1951년 4월에 새학년을 시작하도록 확정되었다. 하지만 전쟁으로 인해 학생들의 수업 일수가 절대적으로 부족한 상황에서 모든

---

101) 「중학을 증설하자」, 『조선일보』, 1950년 5월 13일.

학생을 1년간 유급조치 할 수 없었고, 그렇다고 무조건 4월 초에 진급시킬 수도 없는 형편이었다. 결국 국회는 1950학년도에 한하여 학기말을 8월 말일로 하고, 1951학년도 시작을 9월 초로 한다는 법안을 통과시켰다.[102) 이에 따라 문교 당국에서는 7월 중에 입시를 실시하기로 결정하고, 고사 방법에 대해 논의했다.[103) 문교부의 지시에 따라 1·4 후퇴 이후 전국으로 흩어졌던 학생들이 부산·거제도·대구·대전 등에 만들어진 피난학교에 등록해 수업을 재개하기는 했다.[104) 하지만 교사들은 흩어졌고 제대로 된 校舍도 갖추지 못한 각 중학교들이 전쟁 전과 같이 학교별로 입시를 운영할 수는 없었다. 결국 전란이라는 특수한 상황에서 학교별 입시는 현실적으로 어려운 점이 많았고, 중학교 진학을 희망하는 전국의 학생들에게 균등한 기회를 제공할 수 있는 입시제도가 필요했다.

1951년 6월 8일 문교부는 임시수도이던 부산에서 전국 장학관회의를 개최하여 중학교 입학생 선발에 있어 국가고사 실시를 결정했다. 이날 『동아일보』에는 '전국 합동고사 실시. 학교별 선발시험 중지'라는 제목으로 전란 중의 특별조치로 각 중학교별 선발고사를 중지하고 각도 주관하게 7월 중순쯤 전국이 일제히 합동고사를 실시한다고 보도했다. 그 이유는 전란으로 인해 초등학교의 수업 진도가 서로 다르고, 교육법 개정 등으로 인한 비상조치라고 했다.[105) 그리고 "이 제도가 실시된다면 우리나라 교육사상 획기적인 결과를 가져오게 될 것"이라는 평가를 받았던 중학교 입학과 관련된 주요 사항은 다음과 같다.

---

102) 「국회, 제51차 본회의에서 교육법개정안·경찰원호법 등 통과 및 논의」, 『동아일보』, 1951년 3월 27일.
103) 박상만, 앞의 책, 198쪽.
104) 김상훈, 「한국전쟁기 서울의 학생과 학교」, 『서울과 역사』 102, 2019, 152~156쪽.
105) 「전국 합동고사 실시. 학교별 선발시험 중지」, 『동아일보』, 1951년 6월 8일.

> ▷ **1951학년도 중학교 입학고사 시행 요령**
> 1. 각도 주관하에 동일한 문제로 고사를 시행하여 성적을 사정하고 급제와 낙방란 없애고 성적증명서를 교부한다.
> 2. 성적표를 소지한 아동은 자기가 희망하는 학교에다 증명서를 첨부하여 등록을 하면 학교에서는 성적순으로 선발한다.
> 3. 고사장은 각 시·군에 수개 소를 고시위원장이 지정하여 아동들이 모이기 쉬운 곳을 선택한다.
> 4. 지원자는 원서 2통에 재학증명서를 첨부하여 재학 중의 국민학교장에 제출하면 교장은 일괄해서 시·군고시위원회에 제출한다.
> 5. 道고시위원회는 각 시군에 감독관을 파견하고 시험문제를 밀송한다.
> 6. 각 시·군고시위원회는 각 고사장에 감독관을 파견하고 그 입회하에 시험문제를 배부한다.
> 7. 답안에 대하여 시·군고시위원회를 거쳐 도고시위원회에 제출하여야 한다.
> 8. 각 시·군에서는 일괄해서 성적을 발표한다.
> 9. 성적증명서는 전국적으로 통용하며 유효기한은 다음 고시 실시기일까지로 한다.
> 10. 고사문제를 누설한 책임자 및 관계자는 이유 여하를 막론하고 파면에 처하고 혹은 사법 처분을 하도록 한다.
> 11. 고시위원회는 중앙과 도 및 각 시·군에 조직하며 오는 20일까지 조직을 완료하여 즉시 공고한다.
> 12. 금년도 고시는 7월 10일까지 원서를 접수하고 동 20일에 고사를 실시하며 8월 5일에 성적을 발표하고 증명서를 교부한다.
> 13. 지원자는 9월 1일부터 동 5일까지 등록을 하면 성적순에 따라 10일에 입학자를 발표한다.[106]

당시 문교부의 중학교 입학 업무 책임자였던 심태진 장학사는 전시상황이라는 현실에 적합한 새로운 입학제도를 창안할 수밖에 없었고, 다방면으로 검토한 후 국가고사제를 채택했다며 다음과 회고했다.

---

106) 「문교부 중등교 입학고사 시행 요령 결정」, 『부산일보』, 1951년 6월 10일.

전국이 일제히 같은 날, 같은 시간에 같은 문제로 시험을 치르되, 중학교 단위가 아니라 소지역 단위로 하여 가능한 한 피난학생들이 인근 국민학교에서 시험을 치를 수 있게 한다. 답안지는 각도 단위 고사위원회에서 전국 동일 기준으로 채점한 후 성적증명서를 발급한다. 중학교 입학지원자는 성적증명서를 입학하고자 하는 중학교에 제출 또는 우송한다. 중학교는 성적순으로 입학자를 결정한다. 우송으로 입학이 허가된 학생은 중학교로부터 입학 허가서를 받아 피난지 근처의 중학교에 제출하면 위탁교육을 받게 되고, 언제 수복될지 모르지만 수복 후에는 원재적교로 돌아간다. 중학교를 졸업할 때까지 수복되지 않았을 때에는 위탁교에서 졸업시킨다. 대개 이런 골자의 국가고사 제도인 것이다. 이 안은 외국의 국가시험 제도와는 관계없이 당시의 처참한 현실을 극복하기 위한 독특한 구상이었다.107)

하지만 중학교 입학 국가고사에 대한 안이 문교부 국과장회의에 회부되었을 때 반대가 심했다. 아직 남한의 곳곳에서 전투가 벌어지고 공비가 출몰하는 상황에서 교통도 원활하지 않은데, 시험문제의 비밀은 누가 보장하며 시험지 수송의 안전은 누가 장담할 수 있겠냐는 것이었다. 또한 전국의 시험장 중 한 곳만이라도 공비의 습격을 받거나 문제의 비밀이 누설되면 전국적으로 무효가 되는데, 그때의 책임은 누가 지겠냐는 것이었다. 당시 문교부 회의에서 거의 만장일치로 부결할 기세였지만 백낙준 문교부장관의 적극적인 태도에 국과장들은 마지못해 국가고사제 안을 통과시켰다.108)
이후 중앙교육위원회109)에서는 중학교 입학 국가고사의 실시가 교육계

---

107) 심태진, 『석운교육론집』, 우성문화사, 1981, 196쪽.
108) 심태진, 위의 책, 195~196쪽.
109) 〈교육법〉 제57~제67조에서 중앙교육위원회에 관해 규정하고 있다. 이에 따르면 국가교육의 중요정책을 심의하기 위하여 중앙교육위원회를 두도록 했고, 교육에 이해가 깊고 학식 덕망이 높은 30인의 위원으로써 조직하도록 했다. 위원은 특별시와 도의 교육위원회에서 각 1인씩 추천한 자와 문교부장관이 제청한 자를 국무회의의 의결을 거쳐 대통령이 위촉했다. 중앙교육위원회는 교육에 관한 중요 시책에 관하여 문교부장관 또는 대통령에게 건의할 수 있었다. 그리고 다음과 같

에 미치는 영향에 대해 분석·검토하고 심의했다. 그리고 전시상황에서 본 안대로 실시할 수 있다면 획기적인 개혁이 될 것이라고 동의했으나, 중앙 교육위원회 위원들은 그 실현 가능성에 대해 여전히 확신하지 못했다. 하지만 중학교 입학 국가고사는 문교부장관의 결재를 얻어 구체적인 실시 단계에 들어갔다.[110] 중학교 입학 국가고사 방침이 알려졌을 때 "전례 없는 조치를 취하게 되어 학원에 일대 센세이션을 일으키고 있다."는 반응도 있었고,[111] 일반 학부모들은 시의에 적합한 조치일뿐더러 적폐를 일소할 수 있다며 반겼다. 그리고 "금번의 국가고사제도는 대한민국 정부 수립 이후의 최대 최선의 시책이며, 만약 이 이상적 안이 실현만 된다면 대한민국은 교육에서 바로 잡을 수 있을 것이다."라고 극찬하는 사람도 있었다. 그러나 일부 교육자 중에는 국가고사제가 교장의 권한을 박탈하는 비민주적인 제도라고 불평을 가진 사람도 있었다.[112] 일제강점기 때부터 초등교육 현장에 있었던 박상만은 중학교 입학 국가고사의 8가지 장점과 해결해야 할 문제점 3가지를 다음과 같이 정리했다.

▷ 장점
첫째, 고사와 선발을 분리시키기 때문에 학교 개편 전에 실시할 수 있다.
둘째, 지역 단위로 실시하기 때문에 피난학생과 원주학생을 동일하게 다룰 수 있다.

은 사항에 대해서는 중앙교육위원회의 심의를 거치도록 규정했다.
1. 문교행정에 관한 제법령의 제정 또는 개폐에 관한 사항 2. 중요 문교정책에 관한 사항 3. 교육재정에 관한 사항 4. 예산심의에 관한 사항 5. 교육공무원에 대한 중요시책 6. 국제문화교류에 관한 사항 7. 하급위원회의 신청 또는 교육에 관한 청원에 관한 사항 8. 법령에 의하여 그 직무권한에 속하는 사항 9. 기타 필요하다고 인정되는 사항(〈교육법〉, 법률 제86호, 1949년 12월 31일).
110) 박상만, 앞의 책, 201쪽.
111) 「올해 중등학교 입학시험부터 합격자가 자유로이 학교 지원」, 『대구매일』, 1951년 6월 12일.
112) 박상만, 앞의 책, 202~203쪽.

셋째, 학생들의 거주지 근처에서 고사를 실시하게 되므로 고사장 왕복
에 소요되는 경비를 절약할 수 있다.

넷째, 국가에서 출제하느니만큼 수업진도의 차에 유의하여 현실에 맞
고 교육적인 고사문제를 작성할 수 있다.

다섯째, 성적증명서는 한 장씩 교부하게 되므로 입학 등록 때에 이중
지원을 없애서 입학경쟁을 완화할 수 있다.

여섯째, 고사성적을 시나 군에서 공개하는 관계로 입학자 선발 때 성
적순으로 선발하게 되어 소위 부정입학을 방지할 수 있다.

일곱째, 성정증명서를 1년간 전국 통용으로 하였기 때문에 전란으로
인한 거주지 이동에 별로 영향을 받지 않는다.

여덟째, 성적증명서에 원주학생과 피난학생을 구별하여 피난학생만은
별도 선발하여 각 지방 중학교에 위탁 수용하는 관계로 입학
선발기의 혼란을 방지할 수 있다.

▷ **해결해야 할 문제점**

첫째, 고사문제의 비밀 누설을 방지하는 것.

둘째, 치안이 확보되지 않은 지방의 고사문제 수송의 안전을 기하는 것.

셋째, 전국적으로 채점의 공정을 기하는 것.[113]

한편 1951년 3월 20일 수업연한을 중학교 3년 고등학교 3년으로 하는
개정 교육법이 공포되었다.[114] 이에 따라 중학교 입학은 국가고사제를 실
시했지만, 중학교 3학년에 해당하는 학생들의 고등학교 입학자 선발은 각
고등학교에서 실시하도록 했다. 문교부에서는 1951학년도 고등학교 입학
자 선발에 대하여 서울특별시장, 각 도지사, 서울·대구사범대학장에게 관
하 각 공·사립 고등학교로 하여금 입학자 선발을 실시하도록 시달했다. 이
때 매년 입학자 선발에 관하여 실시 후 불미한 세평이 있었으므로 엄정 공
평히 선발되도록 각별히 감독 지도할 것을 요망했다. 1951학년도 고등학교

---

113) 박상만, 위의 책, 199~200쪽.
114) 〈교육법〉, 법률 제178호, 1951년 3월 20일.

신입생 선발 절차는 다음과 같다.

> ▷ **1951학년도 고등학교 입학자 선발 요항**
>
> 1. 고사 기일
>   금년도 고등학교 입학자 선발은 각 고등학교 교장이 다음 2기 중에
>   서 선정 실시하되 응시자로 하여 2회의 응시기회를 주도록 각 도지
>   사가 이를 조정할 것이다.
>   제1기 9월 8일~9월 12일
>   제2기 9월 15일~9월 19일
> 2. 선발고사 응시자격
>   응시자격으로는 초급중학교 제3학년 졸업자, 중등학교 제3학년 수
>   료 또는 졸업자, 북한 초급중학교 졸업자 및 외국에서 학교 교육 9
>   년의 과정을 수료한 자 등이다.
> 3. 선발 방법
>   학력고사에 의한 제1차 사정을 하여 입시 정원에 2할을 가한 인원
>   의 입학 후보자를 발표하고 이 입학 후보자로 하여 학력고사 성적,
>   출신 학교장의 성적증명서 심사, 구두 시문 및 신체검사의 결과를
>   참작 제2차 사정을 하여 입학 허가자를 발표한다.
> 4. 제1차 학력고사
>   국어·수학·사회생활·과학·영어 및 실업(농업, 공업, 상업, 수산업,
>   가정의 5과목 중에서 1과목을 선발함) 각 교과에 대하여 중학교 제3
>   학년 수료 정도로 고시한다.
> 5. 제2차 사정
>   학력고사 성적에 다음 각호의 결과를 참작하여 사정한다.
>   - 출신 학교장의 성적증명서 심사.
>   - 구두시문 본인의 상식 사안 가정환경에 관하여 심사.[115]

즉, 고등학교 입학자 선발은 고등학교 교장이 제1·2기 중 선택하여 선발

---

115) 「문교부, 고등학교 입학 선발 요항 시달」, 『서울신문』, 1951년 8월 17일.

고사를 실시하고, 응시자는 2회의 기회를 가질 수 있었다. 선발방법은 학교별 필답고사를 통해 입학 정원의 20%를 추가하여 입학 후보자를 발표하고, 이 후보자들의 필답고사 성적, 출신 학교장의 성적증명서 심사, 구두시문 및 신체검사의 결과를 참작하여 최종 입학자를 선발했다. 학교별 필답고사의 시험과목은 국어·수학·사회생활·과학·영어 및 실업 1과목이었고, 중학교 3학년 수료 정도의 수준으로 출제하도록 했다.

2) 중학교 입학 국가고사의 준비와 실시

한국전쟁 중이던 1951년 처음으로 실시된 중학교 입학 국가고사의 준비과정과 실시, 채점과 결과에 대해서 경북 의성 중부국민학교 교장이었던 박상만은 1959년 발행한 『한국교육사-하권』에 자세히 소개했다. 또한 당시 문교부에서 중학교 입학 국가고사 업무 책임자였던 심태진 장학관의 기록을 통해서도 1951년 중학교 입학 국가고사와 관련된 내용을 확인할 수 있다. 이 자료를 바탕으로 출제, 인쇄, 포장·수송, 고사실과 고사일 풍경, 응시자, 채점, 고사 성적을 정리하였다. 이를 통해 1951학년도 중학교 입학 국가고사에 대해 구체적으로 파악할 수 있다.

(1) 출제

먼저 시험문제 출제와 관련해서 심태진과 박상만은 다음과 같이 기록하고 회고했다.

시험문제 출제는 장학관 3명(조재호, 오병옥, 심태진)이 맡았다. 동래 온천의 여관방 하나를 빌려 며칠 동안 합숙하면서 문제를 작성하였다. 이때에 나는 이 국가고사를 계기로 출제에 혁명을 일으켜야 한다고 생각하고 해방 후 처음으로 객관식 고사법을 적용할 것을 결심하였다. 이때까지만 하더라도 모든 학교의 시험문제는 구태의연한 주관식 고사법에 의존하고 있었기 때문에 소위 부정 입학, 정실 입학 등이 성행하여 사회의 물의를 일으키고 있었다. 전교과에서 추려낸 문제를 진위법·재생형·선다형·완성형·종합형·배열형 등의 형식으로 짠 것은 일선 교육계에 객관적 고사법에 대한 관심을 불러일으키고 고사법의 샘플을 제시하려는 의도에서였다. 내가 생각한 대로 우리나라의 고사법은 제1회 국가고사를 계기로 주관식에서 객관식으로 전환되었으며 ○×(진위형) 시비 등을 거쳐 선다형 중심의 고사법으로 발전하게 되었다.116)

한국의 현실에 입각하여 전란으로 인한 학습 진도나 수학의 다과에 고사 성적이 좌우되지 않고, 학생의 기본 소질이나 기초학력을 주로 테스트하기 위하여는, 과거와 같이 생활에서 유리되고 지나치게 어려운 지식을 강요하지 않기로 하였다. 그리하여 중학교 입학고사에서 보지 못하던 지능검사 문제를 2, 기초학력 문제를 3의 비율로 출제하기로 하였다.

지능검사의 문제 내용은 단체지능검사에 사용되는 문제이었으나, 방법상으로는 시간의 제한이 없었던 관계로 엄밀한 의미에서는 지능검사라느니 보다는 교과서를 떠난 문제라고밖에 볼 수 없는 결과가 되어버렸다. 학력고사는 국민학교 전교과 중에서 출제하기로 하고, 동점자가 많아지는 것을 방지하기 위하여 500점 만점의 성적을 내기로 하였다. 출제범위는 전란관계를 고려하여 5학년 이하의 문제와 6학년의 문제를 반반씩 출제하였다.

출제위원으로 지명을 받은 3명의 장학관들은 출제를 위한 회의는 겨우 3일간에 불과하였으나, 문제의 완성을 보기까지에는 문제 작성에 착수한 날부터 10여 일의 시일을 요하였던 것이다.117)

위의 자료를 정리해보면 시험 출제는 문교부의 조재호·오병옥·심태진 3명의 장학관이 맡았다. 이들은 동래온천의 여관방에서 합숙하며 초등학교 전교과를 내용으로 진위법·재생형·선다형·완성형·종합형·배열형 등의 형식으로 된 객관식 문제를 출제했다. 시험문제는 지능검사와 기초학력문제가 2:3의 비율로 구성되었다. 출제범위는 전쟁과 피난 상황을 고려하여 5

---

116) 심태진, 앞의 책, 197쪽.
117) 박상만, 앞의 책, 205~206쪽.

학년 이하의 문제와 6학년의 문제를 반반씩 출제했다. 그리고 동점자가 많아지는 것을 방지하기 위하여 500점 만점의 성적을 내기로 했다. 3명의 장학관들은 3일간의 회의를 거친 후 10여 일 만에 출제를 완료했다. 심태진은 제1회 중학교 입학 국가고사를 계기로 우리나라의 시험문항 유형이 주관식에서 객관식으로 전환되었다고도 했다. 덧붙여 1951학년도 중학교 입학 국가고사는 총 205문항으로 구성되었다.[118)

(2) 인쇄

출제된 시험문제의 인쇄와 관련해서 심태진과 박상만은 당시의 상황을 다음과 같이 이야기했다.

> 서울은 아직 미수복지구이고 인쇄 시설이라곤 부산이나 대구의 노후 시설 밖에는 없었다. 항간에서는 시험문제를 일본에서 인쇄해서 공수할 것이라는 억측이 나돌았다. 항간뿐만 아니라 문교부 내에서도 같은 의견이 나왔다. 그러나 일본에서 인쇄해 가지고 온다는 것은 용이한 일이 아니다. 나는 오히려 이러한 낭설의 유포가 비밀 유지상으로나 작업 추진상 도움을 주는 일이라고 생각하여 은근히 낭설의 파급을 바랐다. 풍설의 허를 찌르는 작전이었다.
>
> 극비리에 고속 인쇄를 위한 윤전기 시설을 조사하였더니 부산·대구에 각 1개 신문사가 있다는 것이다. 부산은 임시수도이니만큼 눈이 많고 말이 새기 쉬우니 떨어진 대구에서 작업을 하기로 하였다.
>
> 대구일보사의 간부진과 비밀리에 인쇄 교섭을 해 놓고 조판은 대구 형무소에서 하기로 하였으나, 형무소의 활자는 호수가 맞지 않아 쓰지 못한다는 것이다. 하는 수 없이 전부터 문교부에 출입하던 청구출판사 이사장에게 부탁하여 청구인쇄소에서 문선하기로 했다. 그러나 인쇄소 직공을 썼다가는 문제가 누설될 염려가 있다. 직접 문선을 할 수밖에 없다. 인쇄소 직공들이 퇴근한 후 나와 오장학관은 서툰 솜씨로 문선공 노릇을 했

---

118) 「중등학교 입시 성적 양호」, 『민주신보(석)』, 1951년 8월 18일.

다. 그것도 하루 가지고는 안 되고 이틀 밤을 꼬박 새웠다. 조판까지 직접
하고 싶었으나, 이것만은 기능공이 아니고는 되지 않는다. 형무소의 죄수
를 썼다. 그것도 조금씩 분담시켜 뜯어 맞추는 작업을 했다. 죄수가 문제
를 읽기는 하지만 객관적 출제법이라 외울 수는 없었다. 호수가 다른 활
자를 가져다가 시설이 부족한 데서 식자·조판한다는 것은 용이한 일은
아니다. 특히 공목이 전연 맞지 않아 청구인쇄소 것을 운반하고 그것도
모자라 시중 인쇄소를 돌아다니며 모아 오는 것도 힘들었다.

　이렇게 조판된 것은 엄밀한 교정을 거쳐 대구일보사에 옮겨져 직원들
이 퇴근한 후 몇몇 기술자만을 데리고 지형을 떠서 윤전기를 걸게 되었
다. 산더미처럼 쏟아져 나오는 파지를 한 조각도 새어 나가지 못하게 모
아 불살라야 했으며, 화장실까지 따라다니며 직공을 감독하는 일은 참으
로 고된 일이었다. 하루 밤 철야작업으로 끝낼 예정이던 것이 기계의 고
장 등으로 이틀 밤을 새우게 되었으나 낮에는 형무소에서 포장 작업을
해야만 했다. 죄수의 감시뿐 아니라 간수를 더욱 감시해야 했다.[119]

　단시일 내에 80만매(20만 명분)의 문제를 인쇄하는 데 대하여 협의하
였다. 그런데 부산 시내의 인쇄 시설로는 10일 내지 20일의 시일을 요하
게 된다는 것을 알게 되었다. 인쇄기일이 길면 길수록 비밀 누설의 위험
성이 크기 때문에 위원 중에는 국외에서 인쇄하여 반입할 것을 주장한
사람도 있었다. 그러던 중 대구에 윤전기가 있다는 소식을 듣고 예비 조
사를 한 결과 단시일 내에 인쇄할 수 있다는 것이었다. 이리하여 대구형
무소에서 문선 조판하여 모 인쇄소에서 인쇄하기로 내정하고, 6월 하순
선발대가 출발하고, 이어 중앙고사위원회를 대구로 옮겼다.

　해방 후 금일까지 반밖에 쓰이지 않은 윤전기가 처음으로 전면 사용하
게 되었다. 주간 작업이 끝나고 전 종업원이 퇴근한 후, 전 고사위원 입회
하에 1명의 기술담당자와 1명의 조수의 손으로 윤전기는 돌기 시작하였
다. 그러나 소음 속에서 나오는 고사용지는 기대에 반하여 의외에도 불선
명하였다. 잘 보이지 않는 고사용지는 여전히 쏟아져 나오고 나온 것은 모
조리 아궁이 속으로 들어가야 할 형편이었다. 설상가상으로 윤전기의 로
오라는 과열로 녹아버리고, 종이 뭉치는 돌다가는 끊어지고, 난파한 쪽배

---

119) 심태진, 앞의 책, 198쪽.

의 항해와도 같이 난작업은 아침까지 계속되었으나 불선명한 고사용지를 보이게 할 도리는 없었다. 3일간의 철야작업으로 다난하고 불완전한 인쇄 작업을 마치었다. 고사위원들은 고사 당일의 학생들과 감독관의 고생을 예상하고 이에 대책을 강구한 결과, 예정했던 고사 시간표를 변경하여 고사실시 직전에 20분간의 '불명문자 교시' 시간을 삽입하기로 되었다.[120]

시험문제 인쇄와 관련된 내용을 정리해보면 응시자 20만 명분의 시험지 80만 매는 국외에서 인쇄하여 반입할 것을 주장한 중앙고사위원회 위원도 있었고, 시험문제는 일본에서 인쇄해서 공수할 것이라는 소문이 돌기도 했다. 하지만 당시 고속인쇄를 할 수 있는 윤전기 시설이 부산과 대구의 신문사에 있었고, 임시수도였던 부산보다는 비밀 유지를 위해 대구에서 시험지 인쇄가 진행되었다. 대구형무소에서 조판하기로 했으나 형무소의 활자는 호수가 맞지 않아서 대구일보사에서 인쇄할 수 없었다. 그래서 문교부와 인연을 맺고 있던 청구출판사의 인쇄소에서 장학관이 직접 문선하고 형무소의 죄수들에게 조금씩 분담시켜 조판작업을 했다. 이후 대구일보사 직원들이 퇴근한 후 1명의 기술자와 1명의 조수만 동원하여 인쇄했다. 하지만 인쇄된 시험지의 글자가 잘 보이지 않는 파지가 많아서 이것은 모두 불태웠고, 3일간의 야간작업을 통해 인쇄는 마무리되었다. 그리고 선명하지 않은 인쇄 상태를 고려하여 고사실시 직전에 20분간의 '불명문자 교시' 시간을 추가하기로 했다. 하지만 시험이 끝난 후 시험지 인쇄 상태는 곧바로 논란이 되었고, 당시 신문에서는 "시험문제 내용에 있어 인쇄물이 졸렬하여 선명치 못한 것이 금년도 입시의 결함"으로 지적되었다.[121]

(3) 포장·수송

인쇄된 시험지의 포장과 수송에 대해서는 심태진과 박상만의 다음 자료

---

120) 박상만, 앞의 책, 206~208쪽.
121) 「중등학교 입시 성적 양호」, 『민주신보(석)』, 1951년 8월 18일.

를 통해 알 수 있다.

인쇄된 고사 문제는 도청 창고 안으로 운반되어, 이곳에서 포장 보관
되었다. 고사문제는 고사위원들과 무식한 수 명의 부녀의 손에 의하여 미
리 준비된 튼튼한 봉투 속에 25명분 또는 50명 분씩 밀봉되어 8,9개의 봉
인이 찍히게 되었다. 봉투 표면에는 '각고사장에서 고사실시 직전에 개봉
할 일'이라고 朱書되었고, 25명분 또는 50명분이라는 도장이 찍히었다.
그리고 봉투 안에는 1명 내지 2명분의 예비고사용지와 편철용의 끈까지
동봉하였다. 밀봉된 고사용지는 늙은 노동자의 손에 의하여 500명분 또는
250명 분씩 대소 2종의 목상자 속에 갇히게 되고, 새끼로 견고히 묶이었
다. 목상자 속의 용지는 우기를 염려하여 방수지로 포장되었다. 이리하여
20만 명분의 고사용지는 대소 450개의 목상자에 포장되었다.

고사를 2주 앞둔 7월 중순, 원서 접수를 마친 각도고사위원회는 정확
한 지원자 통계를 가지고 고사문제를 인수하기 위하여 대구에 위원을 파
견하였다. 중앙고사위원회는 고사문제 수송책임자를 임명하여 각도에 고
사문제를 수송하였다. 제주도를 제외하고는 모두 트럭이 이용되었다. 이
트럭에 의한 고사문제 수송도 쉬운 일은 아니었다. 치안이 확보되지 않은
전라남도는 직통 육로는 교통이 끊기어 멀리 대전을 돌아야 하였고, 트럭
위에는 무장경관이 타야만 하였다. 도중에서 숙박하게 될 때면 경관과 수
송책임자는 철야 경비하여 가며, 분실 도난을 방지하고, 불의의 습격에
대비하였던 것이다. 이리하여 수일씩 걸리면서도 안전하게 각도고사위원
회에 도착한 고사문제는 미리 준비해 놓은 금융조합 금고나 비밀히 지정
된 창고 속에 들어가서 무거운 열쇠가 걸리게 되고, 시·군에 발송할 때까
지 경비원이 서게 되었다.[122]

포장된 문제지는 각 도에서 보내온 트럭에 실렸고, 수송책임은 각 도
의 장학사 2명이 맡기로 하였다. 경찰관의 호송은 전혀 없었다. 경찰관의
호송이 오히려 문제지의 수송을 눈치채게 하고 산속이나 길가에 숨어있
는 공비의 습격을 받게 할 염려가 있었기 때문이다. 대단치 않은 일반 화
물처럼 위장하고 곳곳에 있는 삼엄한 검문소를 통과할 때만은 비밀을 밝히

---

122) 박상만, 앞의 책, 208~209쪽.

며 손을 대지 못하게 했다. 이리하여 가까운 곳은 하루에 먼 곳은 이틀 만에 각 도까지 감쪽같이 수송되고 같은 방법으로 고사장까지 운반되었다.[123]

중앙고사위원회는 고사기일이 임박한 7월 하순 각도에 고사 감독관을 파견하였다. 각도에 도착한 중앙감독관들은 각 시·군에 파견될 도고사위원을 소집하여, 고사 실시상의 주의를 전달하였고, 질문에 답하였으며, 세밀한 점까지 제반 문제에 대하여 토의하였다. 협의를 마친 도고사위원들을 각 시·군에 발송될 고사문제와 함께 트럭, 쓰리코오타 또는 버스에 몸을 싣고 출발하였다. 이 문제의 수송에는 도내 각 기관이 동원되었으며, 지방에 따라서는 호위경관이 배치된 곳도 많았다. 도중의 만일을 염려하여 문제 상자를 사과상자로 擬裝하지 않으면 안 될 곳도 있었다. 그리하여 고사실시 전일인 7월 31일까지는 전국 각 시·군고사위원장 손에 고사문제가 도착하였으며, 고사장을 수 개소 설정한 시·군에서는 비로소 수수께끼의 목상자를 열어 봉투를 고사장 책임자에게 분배하고, 고사장 책임자는 도보로 혹은 차편으로 고사장까지 운반하여 날이 새기를 기다렸다. 이 동안에 어느 지방에서는 고사 전일 치안 관계로 인하여 고사장을 이전한 곳도 있고, 심야에 고사장 근처가 습격을 받아 고사장 책임자가 고사문제를 짊어지고 숨어다니어 겨우 난을 면한 사건도 발생하였다. 그러나 다행히도 고사실시 전까지 고사문제는 빠짐없이 그리고 안전히 배부되었으며, 문제의 비밀은 조금도 누설되지 않았다. 전란 중에 그리고 혼란기에 이와 같이 만사가 순조롭게 진행된 것은 성실하고 양심 있는 교육계 아니고서는 도저히 바랄 수 없는 일이었다.[124]

시험지 포장과 수송 과정을 정리하면, 인쇄된 시험지는 경북도청 창고에서 고사위원들과 글자를 읽지 못하는 몇 명의 부녀들에 의해 25명분 또는 50명 분씩 봉투에 넣어 밀봉하고 8~9개의 봉인을 찍었다. 봉투 안에는 1~2명분의 여분 시험지와 편철용 끈도 동봉했다. 시험지 봉투는 500명분 또는 250명 분씩 대소 2종의 나무상자에 넣었는데, 이때 비에 젖지 않도록 방수지로 포장되었다. 이러한 과정을 거쳐 20만 명분의 시험지는 450개의

---

123) 심태진, 앞의 책, 198쪽.
124) 박상만, 앞의 책, 210~211쪽.

나무상자에 포장되었다.

포장된 문제지는 제주도를 제외하고 각 도에서 보내온 트럭을 이용하여 수송했고, 수송책임은 각 도의 장학사 2명이 맡았다. 경찰관의 호송은 없었는데, 경찰관의 호송이 오히려 시험지 수송을 눈치채게 하고 공비의 습격을 받게 할 염려가 있었기 때문이다. 다만 치안이 확보되지 않은 전라남도는 직통 육로가 단절되어 무장 경관이 같이 타 대전을 돌아 수송했다. 같은 방법으로 시·도고사위원회에서 각 시험장으로 시험 전날까지 시험지 운송이 완료되었다.125)

(4) 국가고사일 풍경

1951년 7월 31일에 중학교 입학 국가고사가 실시된 지역은 서울시와 경기도 전 지역, 그리고 강원도 서북부의 3개 시·군을 제외한 8도였다. 전국에 설치된 고사장의 현황은 박상만의 다음 기록을 통해 확인할 수 있다.

> 고사가 실시된 구역은 남한 1특별시 9도 중 전투지구에 속하는 서울특별시와 경기도 전 지역, 그리고 강원도 서북부의 3시·군을 제외한 8도이었으며, 2개월 늦게 9월 30일 고사가 실시된 경기도 한강 이남 지역과, 10월 20일 실시된 서울특별시를 넣는다면 금일까지 남한 전 시·도가 고사를 완료하였다. 이를 시·군 수로 보면 남한의 154 시·군 중 127 시·군에 걸쳤고, 뒤에 실시된 시·군까지 넣으면 140 시·군이 되어, 겨우 14 시·군만이 실시를 보지 못하고 있는 형편이다. 고사장 수는 1 시·군에 평균 2개소씩 설치된 셈인데, 고사장 수가 가장 많은 곳은 제주도의 1시·도 평균 8개소이고, 다음은 충북의 3개소이며, 가장 적은 곳은 전북의 1.3개소인데, 이것은 치안 관계로 이렇게 아니할 수 없었던 것이다. 1고사장 인원수는 평균 347명인데, 많은 곳은 수천 명이 수용되었으며, 가장 적은 곳은 충북 제천군의 13명을 위한 산간의 고사장이었다.126)

---

125) 심태진, 앞의 책, 198쪽. 박상만, 위의 책, 210~211쪽.
126) 박상만, 위의 책, 212~213쪽.

1950년 9월 30일에 경기도, 10월 20일에 서울시에서도 중학교 입학 국가고사가 실시되었다. 그래서 전국 154개 시·군 중에서 140개 시·군에서 국가고사가 실시되었다. 1개 시·군에 평균 2개의 고사장이 설치되었고, 이는 고사장 당 평균 347명에 해당하는 것이었다. 하지만 적게는 13명부터 많게는 수천 명을 수용해야 하는 고사장도 있었다.

1951년 7월 31일 고사 당일의 풍경에 대해 박상만은 그의 책에 다음과 같이 기록했다.

한편 고사장에서 떨어진 곳에 사는 학생들은 고사 전일 학급 담임 인솔하에 산을 넘고 물을 건너 고사장으로 모이고 있었다.

1951년 7월 31일 상오 9시까지 학급담임에게 인솔된 학생들이 지정된 고사장에 모여 있었다. 고사장으로 사용되는 장소는 전화를 면한 초·중등학교 校舍, 폭탄이나 기관총탄의 세례에 파괴되거나, 총탄 구멍이 벌집같이 뚫린 무너져 가는 校舍, 어두컴컴한 창고, 파괴된 공장, 천막이나 거적으로 가린 산 밑의 가교실 등 이용할 수 있는 건물은 모두 이용되었다. 물론 책상·걸상이 완비되어 있는 고사장은 극소수에 지나지 않고, 대부분은 마루바닥이나 맨땅바닥에 앉아야 할 형편이었다. 치안이 확보된 일부지역을 제외하고는 대부분의 지역에서는 미리 연락된 무장경관들이 고사장 주위를 삼엄하게 경비하여 전시 기분이 충만하였으며, 고사위원 이외에는 학부형이나 담임교사까지도 고사장 부근 출입이 엄금되었다. 각 고사장에는 학생 50명에 2명의 비율로 초·중등학교 교원 중에서 임명된 고사위원이 배치되어 학생들을 지휘 감독하였다. 상오 9시 정각부터 학생들의 출결석을 조사하고, 50명 단위로 반을 만들어 고사실 주임 인솔하에 고사실에 들어가 착석한 후 상오 10시 20분 엄봉된 고사문제는 봉한 것이 열리어 학생들 손에 배부되고, 인쇄 불선명한 부분의 교시가 있은 다음, 10시 40분의 종이 울리자 전국 일제히 정숙하고도 긴장된 분위기 속에서 역사적인 고사가 개시되었다. 학생들은 불선명 문자 질문에 상당한 시간을 허비하였으며, 문제 분량이 많은 데다가 고사방법이 종전의 그것과 다른 데 상당히 당황하였다. 그러나 전 정력을 기울인 45분의 시간이 경과하자 일단 고사는 중지되고, 학생들은 고사장 안에서 고사위원의 지도로 간단한 체조와 10분간의 휴양으로 피로를 회복한 후 다시 고사가 시작되어 45분 후인 하오 0시 20분 이날의 행사를 완전히 마치었다.

이리하여 계획에 착수한 지 3개월, 요항을 세상에 발표한 지 50여 일, 사회의 이목을 끌고 교육계의 관심을 집중한 국가고사, 일방에서는 그 실현이 의문시되던 국가고사의 난사업이 예기 이상으로 순조롭게 시행된 것이었다.127)

국가고사 시험 당일인 1951년 7월 31일 오전 9시까지 학급담임에게 인솔된 학생들이 지정된 고사장에 모였다. 책걸상이 완비된 고사장은 극소수였고, 대부분은 마룻바닥이나 땅바닥에 앉아야 할 형편이었다. 치안이 확보된 일부 지역을 제외한 대부분 지역에서는 무장경관들이 고사장 주위를 경비했고, 고사위원 이외에는 학부모나 담임교사도 고사장 부근 출입이 금지되었다. 고사장에는 학생 50명에 2명의 비율로 초·중등학교 교원 중에서 임명된 고사위원이 배치되어 시험을 감독했다. 출결석 확인 후 10시 20분 시험지가 배부되고, 인쇄가 선명하지 않은 부분에 대한 안내가 있은 다음 10시 40분부터 시험은 시작되었다. 시험지 인쇄 상태가 좋지 않아서 학생들은 불선명 문자에 대한 질문에 상당한 시간을 허비했다. 하지만 1교시 45분 시험 후 10분간 휴식하고 다시 45분간 시험이 진행되어 12시 20분에 시험은 종료되었다. 이렇게 중학교 입학 국가고사를 계획한 지 3개월, 요강을 세상에 발표한 지 50여 일 만에 사회의 이목을 끌고 교육계의 관심을 집중한 국가고사가 실시된 것이다. 하지만 전쟁 중의 여러 가지 악조건으로 시험장의 환경이 좋지 못했다는 것은 1951년 국가고사의 결함으로 지적되었다.128)

---

127) 박상만, 위의 책, 211~212쪽.
128) 「중등학교 입시 성적 양호」, 『민주신보(석)』, 1951년 8월 18일.

(5) 응시자와 채점

1951년 7월 31일에 치러진 국가고사 응시자 총수는 91,684명으로 한국 전쟁 전 남한의 6학년 재적자 총수 389,360명의 약 24%, 고사실시 지역 6학년 재적자 수의 약 31%에 해당한다. 남녀별로 본다면 남자가 72,030명으로 응시자 총수의 78.6%였고, 여자가 19,644명으로 21.4%였다. 최저 연령 11세부터 최고연령 20세까지 9년간의 연령차를 가진 초등학교 학생들이 동일한 기준에 의하여 테스트 되었고, 의무교육 학령에 해당하는 학생은 겨우 60% 여에 지나지 않고, 근 40%는 연령 부족 또는 연령 초과한 학생이었다.[129] 이후 경기도와 서울시에서 추가 실시된 시험에 참여한 학생까지 합하면, 1951년 중학교 입학 국가고사에 응시한 학생은 총 101,495명으로 전쟁 전의 초등학교 6학년 재적자 총수의 약 26%에 해당한다. 그 결과 1951년 중학교 입학 국가고사 응시자 중 약 82%의 학생이 고사 성적순으로 중학교에 입학했다.[130]

박상만은 채점 과정과 성적증명서 발행 절차에 대해 다음과 같이 설명했다.

각 고사위원은 고사실 단위로 답안을 편철하였다. 물론 고사번호순으로 편철되지 않았으며, 고사 번호나 성명을 볼 수 없도록 고려하였다. 고사답안은 고사실 주심의 손에서 고사장 책임자의 손을 거쳐, 시군고사위원회에 넘어가, 다시 목상자에 포장되어 도고사위원회에 모여들었다. 도고사위원회에서는 초·중등학교 교원과 장학사 중에서 임명한 채점위원을 소집하여 중앙고사위원회에서 전달된 모범답안과 답안 채점요령에 의거하여 채점방법과 채점상의 제문제를 토의한 후 채점을 개시하였다. 채점장은 학교, 유치원, 여관 등 한적한 곳이 선택되었으며, 채점위원들은 합숙생활을 하지 아니하면 아니 되었다. 고사문제수가 많은 데다가 채점의 정확을 기하기 위하여 채점한 것을 일일이 검열하는 관계로 채점위원

---

129) 박상만, 앞의 책, 213~214쪽.
130) 백낙준, 앞의 책, 287~288쪽; 한국교육십년사 간행회, 앞의 책, 144쪽.

을 도중에 증원할 형편이었으며 예정보다 상당한 시일을 요하였다. 금번 채점에 참가한 채점위원은 전국을 통하여 약 500명에 달하였으며, 채점에 요한 일수는 도에 따라 다르지만 9일 내지 13일 이었다. 채점된 답안은 성적을 산출하여 2부의 고사자 대장에 轉記되고, 다시 2통의 성적증명서에 전기되었다. 성적증명서에는 고사위원장인이 날인되었으며, 전기 책임자인도 날인되었다. 이리하여 성적발표 예정일인 8월 14일까지는 성적증명서에 시군고사위원회와 국민학교장을 거쳐 응시자의 손에 들어가게 되었으며 시도고사위원장은 관내 응시자 전원의 성적을 등사하여 공표하게 되었다. 도고사위원회는 고사자 대장 1부를 중앙고사위원회에 제출하고, 국가고사는 이로써 일단락되었다.131)

학생들이 작성한 고사 답안은 고사실 단위로 묶었지만 고사번호순으로 묶지 않았고, 고사 번호나 성명도 볼 수 없도록 했다. 채점은 각 도별로 진행되었는데, 도고사위원회는 초·중등학교 교원과 장학사 중에서 채점위원을 임명하고 중앙고사위원회에서 전달된 모범답안과 답안 채점요령을 숙지한 후 채점했다. 시험 문항이 많았고 일일이 검사를 거쳐야 했기 때문에 예상보다 시간이 많이 소요되어 채점위원을 추가했다. 그렇게 전국에서 약 500명의 채점위원이 9~13일간 학교·유치원·여관 등에서 합숙하며 채점을 완료했다. 이후 응시자별로 만들어진 2통의 성적증명서는 성적발표 예정일인 8월 14일까지 응시자가 받을 수 있었고, 시·군고사위원장은 관내 응시자 전원의 성적을 등사하여 공표했다.

(6) 국가고사 성적 분석

박상만은 1951년 7월 31일에 시행된 중학교 입학 국가고사의 도별 성적 일람표를 다음과 같이 제시했다.

---

131) 박상만, 앞의 책, 215~216쪽.

〈표 V-6〉 1951년 중학교 입학 국가고사 도별 성적일람표(피난학생 포함)[132]

도별	500 -451	450 -401	400 -351	350 -301	300 -251	250 -201	200 -151	150 -101	100 -51	50 이하	계	평균
충북	2	19	75	202	374	53	819	1,107	1,263	883	5,281	139
충남		22	152	445	787	1,271	1,718	2,019	2,104	1,127	9,645	156
전북		16	137	434	913	1,285	2,020	2,581	2,897	2,017	12,300	112
전남	1	72	381	837	1,322	1,736	2,499	3,289	4,043	2,828	17,008	134
경남	15	341	1,080	1,965	2,642	3,204	3,559	3,495	2,845	1,224	20,370	192
경북	8	223	978	2,046	2,759	3,291	3,857	3,926	2,737	1,455	21,280	179
강원				4	13	55	133	330	718	1,563	2,816	57
제주		1	6	45	103	281	337	613	825	863	3,074	116
계	26	694	2,809	5,978	8,913	11,660	14,942	17,360	17,432	11,960	91,774	136

그리고 성적 분포의 양상을 다음과 같이 다섯 가지로 정리했다.

첫째, 전재가 적은 도의 성적이 우수한 데 대하여 전재가 심한 도의 성적이 불량함.
둘째, 도회지 학생이 농촌 학생에 비하여 성적이 우수함.
셋째, 피난학생의 성적이 예상외로 우수함.
넷째, 남녀의 성적차는 볼 수 없었음.
다섯째, 성적 우수사 중에 연소자가 많았다고 할 수 있음.[133]

또한 성적을 산출할 때의 특징을 다음과 같이 설명했다.

중학교 입학 사정 성적 산출에 있어 특징은 만 14세를 초과한 학생에 대하여 1개월에 3점의 기준으로 고사 성적에서 감점하여 사정 성적을 산출하는 방법인데, 금번 응시자 중 연령초과자가 많았고, 금번 고사가 일종의 지식 검사의 형식으로 시행된 관계로 연령 초과자를 동일하게 다루는 것이 불공정하다는 견지에서 취한 조치이다. 의무교육상 학령으로 말

---

132) 박상만, 위의 책, 217쪽.
133) 성적 우수자 13명 중 1명만이 만 16세를 초과한 학생이고 12명은 만 14세 미만의 학생이었다(박상만, 위의 책, 219쪽).

하면 만 12세 이상 만 13세 미만이 초등학교의 졸업 연령이 되겠지만 금번 응시자의 입학시 제반 사정에 비추어 14세까지를 졸업 연령으로 인정하게 되었고, 1개월 3점이라는 숫자는 금번 고사가 500점 만점이었으니만큼 생후 14세까지에 지능이나 터득하는 힘이 발달되어 온 것을 매월 3점씩 (500 + 168)으로 본데서 나온 숫자이다.[134]

이상의 내용을 종합해보면 응시자가 11세부터 20세까지 9년간의 연령차가 있었기 때문에 만 14세를 초과한 학생에 대하여 1개월에 3점씩 고사 성적에서 감점하여 최종 성적을 산출했음을 알 수 있다. 이는 국가고사가 일종의 지식 검사의 형식으로 시행된 관계로 연령 초과자를 동일하게 다루는 것이 불공정하다는 견지에서 취한 조치였다. 그리고 전쟁 피해가 적은 도의 성적이 우수하고, 도시 학생이 농촌 학생에 비하여 성적이 우수했으며 피난학생의 성적이 예상외로 우수했다. 또한 남녀의 성적 차이는 볼 수 없었고, 성적 우수사 중에 연소자가 많았다는 것도 확인할 수 있다. 무엇보다 응시자의 평균 점수가 가장 높은 지역은 경남으로 192점인데, 이는 전체 평균 136점에 비해 월등하다고 볼 수 있다. 그 이유는 부산·경남지역의 학생들은 피난하지 않고 자신이 다니던 학교에서 학업을 지속할 수 있었고, 또한 이 지역으로 피난 와서 시험에 응시한 서울 출신 학생들의 성적이 우수했기 때문이었던 것 같다. 이를 부산시 고사위원회의 성적 분석 자료를 통해 확인할 수 있다.

1951년 8월 14일 학생들의 국가고사 성적이 발표된 후, 부산시 고사위원회에서는 예상했던 것보다 학생들의 종합 성적이 우수하다고 평가하며 피난학생과 원주학생들의 성적을 분석했다. 이에 따르면 원주·피난학생을 합한 수험자 총수는 6,382명이었고, 평균은 500점 만점에 남학생 260점, 여학생 200점이었다. 피난 남학생은 250점, 피난 여학생은 190점, 원주 남학생은 276점, 원주 여학생은 210점이었다. 개인별 최고점은 서울 삼광초등

---

134) 박상만, 위의 책, 220쪽.

학교 정근모군의 476점을 필두로 서울 장순옥양의 466점, 다음 순위 역시
서울 학생 남정현군의 464점으로써 대부분이 서울에서 피난 온 학생이었
다. 원주학생 최고점은 다대포초등학교 박소숙양의 436점이었다. 다만 박
상만은 남녀 학생의 성적 차이를 볼 수 없었다고 했는데, 부산시 고사위원
회의 분석 자료를 보면 남녀 학생의 성적이 평균 60점 정도 차이가 나는
것을 알 수 있다.

부산시 문교 당국자 말에 의하면 대략 200점 이상만 받으면 합격권 내
에 들 가능성이 있는데, 이에 해당하는 학생수는 수험자 총수의 약 50%인
3,822명이었고, 이 중 피난학생은 1,146명이었다. 따라서 부산 시내 남학생
의 경쟁률은 약 2대 1, 여학생은 약 2.5대 1로 예상했다.[135] 부산시에서 국
가고사에 응시한 학생들의 점수 분포는 다음과 같다.

〈표 V-7〉 1951년 중학교 입학 국가고사 부산시 응시자 점수별 인원 현황[136]

구분		400점 이상	300점 이상	200점 이상	100점 이상	99점 이하	계
남	원주	99	817	947	801	376	3,040
	피난	42	295	330	248	95	1,010
	소계	141	1,112	1,277	1,049	471	4,050
여	원주	28	320	463	446	219	1,476
	피난	17	194	270	239	136	856
	소계	45	514	733	685	355	2,332
합계		186	1,626	2,010	1,734	826	6,382

이와 같이 전란 속에서도 피난학생들이 양호한 성적을 얻자 이들의 노
력에 대한 칭찬이 높았다.[137] 이는 앞서 살펴본 것처럼 피난지에서도 학생
들은 상급학교 진학을 위한 입시 준비를 충실히 했고, 피난학교가 학생들
에 대한 학습관리를 소홀히 하지 않았음을 보여주는 것이다.

---

135) 「중등학교 입시 성적 양호」, 『민주신보(석)』, 1951년 8월 18일.
136) 위의 기사.
137) 위의 기사.

(7) 피난학생과 서울·경기도의 입시방침

1951년 6월 15일 서울시 초등학교장회의가 피난지였던 부산시청 회의실에서 열렸고, 여기서 피난 중인 초등학생들의 중학교 진학과 관련해서 다음과 같은 안건에 합의했다.

> 1. 중등교 진학 희망의 在釜 피난아동 입시는 문교부 방침대로 이번만은 부산 시내에서 시행하되 지원교의 등록은 환도 후에 서울 시내 중등교로 할 것을 원칙으로 함.
> 2. 현재 서울 시내에 잔류한 아동에 대하여는 환도 후에 문교부의 국가시험에 응하게 하여 진학의 길을 열어 줄 것.[138]

즉, 서울에서 부산으로 피난 중인 초등학생들은 부산에서 국가고사를 응시하고, 환도 후에 서울에 있는 중학교에 등록하도록 했다. 그리고 피난하지 않고 서울에 남아있는 학생들도 환도 후에 국가고사에 응시할 기회를 부여하고 중학교 진학을 할 수 있도록 한다는 방침을 정한 것이다. 이후 1951년 8월 문교부는 피난학생들의 중학교 입학 선발요항도 발표했는데, 그 내용은 다음과 같다.

▷ **피난학생 중학교 입학 선발 요항**
1. 서울특별시·경기도·강원도 피난학생의 중학교 제1학년 입학자를 선발하기 위하여 서울특별시, 경기도 및 강원도에 각 중학교 제1학년 입학자 선발위원회를 둔다(이하 위원회라 한다).
2. 위원장은 서울특별시 특별교육국장 또는 경기도·강원도의 문교사회국장, 부위원장은 학무과장, 위원은 관계관 및 중학교 교원으로 한다.

---

138) 「서울시 국민학교장 회의, 중학교 진학시험 일정 등을 결정」, 『민주신보』, 1951년 6월 17일.

3. 각 위원회는 관하 중학교 각 기별 학교 일람표 모집정원 모집사항을 작성 공포한다.

4. 위원회는 자유지구의 각도에 위원을 파견한다.

5. 입학지원서는 입학원서에 다시 사진 1매를 첨부하고 제1기 지망학교 제2기 지망학교를 기입한 후 등록료를 첨부하여 현 거주 도 문교사회국 학무과에 제출한다.

6. 각 파견위원은 입학지원자의 면접과 신체검사를 행한다.

7. 각 위원회에서는 지원자의 사정성적 및 신체검사의 성적에 의하여 각 학교별로 입학 허가자를 결정 발표한다. 입학 허가자 수는 학급당 45명(7할)으로 한다. 단 경기도·강원도는 매 학급당 20인으로 한다.

8. 각 위원회는 입학 허가자 명부와 각 학급에서 발행한 신분증명서를 각 도에 발송하고 각 도는 본인에게 신분증명서를 교부하고 동시에 취학학교를 지정한다.

9. 입학 허가를 받은 학생은 현 거주 도에서 지정한 학교에 취학 수속을 한다. 단 취학 수속은 제3 입학 수속에 의하되 입학금은 납부하지 아니한다.

10. 각 위원회는 입학 허가자 명부를 작성하여 문교부장관에게 보고하며 성적을 조회한다.

11. 6·25사변 이후 월남한 학생은 원주학생과 동일이 취급한다. 단 거제도 피난학생에 대하여는 별도 지시한다.

    (1) 사범대학 부속 중학교 및 사범학교 병설 중학교의 입학지원자 등록기일은 별도 결정 실시한다.

    (2) 피난지에서 고사를 받은 학생은 수복 후 재차 고사를 받지 못한다.[139)]

위와 같은 문교부의 피난학생 중학교 입학 원칙을 반영하여 1951년 9월 초 경기도 중학교 입학자 선발 고사위원회는 중학교 입학지원자에 대한 주의 사항을 발표했다. 이때 발표된 중학교 입학 자격 및 지원 절차, 선발

---

139) 「문교부, 중학교 입학 선발 요항 발표」, 『민주신보(석)』, 1951년 8월 18일.

과정은 다음과 같다.

▷ **경기도 중학교 입학지원자 주의 사항**

2. 수험 자격

  1) 국민학교 6학년 졸업자 또는 졸업 예정자

  2) 국민학교 6학년을 피난지에서 이수한 자

  3) 원재적교에서 6학년 재학 중이었든 자. 피난지에서 미 등교 중인자
    로서 확실한 증명을 할 수 있는 자

3. 지원 절차

  1) 고사지원자는 소정 기일 내에 고사원서(소정 용지) 2통을 졸업한
    국민학교장에게 제출한다.(고사료 3,000원 첨부)

  2) 피난지에서 6학년을 이수한 고사지원자는 현주지에 인접한 국민학
    교장에게 이수증서를 첨부하여 고사원서 3통을 제출한다.(고사료
    3,000원 첨부)

  3) 현재 미등교 중인 피난학생 중의 고사지원자는 현주지에 인접한
    국민학교장에게 원재적교 또는 졸업교의 재적 또는 졸업을 증명할
    만한 증빙서류를 첨부하여 고사원서 2통을 제출한다.(고사료 3,000
    원 첨부)

  4) 증명사진 1매(최근 3개월 이내)에 촬영한 것으로 이면에 성명을 기
    입하고 고사원서의 소정 장소에 첨부할 것

  5) 각국민학교장은 前記 원서에 재학 또는 졸업증명서에 기입 날인
    하여 시군위원회에 일괄 제출한다.(사진에 국민학교장 契印이 필
    요하다) 피난학생 중의 고사지원자는 증빙서류만을 첨부하여 제
    출한다.

현재 재학 여부를 막론하고 피난학생의 원서에는 국민학교장이 避印을
朱서 또는 날인하고(재학증명서 ○표 장소) 월남한 학생과 원서에는 北
印을 주서 또는 날인

4. 원서 제출기한

  自 9월 10일 至 9월 20일

---

5. 고사기일

　9월 30일

6. 성적발표 及 성적증명서 교부

　10월 15일 원서제출 한 국민학교장에게서 받는다.

7. 선발

　1) 성적증명서의 교부를 받은 학생은 소정기한 별도 지시 내에 입학
　　을 지원하는 중학교에 입학원서를 기입하여 제출 등록한다.

　2) 등록을 받은 중학교는 성적순에 의하여 입학후보자를 결정 발표한
　　다. 입학후보자의 수는 모집정원의 1할 이내를 가한 수로 한다.

　3) 중학교는 입학후보자를 면접하고 신체검사를 실시한다.

　4) 면접과 신체검사의 결과 수학 상의 지장이 있는 자를 제외하고는
　　성적순에 의하여 입학자를 선발 공표한다.

　5) 성적증명서는 어느 도 어느 학교에나 통용되며 단기 4284년도 학
　　년말까지 유효하다.

　6) 입학후보자가 되지 못한 지원자의 원서는 반환한다.

8. 기타 유의사항

　1) 고사원서는 도위원회에서 군위원회를 통하여 1인당 2매씩 배부한다.

　2) 입학지원자는 9월 29일 오후 1시 고사장소에 집합하여 수험표를
　　받고 수험에 관한 주의사항을 듣는다.

　3) 고시 당일에는 필기용구(연필·지우개·주머니칼·삼각자·콤파스·주
　　판·책받침) 점심 신발을 쌀 보자기를 지참한다.

　4) 고사 번호표는 고사 시 좌흉에 달고 보관하였다가 성적증명서 교
　　부 제시하여야 한다.

　5) 기타 상세한 사항은 시군고사위원회 도고사위원회에 문의하라.[140]

　한편 1951년 8월 30일 김태선 서울시장은 기자들과의 회견에서 서울시
민 중 상급학교에 진학할 초등학교 6학년 학생 2천여 명이 잔류하고 있는
데, 이들에 대해서는 문교부와 협의하여 가능하다면 경기도와 합작하여 9

---

140) 「중학교 입학고사」, 『조선일보』, 1951년 9월 8일.

월 말경에 중학교 입학시험을 시행할 예정이라고 했다.[141] 하지만 서울시는 경기도와 함께 9월 말에 국가고사를 시행하지 못했고, 앞서 살펴본 것처럼 10월 20일에 시험을 보았다.

(8) 전쟁 중에도 계속된 입시 준비교육

전쟁 중이던 1951년 7월, 처음으로 실시되는 중학교 입학 국가고사를 앞두고 초등학교에서 진행되고 있는 무리한 과외수업과 이에 대한 문교 당국과 학교, 학부모의 인터뷰 기사가 『대구매일신문』에 실렸다.

중등학교 입학시험을 순여로 앞두고 국민학교의 어린 아동들은 작은 가슴을 조여가며 애타게 연일 입학수험 공부를 계속하고 있다. 더구나 이번 시험이 한국 교육계 초유의 통일문제로 지원 전아동에게 수험이 실시되는 만큼 별다른 흥분과 초조가 느껴져 좁은 문을 뚫고 향학의 길로 달려가려는 아동들에게 적지 않은 부담이 되고 있어 수험준비도 싸우는 나라의 소국민들답게 진지하고도 귀여움이 있다. 그런데 수험을 앞두고 시내 각 국민학교에서는 기어코 입학하려는 아동들과 한 사람이라도 더 입학시키려는 선생들이 연일 과외수업을 실시하고 있는데 이 과외수업은 아동들의 보건적인 면에서 2, 3년 전부터 중지되고 있음에도 불구하고 의연 계속되고 있다는 것으로 금년과 같이 전란으로 인하여 소국민들의 영양이 시원치 못한데다가 校舍마저 없어 혹은 노천에서 혹은 연기와 습기로 찬 공장 주변에서 공부를 계속하고 있으므로 심한 데에서는 졸도까지 한 사실이 있어 그 취지는 찬동할 수 있어도 실질적인 제반 문제는 이를 조속히 중지할 것이 요청되고 있는데 이에 대한 각계의 의견을 타진해 보면 다음과 같다.

▷ 지시 불응은 유감, 금후 철저히 단속할 터, 도학무국 담
과외수업에 대하여는 2, 3년 이래 이것을 중지하도록 지시하고 있으나 잘 실천되지 않고 있는데 이 문제는 결국 좁은 문이 해결되기까지는 하

---

141) 「중학 입시는 9월 말경」, 『조선일보』, 1951년 9월 1일.

는 수 없는 현상이 아닌가 본다. 그러나 과외수업에 있어 여러 가지 폐단이 있으므로 ~서 이를 조사케 하고 있는데 아직 '보고가 취전되지 않았다. 이 과외수업은 학교에서 시키는 것이지만 아동들 측에서 희망하는 편이 더 많은 모양이나 당국으로서는 될 수 있는 대로 이를 중지토록 다시 지시하겠다.

▷ 입학 후의 不건강아는 대략 과외수업이 원인, 효성여자중학교장 담

입학 안의 좁은 문을 돌파하기 위하여 국민학교에서도 아동들의 건강을 해쳐가며 무리한 과외수업을 하고 있는 것 같은데 이 과외수업은 상급학교 입학 후에 반드시 효과를 나타내느냐 하면 그렇지도 못한 것이다. 상급학교 입학 후의 학동들의 건강의 부진상태의 원인이 대부분 무리한 과외수업에 기인된다는 것을 볼 때 학교 당국은 물론이거니와 문교 당국의 강력한 대책이 요망되는 것이다.

▷ 무리하나 할 수 없다, 삼덕교장 담

상급학교를 지원하는 아동들을 다 받아들일 수 없는 우리나라 교육계의 현상에 비추어 한 아동이라도 더 많이 그리고 우수한 성적을 가지게 한다는 것은 비단 교육자뿐 아니라 국가의 장래를 생각할 때 긴급한 일이 아닐 수 없다. 따라서 아동들에게도 무리가 되나 한 사람이라도 더 많이 우수한 아동을 진학시키기 위하여 과외수업을 하고 있는 형편이다. 건강상 교육상 좋다고는 할 수 없지만 그렇다고 해서 안 할 수 없는 형편이므로 학교와 가정이 긴밀한 연락을 가지고 피곤한 아동들을 보양해 주는 수밖에 없다.

▷ 저녁밥까지 가지고서 못 먹고 오니 딱하오, 동인교 6년 김창길 모 담

밤이면 늦도록 자습서와 씨름을 하고 아침 새벽부터 등교합니다. 저녁에는 보통 10시가 넘어야 귀가하게 되니 집을 나갈 때 점심·저녁 먹을 것을 준비해서 나가기는 합니다만 "더워서 물만 먹히지 밥은 먹고 싶지가 않아요"하고 가져간 밥을 그대로 돌려오는 날이 흔히 있습니다. 요새는 보기에 딱할 만큼 얼굴색이 못해지고 저녁에는 때때로 현기가 난다고 신음을 하나 좀 쉬도록 하려면 모의시험에 떨어지면 수험도 해보지 못한다고 하니 부모 된 입장에서 어떡하면 좋을지 학교 당국에서는 양분을 잘 취해주라는 지시도 있으나 계란 한 개에도 700~800원이니 그저 한심할 뿐입니다.[142]

이를 통해 과외수업금지 조치는 전쟁 중이었음에도 학교 현장에서는 전혀 지켜지지 않고 있었으며, 오히려 문교 당국은 과외수업은 학생들이 요구해서 실시되고 측면이 더 많다며 적극적인 대응 의지도 보이지 않았다. 또한 중학교에 입학한 학생들의 건강이 부진한 것은 무리한 과외수업 때문이라며 문교 당국의 강력한 대응이 필요하다고 요구하는 중학교 교장도 있었지만, 상급학교에 지원하는 모든 학생이 진학할 수 없는 현실에서 한 명이라도 더 진학시키기 위해 과외수업을 하는 것은 어쩔 수 없는 것이라고 말하는 초등학교 교장도 있었다. 이런 상황에서 새벽부터 밤늦게까지 준비해간 도시락도 먹지 못하며 입시 준비를 해야 하는 초등학교 6학년 자녀를 지켜보는 학부모의 심정도 헤아려볼 수 있다.

3) 1952~1953년 중학교 입학 국가고사의 변천

국가고사 성적이 발표된 후 중학교 지원과 선발 절차가 진행되었기 때문에 국가고사가 중학교의 학교 간 우열을 조장하는 제도라는 문제가 제기되었다. 문교부에서는 중학교를 전기와 후기로 나누어 전기에 탈락한 학생들이 후기에 다른 학교에 지원할 수 있는 기회를 주었다. 그래서 경기중학·경동중학·서울중학·경복중학·용산중학 및 경기여중·수도여중·숙명여중·진명여중 등 소위 일류급에 속하는 학교와 이류급에 속하는 학교들은 대부분 전기를 희망했고, 이에 반해 균명·동명·한성중학 등 15개 학교는 후기를 희망했다. 그러면 시험성적이 우수한 학생들은 일류학교에 입학하

---

142) 「초등학생들, 중등학교 입학시험을 앞두고 무리한 과외수업으로 건강에 적신호」, 『대구매일신문』, 1951년 7월 10일.

고, 성적이 낮은 학생들만 후기의 삼류학교에 모이게 된다며 학부모들이 우려했다.[143] 이러한 학교 간 차이는 개항 이후 근대 교육이 실시되는 과정에서 관·공립학교와 사립학교 간의 뚜렷한 차별화의 구조가 형성되었고, 인문과 실업교육의 우열적 차별화가 일제강점기 이후 지속적으로 반영된 결과로 볼 수 있다.[144] 하지만 이에 대한 문교부의 대책은 없었고, 학부모들의 걱정은 현실이 되었다. 즉, 소위 일류학교에만 많은 학생들이 지원했고 다수의 다른 학교들은 모집정원을 채우지 못하거나 단 1명의 지원자도 없는 학교가 있었다. 결국 성적을 발표한 후에 전후기로 나누어 입학생을 선발한 방법은 학교 간 우열의 차이를 인위적으로 더 뚜렷하게 하는 결과를 초래했다. 이에 서울시 교육국 당사자는 "내년부터는 학생들이 국가시험에 응시하되 그 성적을 비밀로 하여 우수한 학생만이 한 학교로 집중하는 폐단을 없이 해보겠다."고 밝히기도 했다.[145]

(1) 1952년 중학교 입시방침 수정

1952학년도 4월 신학년 시작을 앞두고 1952년 1월 초부터 중학교 입학 국가고사의 실시와 신입생 선발방법에 대한 논란이 있었다. 초등교육계 측에서는 1951년도와 마찬가지로 공평하게 국가시험제로 해야 하고, 또한 그렇게 될 줄로 절대 믿고 있었다. 이에 반해 중등교육계 일부에서는 인위적으로 학교 차이를 조성하여 우수한 성적의 학생이 소위 일류학교에만 집중하는 폐단 등을 지적하고, 국가시험제에 대한 재검토론을 높여갔다. 심지어 국가고사 반대운동을 조직적으로 전개할 움직임을 보여서 교육계는 물론 학부모들에게 충격을 주었다.[146] 이러한 상황에 대해 고병간 문교부

---

143) 「현행 중등학교 입학 사정방법이 우열 구분방법이라고 시정 촉구」, 『서울신문』, 1951년 9월 7일.
144) 이광호, 「근대 한국사회의 학력주의 제도화 과정에 관한 연구(I)」, 『정신문화연구』 17-3, 1994, 177~178쪽.
145) 「중학교 국가시험, 우열 차이를 조장」, 『서울신문』, 1951년 9월 25일.

차관은 다음과 같이 말했다.

> 문제는 더러운 사대사상에 휩쓸리지 않고 공사를 확실히 구별해 낼 수 있는 교육도덕 내지는 교육가로서의 양심의 확립에 있다. 학원을 신임할 수 있는 사회 분위기의 양성이란 실로 국민 전체의 중대한 책임일 것이다. 하여튼 국가시험제가 의도하는 바는 진실한 교육정신으로의 지향에 있다. 그러나 시정할 것이 있다면 신중 고려하겠다.[147]

문교부의 입장은 국가고사제가 진실한 교육정신을 지향하고 있으며, 신입생 선발에 있어 개별 학교에 대한 신뢰가 사회적으로 확보되지 않은 상황에서는 국가고사제를 유지할 것이고, 시정할 부분이 있으면 고려하겠다는 것이다. 당시 『민주신보』는 중학교 입학 국가고사가 금력과 권력의 개입으로 '가슴 찢어지는 설움'을 받았던 가난한 학부모들을 비롯해 국민 대다수의 박수를 받았다며 다음과 같이 평가했다.

> 싸우는 문화민족에 있어서 교육도덕의 확립이란 실로 중대하다. 학원의 신성성을 신임할 수 없는 그릇된 사회적 분위기 속에서 우리는 또한 그 무엇을 논할 것이냐? 우리 가난한 학부형들이 해마다 입학시험장에 나이 어린 아동들을 보낼 때마다 진정한 실력본위가 아닌 금력 또는 권력 등의 뜻하지 않는 개입으로 말미암아 그 얼마나 가슴 찢어지는 설움을 받아 왔던 것인가? 이렇게 사대사상에 휩쓸려 흔들리는 교육가의 양심과 이를 둘러싼 사회악을 바로잡기 위하여 작년도에 처음 단행된 획기적인 국가시험제는 국민 대다수의 박수를 받아 온 것이다.[148]

무엇보다 주무 장관인 백낙준 문교부장관은 1952년 1월 5일 출입기자단

---

146) 「중등학교 입시 방법을 둘러싸고 이견」, 『민주신보』, 1952년 1월 4일.
147) 위의 기사.
148) 「문교부장관, 강압적인 중등학교 입학시험 준비 철폐 지시」, 『민주신보』, 1952년 1월 7일.

과의 회견에서 입시 준비교육과 암기식 교육을 철폐할 것을 각 도지사를 통해 초등학교장에게 엄중히 명령했으며, 중학교 입학 국가고사제를 유지할 것임을 다음과 같이 뚜렷이 밝혔다.

백 문교부장관은 5일 아침 출입기자단과의 정례회견석상에서 학년말이 3월로 단축됨에 따라 일부 국민교에서 수업진도를 구실삼아 아침 일찍부터 저녁 늦게까지 소위 중등교 입학시험 준비교육을 강압적으로 실시하고 있는 폐단이 있음은 타기할 암기식 교육의 주입이라고 경고한 다음 단호히 이를 철폐토록 각 도지사를 통하여 각 국민교장에게 엄중 시달하였다고 언명하였다. 이어 올해 입시방법에 언급. 모든 잡음을 배제하고 국가시험제로 나아가는 방침에는 추호도 변함없다는 것을 명백히 하였다.[149]

이러한 문교부의 방침에 대해 이를 보도한 신문은 "국가시험제를 반대하는 언동이 일부 중등 교육계에서 뿌리 깊게 꿈틀거려 식자의 규탄을 받아 오던바 마침내 문교 당국은 다음과 같이 언명함으로써 대다수 민의에 호응하였다."고 평가했다. 그리고 1952년 2월 2일 자 『경향신문』, 『조선일보』 등 각 신문사에서는 "그동안 사회에 물의를 일으키고 의견이 구구하던 중학교 입학시험에 있어서도 문교부로서는 작년과 같이 국가시험제를 채택할 방침이라고 한다."는 기사를 보도했다.[150] 그리고 『경향신문』에는 이 기사 바로 아래에 '가장 새로운 입학시험 공부 총정리'라는 제목의 다음과 같은 수험서 광고가 실렸는데, 그 내용은 다음과 같다.

입학시험 실력 총정리. 이 책으로 입학 보증!!
문교부 입학시험 방침 결정에 따라 전부 새로이 쓴 것은 이 책뿐이다. 케케묵은 수년 전 것을 되푸리 한 책과는 전연 다르다. 2학기용 새교과서

---

149) 위의 기사.
150) 「학교졸업기 결정」, 『경향신문』, 1952년 2월 2일; 「졸업은 3월 말」, 『조선일보』, 1952년 2월 2일.

(국민교 전6년)를 기본으로 하야 "국가시험" 객관적 고사법의 의하야 우리 나라 최고 권위 선생들이 각자가 전공하는 과목별로 전책임을 지고 쓴 책이다. 한 번 딴 책과 비교해 보면 그 진가를 알 것이다. 양서를 선택하라.

이 책의 좋은 점

(1) "국가시험" "객관적고사법"의 가장 모범적 형식으로 국민학교 전6 년간(제2학기용 교과서도 포함)의 것을 제일 좋은 선생들이 책임지 고 전부 새로이 쓴 책이다.
(2) "그림"이 많고 "멘탈 테스트"도 A·B식이 전부 포함.
(3) "편집 방법"이 새롭고 "해답편"은 모범적이다.[151]

건국사에서 발행한 이 책의 가격이 6,500원이었는데, 1952년에 문교부가 정한 공립학교 3개월 수업료가 7,500원이었던 것을 감안한다면 상당히 비 쌌음을 알 수 있다.

결국 1952년 2월 21~23일 부산 남성여중에서 개최된 전국 장학관 회의 에서 1952학년도 중학교 입학 국가고사 방침이 확정되었다. 가장 큰 변화 는 국가고사 성적발표 전에 지원학교를 선택하여 먼저 등록하도록 한 것 이다. 그 밖의 방침은 1951학년도와 동일했다. 이에 따르면 원서접수를 3 월 10일~15일에 먼저 하고, 4월 1일에 국가고사를 실시했다. 이후 4월 4 일~8일에 등록하고, 성적발표는 4월 10일이었으며 4월 13일에 입학후보자 를 15일에는 입학허가자를 발표했다. 그리고 4월 17일에 입학식을 하는 일 정이었다. 입학 허가 정원수는 1학급에 60명으로 정했고, 학급수도 문교부 에서 인가한 대로 되었다. 문교부에서는 입학 시에 필요한 납부금으로 공 립학교가 3,000원, 수업료 3개월분(4, 5, 6월) 7,500원, 사립이 입학금 5,000 원, 3개월 수업료 1만 500원으로 제한했다.[152]

---

151) 『경향신문』, 1952년 2월 2일, 2면 소형광고.
152) 「전국 각도 장학관회의, 중등학교 고시 방침 변경 결정」, 『민주신보』, 1952년 2 월 23일.

1951년 2월 23일 장학관 회의에서 결정된 중학교 입시방침에 대해 백낙준 문교부장관은 다음과 같은 담화를 발표했다.

　　금년도 입학고사는 작년과 같이 4월 1일을 기하여 전국 일제히 동일한 문제로 국가고사를 실시하기로 되었다. 고사 방법 중 작년과 다른 점은 고사 실시 전에 입학 지원교를 선택 결정하기로 한 것이다. 이것은 학교에 따라 우열의 차이가 너무 많이 생긴 것을 방지하기 위한 조치이다. 금년도에 거대하고 곤란한 사업 중의 하나인 국가고사가 신뢰하는 교육자의 성의나 노력으로 유종의 미를 거둘 줄 믿으며 학부형이나 일반사회에서는 많은 성원과 협력이 있기를 바란다.[153]

백 장관은 국가고사 실시 전에 지원학교를 선택하도록 한 것은 성적에 따라 학교 간 우열의 차이가 너무 많이 생긴 것을 방지하기 위한 조치로 심사숙고하여 결정했고, 유종의 미를 거둘 것으로 믿는다고 했다. 그리고 학부모와 학교 당국이 협력해 줄 것을 당부했다.[154]

문교 당국에서 예상한 1952학년도 중학교 입학지원자 수는 전국 약 16만~17만 명이었다. 이는 1951학년도 입학지원자 10만 명에 비하면 60% 증가된 것이다. 한편 1951학년도 초등학교 졸업생은 총 40만 명으로 졸업생의 약 40%가 중학교 진학을 지원할 것이라고 보았다.[155] 하지만 이러한 예측과는 달리 부산에서 운영 중이던 42개의 서울 피난 중등학교가 부산, 대구, 서울의 3개 지역에서 각 학교별로 입학지원자를 접수한 결과, 신입생 모집인원 총수는 1만 6천 명인데 지원한 학생은 1만 3천 명밖에 되지 않았다. 즉, 전체 입학 정원보다 지원자가 적었던 것이다. 하지만 이런 상황에서도 경기중, 서울중, 이화여중, 경기여중, 경복중, 용산중 등 소위 일류학교는 2대 1의 경쟁률을 보였다.[156] 즉, 학교의 우열에 따라 수백 명이

153) 「고시전에 희망교」, 『경향신문』, 1952년 2월 25일.
154) 「중학은 4월 1일」, 『조선일보』, 1952년 2월 25일.
155) 「중등교 입시 오늘 개시」, 『동아일보』, 1952년 4월 1일.

지원하는 학교가 있는가 하면 단 1명만 지원한 학교도 있었다. 결국 전쟁 중에도 우수한 학교에 입학하기 위한 좁은 문은 피할 수 없었다.[157]

한편 1952년 3월 서울시 당국에서는 피난학생이나 서울 잔류학생을 위한 중학교 입학시험 실시 방안에 대해 다음과 같은 세 가지 방안을 제시했다.

- 서울 시내에서도 타지방과 같은 동일한 제목으로 시험은 실시하되 (지정된 훈육소에서) 그의 성적을 각 국민학교에서 발표한다. 그러면 각 지원자는 또다시 지원서를 제출하여야 하며 그 지원서를 시 직원 이 휴대 下釜하여 4월 21일부터 26일까지 사이에 원교에서 상경 입 학 여부를 발표케 함. 대구지방도 서울에 준함.
- 부산에 있는 희망자에게는 국가시험 결과에 따라 각자 원교에 직접 지원서를 제출함.
- 각도에 산재한 서울시민으로서 진학희망자는 소재지 중등학교에서 타 지방생도와 같이 국가시험을 본 후 이에 합격한 자에 대하여 시 직원이 그의 합격을 부산에 있는 원교에 학생 대신 제출하여 입학을 알선함. 원서마감은 오는 10일부터 19일까지며 전기, 후기 두 학교로 구분하여 응시를 하게 함.[158]

이후 서울시 학무국에서는 1952년 4월 1일에 있을 서울 시내 중학교 입학 국가고사 시험장으로 서부훈육소를 비롯한 6개 훈육소를 지정했고, 응시자는 지원번호에 따라 6개의 훈육소에 배정되었다.[159] 서울 시내의 국가

---

156) 「중등학교 입학자 오늘 일제 발표. 서울 피난학교 최고 경쟁률은 2대 1. 모집 수 엔 3천 명 부족」, 『동아일보』, 1952년 4월 20일.

157) 1952년 3월 21일 서울 시내 중학교 지원현황은 〈전기〉: 경기(화동중) 186명, 경복 (창의) 200명, 경동(돈암중) 282명, 서울공업 352명, 서울(서대문중) 193명, 경기여 (정동여중) 159명. 〈후기〉: 경기공(경서중) 579명, 덕수(동대문중) 766명, 중동중 489명, 성남 301명, 정신여 517명, 여상 355명, 인창중 1명, 단국중 4명, 동신중 7명, 명문 8명, 계성여중 230명(「서울 시내 중등학교 지원 현황」, 『서울신문』, 1952년 3월 21일).

158) 「채점은 부산에서. 서울 시내의 중등입시」, 『조선일보』, 1952년 3월 10일.

159) 지정된 6개 훈육소는 서부훈육소(구 경기여중), 성동훈육소(성도중학교), 성북훈

고사 지원자는 4,934명이었고, 이중 실제 응시자는 4,896명이었다. 서울시 학무국은 3월에 발표했던 일정을 조정하여 4월 13일까지 성적표를 출신 초등학교를 통해 발표하고, 16일까지 지원학교를 선정하면 17일에 서울시 직원이 지원서를 가지고 부산에 가서 지원학교에 전달했다. 이렇게 지원서를 전달받은 중학교는 21일까지 출신 초등학교를 통해 입학 여부를 발표했다. 이때 1기 지원학교에 불합격하는 경우 즉시 제2 지망학교에 지원하여 늦어도 24일까지는 입학 여부를 발표하게 했다.[160]

경상북도에서도 1952년 4월 1일에 실시하는 두 번째 중학교 입학 국가고사를 앞두고 입시 요령을 발표했는데, 그 내용을 정리하면 다음과 같다.

▷ 1952학년도 경상북도 중학교 입학시험 실시 요령
  1. 응시 자격
    1) 3월 말일까지 초등학교를 졸업할 수 있는 자
    2) 來 4월 1일 현재 만 12세 이상의 연령의 공민학교를 졸업한 자, 또는 오는 3월 말일까지 졸업할 자로서 각 시·군 고사위원회에서 실시하는 중학교 입학 자격시험에 합격한 자
  2. 응시 원서 제출
    각 국민학교나 또는 시청·군청의 학무과(계)에서 원서 두 장을 무료로 받아서 작성
    소형 사진 두 장과 고사료 5,000원과 용지 비치 대금 500원을 첨부하여 자기가 다니는 학교, 다녔던 학교, 자기 집에서 제일 가까운 국민학교 교장에게 제출
    원서 제출 기한은 3월 10일에서 3월 15일까지
  3. 입학하고자 하는 학교를 미리 선정하여 원서와 수험번호표에 표시되

육소(한성여중), 배재훈육소(배재중학교), 마포훈육소(아현국민학교), 남부훈육소(영등포구 구 서울공업중)(「중학 입학 고사장소 결정」, 『조선일보』, 1952년 4월 1일).

160) 「늦어도 24일까지」, 『조선일보』, 1952년 4월 1일.

> 기 전 희망교란에 교명을 기입하여서 제출(후기 지원교란에는 쓰지 아니함)
> 4. 경상북도에서는 전·후기별에 있어서는 대구가 전기교이나 후기는 12교뿐임[161]

　경상북도의 경우 문교부의 방침에 따라 도내 중학교 입학자를 선발했고, 1952학년도에는 지원학교를 미리 정해서 원서를 제출하는 것이 작년과 다른 점이라는 것도 추가로 설명했다.

　이와 같은 방침에 따라 1952년 4월 1일 부산에서 진행된 국가고사의 풍경을 『경향신문』에서는 다음과 같이 보도했다.

　　남녀중학교의 금년도 1차 국가시험이 4월 1일 오전 10시 30분을 기하여 전국적으로 일제히 시행되었다. 서울특별시 각 중학교의 입학고사장은 부산시내 경기·이화 양 여중의 校舍 등 6개소인데, 오전 9시 경부터 각교 고사장은 학부형들과 수험생들이 긴장과 초조 속에서 떠들썩하였는데, 깔판방석 필통 자 등을 목에 걸고 손에 들은 어린이들이 수험장에 들어간 뒤의 이화 고사장의 모습은 수험장이 죽은 듯이 조용해진 10시 반부터 수험생 어린이 보다 가시철망 밖에서 기다리고 있는 학부형들의 얼굴이 더 초조하고 안타까워하는 모습이었다. 국가시험의 엄격은 어린이들이 손에 땀을 쥐고 응시하고 있을 시험문제 한 장 학부형에게 제시해 주지 않아 학부형은 가슴을 한층 여위고 있었다. 12시 정각의 싸이렌과 함께 종이 울렸다. 수험장에서 달려 나오는 어린이들이 가지가지의 표정으로 학부형과 만나 쉽다는 등 '국회의장'을 장택상이라고 했는데 맞냐는 등 대통령 성명을 쓰라는 걸 이박사라고 했다는 등 야단법석이다. 시험 치르고 나온 어린이의 표정과 학부형의 표정은 같아진다. 시험문제는 무려 160여 문제로 신문지 넉 장가량의 지면에 앞뒤 새카맣게 나왔다는 것으로 음악, 사회생활, 국어, 산수 등 상식에 이르기까지 다방면의 것이었다는데 '우리나라 대통령의 성명은?' '우리나라 중요 수출품은?' '남아있

---

161) 「경상북도, 중등학교 입학시험 실시요령 발표」, 『대구매일신문』, 1952년 3월 16일.

는 중요한 국보물 고적지는?' 등이 있었다고 하는데 대부분 "아주 쉬워" 그리고 "시간도 넉넉했어" 하는 어린이의 명랑한 대답에 학부형들의 얼굴도 대부분 환해진 가운데 주로 시험문제 중심의 화제를 갖고 영도일대 에서 들끓고 돌아가고 있다.[162]

방석, 필통, 자 등을 챙겨 들고 긴장한 모습으로 시험장으로 들어가는 학생들과 시험장 밖에서 초조하게 기다리는 학부모들의 얼굴, 그리고 시험 이 끝나고 뛰어나오며 학부모를 만나 시험문제에 대해 이야기하며 떠들썩 한 모습을 상상할 수 있다.

이렇게 1952년 4월 1일에 실시된 두 번째 중학교 입학 국가고사는 제1 회 때의 205문제보다 적은 160여 문제였지만, 신문지 4장의 앞뒤를 모두 채울 정도였다고 한다. 제2회 국가고사 문제는 다음과 같은 것이었다.

▷ 문제3. 다음 여러 개의 답 중에서 가장 옳다고 생각하는 답을 하나만을 골라서 그 번호를 (   )안에 넣어라.

(1) 한국의 국회의장은 누구냐?

    1. 장택상   2. 장면   3. 신익희   4. 조봉암

(2) 1년은 약 몇 주일이냐?

    1. 50주일   2. 52주일   3. 54주일   4. 56주일

(3) 개천절은 언제이냐?

    1. 3월 1일   2. 8월 16일   3. 10월 3일   4. 10월 9일

(4) 일본의 수도는 어디냐?

    1. 대판   2. 북경   3. 동경   4. 경도

(5) 비행기를 처음으로 발명한 사람은 누구냐?

    1. 라이트   2. 에디손   3. 왓트   4. 포오드

(6) 다음 나라 중에서 공산주의 나라는 어느 것이냐?

    1. 룩셈불끄   2. 벨기이   3. 보을란드   4. 골롬비아   5. 스웨덴

---

162) 「중등교 국가시험 개시」, 『경향신문』, 1952년 4월 3일.

(7) 우리나라 기후에 영향을 주는 것은 어떤 것이냐?

　　1. 삼한사온　　2. 교통　　3. 구름　　4. 해류　　5. 산업

(8) 국회에서 하지 못하는 것은 어느 것이냐?

　　1. 예산 심의　　2. 법률 제정　　　　3. 국무위원 임명

　　4. 대통령 선거　　5. 국무총리 인준

(9) 다음 삼국문화 중에서 지금 남아있지 않은 것은 어느 것이냐?

　　가. 황룡사　　나. 광개토대왕비　　다. 쌍영총

　　라. 첨성대　　마. 진흥왕 순수비

(10) 다음 물건 중 우리나라 수출품은 어느 것이냐?

　　가. 면사　　나. 생사　　다. 생고무　　라. 목재　　마. 설탕

(11) 어느 것이 원소냐?

　　가. 알코올　　나. 소금　　다. 설탕　　라. 물　　마. 금

(12) 어느 별이 붙박이(항성)이냐?

　　가. 천왕성　　나. 북극성　　다. 금성　　라. 화성　　마. 토성

(13) 음식물을 삭이는 데 관계 없는 것은 어느 것이냐?

　　가. 작은 창자　　나. 지라　　다. 간　　라. 큰창자　　마. 쓸개

(15) 온도계란 무엇이냐?

　　가. 차고 더운 것을 알려주는 기계

　　나. 바람부는 방향을 알려주는 기계

　　다. 달걀에서 병아리를 까게 하는 기계

　　라. 지구의 위도와 경도를 알려주는 기계

(16) 고무의 원료는 무엇이냐?

　　가. 광석　　나. 나무　　다. 흙　　라. 바닷물

(17) 서울에서 부산까지의 거리는 얼마 가량 되느냐?

　　가. 250키로　　나. 450키로　　다. 650키로　　라. 850키로

(18) 길에서 봉투를 주웠다. 봉투에는 주소가 적혀있고 새우표도 붙어

　　있다. 어떻게 하면 좋겠느냐?

　　가. 우선 봉투를 열어본다.

　　나. 편지의 주소를 찾아서 갖다 준다.

　　다. 우체통에 넣는다.

　라. 잃어버린 사람을 찾아서 준다.

(19) 극장에서 영화를 보다가 한편 구석에서 불이나기 시작한 것을 처음 발견하였다면 어떻게 하겠느냐?

　가. 곧 극장 사무실에 연락한다.

　나. 큰소리를 지르며 밖으로 나온다.

　다. 불 있는 곳을 달려간다.

　라. 물 있는 곳을 찾아다닌다.

▷ 문제4. 다음 문제의 답을 (　　)안에 번호로 차례대로 써넣어라.

1. 다음 나라를 연대순으로 써넣어라.

　가. 당나라　　나. 청나라　　다. 원나라　　라. 수나라

2. 다음 사람을 연대순을 써라.

　가. 연개소문　　나. 을지문덕　　다. 이순신　　라. 김유신

3. 우리나라의 북쪽에 있는 강부터 써라.

　가. 임진강　　나. 청천강　　다. 금강　　라. 대동강

4. 보리가 많이 나는 도부터 써라.

　가 .전라북도　　나. 충청북도　　다. 강원도　　라. 경상북도

5. 큰 섬부터 써라.

　가. 울릉도　　나. 제주도　　다. 독도　　라. 거제도

6. 1월의 평균기온이 낮은 곳부터 써라.

　가. 강릉　　나. 서울　　다. 부산　　라. 제주

7. 먼저 피는 꽃부터 써라.

　가. 국화꽃　　나. 진달래꽃　　다. 벗꽃　　라. 연꽃

8. 무지개의 위에 있는 빛부터 써라.

　가. 초록　　나. 노랑　　다. 파랑　　라. 빨강

9. 큰 것부터 써라.

　가. 해　　나. 달　　다. 화성　　라. 지구

10. 한 팀의 선수의 수가 많은 것부터 써라.

　가. 야구　　나. 축구　　다. 정구　　라. 농구[163]

---

163) 「중등입학 국가고시문제 백점이하 수두룩 5백점 만점에」, 『경향신문』, 1952년 4

선택형 문항의 경우 선지가 4개인 것도 있고 5개인 것도 있다. 그리고 모든 과목에서 문제가 출제된 것을 알 수 있고, 도덕과 안전에 관한 문항이 있었던 것도 확인할 수 있다.

그런데 1952학년도 국가고사 성적이 1951학년도보다 향상된 것이 아니라 오히려 저하되어 우려하기도 했다. 특히 부산에서 응시한 서울 피난학생들 중에 1백 점 이하의 학생들이 수두룩할 정도로 1951학년도에 비해 훨씬 점수가 떨어졌다고 한다. 그 이유에 대해 시험문제가 어려웠기 때문인지 학생들의 실력이 저하되었기 때문인지 의문이고, 피난이라는 특수 사정이 학생들에게 영향을 주었겠지만 초등학교 당국의 교육방침에도 결함이 있었을 것으로 보았다.[164]

한편 1952학년도 고등학교 입학자 선발은 1951학년도처럼 각 학교별로 진행되었고, 이에 대한 문교부의 방침이 서울시장과 각 도지사에게 전달되었다. 1952학년도 고등학교 입학자 선발 요령은 다음과 같다.

▷ 1952학년도 고등학교 입학자 선발 요령

1. 고사기일

다음 2기 중에서 선정 실시하되 응시자에 2회의 응시기회를 주도록 서울특별시장과 각도지사가 이를 조정한다.

제1기 4월 3일~4월 7일

제2기 4월 11일~4월 15일

2. 선발고사 자격

(1) 중등학교 제3학년 졸업자

(2) 고등학교 입학자격 검정시험에 합격한 자

(3) 외국에서 학교 교육 9년의 과정을 마친 자

월 15일.
164) 위의 기사.

3. 모집인원
  (1) 제1학년 모집인원은 문교부에서 인가한 학급수에 상당한 인원을 초
      과하지 못한다.
  (2) 1학급당 입학 허가자 수는 60명을 초과하지 못한다.
4. 지원 절차
  출신학교장의 성적증명서와 입학원서에 사진을 첨부하여 출신학교장
  을 경유하여 지원학교에 제출한다.
5. 선발방법
  학력고사에 의한 제1차 사정을 하여 입학자 정원에 2할을 가한 인원의
  입학 후보자를 결정 발표하고 이 입학 후보자에 대하여 학력고사 성적
  에 출신학교장의 성적증명서 심사 구두시문과 신체검사의 결과를 참작
  제2차 사정을 하여 입학 허가자를 발표한다.
  (1) 제1차 사정(학력고사) = 국어 수학 사회생활 과학 영어 및 실업(농
      업 공업 상업 수산 가정 등 5과목에서 1과목은 응시자가 선택함) 등
      각교과에 대하여 중학교 제3학년 수업 정도로 고사한다.
  (2) 제2차 사정 = 학력고사 성적에 다음 각호의 결과를 참작하여 사정
      한다.
      A. 출신학교장의 성적증명서 심사 = 입학 후 교과과정을 이수할 능
         력 유무에 대하여 심사한다.
      B. 구두시문 = 상식 사상 가정환경에 관하여 심사한다.
      C. 신체검사 = 수학상의 지장 유무를 심사한다.
6. 입학수속
  (1) 입학수속에 필요한 납부금은 다음과 같다.
      A. 수업료 제1기분(4,5,6월분)= 공립학교 7,500원 사립학교 10,500원
      B. 입학금 공립학교 3,000원 사립학교 5,000원
      C. 사친회 = 3개월분에 입회금 없음
  이외에는 입학 수속시 여하한 명목의 금품이라도 일제 받지 못하는데
  전몰 군인의 직계 및 군속의 자제에 한 하여는 입학수속금 전액을 면제
  할 수 있다.
  4월 20일 이전에 입학 수속을 완료하고 4월 20일에 입학식을 거행해야

한다.
7. 실시상 주의
   (1) 입학고시 성적의 사정결과는 감독관에게 공개하여야 한다.
   (2) 신입생 부담금 6항 입학수속에 기재한 데로 각 학교에서 발행하는
       입학자 모집 요항에 명시할 것
   (3) 고시료는 5,000원 한도 내에서 실비 정도의 소요경비를 징수할 수
       있다.
   (4) 서울특별시는 시민의 복귀를 아직 허가하지 않는 실정에 감하여 본
       요항에 의하지 않고 해지 사정에 적합한 고등학교 입학자 선발 계
       획을 수립하여 문교부장관의 승인을 얻어 이를 실시할 수 있다.[165]

(2) 1953년 중학교 입학 국가고사 폐지 논란

중학교 입학 국가고사 3년 차 시행을 1개월여 앞둔 1953년 1월 13일~16
일의 4일간 중앙교육위원회는 경상남도 의회실과 문교부 고등교육국에서
회의를 했다. 그리고 중학교 입학 국가고사를 폐지하고 각 학교 단위로 학
생을 선발할 것을 찬성 12, 반대 6의 결과로 문교부장관에게 건의할 것을
결정했다. 이때 국가고사제를 폐지하고 학교별 시험으로 전환하는데 상당
한 반대 의견이 있을 것도 충분히 예상하고 있었다. 하지만 중앙교육위원
회에서 국가고사를 반대한 이유는 '국가고사는 새로운 교육이념에 배치된
다.', '국가고사의 계속은 중학교 교직원에 대한 불신임 관념을 고정화시킨
다.', '입학시험 시행 권한은 교장에게 있다는 교육법을 무시하는 것으로서
이는 교장의 권한을 박탈한다.'는 것 등이었다.[166] 그 외에도 시험문제에
대한 비밀 유지와 수송 관계 등 물리적 어려움과 성적에 따라 학교별 차등
이 생겨 각 학교 당국자 간에 물의가 많다는 것이 학교별 고사 실시로 환

---

165) 「두 번 응시기회 부여. 고등교 입학요령 결정」, 『동아일보』, 1952년 3월 2일.
166) 「국가고시제를 폐지 중등교 입시」, 『동아일보』, 1953년 1월 18일.

원을 주장하는 근거였다.[167]

중앙교육위원회의 결정이 알려지자 1953년 1월 20일 초등학교 교원 200 여 명이 모여 긴급총회를 개최했다. 이들은 국가고사 성적을 공개하여 실력 있는 아동이 불우한 환경을 극복하고 중학교를 입학 할 수 있게 되었고, 전쟁 이전까지 많았던 정실 입학, 기부금 입학 등이 시정되어 왔음을 강조하며 국가고사제 폐지는 올바른 것이 아니라는 건의문을 만장일치로 채택했다. 그리고 이를 중앙교육위원회 및 서울시 학무국에 건의하여 종전대로 국가고사를 존속해 줄 것을 요청했다.[168]

이러한 논란 속에서 문교부는 1953년 1월 22일 종전대로 국가고사로 중학교 신입생을 선발할 방침을 결정하여 장관의 결재를 받았고, 이에 대한 동의를 중앙교육위원회에 요청했다. 그리고 1953학년도 입시 일정도 다음과 같이 제시했다.[169]

- 2월 12일 중학교 입학자 선발요강 공고
- 2월 20일 입학원서 제출 개시
- 3월 7일 입시 시작
- 3월 24일 합격자 발표
- 4월 4일 입학식 거행

다만 시험의 명칭을 연합고사[170]라 부르기로 했는데 시험의 운영 방법은 종전의 국가고사와 동일했다.[171] 이는 1952년 4월 23일에 제정된 교육

---

167) 「국가고시를 폐지」, 『경향신문』, 1953년 1월 19일; 「국가고사를 폐지」, 『조선일보』, 1953년 1월 19일.

168) 「국가고시제 폐지 부당」, 『경향신문』, 1953년 1월 23일.

169) 「국가고시제를 채택 중학입시 입시일자 3월 7일 문교 당국 결정」, 『동아일보』, 1953년 1월 25일.

170) '연합고사'와 '연합고시'라는 용어가 혼용되어 사용되는데, 이 책에서는 '연합고사'라고 함.

171) 「문교부, 중학교 입시 종전대로 시행할 것을 결정」, 『서울신문』, 1953년 1월 26일.

법시행령 제77조[172])를 고려하여 국가고사라는 이름 대신 교장들이 자진 연합해서 출제한다는 뜻의 연합고사로 명명하게 된 것이었다.[173]) 그리고 문교부에서는 연합고사 실시 요강을 각 시도에 알렸는데, 여기에는 한 학생이 한 곳의 중학교에 지원하는 단일지원제가 명시되었다. 그런데 1953년 2월 6일 밤 문교부 수뇌부 회의가 개최되어 전기·후기 2개교 지원제로 변경을 결정했다. 그리고 다음 날인 2월 7일 개최된 전국장학관회의에서 변경 내용의 시행을 지시했다. 이는 1개 학교밖에 지원하지 못함으로써 합격 불합격에 대한 초등학생들의 커다란 불안감을 감소시킨다는 것이 명분이었다.[174]) 새로이 개정된 선발요강에 의한 중학교 지원 절차와 고사실시 요령 및 합격자 발표 등의 내용을 보면 대략 다음과 같다.

> 첫째, 입학지원자는 지원하려는 중학교를 전기와 후기 각 학교 중에서 각각 1개교를 선택(전기나 후기를 통하여 1개교만 선택하여도 무방)하고 지원서를 제출하는 동시에 각 지원교에 등록을 하여야 한다.
> 둘째, 고사위원회에서는 선발고사를 전국 일제히 시행하고 또한 이의 성적 발표 및 성적증명서를 교부하면 앞서 지원 등록한 각 중학교 중 1개교에 제출한다. 그리하여 해당 중학교에서는 입학후보자를 발표하고 선발한 다음 입학허가자를 발표한다.[175])

위의 방침에 따르면 중학교에 지원서를 제출할 때 등록도 하도록 했다.

---

172) 1. 학생의 입학 퇴학 전학 및 휴학에 관하여는 특별한 규정이 없는 한 학교장이 허가한다.
   2. 입학지원자가 입학정원을 초과할 때 또는 입학지원자가 입학정원에 미달할 경우라도 특히 문교장관의 인가를 받을 때에는 선발고사를 할 수 있다. 단, 시구립국민학교는 예외로 한다(〈교육법시행령〉, 대통령령 제633호 제77조).
173) 심태진, 앞의 책, 199쪽.
174) 「2개교 지원제 채택. 고사는 일제히」, 『동아일보』, 1953년 2월 7일; 「문교부, 중등교 전·후기제 유지를 발표」, 『부산일보』, 1953년 2월 8일.
175) 「2개교 지원제 채택. 고사는 일제히」, 『동아일보』, 1953년 2월 7일.

이는 성적발표가 끝난 다음에 등록하게 했을 때 학교 간 우열이 발생하여 일부 중학교는 성적이 나쁜 학생들만 등록하게 되는 폐단을 시정하기 위한 조치였다고 한다.

1953학년도 중학교 입학생 선발과 관련된 구체적인 일정은 다음과 같다.[176)

〈표 V-8〉 1953학년도 중학교 입학생 선발 일정

내용	전기	후기
등록 기간	3월 1일부 - 5일	
고사기일	3월 7일	
성적발표 및 성적증명서 교부(고사위원회)	3월 15일	
성적증명서 제출(국민학교)	3월 16일~20일	3월 22일 - 3월 27일
입학후보자 발표(중학교)	3월 22일	3월 28일
선발(중학교)	3월 23일	3월 30일
입학허가가 발표(중학교)	3월 24일	3월 31일
입학식	4월 7일	

1953년 2월 초에 위와 같이 제시되었던 일정은 다소 조정되어 1953년 3월 16일 전국에서 연합고사가 실시되었고, 17일부터 일주일간 채점하여 3월 25일 소속 초등학교장을 통하여 성적증명서가 교부되었으며, 4월 초에 합격자가 결정되었다.[177)

부산과 대구에서 1953학년도 연합고사에 응시한 서울 출신 피난학생 4,700여 명의 채점 결과 남녀 각 1명이 470점으로 최고점을 받았고, 최하 득점자는 80점이었다. 시험 성적은 1952학년도에 비해 좋아져서 300점 내외의 학생이 많았다. 그래서 문교 당국에서는 중학교별 합격 점수가 1952학년도에 비해서 약 30~40점을 더 받아야 될 것으로 보았다. 성적발표 이

---

176) 『동아일보』, 위의 기사; 「문교부, 중등교 전·후기제 유지를 발표」, 『부산일보』, 1953년 2월 8일.
177) 「마음 조리는 등락의 문 어제 중학입시 일제 개막 25일 득점 발표, 합격발표 4월 초」, 『경향신문』, 1953년 3월 17일.

후 전국 각 중학교에서는 입학후보자를 발표하고 4월 2일에는 구두시험과
신체검사를 한 후 4월 3일 입학허가자를 발표했다. 그런데 서울시 관할의
중학교에 한해서 구두시험과 신체검사를 생략하고 4월 1일 즉시 입학허가
자를 발표했다.[178)

3. 1954년 중학교 입학 국가고사의 중단과 원인

1) 1954학년도 중학교 입시제도의 변화

문교부는 1953년 5월 27~28일 개최된 중앙교육위원회에 지난 3년간 실
시했던 중학교 입학 국가고사를 폐지하고 전쟁 이전처럼 각 중학교 단위
로 신입생을 선발할 것과 대학입학시험을 국가고사로 시행할 것을 제안했
다. 그리고 중앙교육위원회는 문교부의 제안을 가결하여 결정했다.[179) 불
과 4개월 전인 1953년 1월, 중앙교육위원회의 국가고사 폐지 결정에 대해
문교부가 반대하여 이를 유지하여 시행했었는데, 이번에는 문교부에서 중
학교 국가고사 폐지를 제안하고 중앙교육위원회가 이를 수용한 것이다. 문
교부의 이러한 정책 결정에 대해『동아일보』는 일반 학부모와 초등학교
교원들의 많은 호평을 받아오던 국가고사를 폐지한 문교 당국의 돌연한
조치는 조령모개의 시책으로 일반의 물의가 자자하다며 '갈팡질팡 문교행
정!! 연합고사 중등교는 폐지'라는 기사를 실었다.[180) 또한『서울신문』은
문교부의 모호한 태도와 의도를 비판하며 다음과 같이 보도하기도 했다.

문교부의 조령모개하는 부동적 문교행정에 대하여 일반에서는 비난의

---

178)「최고 470점 5백 점 만점」,『동아일보』, 1953년 3월 25일;「성적표 교부 중등입
　　시」,『동아일보』, 1953년 3월 26일.
179)「입학시험제도를 변경? 대학에 국가시험」,『조선일보』, 1953년 5월 31일.
180)「연합고사 중등교는 폐지. 대학에는 실시 명년부터」,『동아일보』, 1953년 5월 30일.

소리가 자못 높아가고 있다. 동 중학교 입학 연합고사제 폐지에 대하여 문교부에서는 그 폐지 이유를 명백히 천명하지 않고 우선 폐지하기로 결정하고 나서 폐지이유(구실)를 찾으려고 하는 태도에는 더욱 놀라지 않을 수 없는 것이다. 동 연합고사 제도에 대하여서는 지난 2월 중앙교육위원회에서도 폐지하는 것이 타당하다고 폐지결의를 하였으나 문교부에서는 전기 위원회의 결의를 일축하고 연합고사제를 실시하였던 것인데 이번 돌연 정당한 이유 천명도 없이 폐지 제안을 하였던 것이다. 그런데 동 국가고사제는 학교당국이나 특히 학부형들로부터는 입학의 공정을 기한다는 점에서 많은 찬동을 받았을뿐더러 많은 성과를 거두어 왔던 것이다. 이와 같은 실정에도 불구하고 문교부에서는 이번 돌연 무엇 때문에 어째서 폐지한다는 이유 성명도 없이 폐지를 결정하고 다만 "교육법에 의한 교육자에게 적법 정신을 앙양하기 위함이라"고 간단히 말하고 있는 것이다. 그런데 적법정신이라 함은 학교장의 권한을 의미하는 것으로 해석되는 것이다. 이와 같은 문교부 당국의 모호한 태도와 조령모개하는 정책은 결국 일반의 분격을 사고 있는 것이다.[181]

즉, 중학교 입시를 앞둔 학부모들과 초등학교 측이 납득할만한 이유를 제시하지도 않고 국가고사 폐지를 발표한 문교부에 대한 비난이 일어났던 것이다. 문교부가 제시한 '적법 정신의 앙양'이라는 것도 결국 중학교 교장의 권한만을 강화시키는 것으로, 국가고사를 통해 문교부가 추구하고자 했던 중학교 입시에서의 공정성 확보와는 거리가 멀다는 것이 당시 일반 국민들의 시각이었다. 『민주신보』의 다음 기사를 통해 일반 국민들이 국가고사를 지지했던 이유와 국가고사 폐지가 발표된 이유에 대해서도 짐작할 수 있다.

내년도부터 중등교 입학지원 아동에 대한 국가고시제를 전면적으로 없애버리겠다는 문교부 방침에 대하여 이는 다분히 독선적인 요소가 내포되고 있는 악책이라고 하여 국민교육계를 비롯한 대다수 학부형들의

---

181) 「문교부, 중학교 입학 연합고사제 폐지 발표」, 『서울신문』, 1953년 6월 1일.

여론은 물 끓듯 하다. 이렇게 걷잡을 수 없는 실망의 그림자를 숨길 수는 없는 대다수 국민 특히 근로 무산 가정에 있어서는 공평한 실력주의를 목적으로 한 바 국가고시제의 의도를 지난 2년 동안 열렬히 지지해 왔던 것이다.

그 첫째 이유로는 종전의 중등교 자유시험제가 빚어낸 허다한 나쁜 버릇을 그나마 방지해 주었다고 믿었기 때문이다. 즉 부자와 권력층이 제멋대로 날뛰어 학교 측을 억압, 또는 교원과 결탁 정실입학을 함부로 시켜온 폐단 및 입학 부담금의 과중한 징수 등은 돈 없고 세력 없는 집의 우수한 아동들로 하여금 언제나 슬픔의 거리에서 헤매이게 했던 것이다. 그리고 국민교의 새 교육 내용과는 자칫하면 거리가 먼 각 중등교 측의 시험내용과 방법으로 인하여 국민교 교사 및 수험아동들이 받는 정신적 육체적 고통은 이루 헤아릴 수 없었던 것이다. 특히 숨 가쁜 전시 하의 여러 가지 곤란한 환경은 전 문교장관 백낙준씨로 하여금 획기적인 국가고시제 단행을 촉진시켰던 것이다. 그런데 현 金 문교장관은 왜 국가고시제를 헌신짝 버리듯 했던가. 소식통이 전하는 바에 의하면 대다수가 중고등교 이상의 교육계에 종사하고 있고 白 문교장관 시대부터 중등교 국가고시제를 맹렬히 비난해온 중앙교육위원의 부단의 압력을 받은 소치라고도 하며 또한 각 대학 측에서 반대하는 대학입학 지원학도에 대한 국가고시제 실시안을 문교부 안대로 기어이 관철시키기 위해서 중등교 국가고시제를 희생시킬 수밖에 없었던 것이라고도 지적되고 있는 것이다.[182]

국가고사를 지지했던 초등교육계와 다수의 학부모들은 실망했고 여론은 들끓었다. 다수 국민 특히 하층 노동자 가정에 있어서는 공평한 실력주의를 목적으로 한 국가고사가 학교별 선발이 빚어낸 수많은 폐단을 그나마 방지해 주었다고 믿었다. 그런데도 중학교 입학 국가고사 폐지가 결의된 것은 대부분이 중등학교 이상의 교육계에 종사하고 있던 중앙교육위원회 위원들의 끊임없는 압력이 있었기 때문이며, 또한 각 대학교 측에서 반대하는 대학교 입학 국가고사제 실시안을 문교부의 계획대로 관철시키기

---

182) 「중등학교 국가고시제 폐지를 둘러싸고 논의 분분」, 『민주신보』, 1953년 6월 2일.

위해 중학교 국가고사를 희생시켰다는 것이다. 즉, 중학교 신입생 선발권
은 각 중학교에 다시 내어주고, 그 대신 대학교 신입생 선발에 관한 국가
의 통제권을 얻는 일종의 거래가 이루어졌다고 본 것이다.

중학교 입학 국가고사의 폐지에 대한 비난이 거세지자 문교부는 6월 2
일 일반이 연합고사제도를 찬동한다면 연합고사제의 장점을 살려서 국가
고사제도가 아닐지라도 도별 연합고사제도와 같은 것을 구상 중에 있다고
발표하기도 했다.[183] 이후 1953년 7월 11일 전국 교육감회의에서는 만장일
치로써 1954년 중학교 지원자 선발 방법을 작년도와 같이 국가고사로 실
시할 것을 문교부와 중앙교육위원회에 강력히 건의·청원하기로 결의했
다.[184] 이와 같은 반대가 있었음에도 정전협정이 체결된 이후인 1953년 8
월 22일, 김법린 문교부장관은 전란 중에 시행한 국가고사를 폐지하고,
1954년도 중학교 입학시험은 초등학교 평소 성적에 치중하여 매년 2회 시
행하는 학력고사 성적과 중학교에서 실시하는 면접과 신체검사를 종합 평
가하여 입학자를 선발한다는 내용의 담화를 발표했다.[185]

문교부장관이 2회 실시한다고 했던 초등학교 학력고사는 1953년 12월 5
일 1회만 전국의 초등학교에서 일제히 실시되었다. 이때 치러진 학력고사
는 중학교 입학지원자에 대해서만 실시하던 국가고사와는 달리 초등학교
졸업자 전원을 대상으로 실시된 것이다. 문교부는 초등학생의 실력을 전국
적인 안목으로 측정함과 동시에 중학교에 응시하려는 학생들의 기본 실력
을 확인하는데 주안을 둔 것이 학력고사라고 설명했다.[186] 따라서 초등학
생들은 진학하고자 하는 중학교가 아니라 재학 중인 초등학교에서 학력고

---

183) 「문교부, 연합고사 계속 실시도 가능함을 발표」, 『부산일보』, 1953년 6월 4일.
184) 「전국 교육감회의, 중등학교 선발방식을 국가고시제로 할 것을 문교부에 건의」,
    『민주신보』, 1953년 7월 13일.
185) 「고시제는 폐지 명년도 중학입시 방법 변경 김 문교부장관」, 『경향신문』, 1953년
    8월 24일.
186) 「졸업아동의 실력 사정」, 『동아일보』, 1953년 12월 5일.

사를 보았고, 각 시도학무과에서 파견 나온 시험관이 감독했다. 이러한 내용을 『경향신문』은 '색다른 중학입시'라는 제목으로 시험광경 사진과 함께 다음과 같이 보도했다.[187]

▷ **색다른 중학입시. 5일 국민교생 기초성적 시험**
… 5일 오전 9시 30분부터 중학교 입학의 기초성적이 되는 학력고사가 각 국민학교에서 전국적으로 시행되었다.
… 86년도[188] 졸업해당자인 어린이들은 학부형과 함께 이른 아침 중학교 문전이 아닌 재학 중의 학교 문전으로 긴장된 표정으로 등교하였다.
… 각시도 학무과에서 파견 나온 시험관 앞에 6년 동안의 총결산적인 성적을 내려는 어린이들은 죽은 듯이 고요한 교실에서 답안 작성에만 열중하고 있고
… 시험장에 들어가지 못한 학부형들은 교정에서 가슴을 쪼리며 자제들의 실력 다툼의 시간을 초조하게 지키고만 있었다.

문교부 측에서는 각 중학교별 시험이 실시되는 3월까지 어린 초등학교 수험생들이 시험의 노예가 되는 것을 방지하기 위해 이와 같은 학력고사를 실시했으며, 또한 중학교 입학시험을 완전히 없애는 이상에 조금이라도 접근하기 위해 초등학교 평소 성적 중점의 원칙에 따라 초등학교 6년간의 성적과 시도 장학자료를 얻기 위해 연 2회 학력고사를 시행한다고 밝혔다. 그리고 학력고사 성적을 기초로 각 중학교에서 실시하는 면접, 신체검사 결과를 종합하여 입학자를 선발할 방침이라고 했다. 하지만 시험이 끝난 직후인 12월 7일 서울시 80여 공사립중고등학교장들은 초등학교 학력고사 성적이 중학교 입학에 기초가 되는 것에 반대하는 결의서를 채택했다. 그리고 중학교 입학자 선발은 중학교장에게 일임하고, 학력고사 성적이 입학

---

187) 「색다른 중학입시」, 『경향신문』, 1953년 12월 6일.
188) 단기 4886년으로 1953년이다.

자 선발에 영향을 미치지 않도록 하라는 요지의 결의서를 서울시장과 문
교부장관에게 제출했다. 중학교장회에서는 소위 각 시 단위의 실력고사제
나 또는 이에 유사한 어떤 제도도 단연 폐지하고 입학 허가의 모든 절차에
관하여는 법에 의하여 각 학교장에게 환원시켜 줄 것을 요구했는데, 그 이
유를 다음과 같이 밝혔다.[189]

1. 교육법시행령 77조에 배치된다.
2. 국가연합고사와 실질적으로 차이 없는 실력고사이다.
3. 전국적 실력고사가 입학선발시험과 혼동 활용되어있다.
4. 입학기까지 학부형과 아동에게 초조심을 가지게 하며 입학과 관련
   된 불상사가 일어날 우려가 있다.
5. 학동을 점수로 상품화시킬 우려 있다.
6. 일반 학동의 순정 동심을 유린하는 한편 학교 성적 차를 공표하며
   각 학교와 학도들의 자존심을 좌절시킬 뿐 아니라 독자적 발전을
   저지시키고 말 것이니 이는 새교육 추진 진전에 배치된다.

이와 같이 중고등학교장회의에서 학력고사 반대와 각 학교별 시험을 주
장하자, 1953년 12월 14일 인천 지역 25명의 초등학교 교장과 사친회 간부
26명이 문교부를 방문하여 "아동들에게 이 이상의 정신적 부담을 지우게
하지 말라."는 진정과 함께 "중학교에서의 재시험은 반대한다."는 건의를
했다.[190] 이들은 서울 시내 중학교장들의 결의사항은 아동들로 하여금 시
험지옥을 면치 못하게 하는 동시에, 그 이면에 숨어 있는 잠재적 이유로
중학교 측이 경제적 수입을 증가하려는 불순한 동기가 숨어 있음을 지적
했다. 또한 지난 3년간 실시해온 국가고사제도의 우수성을 지적하며, 이
제도를 통해 학부모들은 경제적 부담이 감소되었고 부정입학 등이 자취를

---

189) 「교육법 위반이다 국민교생 실력고사제 문제화 중학교장회서 이의」, 『경향신문』,
     1953년 12월 11일.
190) 「실력고사제 미묘화」, 『경향신문』, 1953년 12월 15일.

감추었다고 했다. 그리고 초등학교에서 실시한 학력고사는 앞선 국가고사와 거의 같은 이득을 얻게 했으며, 시험문제도 국가고사보다는 약간 진보되어 아동들의 평소 실력을 충분히 측정했음을 주장했다. 나아가 자신들은 중등학교 교장들의 결의를 보이콧 할 것이며, 자신들의 의견이 관철되지 않으면 총사퇴할 각오라고 했다.[191] 당시 『경향신문』은 중학교장·초등학교장·문교부의 견해를 다음과 같이 정리했다.

▷ 중학교장 측 견해
중학 입학에 동 고사 성적이 활용된다는 것은 교육시행령 77조 위반이다. 아동들을 성적으로 상품화시키지 말라. 중학 입학에 관해서는 중학교장에게 일임하라.

▷ 국민교장 측 견해
중학교에서 재시험을 치게 한다는 것은 너무나 아동들에 대한 혹독하고 잔인한 정신적인 부담을 주는 것이다. 시행령 77조 위반이 될 수 없다.

▷ 문교부 측 견해
문교부 방침대로 하겠다. 응하지 않는 학교는 행정조치라도 불사하겠다. 중학교장으로부터 입학허가권을 박탈하려는 것이 아니니 77조 1항에 배치된 것이 아니며 2항에 있어서도 '선발고사를 할 수 있다'고 있는 것이며 '해야 된다'라고는 있지 않기 때문에 일부 제한 할 수 있는 것이다. 동제한이란 연합고사를 실시해서 그 성적을 유력한 자료로 삼아서 입학허가를 할 수 있도록 감독관청이 행정적으로 명한 것이다.[192]

이와 같은 논란이 지속될 때 『동아일보』는 '어느 쪽이 아동을 위한 것이냐'라는 제목의 기사를 통해 관련 내용을 보도했고, 초등학교 교장들의 주장이 중등학교 교장들의 주장보다 정당성이 있기 때문에 초등학교 교장

---

191) 「어느 쪽이 아동을 위한 것이냐」, 『동아일보』, 1953년 12월 15일.
192) 「실력고사제 미묘화」, 『경향신문』, 1953년 12월 15일.

들의 의견이 많이 참작되지 않으면 이에 대한 일반의 여론이 악화될 것이라고 했다.[193] 결국 1953년 12월 23일 김법린 문교부장관은 중등학교장의 건의와 초등학교장의 진정을 신중히 검토하여 중학교 입학자 선발 요항을 결정하였다는 담화를 발표했다.

중학교 입학자 선발 방법의 여하는 입학자 선발에 중대한 영향을 미치는 것이므로 가장 공정하고 우리 실정에 맞는 선발제도를 안출하고자 신중히 검토를 거듭한 끝에 지난 12월 5일에 실시한 국민학교 학력고사의 결과에 중학교에서 시행하는 필답고사의 성적을 가미하여 선발할 것으로 결정하였다. 각 중학교에서는 국민학교 학력고사의 성적순으로 모집 정원의 5할을 가산한 입학후보자를 선발하여 간단한 필답고사와 신체검사 및 면접을 실시하되 신체검사와 면접은 수학 상 지장의 유무만을 조사하는데 그치고 필답고사는 60분간에 실시하여 200점 만점으로 평점 되는 것이니 입학허가자는 500점 만점으로 평점 된 학력고사 성적과 200점 만점으로 평점 된 중학교 필답고사의 성적을 합산하여 그 성적순에 의하여 결정되는 것이다. 그리고 필답고사의 출제는 초등학교 6년 제2학기에 속하는 교과서 중에서 선발되어야 한다.[194]

담화에 따르면 초등학교 측 주장과 중등학교 측 주장을 모두 반영하여 학력고사 성적 500점과 각 중학교별로 실시하는 필답고사 200점을 합산한 성적순으로 입학자를 선발한다는 것이다. 이러한 논란 끝에 1953년 12월 23일 발표된 1954학년도 중학교 입학자 선발 요강은 다음과 같다.

---

193) 「어느 쪽이 아동을 위한 것이냐」, 『동아일보』, 1953년 12월 15일.
194) 「중학입학 선발요강 결정 입학후보 각교 모집정원에 5할 가산」, 『경향신문』, 1953년 12월 24일.

▷ 1954학년도 중학교 입학자 선발 요강

1. 일정
  - 2월 1일 학교별 모집 정원 및 선발 기준 공고
  - 2월 5일 입학원서 용지 교부 개시
  - 2월 11~16일 전기 선발교 입학원서 접수, 학적부 사본 제출
  - 3월 4~6일 학력증명서 제출(단기 4286년 3월 이전 국민학교 졸업자 학력고사 실시)
  - 3월 7일 입학후보자 발표
  - 3월 8~9일 필답고사, 신체검사, 면접
  - 3월 11일 입학허가자 발표
  - 3월 10~14일 후기 선발교 입학원서, 학력증명서, 학적부 사본 제출
  - 3월 15일 단기 4286년 3월 이전 국민학교 졸업자 학력고사 실시
  - 3월 16일 입학후보자 발표
  - 3월 17~18일 필답고사, 신체검사, 면접
  - 3월 20일 입학허가자 발표
  - 4월 6일 입학식
    참고. 2월 18일 학력답안 開綴
          2월 20일 학력고사 증명서 발부

2. 지원
  1) 중학교 입학지원자는 입학을 지원하는 중학교에서 교부하는 입학원 서에 소요사항을 기입하여 선발료 150환과 함께 지원하는 중학교에 제출한다.
  2) 국민학교장은 입학지원자의 6년간의 학적부 사본을 작성하여 입학 원서 선발료와 함께 소정기간 내에 관계 중학교장에게 '人祕'서류로 송부한다.
    학적부 사본은 당해 국민학교장이 교내 교직원으로 조직한 '진학지 도위원회'를 거쳐야 하되 지원자 1인당 1통 이상을 발행하지 못하며 학적부 원본과 상위 없음을 학교장 되지 않은 경우에는 제1학기 성 적을 기입하고 '제1학기'라는 것을 명시하여야 한다.

   3) 단기 4286년 3월 이전의 국민학교 졸업자는 입학원서 제출기일 내에 출신 국민학교장을 통하여 입학원서와 학적부 사본만을 제출하여야 한다.

3. 입학후보자 선발

   1) 중학교장은 입학지원자의 학력증명서에 의하여 성적순으로 모집 정원의 5할 이내를 가산한 입학후보자를 선발 발표한다.

     입학지원자가 모집 정원에 미달한 경우에는 지원자 전원을 입학후보자로 하여야 한다.

   2) 단기 4286년도 국민학교 졸업예정자와 중학교 입학자격 검정고시 합격자는 동등한 기준으로 선발한다.

   3) 86년 3월 이전의 국민학교 졸업자 및 학력고사를 응시하지 않은 86년도 국민학교 졸업예정자에 대하여는 중학교장이 별도로 학력필기고사를 실시한 후 입학후보자를 결정하여 전항의 입학후보자와 동시에 발표한다.

     전항의 학력필기고사는 국어, 산수, 사회생활, 자연은 각 1시간, 보건, 음악 미술, 실과는 종합하여 1시간 실시하되 입학후보자 결정권은 학교장이 정한다.

   4) 입학지원자 중 입학후보자가 되지 못한 자의 학력증명서와 학적부 사본은 출신 학교장에게 반환되어 학력증명서만은 지원자에게 반환한다. 합격증 또한 지원자에게 반환한다.

4. 필답고사 신체검사 및 면접

   중학교장은 입학후보자에게 필답고사 및 면접을 실시한다. 단 입학후보자와 모집 정원에 미달하는 학교에서는 필답고사는 실시하지 아니한다.

   1) 필답고사는 左記 요령에 의하여 실시한다.

     가. 필답고사는 국민학교 제6학년 제2학기 이후 학습한 국어, 산수, 사회생활, 보건, 음악, 미술을 종합하여 1시간(60분) 실시한다.

     나. 고사문제는 국민학교 제2학기에 속하는 교과서 범위 내에서 출제하되 응용문제는 출제하지 못한다.

     다. 고사문제는 암기를 요하는 것은 피하고 지원자의 사고표현 변별 판단 등의 능력을 객관적으로 측정할 수 있는 것으로 출제한다.
라. 필답고사의 만점은 2백 점으로 한다.
2) 신체검사는 체격 체질에 관하여 수학 상의 지장유무를 검사한다.
3) 면접은 입학원서 학적부사본 기재사항과 본인과를 대조하는 정도로 실시한다.

5. 입학허가자 결정 발표
1) 중학교장은 입학후보자 중에서 면접과 신체검사의 결과 수학 상 지장이 있는 자를 제외하고 학력고사 성적에 필답고사 성적을 가산한 순으로 입학허가자를 정하여 소정기일 내에 발표한다.
2) 입학허가자의 수는 입학후보자가 모집정원에 미달한 경우를 제외하고는 입학허가자의 수는 모집정원과 동수라야 한다.
3) 입학후보자 입학이 허가되지 않은 자의 학력증명서와 학적부사본은 출신 국민학교장에게 반환되어 학력증명서만은 지원자에게 반환된다. 합격증 또한 지원자에게 반환된다.195)

문교부에서 발표한 1954학년도 중학교 신입생 선발 방침은 12월 5일에 실시한 학력고사의 결과에 중학교에서 시행하는 필답고사의 성적을 합산하여 선발하고, 전·후기로 나누어 학생은 각 1회씩 두 번 지원할 수 있도록 한 것이다. 각 중학교에서는 500점 만점의 학력고사 성적순으로 모집정원의 50%를 추가한 입학후보자를 선발하고, 이후 중학교에서 실시한 200점 만점의 필답고사 성적을 더하여 성적순으로 입학자를 선발하도록 했다. 신체검사는 학습하는 데 있어 지장이 있는지만을 검사하도록 했고, 면접은 입학원서와 학적부 기재사항과 본인 확인 정도로만 활용하도록 했다. 필답고사는 60분간 실시되었는데, 출제는 초등학교 6학년 2학기에 속하는 교과서 내용으로 제한했다.196) 즉, 문교부에서는 초등학교장 측의

---

195) 「중학 입학자 선발요항. 87년도」, 『경향신문』, 1953년 12월 24일; 「중등교 입시 요강결정」, 『동아일보』, 1953년 12월 24일. 두 신문의 자료를 종합하여 작성하였음.

'중학에서의 재시험 반대'와 중학교장 측의 '학력고사 성적을 입학선발시험과 결부시키는 제도를 반대'하는 양측의 의견을 절충하여 학력고사 5백 점과 중학교의 선발고사 2백 점을 합쳐 7백 점 만점으로 각 중학교장이 선발하게 했던 것이다.

이와 같은 1954학년도 중학교 입학 선발 요강이 발표된 후인 1954년 1월 10일 서울시 공사립학교교장회에서는 이번 입시 요강이 만족할 만한 것은 아니지만 일부 의사가 반영되었고, 특히 현 시국 하에서 교육적 입장으로서 받아들이기로 했지만 내년부터는 각 중학교별로 입학시험을 실시해야 한다는 성명서를 발표했다.197) 중학교장들이 일단 문교부의 방침을 수용한다고는 했지만, 중학교 입시제도에 대해 다음과 같은 폐단이 있음을 지적함으로써 중학교 입학자 선발 방법에 대한 논란은 계속되었다.198)

- 교육법시행령 77조에 의거하여 입학선발 시험은 각 중학교장이 시행할 일
- 이번 실시한 학력고사를 입학 선발시험과 결부시킴으로 기인하는 초등교육의 과오와 폐단을 열거하면 초등학교 교육은 근본적으로 파괴한다. (○×식 고사법 연습에만 몰두 지도함) 교사와 학동에게 2중의 부담을 면키 어렵다. 자기 평점을 예상하게 되니 일부 학교로 집중시키는 결과에 도래한다. 참고서와 수련장 등의 범람에 따라 사이비 교육자와 모리 상인배를 조장하여 부형에게 과중한 부담을 준다.(이번 출제 경향은 대부분 참고서와 유기적인 관련성이 있음)
- 입학 선발시험을 중학교에 일임하면 신용할 수 없다고 이의가 있다 하니 그러한 학교에다 귀한 자녀를 보내려는 자체가 모순성이 있다.

---

196) 「중학입학 선발요강 결정 입학후보 각교 모집정원에 5할 가산」, 『경향신문』, 1953년 12월 24일.
197) 1954년 1월 10일 자로 서울시공사립학교장회에서 발표한 성명서가 신문 하단 광고란에 게재되었다(「성명서」, 『동아일보』, 1954년 1월 12일; 「성명서」, 『경향신문』, 1954년 1월 13일).
198) 「중학 입시문제 또 말썽」, 『경향신문』, 1954년 1월 11일.

이처럼 중학교 입학자 선발 방법과 관련된 논란이 계속되자 『동아일보』
는 1954년 1월 19~20일 이틀에 걸쳐 '교육의 본질에 배치', '지나친 문교부
의 학원 간섭'이라는 제목으로 학력고사에 대한 기획기사를 실었다. 그 내
용을 일부 소개하면 다음과 같다.

▷ **교육의 본질에 배치. 실질적인 효과도 이미 무망**
　…… 국민학교 연합고시는 첫째 요강에 명시되어 있는 바와 같이 연
2회의 시험이 시행되어야 할 것임에도 불구하고 단 1회에 끝쳤기 때문에
그나마도 충분한 '테스트'가 되지 못하였고, 둘째 이로 말미암아 수험 준
비 교육을 도리어 여지없이 강요되었을뿐더러 거반 연합고시에 대한 반
대의 기치를 들고선 중학교 측에 어느 정도의 굴복을 하게 되므로서 아
동들로 하여금 尙今까지도 준비교육을 계속케 하였다는 점을 들 수 있기
때문이다. …… 이렇게 되므로서 현 장관이 안출해낸 그 독특한 제도는
종전의 그것에 비해서 그 방법에만 있어서도 졸렬하였다는 것이 여실히
증명됨과 동시에 그가 부하관리들을 구사하는 데 있어서 무능하였음이
나타나고 있는 것이다. …… 동일한 시간에 동일한 장소에서 동일한 내
용의 시험을 천차만별의 학도들에 적용 시행하여서 그들의 위인과 능력
을 평가하려 드는 것은 그 방법이야 여하튼 간에 지극히 서투른 짓이 된
다는 것을 다시 한번 명기하여야 할 것이다.[199]

▷ **지나친 문교부의 학원 간섭. 마땅히 간섭할 일만 감독하라**
　문교부에서는 마땅히 '테스트'만에 의거하여 학생을 선발하는 학교 당
국에 날카로운 '메스'를 넣어서 그 모순된 점을 시정하는 방침을 수립하
여야 할진대 도리어 문교부까지 나서서 이러한 과오를 저질러서 세간에
물의만 분분케 한다는 것은 "자식 싸움에 아버지까지 나서는" 격이 된 것
이 아닌가. ……
　이제까지 시행하여온 고사제도가 학생들을 아주 '좁은 문' 앞에 내세
워놓고 '되'나 '캐'나 몰아넣고는 나머지는 재고해볼 필요조차 없이 쓸어
버리는 것이 하나의 커다란 과오였다는 것을 상기하여 조속한 시일 내에

---

199) 고기자, 「연합고시관견(상). 교육의 본질에 배치」, 『동아일보』, 1954년 1월 19일.

좋은 새로운 방도를 찾기에 노력하여야 할 것이다. 그렇지 않고서 단지 아주 근시안적인 견지에서 "그래도 이로서 많은 성과를 거두었니" 또는 "당분간 그렇게 할 수밖에 없느니" 하는 말로 자위를 삼는다면 이 나라 교육의 전도는 암담할 수밖에 없다. …… 고로 앞으로는 종전과 같은 지나친 간섭(연합고시)을 단연 폐기하고 오로지 교사가 학생에게 성실해질 수 있게 그리고 학생이 열성으로 공부할 수 있게끔 제반 사정을 "가려운 데 손이 갈 수 있도록" 돌보아 줌으로써 평소 실력측정에 부정과 착오가 없도록 부단의 감독이 있어야 할 것이며 한편 일시적인 '테스트'만에 의존한다거나 또는 정실입학 같은 그리고 성적표 위조 같은 것과 기부금 다액 징수 등 부정행위만을 없애는 철저한 감독만 게을리하지 않으면 감독기관으로서 할 일은 다 하게 된 것이다. …… 사실상 문교부에서는 제1차 미국교육사절단이 그들의 최종보고서에서 지적한 바와 같이 학교에 대한 간섭이 너무 지나친 바 없지 않았으며 마땅히 감독해야 할 일은 하지 않고 감독하지 않아도 좋을 일을 감독하고 있었던 것이다.[200]

위의 기사를 작성한 '高記者'는 중학교 입학 국가고사가 '커다란 과오'였고, 학력고사는 실시 방법만 보더라도 '졸렬'하다고 단언했다. 나아가 문교부는 각 중학교가 입학시험으로만 신입생을 선발하는 것을 방지해야 함에도 오히려 모든 학생들에게 시험공부를 강요하는 꼴이 되어버렸다고 지적했다. 즉, 문교부는 입시 부정행위를 감독하면 되는 것이지 전국적인 시험을 실시하는 것은 지나친 간섭이라는 것이다. 무엇보다 동일한 시간에 동일한 장소에서 동일한 내용의 시험을 천차만별의 학생들에게 적용하여 그들을 평가하는 것은 지극히 서투른 짓이라는 것을 명심하고, 국가가 주관하는 전국적인 시험은 확실히 폐기해야 한다고 주장했다.

한편 1954년 2월 전기 중학교 입시지원을 앞두고 서울시 6개 초등학교 학부모들이 문교부에 진정서를 제출했고, 이를 둘러싸고 사회적 물의가 일어나자 국무총리도 시정할 일이 있으면 시정하겠다는 입장을 밝히기도 했

---

200) 고기자, 「연합고시관견(하). 지나친 문교부의 학원 간섭」, 『동아일보』, 1954년 1월 19일.

다. 하지만 문교부에서는 기존에 발표된 방침대로 중학교 입학 선발과정을 진행할 것임을 분명히 했다. 당시 『경향신문』은 초등학교 학부모들이 진정한 내용과 문교부의 답변 내용을 정리하여 소개하며 '어느 편이 옳은가?'라고 물었다.

▷ **일부 학부형 측 견해**

1. 국민학교 학생의 학력고사는 중학 입학원서 접수일을 앞두고 학력 결과를 발표해 달라. 중학 입학원서 접수일인 11일부터 16일까지 동 학력고사의 학력증명서를 발표하지 않는 까닭으로 아동 자신과 학부형들은 초조와 불안심만 늘어가고 있다.

2. 아동의 공인된 점수를 모르기 때문에 각 중학교에 원서만 내놓는다는 것은 하나의 투기적인 결과를 초래할 뿐 아니라 원서 제출이 끝난 이후 선발권 내에 들지 못하면 시험도 치르지 못하는 요강이 있어 입학원서 제출 수속비 150환만 희사하게 되어 각 중학교 재정에만 이바지하는 결과를 보이는 것이다.

3. 한편 객년 12월 5일에는 피난지에서 서울로 복교한 후 정상적인 교육이 각지에서 실시되지 못한 직후에 학력고사를 실시하여 각 아동 개인의 실력을 충분히 발휘할 수 없었다.

▷ **문교부 측 견해**

1. 입학지원 접수 전에 학력증명서를 내놓으라고 하는 것은 일부 학부형의 희망일 것이며 전체의 의사는 아니다. 점수를 몰라 답답할 수도 있지만 미리 학생이 점수를 알면 각 중학의 질적 차별을 하고 점수에 따라 소위 '좋은 학교' '나쁜 학교'를 가리게 되고 '자유' '평등' '기회균등'이라는 새교육 방침에 배치되는 결과를 초래한다. 한편 미리 학부형이 자제의 점수가 나쁜 것을 알면 소위 '운동'을 개시할 여유도 주는 것이다.

2. 선발 정원수의 150%[201]가 되는 입학권 내에 들지 못하면 시험도 못 치르고 수속 등록비만 내게 된다는 것은 중학교의 모리행을

---

201) 신문 기사에는 '15%'라고 되어있는데, 이는 '150%'의 탈자로 보임.

조장하는 것이라고 하나 지금 현재로 중학 수용 능력은 90%는
지원자를 수용할 수 있으니 실력 없는 학생을 소위 일류학교에
보내려는 일부 유력층 학부형들의 불만에 불과하다.
3. 학생들이 정상적으로 공부를 한때가 아닌 12월 5일에 학력고사
를 본 것은 시일이 부적당하다. 그 이후 아동들의 실력향상이 되
었다고 하는데 1년간의 실력만을 본 것은 아니었고 더구나 동
실력을 전적으로 중학교 입시에 활용시키지 않고 이것을 500점
각 중학교에서 실시하는 시험에서 학력고사 이후 향상된 실력을
발휘할 수 있다는 기회를 주었다. 요컨대 중학에도 국민교에도
동등하게 자유 평등 기회균등을 가질 수 있고 서로 조금씩 불만
을 내포하면서도 가장 효과적인 방법으로 정했던 것이다.202)

학력고사 성적발표 시기에 대한 논란은 문교부의 강경한 입장에 따라
정리가 되는 것 같았다. 하지만 이는 각 중학교별로 실시될 필답고사에 학
력고사 성적에 따라 중학교 입학정원의 150%에 든 학생만 응시할 수 있도
록 할 것인가, 아니면 학력고사의 성적을 무시하고 중학교 입학지원자 모
두에게 응시할 기회를 줄 것인가라는 대립으로 확산되었다. 즉, 입학원서
제출이 마감되고 학력고사 성적이 발표된 후에야 지원 중학교 응시자격의
유무를 알 수 있기 때문에, 입학원서를 제출하고 필답고사 준비에 많은 노
력을 했던 학생 중 시험을 볼 수 없는 경우가 생긴다는 것이다. 따라서 일
부 학부모들은 학력고사 성적을 불문에 부치고 종래와 같이 지원자 전원
이 필답시험을 볼 수 있어야 한다고 주장한 것이다. 이에 대해 문교부에서
는 학력고사를 통해 상급학교에 갈만한 실력을 갖추지 못한 아동들에 대
해서는 애당초 시험조차 보지 못하게 함으로써 아동들이 초등학교 학과
공부에 더 정진하는 것, 열등생이 입학 되고 우등생이 떨어지는 불미한 일
을 방지하자는 것, 학력고사 성적발표를 원서제출 마감 이후에 함으로써

---

202) 「어느 편이 옳은가 말썽 많게 된 실력고사 성적문제」, 『경향신문』, 1954년 2월
    13일.

우수한 아동들이 좋은 학교로만 몰리는 폐단을 미리 방지하자는 것 등의
이유로 기존 방침을 관철해 나가겠다는 강경한 태도를 보였다.203)

논란이 계속되고 있었지만 재학생을 상급학교에 보내야 하는 초등학교
와 신입생을 선발해야 하는 중학교는 문교부의 방침에 따라 중학교 입학
생 선발 절차를 진행하고 있었다. 즉, 중학교 입학 요강이 발표되었을 때
초등학교 교장들은 '선발권 내에 들지 못한 어린이에게도 응시자격 줄 것'
과 '입학 지원 전에 학력고사 성적을 발표해 줄 것'을 당국에 요청했었다.
하지만 기존 방침대로 하겠다는 당국의 답이 있고 난 뒤에는 이에 대해 별
로 신경 쓰지 않는다고 했다. 덧붙여 현재의 중학교 입시제도가 여러 단점
을 내포하고 있으나 우수한 아동들이 진급하는 데는 장해가 되는 것은 아
니며, 우수하지 못한 학생을 소위 '좋은 학교'에 넣자는 허영심에서 나온
일부 학부모들에게는 불만이 있을 것이라고 부언했다. 또한 실력 없는 학
생을 좋은 학교에 지원케 해달라는 일부 학부모의 특청이 있을 때 입학원
서는 써주고 있다고 했다.204)

하지만 일부 학부모들이 지속적인 반대 의견을 제기했는데, 이들이 주
장한 내용은 다음과 같은 것이다.

1. 선발권 내에 들지 못한 학생에게 응시자격을 주지 않는 선발권제도
   를 철회할 것.
2. 국가고시 학력 증명서를 입학지원 접수 전에 내줄 것.
3. 전기 중학교 속에서도 두 학교에 지원할 수 있도록 할 것.
4. 학력고사 500점 각 중학교 실시의 필답시험 200점을 기준으로 하여
   선발하는 것은 그동안 성적 향상한 어린이가 많으니 학력고사에 보
   다 중학교 필답고사에 중점을 둘 것.205)

---

203) 「중학교 입학과 연합고시」, 『동아일보』, 1954년 2월 14일.
204) 「선발권제 반대운동 전교육계 의사인가」, 『경향신문』, 1954년 2월 16일.
205) 「오히려 만시지탄 중학입시요강 드디어 일부 변경」, 『경향신문』, 1954년 2월 17일.

또한 『동아일보』는 사설을 통해 문교부의 중학교 입학 요강에 "모순이 있음에도 불구하고 학부형들의 반대를 무릅쓰고 기정 방침대로 관철해 간다는 문교부 측의 강경한 태도에 대해서는 유감의 뜻"을 밝히기도 했다.[206] 결국 일부 학부모의 진정서가 사회적 물의를 일으켰고, 이에 중학교 입학자 선발제도에 다소 불충분한 점이 있다는 지적이 교육계 전체의 논란으로 확대되어 경무대에서까지 이에 대해 논의하게 되었다.[207] 이후 기존 방침을 강하게 고수하던 문교부는 전기 지원 마감 전날인 1954년 2월 15일 오후 2시부터 학부모 대표 7명과 초등학교장, 중학교장 그리고 문교부 관계관 등 17명이 참석한 회의를 열었고, 오후 6시 문교부 과장회의를 거쳐 중학교 입학 요강 일부에 대한 변경을 결정했다. 그리고 변경 사항에 대해 지원 마감을 7시간 앞둔 2월 16일 오전 10시에 전국 각 시도에 시달했다. 시달된 전문은 다음과 같다.[208]

'중학교 입학지원은 전후기 공히 2교씩 지원을 할 수 있으며 전기교 원서 마감을 2월 20일까지 연기할 것. 관하 초중등학교에 시급히 시달할 것. 문교부장관'

결국 문교부는 기존의 방침을 고수하겠다던 강경한 입장에서 학부모들의 요구 사항 중 하나인 '전기 학교 중 두 학교에 지원할 수 있도록 할 것'만을 수용하여 원서접수 마감 직전에 입시 요강을 수정한 것이다.

이처럼 학부모들의 의견이 반영되었지만 1954년 2월 18일 저녁 7시에 이승만 대통령은 문제의 중대성에 비추어 "중학 입시에 있어 '선발권'제도를 폐지하는 동시 모든 지원자는 자유경쟁을 통하여 입학할 수 있도록 하라"는 특별 유시를 국무총리에 시달했다. 이후 2월 19일 국무회의에서 이

---

206) 「중학교 입학과 연합고시」, 『동아일보』, 1954년 2월 14일.
207) 「선발권제 반대운동 전교육계 의사인가」, 『경향신문』, 1954년 2월 16일.
208) 「오히려 만시지탄 중학입시요강 드디어 일부 변경」, 『경향신문』, 1954년 2월 17일.

문제를 토의했고, 최종적으로 문교부에 중학교 입학제도 변경을 지시했다. 그리고 19일 오후 2시 허증수 문교부차관은 기자들에게 중학교 입학자 선발 방침에 있어 변경된 중요 사항을 다음과 같이 발표했다.209)

> 상부 지시에 의하여 문교부에서는 '입학권'제도 폐지를 하고 자유로이 지원 입학토록 정식으로 그 방법을 변경하였다. 앞으로 중학 입학시험에 있어 정실이나 부정입학이 없도록 엄중 단속할 것이다. 그러나 입학에 있어서는 앞서 시행한 학력고사 성적 5백 점과 각 중학 입시에 있어서의 필답고사 성적 2백 점을 합하여 순차적으로 입학토록 할 것이다.

이러한 방침에 대해 문교부 장학관들은 일부 극소수 학부모들의 정치적 행동으로 문교부 본래의 방침이 전복되었다는 것은 우리나라에서만 찾아볼 수 있는 현상이라며 분개했다.210) 즉, 문교부에서는 경무대에 영향력을 미칠 수 있는 일부 학부모들에 의해 입시제도가 변경되었다고 보았다. 물론 이것도 이승만의 특별유시에 어느 정도 영향을 미쳤을 것이다. 하지만 보다 근본적 요인은 앞서 언급했던 것처럼 대통령이 위촉했던 중앙교육위원회 위원211)들이 중등학교 교육계와 더 유대가 깊었고, 이들이 중학교 입시제도에 대해 지속해서 문제를 제기했기 때문일 것이다.212) 결국 중학교

---

209) 「중등 입학권제를 폐지」, 『조선일보』, 1954년 2월 21일.

210) 「입시선발권 폐지는 무엇을 가져오나?」, 『동아일보』, 1954년 2월 28일.

211) 1950년 4월 20일 이승만 대통령은 20명의 중앙교육위원회 위원을 임명했다. 그 명단은 다음과 같다. '최규동, 손진태, 조동식, 원홍관, 최윤수, 주기용, 이승기, 현상윤, 조윤제, 박은혜, 문남식, 이현백, 권태의, 김윤경, 김활란, 유진오, 김의형, 김원규, 오천석, 윤일선'(「당면정책토의 중앙교육위원회회합」, 『동광신문』, 1950년 6월 18일).

212) 중앙교육위원회에 대해서는 추가적인 연구가 필요하다. 다만 1949년 교육법이 만들어지는 과정에서 국회 문교사회위원회는 5명의 기초위원을 선정하여 정부안과 별도로 교육법을 만들었다. 이 기초위원회에서는 "사립기관에서 행하는 교육의 자유는 보장되어야 하며, 법률의 정하는 바에 의하지 아니하고는 이를 제한받지 아니한다."는 조항을 신설하였다. 그리고 이 안이 전문위원회를 그대로 통과

측에서 강력히 주장했던 학교별 시험에 의한 신입생 선발이 이루어진 것
이다. 허증수 문교부차관은 이미 치러진 학력고사 성적과 중학교별 성적을
합산하여 신입생을 선발할 것이라고 했지만, 1954학년도 중학교 입시에서
국가가 시행한 학력고사 성적은 사실상 유명무실하게 되었다. 그리고 중
학교 지원자 수는 대폭 상승하여 중학교 입학의 '좁은 문'은 계속되었다.
실제로 2월 16일까지 서울 시내 주요 학교의 지원 상황은 경기중학 70명,
경복중학 103명, 경기여중 24명, 수도여중 75명, 이화여중 40명에 불과했
다.213) 하지만 대통령 유시 후 2월 20일 마감된 1954학년도 주요 전기 중
학교의 입학지원자와 경쟁률은 대폭 상승했다. 그 결과 서울 시내 주요
전기 중학교 17개교의 경쟁률이 평균 4.2:1이었고, 숙명여중의 경우 6.2:1
에 이르렀다.

하여 문교사회위원회에 상정되었다. 그러나 문교사회위원회에서는 이것이 삭제
되어 국회 본회의에 상정되지 못하고 빛을 보지 못하였다. 이는 5명의 기초위원
이 모두 사립학교 교원이었기 때문일 것으로 짐작되며, 이 조항이 문교사회위원
회에서 삭제된 이유는 당시는 학교에 대한 국가의 감독권 조항을 강조한 시기였
기 때문에 이에 저촉된다고 생각되는 사립학교의 자유조항을 삭제한 것으로 보
인다. 5명의 기초위원은 백낙준·오천석·장리욱·현상윤·유진오였다. 오성철은 기
초위원회에서 특별히 사립학교의 자율 및 교권 강화 관련 조항을 신설하려 했는
데, 이는 5인위원회의 주요 멤버들이 사립대학의 교수 출신이고 미국 유학 경험
이 있는 사람들로 구성된 비교적 리버럴한 이념적 경향의 인물들이었다는 점에
기인한 것으로 보인다고 지적했다. 하지만 1952년 4월 23일에 제정된 〈교육법시
행령〉 제77조에 입학·퇴학·전학 및 휴학에 관한 학교장의 허가권과 선발고사를
실시할 수 있는 권한을 명시함으로써 중학교 입학 국가고사를 거부할 수 있는
근거가 되었다(정태수, 『한국교육기본법제 성립사』, 예지각, 1996, 142쪽; 「국회
문교사회위원회, 교육관계위원들 참여하에 교육법안을 심사」, 『서울신문』, 1949
년 8월 25일; 오성철, 「한국 교육법 제정의 특질-교육이념과 학교행정을 중심으
로-」, 『한국교육사학』 36-4, 2014, 138쪽).

213) 「선발권제 반대운동 전교육계 의사인가」, 『경향신문』, 1954년 2월 16일.

〈표 V-9〉 1954학년도 전기 중학교 입학 경쟁률[214]

학교명	정원	지원자	경쟁률
배재중	240	751	3.1
서울중	360	1,436	4.0
경기여중	300	1,000	3.3
경기중	360	1,370	3.8
휘문중	180	745	4.1
중앙중	240	1,120	4.7
양정중	240	1,402	5.8
선린상중	240	1,212	5.1
경복중	360	1,887	5.2
이화여중	300	1,350	4.5
숙명여중	200	1,235	6.2
풍문여중	240	872	3.6
배화여중	180	847	4.7
동덕여중	240	834	3.5
진명여중	200	959	4.8
창덕여중	300	964	3.2
보성중	240	773	3.2
합계	4,420	18,757	4.2

　　갑작스러운 대통령의 유시에 따라 중학교 신입생 선발에 있어 국가가 가지고 있던 권한이 폐지되면서 부정입학을 어떻게 예방하고 처벌할 것인지가 중요한 문제가 되었다. 대통령의 유시 후 허증수 문교부차관은 기자들과의 회견에서 "상부 방침에 의하여 중학교 선발권제를 철폐하는 대신 앞으로는 각 학교마다 시행되는 입학에 있어서 부정입학을 극력 단속할 것"이라고 말했다.[215] 하지만 선발권이 폐지됨으로써 각 중학교 측에서 자행될 것으로 예상되는 부정입학을 어떠한 방법으로써 방지할 것인가? 이에 대한 문교부 측의 구체적인 방법은 제시되지 못했다. 그리고 이러한 상황이 성적은 보통 수준이면서 재력은 부족한 학생 및 학부모들에게 적지

214) 「선발권 폐지 후의 동향」, 『동아일보』, 1954년 2월 22일.
215) 「중학입시 선발권제 철폐」, 『경향신문』, 1954년 2월 21일.

않은 불안감을 주었다.216) 더욱이 대통령 유시 후에 문교부차관은 이미 시행한 초등학교 6학년의 학력고사 성적에 중점을 두겠다고 발표했지만, 계속되는 반대와 진정이 제기되면서 '대통령 유시의 해석'에 대한 논란으로 이어졌다. 이에 2월 24일 문교부에서는 국무총리에게 그 해석을 문의했고, '중학교든 대학교든 일체의 제한을 없이 하라는 것'이었다는 답변을 받았다. 결국 문교부는 각급 학교의 입학을 제한할 수 있는 시험을 폐지하고 입학자 선발과 관련된 모든 방침을 이전으로 환원시킬 수밖에 없었다. 이러한 내용과 문교부의 상황을 보도한 『조선일보』의 기사를 통해 당시의 분위기를 짐작해 볼 수 있다.217)

> ▷ 나는 모르겠소. 허 차관 답변은 흥분
> 이상과 같은 각 학교 입학시험 제한은 철폐되어야 한다는 지시를 받고 25일 저녁 늦게 문교부에 돌아온 허 문교부차관은 각 국장을 차관실에 모아 놓고 흥분한 어조로 설명한 것으로 보이는데, 문을 닫아걸고 계속된 동회의장에서는 고함을 치는 소리가 연방 흘러나왔으며 국장들과 회의를 하고 나오는 허 차관은 기자들의 질문에 일체 언급을 회피하고 "차관도 그만 두련다"라고 언성을 높이며 밖으로 나가버렸으며 뒷수습의 방안을 발견 못한 이날의 문교부 관계관들은 완전히 허탈 상태에 빠진 느낌을 주었다.

이를 통해 문교부 관계자들이 얼마나 허탈했는지는 충분히 확인할 수 있다. 하지만 문교부는 상부의 명령을 거역할 수 없었기 때문에 대책을 세워야 했다. 이에 36명의 학부모 대표와 서울 시내 중고등학교장 대표 수 명을 긴급 소집하여 2월 26일 문교부장관실에서 회의를 했다. 그리고 각 중학교별로 실시될 선발시험의 요령을 결정했는데, 그 내용은 다음과 같다.218)

---

216) 「선발권 폐지 후의 동향」, 『동아일보』, 1954년 2월 22일.
217) 「입시방법 자유경쟁으로 환원」, 『조선일보』, 1954년 2월 27일.
218) 「입시선발권 폐지는 무엇을 가져오나?」, 『동아일보』, 1954년 2월 28일.

▷ 1954학년도 중학교 입학자 선발 시험 요령
학력고사 성적이 효력을 상실하고 각 중학교에서 개별적으로 선발시험을
보게 되었고, 그 시험은 다음의 요령에 의한다.
  (1) 시험과목은 연합고시 과목과 변함이 없게 할 것
  (2) 순 객관적 테스트 방법에 의거할 것
  (3) 두 번 시험을 치러 평균점을 내어 공정한 실력을 사정케 할 것(동일
      한 학과 내에서 출제는 하되 각각 틀린 내용의 시험을 두 번 치르게
      하여 150점씩 둘을 합해서 300점 만점으로 한다. 출제범위는 2학기
      교과서 내에 한함. (기일도 10일씩 순연할 터)

　

문교부에서 시행한 학력고사 성적은 효력을 상실하여 중학교 입학자 선
발에서 제외되었고, 중학교 자체적으로 실시한 시험으로 입학자를 선발하
게 된 것이다. 이로써 중학교 입학자 선발과 관련된 논란은 국가의 선발권
폐지와 각 중학교별 자유경쟁으로 정리되었다. 즉, 한국전쟁 중이던 1951
학년도 중학교 입시부터 시행되었던 국가고사가 정전협정 체결 후 1954학
년도 입시를 앞두고 폐지되었다. 결국 전쟁 이전의 각 중학교별 입시로 환
원된 것이다.

2) 1954년 중학교 입학 국가고사 중단의 원인

1954년에 중학교 입학 국가고사가 중단된 원인은 다양할 것이다. 하지
만 앞에서 살펴보았던 것처럼 국가의 교육정책을 결정하는 중앙교육위원
회의 구성원이 사립학교와 관련이 깊었다는 점, 그리고 학교 재정이 중요
한 원인이었음은 분명하다. 여기서는 학교 재정의 측면에서 국가고사 중단
의 원인을 살펴보았다.

이승만 대통령의 유시에 따라 중학교 입시제도에서 국가의 선발권은 폐
지되었고, 1954년 3월 6일부터 각 중학교별로 입학시험이 시작되었다.『동

아일보』의 다음 사설을 통해 중학교 입학에 있어 국가의 선발권이 사라진 후의 중학교 입시 풍경을 엿볼 수 있다.

> 지난 6일부터 중등학교 입학시험이 시작되었다. 수험아동들의 조리는 가슴도 여간치 않으려니와 그 부모들의 초조도 상상하기 어렵지 않다. 도대체 입학시험이 시작되고서부터 합격자 발표가 있은 뒤의 며칠까지는 해마다 똑같은 형의 긴장과 불안과 초조와 환희와 실망의 분위기를 조성하고 있거니와 또한 학원의 추문이 해마다 정기적으로 난무하는 것도 이 시즌이다. …… 신성해야 할 학원의 추문은 없이 할 수 있는 것이요 그러기 때문에 없애야만 한다. 그런데도 불구하고 입시기를 맞을 때마다 그러한 추문이 더해지는 것은 무슨 까닭일까. …… 학원이 마치 모리장이나 다름없는 빈축의 적이 된 이유로서는 한둘이 아니겠지만 가장 주요한 것은 학교의 재정난일 것이다. …… 학교에 관한 불미한 풍문을 일소하는 근본 대책은 사립학교에 대해서는 재단을 강화시켜주는 것일 것이고 관공립학교에 대해서는 국고 지출을 증액하는 것일 것이다. 그러나 정부에서는 그러한 근본 문제를 해결하는 데 실패했고 현재도 실패하고 있는 만큼 학교경영의 계속을 반대할 수 없는 한 입학기에 경영비를 마련하는 것도 불가피한 것으로 수긍되지 않을 수 없다. 물론 입학기에 돈을 거둔다는 것은 도덕적으로는 수긍될 수 없지만 입학기 이외의 시기에 학부형들한테서 금품의 기부를 받는다는 것은 실제로 불가능한 일인 까닭이다. …… 학교경영을 도울 수 있는 방법과 입시의 공정을 기필하는 방법을 조정하기 위하여 부탁하고 싶은 것은 성적순대로 뽑을 것 그리고 신입생들의 부담이 좀 더 중해질지라도 이를 균일하게 하라는 것이다. '학교의 경영을 위해서'라는 구실 하에서 기부 많이 하는 자의 자식 또는 권세 있는 집의 자식을 성적을 불문하고 넣어주는 것을 자숙하라는 것이다. 민주주의라는 것이 특권을 때려 부수는 것이라면 성적 이외의 이유에 의하여 합격을 허용하는 특권을 이 민주 건설 途上에서 묵과할 수는 없을 것이다.[219]

문교부에서 중학교 입학 국가고사를 도입한 배경에는 전쟁과 피난이라

---

219) 「입시의 공정」, 『동아일보』, 1954년 3월 9일.

는 특수한 사정도 있었지만, 각 학교에서 자행되는 입시부정을 막을 수 있다는 기대도 있었다. 왜냐하면 신성해야 할 학교가 마치 부정한 이익만을 추구하는 곳이 되어 비난의 대상이었기 때문이다. 그래서 문교부에서는 각 학교별로 시행되던 시험을 국가가 출제하고 채점해서 성적증명서를 발급하고, 성적순으로 신입생을 선발하면 입시부정은 사라질 것으로 기대했다. 하지만 위의 사설에서 지적한 것처럼 학교가 신입생을 선발과정에서 각종 추문을 남기면서도 이익을 추구한 가장 주요한 원인은 학교의 재정난이었다. 따라서 학교의 입시부정을 막을 수 있는 근본적인 대책은 사립학교의 재단을 강화해주고, 관공립학교에 대해 국고의 지원을 늘리는 것이다. 하지만 정부에서는 이 문제를 해결하지 못했다. 물론 각 학교가 학부모들에게 금품을 기부받는 것이 도덕적으로 용납될 수 없지만, 학교를 계속 유지해야 한다면 학교 운영경비를 입학 시기에 마련할 수밖에 없었다. 즉 국가고사를 통해 1차 합격자를 선발한다고 하더라도 학교의 재정난을 해결해주지 못한다면, 기부를 많이 한 사람의 자녀를 입학시키는 폐단을 없앨 수는 없었다.[220]

앞서 〈표 IV-13〉을 통해 1953년에 사립중등학교에 대한 국고보조와 지방비 부담이 전혀 없었고, 공립 중등학교도 겨우 14.5%를 국고와 지방비로 보조했을 뿐이었음을 확인했다. 결국 사립중등학교 재정의 55.7%가 사친회 수입금이었고, 기부금의 비율도 24%에 이르렀다.[221] 이는 학교 재정의 약 80%에 해당하는 것으로 사립학교는 사친회비와 기부금에 의존해 운영되었음을 보여주는 것이다. 사친회는 일종의 재단 비슷한 성격을 가지고 학교운영에 대하여 물질적 원조를 하는 것을 유일의 목적으로 하고 있었다. 더욱이 봉급으로는 생활이 어려웠던 교사들은 후생비라는 명목으로 생활비 보조를 받고 있었다. 사친회비는 분기별로 납부하는 수업료와는 별개

---

220) 「중학교입학과 연합고시」, 『동아일보』, 1954년 2월 14일.
221) 이 책 195~196쪽 참조.

로 매월 한 번씩 상당한 액수를 내야 했다.[222] 실제로 〈표 V-10〉을 통해 1953년도의 세출은 봉급 20.8%, 후생비 25.3%로 교직원의 급여로 전체 지출의 46.1%가 사용되었고, 그 외 교비 32.9%, 시설비 4%, 영선비가 17.1% 였음을 알 수 있다.

〈표 V-10〉 1953년 중등교육 재정 수급표(세출)[223]

구분	공립		사립		계	
	금액	비율	금액	비율	금액	비율
봉급	479,077,020	21.4%	204,689,626	19.5%	683,766,646	20.8%
후생비	561,096,000	25.1%	269,796,000	25.7%	830,892,000	25.3%
교비	755,920,000	33.8%	324,480,000	30.9%	1,080,400,000	32.9%
시설비	90,846,000	4.1%	39,312,000	3.7%	130,158,000	4.0%
영선비	347,694,400	15.6%	213,261,600	20.3%	560,956,000	17.1%
계	2,234,633,420	100.0%	1,051,539,226	100.0%	3,286,172,646	100.0%

비고: 분표의 금액은 '환'으로 표시된 것임(당시는 화폐개혁 전이므로 '원'으로 되었음).

문교부 보통교육국장이었던 이창석은 '한국 교육의 당면문제'라는 칼럼을 통해 1953년 당시의 교육재정 상황을 다음과 같이 진단했다.

사친회의 부담금 문제는 한국교육의 암이다. 한국에는 현재 대학에서 부터 국민학교에 이르기까지 5,500여 교에 300여만의 학생을 수용하여 교육을 실시하고 있는데 사변 중의 제 사정으로 국가와 지방단체의 재정은 극도로 핍박하였으므로 사친회는 학교교육비의 60% 이상을 부담하고 있는 것이다. 교육활동은 일종의 소비이다.

방대한 사변 수습비와 생산 부흥비를 부담하지 아니할 수 없는 현 한국 사정으로서 교육에 소요되는 충분한 예산을 얻지 못하게 됨은 피할 수 없는 일이라 할 것이다. 그러나 예산이 부족하다고 하여 학교를 폐교하거나 학생을 감소한다는 등의 사업 축소는 할 수는 없는 것이므로 예산은 없어도 학교는 유지하여야 하며 그러므로 인하여 발생하는 교육재

---

222) 김경미, 앞의 논문, 42쪽.
223) 문교부, 앞의 책, 309쪽.

정의 결함은 부득이 사친회를 통한 학생의 부담으로 보전하지 않을 수 없는 실정이다. …… 사친회비 부담을 철폐하여야 한다는 것은 모든 국민의 요망이다. 학부형은 물론이려니와 행정부나 입법부 사법부에서도 그 필요성을 통감하고 있고 폐지하려는 시도는 부단히 계속되고 있으나 아직도 해결되지 못한 과제로 남아 있다. 헌법이나 교육법에서 규정된 의무교육 무상의 정신과 교육의 기회균등의 원칙을 들지 않는다 할지라도 현황과 같은 사친회 부담이 있는 한 진정한 교육은 실시되지 못할 것이다. …… 국민 개개인의 소득을 정확히 포착하여 과세함으로써 수입증가를 꾀하든지 불연이면 신세를 창설하여 새로운 수입을 얻든지 또는 외국의 원조를 도입하든지의 방법밖에 없는 것이나 전자는 司稅 기능의 불원할로 다음은 이론상으로 잉여 세원이 존재치 않는다는 것으로 후자는 경제부흥 우선의 원칙에 의하여 실현이 곤란하게 되어있는 것이다.224)

즉, 한국전쟁 후 국가는 교육재정을 확보할 수 있는 상황이 아니었고, 학교는 자체적으로 운영비를 마련해야 했다. 1953년에 작성된 1954년도 (1953.7.1.~1954.6.30.) 경제부흥계획에 따르면 6억 2천8백만 달러의 기금 중 문교에 배정된 금액은 1,140만 달러로 전체의 1.8%에 불과했다. 더욱이 교육예산 전체를 UN원조에 의지했고 자력 수입은 전혀 배정하지 않았다. 그리고 배정된 예산은 모두 문교 시설에 투입되도록 계획되어 있었다. 하지만 1954년 6월 30일까지 교육 부분의 원조는 전혀 없었고, 이후 1954년 10월 말까지 2천 달러가 도착한 것이 전부였다.225) 이러한 상황에서 각 학교는 신입생 입학기에 응시료, 입학금, 기부금 등을 통해 학교 경영비를 확보하는 것이 가장 쉬웠다. 전시라는 특수 상황에서 중학교 입학자 선발을 위한 국가고사를 수용하기는 했지만, 중학교 측에서는 학교운영을 위한 예산 확보를 위해 입학생 선발권이 필요했다. 반대로 국고보조를 전혀 해주지

224) 이창석, 「한국교육의 당면문제」, 『동아일보』, 1953년 11월 23일.

225) 정진아, 「제1공화국기(1948~1960) 이승만정권의 경제정책론 연구: 국가 주도의 산업화정책과 경제개발계획을 중심으로」, 연세대학교 대학원 박사학위 논문, 2007, 105~111쪽.

못했던 국가는 중학교에 입학생 선발권을 돌려줘야만 하는 상황에 직면한
것이다.

전쟁 이전이기는 하지만 1949년 7월에 있었던 안호상 문교부장관의 다
음 기자회견 내용을 통해 기부금 입학에 대한 문교 당국과 각 학교의 입장
도 확인할 수 있다.

> 최근 몇몇 학교의 수험 성적을 가지고 부정입학 운운하는 것은 이해키
> 곤란하다. 300점 만점에 있어서 280점이 낙제하고 30점짜리가 입학한 것
> 은 거기에 여러 가지 이유가 있는 것이다. 아무리 공부를 잘해도 폐병이
> 나 악질 치질, 기타 늑막염 환자를 입학시킬 수는 없는 것이며 또한 성적
> 이 나쁘다 하여도 학교 재단을 위하여 거액의 기부를 한 공로자의 자제
> 를 안 들일 수는 없다. 그리고 보결생에 대하여 돈을 받고 입학시킨다 하
> 여 비난하고 있으나 학교운영에 있어서 1년간에 약 2,000만 원의 운영비
> 가 필요한데 정부에서 주는 것은 겨우 100만 원 내외의 적은 돈이다. 현
> 재와 같이 재정적으로 타격을 받고 있는 때에 약간의 기부금을 받는 것
> 은 우리로서도 묵인 아니 할 수 없다. 그렇다고 학원의 부정을 그대로 방
> 임하라는 것은 아니다. 문교부에서도 방금 각 학교를 조사 중인데 검사
> 측에서 학교의 답안지까지 가져간 것은 유감으로 생각한다.226)

문교부장관이 시험 성적이 좋아도 병든 환자를 입학시킬 수는 없고, 시
험 성적이 나빠도 거액을 기부한 공로자의 자제는 입학시킬 수 있으며, 돈
을 받고 보결생을 입학시키는 것도 묵인할 수밖에 없다는 입장을 밝힌 것
이다. 즉, 기부금 입학을 금지하거나 처벌할 의지가 없었다. 나아가 검사가
학교의 시험 답안지를 가져가서 조사하는 것에 대해 유감을 표시하기까지
했다. 결국 정부가 학교 운영경비를 충분히 지원해주지 못하는 상황에서
각 학교는 운영경비를 손쉽게 확보할 수 있는 입학생 선발권을 요구했고,
정부에서는 이를 인정할 수밖에 없었던 것이다.

---

226) 「부정입학이란 이해 곤란. 기부금 징수는 묵인」, 『경향신문』, 1949년 7월 26일.

덧붙여 학교에서 기부금 받는 행위를 통제하지 못했던 상황에 대해 기부통제법이 제정되고 개정되는 과정을 통해 확인할 수 있다. 정부는 기부통제법안을 기초해 1949년 5월 31일 국무회의를 통과시켜 국회에 회부했다.227) 그리고 기부통제법은 처벌만이 목적이 아니라 기부금품의 모집을 통제함으로써 국민의 경제적 부담을 완화하며 그 생활 안정에 기여함을 목적으로 하는 것이라고 했다.228) 국회의장은 7월 7일 이 법안을 내무치안위원회에서 심의할 것을 부탁했고, 7월 18일 위원회에서 심사보고가 있은 뒤 회부되었다. 하지만 3달이 지난 10월 13일에서야 본회의에 상정되어 제1 독회가 시작되었다.229) 첫 독회 때부터 학교 후원회의 기부금을 제한하면 학교를 유지하지 못할 것이라는 지적이 있었다. 이에 내무부장관 김효석은 다음과 같이 답변하면서 학교의 기부금을 통제하겠다는 의지를 밝혔다.

> 지방의 학교 유지비 같은 것이 대단히 어려워서 사실 지금 학교라는 것은 관립이나 공립을 불문하고 유지에 대단히 어려운 현상에 있어요. 그러므로 대부분이 민간의 부담으로서 유지되고 있는 것을 압니다. 그러나 아무리 필요한 비용이라고 할지라도 이것을 구하는 데에 있어서는 기부법에 의지해서 허가받고 비로소 할 수 있을 것입니다.230)

내무부장관도 사립학교 뿐 아니라 관·공립학교도 민간의 부담으로 유지되고 있음을 알고 있었고, 그래서 더욱 법에 의해 기부금을 통제해야 한다고 밝힌 것이다. 여기서 내무부장관은 학교에 대한 기부금을 전면 금지하는 것이 아니라, 법에 따라 허가를 받아서 할 수 있다고 했다. 계속해서 국회에서 진행된 다음의 질의응답을 통해 관련 논의를 확인할 수 있다.

---

227) 「기부통제법 불일내 국회에」, 『조선일보』, 1949년 6월 3일.
228) 「금품강요에 단!! 국무회서 '기부통제법' 통과」, 『동아일보』, 1949년 6월 3일.
229) 국회사무처, 『국회 임시회의 속기록』, 제1대국회 제5회 제20호, 1949년 10월 13일(국회회의록 http://likms.assembly.go.kr/record/ 이하 국회회의록 출처 생략).
230) 국회사무처, 『국회 임시회의 속기록』, 제1대국회 제5회 제20호, 1949년 10월 13일.

▷ 송진백 의원

여러 가지 문제는 다 빼놓고 학교경영문제에 대해서 말하겠습니다. 지금 만천하에서 문제가 되어 있는 학교후원회비 문제 이것은 어제 내무부장관은 기부금통제법이 되면 너무 과하게 받지 않는다고 말씀하셨습니다. 과연 그렇게 해야 합니다. 기부금액을 얻는데 있어서 조금 받는 것도 있고 큰 것도 있겠지만 기부금만 가지고 지나간 전날까지 학교운영을 전체로 맡겨 가지고 구체적으로 이 학교운영에 있어 가지고 방법이 없이 학부형 부담만으로 되고 있는데 앞으로도 이 기부를 생략하게 될 것인가 이것만을 묻고저 합니다.

▷ 내무부장관 김효석

학교유지라는 것은 기실 학교에 있어서는 모든 것이 학부형 부담으로 거의 기부형식으로 유지되어 있는 현상에 만일 그것을 전부 기부에 의해서 허가를 받아야 된다고 하면 학교경영에 대단히 곤란이 있지 않겠느냐 하는 말씀이 계시었는데 당연한 말씀이올시다. 그러나 이것은 학교경영에 대해서는 앞으로 학교경영에 대한 근본방침이 서야 될 것입니다. 언제까지든지 학교경영을 학부형의 기부에만 의존시킨다는 것은 되지 못할 일이에요. 그런 까닭에 국가적 정책이라든지 지방정책으로 학교경영에 대한 방책도 수립하려니와 동시에 재원 발견에 모든 힘을 써야 되겠고 또 그런 모든 것이 서기 전까지는 학교유지에 필요한 돈을 걷는 것이라고 할 것 같으면 기부허가를 얻어서 정당히 걷는 것이 폐단을 막는데 좋을 줄로 생각합니다.[231]

또한 기부통제법으로 학교 후원회에서 기부금을 받는 것을 전면 통제해서는 안 된다는 지적도 있었다.

▷ 조헌영 의원

학교후원회라든지 또는 요새 가령 경찰후원회라든지 이런 것이 사실상 폐단이 없는 것이 아니겠지만 이것을 꼼짝 못 하게 하고 돈 한 푼도

---

231) 국회사무처, 『국회 임시회의 속기록』, 제1대국회 제5회 제21호, 1949년 10월 14일.

받지 못하게 만들어 논다면 교원이 다 다라난다든지 또 경찰 해먹을 사람이 없어진다고 할 것 같으면 국가적으로 큰 문제입니다. 하니까 이런 것을 고려해서…… 돈 받는 것을 백성이 싫어하는 것은 사실이지만 그 싫어하는 가운데는 부당하게 싫어하는 경우도 있고 정당하게 싫어하는 경우도 있습니다. 그러니 그 정당하게 싫어하는 경우는 인정해 주고 부당하게 싫어하는 것은 인정 안 하는 데에 기부통제법을 만드는 정신이 있는데 덮어놓고 안 된다 하면 일이 안 됩니다.[232]

기부통제법은 두 번의 독회를 통해 1949년 10월 28일에 국회 본회의를 통과했고,[233] 11월 19일 공포되었다. 제정된 기부통제법의 주요 조항은 다음과 같다.

제1조 본법은 기부금품의 모집을 통제하므로써 국민의 경제적 부담을 완화하여 그 생활안정에 기여함을 목적으로 한다.

제2조 본법에서 기부금품의 모집이라 함은 다음에 열거한 경우를 제한 외에 의뢰, 권유 기타의 방법에 의하여 기부금품을 모집하는 행위를 말한다.

　1. 법인, 정당 또는 단체에서 그 정관이나 규약에 의하여 소속단체원으로부터 가입금, 일시금 또는 정기적으로 갹출하는 회비의 경우 단, 단체의 갹출은 1인당 년액 5백 원을 초과하지 못한다.

　2. 사원, 불당 또는 교회의 경비에 충당하기 위하여 신도가 갹출하는 경우

제3조 기부금품을 모집하려는 자는 내무부장관의 허가를 받아야 한다. 단, 내무부장관은 모집지역이 1도 또는 서울특별시에 한하는 백만 원 이하의 기부금 모집 허가는 此를 당해 도지사 또는 서울특별시장에 위임할 수 있다.

제4조 국가기관 또는 공무원은 기부금품을 모집할 수 없다.

---

232) 국회사무처, 『국회 임시회의 속기록』, 제1대국회 제5회 제25호, 1949년 10월 27일.
233) 국회사무처, 『국회 임시회의 속기록』, 제1대국회 제5회 제26호, 1949년 10월 28일.

> 제5조 기부금품의 모집은 공익을 목적으로 하는 사업을 위하는 것이 아니
> 면 허가하지 아니한다.234)

기부통제법은 기부금품의 모집을 통제함으로써 국민의 경제적 부담을 완화하여 그 생활안정에 기여함을 목적으로 했다. 그리고 '법인·정당 또는 단체', '사원·불당 또는 교회'만이 기부금을 모집할 수 있다고 명시했다. 이후 1949년 12월 3일 대통령령으로 기부통제법시행령이 제정되었고,235) 12월 21일에는 내무부령으로 기부통제법시행규칙도 제정되었다.236)

기부통제법이 시행된 이후인 1949년 12월 20일 문교부장관 안호상은 "기부통제법이 시행됨에 따라 이러한 금품은 그 명목 여하를 막론하고 이를 중지해서 동 법에 저촉됨이 없게 하라."고 각 시도에 통지했다. 이로써 종전의 후원회비·자모회비·호국대비·학급비·전입학비·전별금 등의 모집 징수는 12월 3일에 소급하여 일체 중지해야 했고, 이미 징수한 것은 사용을 일시 보류해야 했다. 그리고 후원회에 대한 근본 조치와 지금까지 징수한 기부금 사용에 대한 조치는 다시 알려주기로 했다.237)

하지만 문교부에서는 기부통제법이 초·중등학교 경영의 재정적 원조를 목적으로 구성되고 있는 학교후원회에도 적용된다면 각 초·중등학교 모두 수업 중지의 위기에 직면할 우려가 있다고 보았다. 그리고 기부통제법에 대한 문교부의 입장을 다음과 같이 정리했다.

첫째, 만약에 학교후원회를 통한 기부행위도 비합법적인 것으로 인정한다면 이를 금지하는 대신에 현재의 각 초·중등학교를 운영하

---

234) 〈기부통제법〉, 법률 제68호, 1949년 11월 24일.
235) 〈기부통제법시행령〉, 대통령령 제233호, 1949년 12월 3일.
236) 〈기부통제법시행규칙〉, 내무부령 제6호, 1949년 12월 21일.
237) 「안호상 문교부장관, 각급 학교에서는 후원회비 등을 징수하지 말라고 통첩」, 『국도신문』, 1949년 12월 23일.

기에 충분한 재정적인 원조를 국고에서 지출토록 할 것.

둘째, 학교후원회만은 이 기부통제법의 적용을 받지 않도록 특별한 조
치를 강구토록 할 것.

셋째, 법령을 개정하든가 또는 후원회의 기부행위를 인정할 수 없는
경우에는 학교후원회를 합법적인 단체로 인가할 것.238)

문교부에서는 기부통제법의 시행과 관련해 3가지 대안을 제시했다. 학
교후원회를 통한 기부금을 불법으로 금지한다면 학교를 운영할 수 있는
충분한 재정을 국고로 지급해줄 것, 학교후원회는 기부통제법의 적용을 받
지 않도록 할 것, 기부통제법을 개정하든지 학교후원회를 합법적 단체로
허가할 것이었다. 즉, 국가가 학교 운영비를 지급하던지 그렇지 못한다면
학교후원회를 통해 기부금을 계속 받을 수 있도록 법령 개정 등의 조치를
취하라는 것이 문교부의 입장이었다. 또한 다음 기사를 통해 학교에 대해
서는 기부통제법의 적용을 제외해야 한다는 여론이 있었음도 확인할 수
있다.

지방 각 학교 실정을 보면 학교를 유지하기 위한 학부형의 학교부담금
까지도 기부금과 같이 취급하여 내무부의 허가를 얻도록 하므로 각 학교
에서는 유지 곤란으로 기어이 문 닫을 형편에 있다. 학교를 유지하기 위
한 학부형의 부담금은 현실에 비추어 기부금과는 그 성질이 다른 것으로
이는 예산이 없는 학교로서 불가피한 사실인즉 이는 당연히 예외로 취급
하여야 할 것이다. 이것을 일일이 내무부의 허가를 얻도록 한다면 교통과
수속관계로 학교경영은 난관에 봉착할 것이므로 당국에서는 이점을 특히
고려하여 예외 취급으로 학교경영에 지장이 없도록 하여야 할 것이다.239)

학부모가 내는 학교부담금이 기부금으로 분류되어 통제된다면 학교를

---

238) 「문교부, 기부행위통제법 발표에 따른 학교운영문제를 검토」, 『서울신문』, 1950
년 1월 7일.
239) 「수단을 바꾸었을 뿐 기부금 징수 아직 성행」, 『동아일보』, 1950년 1월 11일.

유지할 수 없게 된다면서 학교에 대해서는 기부통제법이 예외가 되어야 한다는 것이다. 또한 1950년 1월 5일부터 8일까지 지방을 순시했던 신익희 국회의장도 기자단과의 회견에서 "학교의 기부금 문제인데 학교운영에 있어 학교후원회 등에서 모집하는 기부행위 등 오히려 이 통제법으로 학교운영에 지장이 있으니 내무 당국에서 간섭하는 것은 고려해야 할 문제다."라고 밝히기도 했다.[240]

결국 1950년 1월 12일 국회 본회의에 이영준 의원 외 30인의 제안으로 긴급동의안이 제출되었는데, 그 주된 내용은 다음과 같다.

> 최근 정부에서는 기부통제법 운용의 졸렬과 대통령령 제223호(기부통제법시행령)의 법적 해석의 상위로 인한 교육행정에 지장과 혼란은 물론 불원한 장래에 있어 폐교 또는 대한민국 교육에 파괴를 초래할 우려가 긴박하였음으로 此에 행정책임자 문교장관 내무장관 법무장관을 본회의에 출석케 하야 현재와 미래에 대한 본법 운용방침을 질의코자 함.[241]

이 긴급동의안은 재석의원 110명 중 반대는 한 표도 없이 84명이 찬성하여 가결되었다. 즉, 정부에서 기부통제법에 대한 해석을 잘못하여 교육기관에 대한 기부도 일절 금지하고 있어서 학교가 폐교될 우려가 심해져 문교·내무·법무장관을 국회에 출석시켜 이 문제를 논의하기로 한 것이다.[242] 그뿐만 아니라 충남중등교후원회연합 대표들이 서울에 올라와 기부통제법에서 학교후원회를 제외할 것을 진정하는 등[243] 각 지방에서 기부통제법에서 학부형회비는 제외할 것을 국회에 요구했다.[244] 또한 안호상 문교부장관은 기자들과의 회견에서 "학교 후원회비를 기부통제법에서

---

240) 「기부통제법은 유명무실」, 『조선일보』, 1950년 1월 11일.
241) 국회사무처, 『국회 정기회의 속기록』, 제1대국회 제6회 제3호, 1950년 1월 12일.
242) 「제2차 정기국회 속개」, 『조선일보』, 1950년 1월 13일.
243) 「인사왕래」, 『조선일보』, 1950년 1월 15일.
244) 「기부통제법 개정안 제출」, 『동아일보』, 1950년 1월 15일.

제외하자는 주장은 법안 초안 당시부터 있었던 말로 학교 운영을 위하여 후원회 회원들이 회비를 내는 것은 기부가 아니므로 타당한 것으로 믿는다."고 밝혔다.245)

결국 국회에서는 1950년 1월 24일 '기부통제법 운용에 관한 긴급질문'이 열렸다. 이날 이영준 의원은 기부금과 관련된 대한제국과 일제강점기의 법까지 언급하며 문교부장관의 답변을 요구했다. 이영준 의원의 질의와 이에 대한 문교부차관의 답변 내용을 정리하면 다음과 같다.

▷ 이영준 의원

기부통제법이 발령된 후에 세간에 있어서는 본법 입법정신과 또한 법률의 해석과 운용에 여러 가지 구구한 물의가 많이 있습니다. 그러나 이 사람은 오늘 말하려고 하는 것은 그것이 아니고 다만 본법과 학교후원회 관계에 대해서 해석이라든지 운영에 관한 것을 몇 가지 질의하고저 합니다.

이 학교에 있어서 후원회 문제에 있어서는 이것이 과거 이조말엽 대한제국시대에도 해석의 문제가 있었고 또한 일제시대에 있어서도 문제가 많이 있든 것입니다. 해서 융희 2년 10월 내무훈령 제361호로서 역시 관립학교에 대해서 이 후원회 혹은 기부금 모집은 차한에 부재라는 것을 통첩한 일이 있었습니다. 뿐만 아니라 일제 때도 그대로입니다. 명치 44년 11월 9일 조선총독부령 제138호로서 기부금품모집취체규칙이 발령이 되었을 때에 제일 먼저 누가 질의를 했느냐 할 것 같으면 경기도, 그때 말로 도장관입니다. 도장관이 그때 말로 정무총감에게 대해서 이 관립학교가 이 기부통제취체규칙령에 들어가느냐 안 들어가느냐는 것을 질의한 일이 있겠습니다. 그때에 동년 12월 7일에 정무총감의 회답이 이 기부취체법에는 관립학교는 들어가지 않는다는 것을 지시했습니다. 그래서 그때로부터 지금까지 기부 …… 무슨 규칙에 있어서든지 학교 말하자면 관립은 본법으로 인정하고 사립은 법인의 허가를 맡은 학교에 있어서 학교 학부형에게 모은 돈에 대해서는 얼마든지 거치게 되었고 또한 법은 그것을 인정했습니다.

---

245) 「후원회비 등에 안 문교부장관 언급」, 『경향신문』, 1950년 1월 18일.

▷ 박종만 문교부차관

애들은 배우게 해야 되겠습니다. 교실은 없습니다. 또 교원은 모셔야 되겠습니다. 또 여러 가지를 운용해야 되겠소이다. 거기에 따라오는 것은 돈이 있어야 됩니다. 그러므로 내 교원에게 들은 고충 하나를 여기서 얘기하고저 합니다.

내 어제 두어 군데 학교에 출장을 갔었는데 교장들의 얘기가 "여보 차관, 본청에 돌아가거든 국고금을 주도록 해 주세요. 이 기부금통제법이 생겼는데 우리는 돈을 많이 써야 되겠소이다. 우리는 가르칠 따름이지 우리가 할 일이 아네요. 어데까지 국회의원 여러분이 국고금을 주는 그것으로서 학교를 운용하게 해 주세요" 하는 청뿐입니다. 이 기부금통제법에 의하야 기부금을 폐지한다면 국고금에 대하야 이 칼자루를 가지고 있는 여러분이 예산을 주서서 학교를 운용하게만 해 주시면 우리는 여기 대해서 아모 문제도 안 삼으렵니다. 국고금만 주세요. 만일 여러분이 국고금을 주지 못하면 학교는 운용하게 못 됩니다. 학교를 운용하려면 또 법을 어기지 않게 하려면 국고금을 주십시오. 국고금을 만일 못 주신다면 너무 후원회에 대하야 부형들이 자기의 열의로 자기의 힘으로 한다는데 대하야 국가에서 못 한다고 구속 말어 주시기 바랍니다. 나 그것밖에 대답할 수 없습니다.("잘 했습니다" 하는 이 있음)[246]

즉, 국회는 기부통제법을 제정해 국민의 경제적 부담을 완화하고 생활안정에 이바지하려고 했지만, 학교 운영에 필요한 예산을 확보해 줄 수 없었다. 결국 국회는 학교에서 기부금을 모으는 것을 금지할 수 없는 상황이었다.

이와 같은 논의가 있었던 직후인 1950년 1월 13일 이영준 의원이 제출한 기부통제법 중 개정법률안이 안건으로 회부되었는데, 그 내용은 "기부통제법 제2조 제2호 '사원' 위에 '학교' 2자를, '위하여' 다음에 '학부형 또는' 5자를 삽입함."이었다. 독회는 생략하고 곧바로 표결에 부쳐져 반대 없이 77명의 찬성으로 통과되었다.[247] 1950년 2월 9일 자로 개정 공포된 기

---

246) 국회사무처,『국회 정기회의 속기록』, 제1대국회 제6회 제13호, 1950년 1월 24일.
247) 위의 자료.

부통제법의 수정 내용은 다음과 같다.

제2조 본법에서 기부금품의 모집이라 함은 다음에 열거한 경우를 제한 외
　　에 의뢰, 권유 기타의 방법에 의하여 기부금품을 모집하는 행위를
　　말한다.
　　1. 법인, 정당 또는 단체에서 그 정관이나 규약에 의하여 소속단체
　　　원으로부터 가입금, 일시금 또는 정기적으로 갹출하는 회비의
　　　경우 단, 단체의 갹출은 1인당 년액 5백 원을 초과하지 못한다.
　　2. **학교**, 사원, 불당 또는 교회의 경비에 충당하기 위하여 **학부형 또
　　　는** 신도가 갹출하는 경우

　즉, 기부금을 모집할 수 있는 곳으로 '학교'를 추가했고, 그 대상으로 학
부모가 포함된 것이다. 이로써 학교에서 각종 명목으로 금품을 모집하는
행위는 기부통제법에 따라 적법한 것이 되었다. 이렇게 기부통제법이 개정
되자 『조선일보』는 다음과 같은 기사를 실었다.

　　지난 24일 국회서는 기부통제법의 일부를 수정하여 학교후원회비는
　이 법의 적용을 받지 않게 되었다고 전하니 좋아할 것은 학교경영자이나
　고통을 느낄 것은 일반 학부형이라 하겠다. …… 해방 이래 오로지 학교
　경영 비용을 학부형에게 부담시켜 오던 학교경영자 측은 대경실색하여
　이래서는 학교를 폐쇄할 수밖에 없다하여 지방을 시찰하는 국회의원에게
　호소하는 一方 대표를 선출하여 要路 당국에 후원회비를 받도록 하여 달
　라고 진정까지 하여 물의를 일으켜왔었다. 이런 진정이 주효하였는지 또
　는 현하 우리의 실정에 말미암음인지 하여튼 국회에서는 무조건하고 학
　교후원회비 등은 이 법의 예외로 두게 되어 학부형은 또다시 학비부담에
　적지 않은 고통을 받게 되었다.
　　물론 우리의 현 교육 상태로 보아 후원회비 등을 전연 못 받게 할 수는
　없을 것이다. 하나 이것을 무조건으로 인정한다는 것은 학교경영면만 생
　각한 것이지 교육의 민주화라는 것은 전연 생각지도 않은 처사라 아니할

수 없다. ……

    국회에서는 학부형의 고통만 간과했다 하더라도 문교부에서 만은 어
떤 대책을 세워야 할 줄 안다. …… 후원회비 징수가 기부통제법의 적용
을 받지 않게 됨에 제하여 문교 당국 및 학교경영자 측의 猛省自重을 촉
하는 바다.248)

학교경영자 측에서 국회의원과 영향력 있는 정부 부서를 상대로 한 진
정이 효력을 보인 것인지 아니면 우리의 교육재정 현실 때문이었던지, 국
회는 기부통제법을 개정했다. 하지만 법의 개정에 있어 학교경영만을 고려
했고, 교육의 민주화는 전혀 생각하지 않음으로써 학교 경영자는 좋아했겠
지만 학교 재정을 책임져야 했던 일반 학부모의 고통은 개선될 여지가 없
었다. 결국 학교에서 학부모에게 걷는 기부금은 합법적인 것이 되었고, 사
친회비와 기부금 등에 의존해서 학교 운영비를 확보하던 관행은 변함없이
유지되었다. 이에 대해 언론이 할 수 있는 것은 문교 당국과 학교 경영자
들에게 깊이 반성하고 말과 행동을 신중하게 할 것을 촉구하는 것밖에 없
었다.

    소결

    1951년에 실시되었던 중학교 입학 국가고사에 대하여 당시 문교부장관
이었던 백낙준과 담당 책임자였던 심태진은 다음과 같이 평가했다.

    "금번 국가고사제도 채택의 결과 수업 진전의 불통일 학생 거주지의
    유동 등 전란으로 인한 중학교 입학의 혼란을 미연에 방지하였을 뿐만
    아니라 입학기 전후에 야기되는 정실입학 등의 불상사를 일소하여 공정
    명랑한 입학으로 교육의 기회균등을 실현하였고 소위 입학시험지옥을 완
    화하여 예년에 보지 못하던 성과를 거두어 일반 사회의 교육계에 대한

---

248) 「긴급한 학비 부담 경감책」, 『조선일보』, 1950년 1월 27일.

신망을 두텁게 하였다."249)

　　"해마다 물의를 일으키던 부정입학, 정실입학 운운은 자취를 감추었고, 입학시험지옥이란 술어도 싱겁게 없어져 버렸다. 이 해의 국가고사를 마친 후 학부형들이나 일반 국민들의 여론은 이 제도를 지지해 주었다. 국민학교 측도 찬성하고 나섰다. 그러나 중등학교 측만은 불평이 커져가고, 점점 표면화하기 시작하였다. 교육법시행령 제77조 '학생의 입학·퇴학·전학 및 휴학에 관하여는 특별한 규정이 없는 한 학교의 장이 허가한다'는 규정에 위배되고 중학교장의 법적 권한을 문교부가 박탈했다는 것이다. 불평은 고위 권력층에게서까지 나왔다. 종전 같으면 특권계급의 자녀는 성적이 나빠도 일류 학교에 입학시킬 수 있었던 것이, 그 길이 막힌 데서 오는 불평이었다. 그러니 특별한 규정을 기초해봤댔자 통과될 리 만무하였다. 규정 없이 계속할 수밖에 없었다. …… 중앙교육위원회에서까지 국가고사제의 폐지를 2차에 걸쳐 건의까지 하게 되었지만, 문교부는 3년간 계속 강행하고 제4차 연도인 1954년도에는 대학까지도 연합고사를 실시하여 합격자 발표 직전에 있었고, 중학교 역시 연합고사 실시 후 중학교 지원 절차를 밟고 있던 1954년 2월 청천벽력과 같은 이승만 대통령의 간단한 유시가 내리자 일조에 수포로 돌아가고 말았다. 유시란 '입학시험은 자유경쟁의 원칙에 의하라'는 한마디였다."250)

　　그리고 박상만은 국가고사의 성과 6가지를 다음과 같이 정리하기도 하였다.

　　　　금번 고사제도가 거둔 성과는 일일이 들기 어려울 만큼 많으나, 그
　　중에서 특기할 만한 몇 가지 점을 들어 보면
　　　　첫째, 학부형들의 부담이 경감되었다. 입학 후의 수속금 학비 등은 현
　　　　재의 경제 사정으로 종전보다 경감되었다고는 볼 수 없으나, 중
　　　　학교 입학고사를 전후하여 낭비되던 여비 기타 경비는 절약되었

---

249) 백낙준, 앞의 책, 288쪽.
250) 심태진, 앞의 책, 199쪽.

으며, 정신적인 徒勞가 없게 되었다.

둘째, 학생들의 부담이 경감되었다. 고사와 선발을 분리한 관계로 고사를 받는 자가 어느 특정한 학교에 입학하기 위한 경쟁자가 아니고, 같은 학급 급우들이 같은 고사장에서 고사를 받게 되므로 종전보다 정신적 부담이 경감되었다.

셋째, 실력 본위의 공정한 입학이 되었다. 성적을 공표하고 성적 증명서의 성적순으로 중학교에 선발하게 되므로, 정신이나 신체에 특수한 이상이 없는 한, 실력만 있으면 어떠한 학교에라도 입학할 수 있게 되어, 빈부귀천의 차를 두지 않는 공정한 입학이 되고, 따라서 교육의 기회균등을 종전보다 한걸음 전진시킬 수 있었다.

넷째, 입학경쟁률을 저하시켜 입학시험 지옥이 해소되었다. 금년의 특수사정으로 지원자가 예년보다 적은데도 원인이 있으나, 성적증명서가 없으면 지원하지 못하는 관계로 이중 지원이 없어지고 따라서 입학경쟁률이 현저히 저하되었다. 특히 입학 후보자를 발표하는 제도이기 때문에 어느 성적권 내에 들지 못하면 면접이나 신체검사도 받지 못하게 되어 당초부터 단념하게 된다.

다섯째, 객관적 고사법을 이용하게 되었다. 각 학교에서 금번 고사를 계기로 하여 객관적 성적 고사법에 대한 관심이 깊어지고 평소 고사에 객관적 성적 고사법을 이용하게 되어 고사법 쇄신에 공헌한 바 컸다.

여섯째, 피난학생을 혼란 없이 수용할 수 있었다. 이것은 금년에 한한 문제이겠지만, 피난학생들이 피난지에서 고사하여 자기가 장차 복귀할 고향의 중학교에 피난지에 있으면서 입학할 수 있었다. 특히 피난학생을 원주학생과 구별하여 다룬 관계로 피난학생으로 인한 원주학생의 희생을 방지할 수 있었다.[251]

하지만 미군정기 문교부장을 거쳐 중앙교육위원회 위원으로 활동했던 오천석은 다음과 같이 평가했다.

---

251) 박상만, 앞의 책, 224~226쪽.

국가고사제도가 어떤 특수한 사정을 일시적으로 타개하기 위하여 세워진 것이라면 수긍할 수도 있지만, 이것을 부정입학 등을 방지하기 위한 항구적인 조치로 취해졌다고 하면, 이는 교육법시행령 제77조에서 규정된 '학생의 입학·허가·퇴학 및 휴학에 관하여는 특별한 규정이 없는 한 학교의 장이 허가한다'라는 원칙에 위배될 뿐만 아니라, 국가의 통제를 가급적 소규모의 범위에서 국한시켜야 한다는 민주주의의 원칙에 배치되는 일이라 하겠다. 국가고사제도는 아직 민주주의가 그리 발달되지 않았을 때부터 내려온 유럽 제국에서 사용되고 있는 전통적인 것으로서, 새로이 민주주의를 지향하고 있는 우리나라로서, 특별한 이유가 없는 한, 이제 새삼스럽게 채택할 제도라고 할 수 없다. 이 제도는 장점도 있지마는, 한 번 실시해 본 결과 여러 가지 곤란한 결점이 발견된 까닭에 폐지되고 말았다.[252]

이처럼 한국전쟁 중이던 1951년부터 실시된 중학교 입학 국가고사에 대한 평가는 엇갈린다. V장에서는 중학교 입학 국가고사가 도입되고 매년 수정되며 운영되던 모습과 대통령의 지시로 입학지원 마감 하루 전에 이미 치러진 학력고사마저 무용지물이 되었던 과정과 그 원인에 대해서 살펴보았다. 초등학교 측에서는 학교 성적을 중심으로 한 입학자 선발제도를 요구했고, 중학교 측에서는 교육법시행령을 근거로 학교장의 선발권을 보장할 수 있는 학교별 시험을 주장했다. 경제적 능력과 권력을 가진 학부모들은 중학교 입학의 자유경쟁을 요구했고, 국가고사에 따른 선발 과정에서도 지원 횟수의 확대를 주장했다. 반면 일반 학부모들은 공정한 평가와 입시부정을 막을 수 있다고 생각했던 국가고사를 반기며 유지될 것을 기대했다. 국가고사 실시로 전시 상황을 극복하고 시험지옥과 입시부정을 막아보고자 했던 문교 당국은 학교 운영에 필요한 재정적 지원을 전혀 해주지 못하는 상황에서 중학교 입시는 자유경쟁으로 실시하라는 대통령의 지시를 따를 수밖에 없었다.

중학교 입학 국가고사는 1954학년도에 중단되었지만, 이는 1958년부터

---

252) 오천석, 『한국신교육사』 하, 광명출판사, 1975, 81쪽.

추진된 중학교 입학 공동출제와 박정희 정권에서 시행된 각종 국가고사의 토대가 되었고,[253] 이것이 입시에 있어 국가 관리의 시초가 되어 그 후 공동출제, 문제은행 등의 제도를 낳게 했다.[254] 동시에 국가고사는 학생 선발시험의 관리를 국가가 담당함으로써 교육의 정치적 중립성이 침해되고, 교육 내용의 획일화를 가져왔다. 또한 선시험 후지원제에 따라 학교 간의 서열화 현상이 심화되었으며, 객관식 시험제의 정착에 따른 암기식 학습형태의 만연 등 한국 사회가 경험하고 있는 해결하기 어려운 교육 문제들을 일으키기도 했다.[255]

---

253) 함종규, 앞의 논문, 84~85쪽.
254) 최병칠, 『교육과 인생』, 문천사, 1972, 115쪽.
255) 이길상, 앞의 논문(2000), 138쪽.

맺음말

　학생들에게 '한국전쟁' 하면 가장 기억에 남는 것이 무엇인지 물었다. 189명의 응답자 중 40.2%에 해당하는 76명이 인천상륙작전과 맥아더라고 대답했다. 그리고 민간인 학살을 비롯한 인명피해가 19명(10.1%), 이산가족이 11명(5.8%), 북한의 남침과 흥남철수가 각각 10명(5.3%)이었다. 또한 전쟁 초기 3일 만에 서울 함락이 9명(4.8%), 피난학생과 학교가 7명(3.7%), 참전 군인 7명(3.7%)·학도병 6명(3.2%)·유엔군 참전 5명(2.6%), 한강다리 폭파와 이념 대립이 각각 5명(2.6%) 등이었다. 그 외에도 전쟁 그 자체가 가장 기억에 남는다고 한 학생도 2명 있었고, 전쟁은 언제나 일어날 수 있는 나의 일이라고 답한 학생도 있었다.[1] 이는 한국전쟁에 대한 역사교육이 전쟁의 전개 과정을 외우는 것에 중점을 두고 있었음을 방증하는 것이다. 물론 민간인 학살과 피난학교와 학생을 기억한다는 비율이 13.7%인 것을 통해 역사교육이 변화하고 있음도 예감할 수 있다. 그런데 여전히 학생들과 대화하다 보면 학생들의 의식 속에 북한에 대한 증오와 복수심이 담겨있었다. 이는 비단 학교 교육에서만이 아니라 한국전쟁에 대한 한국 사회의 공식적인 역사 서술이 정치적·사회적 사건만을 다루고 있었음도 의미한다.[2] 한국전쟁의 원인과 전쟁이 준 고통에 대해 가해자와 피해자를 명확히 구분하고, 피해자 집단 내부의 잘못에 대해서는 외면하고 침묵하도록 강요했던 지난 시간들이 이러한 상황에 이르게 한 것은 아닌지 성찰이

---

[1] 이 조사는 2022년 7월 필자가 재직하는 고등학교 1학년 전교생을 대상으로 서답형 형식으로 진행된 결과를 정리한 것이다.

[2] 이옥부, 「부산 피난학교 시절 어느 고등학생의 일상과 독서모임」, 『한국교육사학』 43-1, 2021, 142쪽.

필요하다.

　1953년 7월 정전협정 체결로 한반도 전역에서 전개된 물리적 충돌의 전쟁은 멈추었지만, 이후 이념 전쟁은 더욱 치열하게 전개되었다. 전쟁을 겪고 살아남은 학생들은 반공 이념이 지배하는 분단된 한국에 놓였다. 학생들은 '멸공', '반공', '북진통일' 등을 외치고 전쟁을 기억하며 한국을 이끌어갈 어른이 되었다. 전쟁은 학생들에게 분단된 한국에서 살아남을 수 있는 방법을 가르쳐주었다. 북한군이 점령했던 지역에 살았던 학생들은 빨간 완장을 찬 사람들에게 보복당하는 친구를 보았고, 수복 후에는 부역자로 검거되어 사형당하는 친구도 보았다. 집이 없어지고 가족과 헤어진 학생들 중에는 피난지에서 물건을 팔며 평생을 살아야 하는 삶을 시작하기도 했다. 전쟁이 멈춘 후 반공 이념이 지배하는 국가에서 반공을 실천하는 주체로 살았던 사람들이 전쟁이 발발할 당시에는 "천진난만하여야 할 애송이 중학생"들이었을 수 있다. 또한 국민을 속이고 '남하한 애국자'들에 의해 '박쥐 노릇을 한' 불순분자로 몰려 억울하게 부역자가 된 사람들일 수도 있다. 1950년 6월 25일, 서울이라는 공간에서 학생으로 또는 시민으로 살고 있었다는 것만으로 의용군으로 부역자로 내몰렸던 사람들의 삶을 되짚어 볼 필요가 있다. 이것이 여전이 끝나지 않은 전쟁과 대립을 종식하고 평화와 화해의 길로 나아가는 토대가 될 수 있을 것이다.

　하지만 한국 사회가 민간인 학살을 비롯한 전쟁이 남긴 상처를 극복하고 평화적 미래로 나아가는 길이 순탄치만은 않을 것이다. 그래서 더욱더 미래를 이끌어갈 학생들에 대한 평화와 인권 교육이 중요하다. 물론 한국전쟁을 전후한 시기의 정치적·사회적 사건에 대한 1차적인 확인도 필요하지만, 이제는 전쟁 중에 살아갔던 사람들의 삶에 대해서도 관심을 가져야 한다. 그리고 그들의 삶을 이해하고, 전쟁으로 상처받은 모든 사람들이 서로를 이해할 수 있어야 한다. 그래서 한국 사회에 전쟁을 반대하고 평화를 추구하는 역사인식을 가진 구성원들이 많아지면 평화로 나아가는 길은 좀 더 평탄하고 곧아질 것이다. 역사교육이 그 역할을 소홀히 해서는 안 될 것이다. 인간의 삶을 살펴보고 인간을 이해하는 것, 이것이 역사학의 근본적인 목적이다.

학력주의가 여전히 강력하게 작동하고 있는 한국에서 입시제도의 변화를 둘러싼 양상을 살펴봄으로써 한국 현대사를 좀 더 다양한 측면에서 이해할 수 있을 것이다. 특히 국가 권력이 바뀔 때마다 그 주체들은 입시제도의 개혁을 내세웠다. 하지만 그때마다 초·중등학교와 대학교의 운영주체, 이해관계를 달리하는 다양한 집단들의 찬반 여론 속에서 정치적이고 타협적인 결정을 내려왔다. 그 과정에서 이념적 대립도 있었지만, 교육재정 지원이라는 요소가 강력하게 작동했었다. 또한 해방 후 지금까지 학력이 소위 말하는 출세를 위한 전제조건으로 작동하는 현실 속에서 상급학교 진학을 결정하는 입시제도를 둘러싼 논란은 끊이지 않았고, 앞으로도 반복될 것이다. 무엇보다 불평등이 현존하는 사회구조 속에서는 어떠한 형태의 입학시험도 불평등을 정당화하는 사회적 선발장치가 될 수밖에 없을 것이다.3)

한국전쟁 중 최초로 실시된 중학교 입학 국가고사의 실시와 중단 과정에서 확인했던 모습들이 오늘날 한국에서 벌어지고 있는 입시제도와 관련된 논란에서 여전히 계속되고 있다. 그렇다면 이제 우리가 해야 할 것은 무엇일까? 다 같이 고민해야 할 것이다. 이때 앞선 연구자의 다음과 같은 제언이 방향을 잡아 줄 수 있을 것이다.

입시제도는 그 자체가 포용적이기보다는 배제적인 성격을 내재하고

---

3) 강순원, 「우리나라 입시제도-평등주의적 관점에서의 비판과 개선책」, 『전환기에 선 한국교육-그 위기의 진단과 대안』, 한울, 1992, 182, 189쪽.

있으며, 그런 한에 있어서 교육열 과열화 해소 방안을 그 안에서 찾으려는 노력은 그 자체가 무의미하다. 입시제도의 개선이 아니라 파괴가 교육열 과열화를 막고 포용적인 교육, 포용적인 사회건설을 향해 나아갈 수 있는 일차적 조건이 될 것이다.[4]

그런데 입시제도와 관련된 논의에서 실제 그 당사자인 학생들의 참여와 이들에 대한 배려는 찾아보기 힘들었다. 물론 학생의 건강과 선택의 자유를 말하긴 했지만 그것이 진정 학생이 원하고 학생들을 위한 것이었는지는 의문이다. 상급학교 진학을 희망하는 학생이 상급학교 신입생 정원보다 많다면 신입생 선발 과정이 필요할 수밖에 없다. 하지만 2020년대의 대한민국은 고등학교 졸업생 숫자보다 대학교 신입생 모집 정원이 더 많다. 이제는 대학이 신입생을 선발하는 시대가 끝나고 학생이 대학을 선택하는 시대가 된 것이다. 물론 서울과 수도권의 몇몇 대학과 의약학계열의 학과들은 여전히 높은 입학경쟁을 거쳐야 하지만, 이들 몇 개 대학과 학과의 신입생 선발에 있어 변별력을 높이기 위해 대한민국의 모든 학생들이 현재와 같은 입시제도에 매몰될 필요는 없다. 변화하는 교육환경 속에서 학생들이 원하는 입시제도는 무엇인지 학생들의 이야기를 진지하게 들어보고, 현 '입시제도의 파괴'를 전제로 한 새로운 패러다임의 신입생 선발 방법을 창출하기 위해 뜻을 모아야 할 것이다. 이때 해방 이후 입시를 비롯한 각종 교육제도의 입안과 운영 과정에서 겪었던 경험들을 살펴보면 해결의 실마리를 찾는 데 도움이 될 것이다. 이것이 역사학이 필요한 이유이다.

---

4) 이길상, 앞의 책, 2007, 451쪽.

참고문헌

1. 자료

『경향신문』, 『국도신문』, 『국제신문』, 『부산일보』, 『대구매일』, 『동광신문』, 『동아일보』, 『매일경제』, 『매일신보』, 『서울신문』, 『어린이신문』, 『연합신문』, 『영남일보』, 『자유신문』, 『주간서울』, 『조선인민보』, 『조선일보』, 『조선중앙일보』, 『중앙신문』, 『중앙일보』, 『평화신문』, 『한성일보』, 『해방일보』, 『The New York Times』

국사편찬위원회, 『한국교육정책자료』 1, 극동디엔씨, 2001.
군정청 문교부, 『초중등학교 각과 교수요목집』(4), 조선교학도서주식회사, 1947.
문교부, 『교수요목집: 중학교 사회생활과』, 조선교학도서주식회사, 1948.
문교부 조사기획과, 『문교행정개황』, 조선교학주식회사, 1947.
문교부 편수국, 『편수시보』 제1호, 조선서적인쇄주식회사, 1950.
손진태, 『손진태전집』 1, 태학사, 1981.
이길상 편, 『해방전후사자료집』 II, 원주문화사, 1992.
이길상·오만석 공편, 『한국교육사료집성-미군정기편』 III, 한국정신문화연구원, 1997.
이훈상·이옥부, 『한국전쟁기 부산 피난학교 시절 어느 고등학생의 일상과 독서모임』, 동아대학교 석당학술원, 2021.
정태수, 『미군정기 한국교육사자료집』 상, 홍지원, 1992.
한국정신문화원 편, 이길상·오만석, 『한국교육사료집성 현대편』 I, 선인, 2002.
한림대학교 아시아문화연구소, 『주한미군정보일지』, 1990.
『미군정청 관보』 2, 원주문화사, 1991.
『주한미군사(HUSAFIK)』 IV, 돌베개, 1988.
Department of Education The State of Colorado, Course of Study for Secondary Schools: Social Studies, 1940.
State of Colorado Department of Education, Course of Study for Elementary School, 1942.

국가법령정보센터 http://www.law.go.kr
국회회의록 http://likms.assembly.go.kr/record/

2. 학교사

경기고등학교70년사편찬회, 『경기70년사』, 경기고등학교동창회, 1970.
경기여자중·고등학교, 『경기여고50년사』, 경기여자중·고등학교, 1957.
배재학당, 『배재80년사』, 학교법인 배재학당, 1965.
배명65년사편찬위원회, 『배명65년사』, 학교법인 배명학원, 1999.
보인70년사편찬위원회, 『보인70년사』, 보인중·상업고등학교, 1978.
무학60년사편찬위원회, 『무학60년사』, 무학여자고등학교·무학여자고등창회, 2000.
숙명100년사편찬위원회, 『숙명백년사』, 숙명여자중고등학교, 2006.
숭문100년사편찬위원회, 『숭문백년사』, 숭문중·고등학교동문회, 2007.
영등50년사편찬위원회, 『영등오십년사』, 영등포여자고등학교·영등포여고동창회,
　　　　2003.
이화100년사편찬위원회, 『이화100년사』, 이화여자고등학교, 1994.

3. 한국사 교과서, 개설서

군정청 문교부, 『국사교본-진단학회편』, 조선교학도서주식회사, 1946.
이병도, 『새국사교본』, 동지사, 1948.
이병도, 『중등 사회생활과 우리나라의 생활(역사)』, 동지사, 1950.
손진태, 『조선민족사개론』, 을유문화사, 1948.
손진태, 『국사대요』, 을유문화사, 1949.
손진태, 『중등국사(대한민족사)』, 을유문화사, 1949.
손진태, 『중학교 사회생활과 우리나라 생활』, 을유문화사, 1949.
손진태, 『중학교 사회생활과 우리나라 생활(대한민족사)』, 을유문화사, 1950.
신동엽, 『국사 첫 걸음』, 금룡동서문구주식회사, 1946.

4. 단행본

교육50년사편찬위원회, 『교육50년사』, 교육부, 1998.
Grant. E. Meade 저, 안종철 역, 『주한미군정 연구』, 공동체, 1993.
김국태, 『해방 3년과 미국 I-미국의 대한정책 1945~1948』, 돌베개, 1984.

김동춘, 『한국의 근대성과 민족주의』, 당대, 2000.

김상훈, 『해방직후 국사교육 연구』, 경인문화사, 2018.

김성칠, 『역사앞에서』, 창비, 2009.

김신일, 『교육사회학』, 교육과학사, 2003.

김영철 외 4명, 『미래사회에 대비한 학제개편 방안』, 한국교육개발원, 2006.

김한종 외, 『한국근현대사 교육론』, 선인, 2005.

김흥수, 『한국역사교육사』, 대한교과서주식회사, 1992.

리차드 D. 로빈슨, 정미옥 옮김, 『미국의 배반(Korea: Betrayal of a Nation)』, 과학
        과사상, 1988.

문교부, 『문교개관』, 대한문교서적주식회사, 1958.

박동찬, 『통계로 본 6·25전쟁』, 국방부 군사편찬연구소, 2014.

박상만, 『한국교육사』 하, 대한교육연합회, 1959.

박희병, 『교육법해의』, 교육주보사, 1950.

백낙준, 『한국교육과 민족정신』, 문교사, 1953.

박재윤 외 6명, 『미래사회에 대비한 학제개편 방안(II)』, 한국교육개발원, 2007.

브루스 커밍스·김주환 옮김, 『한국전쟁의 기원-상』, 청사, 1986.

서울특별시교육연구소, 『우리나라 입시제도 개선을 위한 종합연구: 중학교 입시
        를 중심으로』, 서울특별시교육연구소, 1967.

서울특별시교육연구원, 『서울교육사』 상, 서울특별시교육위원회, 1981.

서울특별시사편찬위원회, 『서울특별시사(해방후시정편)』, 서울특별시사편찬위원회,
        1965.

서울특별시사편찬위원회, 『서울 2천년사』 37, 서울역사편찬원, 2016.

심태진, 『석운교육논집』, 우성문화사, 1981.

안홍선, 『식민지 중등교육체제 형성과 실업교육』, 교육과학사, 2017.

역사학연구소, 『함께보는 한국 근현대사』, 서해문집, 2016.

오성철, 『식민지 초등교육의 형성』, 교육과학사, 2000.

오천석, 『한국신교육사』 하, 광명출판사, 1975.

오천석, 『오천석교육사상문집』 1, 광명출판사, 1975.

와다 하루끼 지음·서동만 옮김, 『한국전쟁』, 창작과비평사, 1999.

유병진, 『재판관의 고민』, 서울고시학회, 1964.

유봉호, 『한국교육과정사연구』, 교학연구사, 1992.

이길상, 『20세기 한국교육사』, 집문당, 2007.

이상선, 『사회생활과의 이론과 실제』, 금룡도서문구주식회사, 1946.

이진재 외 4명,『우리나라 입시제도의 변천사-입시제도 개선연구(III)-』, 중앙교육
　　　평가원, 1986.
이혜영·최광만·김규태,『학기제 개선방안 연구』, 한국교육개발원, 1998.
정병준,『한국전쟁』, 돌베개, 2006.
정용욱,『해방 전후 미국의 대한정책』, 서울대학교출판부, 2003.
정일환,『학년도 개시시점에 관한 종합연구』, 대구효성가톨릭대, 1999.
정재철,『일제의 대한국식민지교육정책사』, 일지사, 1985.
정태수,『한국교육기본법제 성립사』, 예지각, 1996.
중앙대학교부설 한국교육문제연구소,『문교사』, 중앙대학교출판국, 1974.
최병칠,『교육과 인생』, 문천사, 1972.
최병칠 외 4명,『민주주의 민족교육론』, 동심사, 1949.
한국교육과정 교과서연구회,『편수의 뒤안길』3집, 대한교과서주식회사, 2000.
한국교육십년사간행회 편,『한국교육십년사』, 풍문사, 1960.
한국역사연구회 현대사분과 편,『역사학의 시선으로 읽는 한국전쟁』, 휴머니스트,
　　　2010.
한기언,『한국교육사』, 교육출판사, 1972.
함종규,『한국교육과정변천사연구』, 숙명여자대학교 출판부, 1976.
허강,『한국의 검인정 교과서』, 일진사, 2004.

5. 논문

강순원,「우리나라 입시제도-평등주의적 관점에서의 비판과 개선책」,『전환기에
　　　선 한국교육-그 위기의 진단과 대안』, 한울, 1992.
강일국,「1950년대 중학교입시제도 개혁의 전개과정」,『아시아교육연구』5-4, 2004.
고영복,「우리나라 중학교 입시 변천에 관한 고찰」,『군자교육』8, 1977.
구난희,「고등학교 국사 교과서의 일제강점기 관련 서술의 양상 변화와 요인」,『사
　　　회과교육연구』17-4, 2010.
국성하,「해방이후 6·25전쟁기까지의 임시 초등교원 양성 연구」,『한국교육사학』
　　　40-2, 2018.
국성하,「해방이후 6·25전쟁기까지의 초중등학교 교원의 자격 연구-'무자격 교원'
　　　을 중심으로-」,『한국교육사학』40-3, 2018.
김경미,「보통교육정책의 전개와 그 평가」,『한국교육사학』23-2, 2001.

김명섭, 「전쟁명명의 정치학: "아시아·태평양전쟁"과 "6·25전쟁"」, 『한국정치외 교사논총』 30-2, 2009.

김상훈, 「한국전쟁기 서울의 학생과 학교」, 『서울과 역사』 102, 2019.

김상훈, 「해방 후 손진태의 활동과 국사교과서 편찬」, 『한국근현대사연구』 91, 2019.

김상훈, 「1951~1954년 중학교 입학 국가고사의 실시와 중단」, 『한국민족운동사연 구』 102, 한국민족운동사학회, 2020.

김상훈, 「해방 후 학기제 변천 과정 검토」, 『한국교육사학』 42-4, 2020.

김상훈, 「미군정의 학교 재개 정책과 서울의 중등학교 재개」, 『서울과 역사』 113, 2023.

김성혜, 「학기제 변천과정 연구」, 『교육사상연구』 17, 한국교육사상연구회, 2005.

김수태, 「손진태의 한국사교육론」, 『한국사학사학보』 32, 2015.

김정인, 「이념이 실증을 압도하다-검인정기(1946~1973) 한국사 교과서」, 『내일을 여는 역사』 35, 2009.

김정인, 「해방 이후 국사 교과서의 '정통성' 인식-일제 강점기 민족운동사 서술을 중심으로」, 『역사교육』 85, 2003.

김종엽, 「한국 사회의 교육 불평등」, 『경제와 사회』 59, 2003.

김태웅, 「신국가건설기 교과서 정책과 운용의 실제」, 『역사교육』 88, 2003.

김한종, 「민주적 민족교육론의 정치적 변용」, 『청람사학』 22, 2013.

박광희, 「한국사회과의 성립 과정과 그 과정 변천에 관한 일연구」, 서울대학교 석 사학위논문, 1965.

박진동, 「해방후 현대사 교육 내용 기준의 변천과 국사교과서 서술」, 『역사학보』 205, 2010.

박진동, 「교수요목기 중등 역사 검정 교과서의 발행 상황과 목록화」, 『역사교육』 151, 2019.

박찬승, 「한국근대 민족해방운동연구의 동향과 '국사'교과서의 서술」, 『역사교육』 47, 1990.

배경식, 「민중의 전쟁 인식과 인민의용군」, 『역사문제연구』 6, 2001.

서중석, 「이승만 정부 초기의 일민주의」, 『진단학회』 83, 1997.

서용선, 「한국전쟁시 점령정책 연구」, 『한국전쟁연구: 점령정책·노무운용·동원』, 국방군사연구소, 1995.

서중석, 「정부수립 후 반공체제 확립과정에 대한 연구」, 『한국사연구』 90, 1995.

서중석, 「한국교과서의 문제와 전망-근현대사를 중심으로」, 『한국사연구』 116, 2002.

서중석, 「국사교과서 현대사 서술, 문제 많다」, 『역사비평』 56, 2001.

션즈화, 「극동에서 소련의 전략적 이익보장: 한국전쟁의 기원과 스탈린의 정책결정 동기」, 『한국과 국제정치』 30-2, 2014.

손인수, 「입시제도의 변천과정」, 『새교육』, 1980년 5월호.

손진태, 「국사교육 건설에 대한 구상-신민주주의 국사교육의 제창-」, 《새교육》 1-2, 1948.

손진태, 「새 교육자 여러분께 보내는 말」, 《새교육》 1-3, 1948.

손진태, 「민주주의 민족교육의 이념」, 《새교육》 2-1, 1949.

송순, 「한국 학교제도의 변천과정에 관한 연구」, 『논문집』 19-1, 1984.

阿部洋, 「미군정기에 있어서 미국의 대한 교육정책」, 『해방 후 한국의 교육개혁』, 한국연구원, 1987.

안경식, 「한국전쟁기 대한민국 교원의 삶」, 『한국교육사학』 32-1, 2010.

안경식, 「한국전쟁기 대한민국 학생의 삶」, 『교육사상연구』 24-2, 2010.

안규, 「우리나라 중학교 입시제도에 관한 고찰」, 『논문집』 5, 1972.

안홍선, 「식민지시기 중등 실업교육의 성격 연구」, 『아시아교육연구』 16-2, 2015.

오성철, 「한국 교육법 제정의 특질-교육이념과 학교행정을 중심으로-」, 『한국교육사학』 36-4, 한국교육사학회, 2014.

윤종혁, 「9월 신학기제 도입의 쟁점과 향후 과제」, 『학제개편 토론회 1차-6차 자료집』, 교육혁신위원회 교육인적자원부, 2006.

이경숙, 「일제시대 시험의 사회사」, 경북대학교 대학원 박사학위 논문, 2006.

이경훈, 「대담: 교과서 출판 원로들에게 듣는다」, 『교과서연구』 10, 1991.

이광호, 「근대 한국사회의 학력주의 제도화 과정에 관한 연구(I)」, 『정신문화연구』 17-3, 1994.

이근무, 「정비반복으로 일관한 20년-출판20년사」, 『출판문화』, 1966년 7·8월호.

이길상, 「해방 전후의 여론과 교육」, 『정신문화연구』 21-3, 1998.

이길상, 「입시제도 개혁의 역사와 평가」, 『한국 교육개혁의 종합적 평가』, 한국정신문화연구원, 1995.

이길상, 「입시제도를 통한 배제와 교육열」, 『교육열의 사회문화적 구조』, 한국정신문화연구원, 2000.

이동원, 「6·25전쟁기 '수도 서울'의 환도와 재건」, 『6·25전쟁과 1950년대 서울의 사회변동』, 서울역사편찬원, 2018.

이성우, 「滄旅 장진홍의 생애와 조선은행 대구지점 폭파의거」, 『한국독립운동사연구』 57, 2017.

이신철, 「국사 교과서 정치도구화 역사-이승만 박정희 독재정권을 중심으로」, 『역사교육』 97, 2006.

이신철, 「식민주의와 민족주의의 함정을 넘어서-한국 근현대사 역사(교육) 논쟁의 본질을 향한 탐색」, 『역사와 현실』 100, 2016.

이옥부, 「부산 피난학교 시절 어느 고등학생의 일상과 독서모임」, 『한국교육사학』 43-1, 2021.

이우진, 「유학, 죄인인가? 구원자인가? -교육열과 공부열-」, 『한국교육사학』 35-2, 2013.

이원호, 「입시제도의 변천과정과 문제점」, 『교육학연구』 3-1, 1992.

이임하, 「한국전쟁기 부역자 처벌」, 『사림』 36, 2010.

이종재, 「입시제도의 사회·경제적 측면」, 『새교육』, 1980년 5월호.

이지원, 「한국 근현대사 교육에서 민족주의와 근대 주체」, 『역사교육』 95, 2005.

이현주, 「한국전쟁기 '조선인민군' 점령하의 서울-서울시임시인민위원회를 중심으로-」, 『서울학연구』 31, 2008.

장석환·배정혜, 「한국 입시교육의 사회사적 의미」, 『동아인문학』 41, 2017.

장창균, 「민주주의적 중등학교 입학자 선발법」, 『조선교육』 3-4, 1949년 7월.

전상인, 「6·25 전쟁의 사회사: 서울시민의 6·25 전쟁」, 『한국과 6·25 전쟁』, 연세대출판부, 2002.

정미숙, 「초기 한국 문교정책의 교육이념 구성에 관한 교육사회학적 분석」, 『분단시대의 학교교육』, 푸른나무, 1989.

정병준, 「북한의 한국전쟁 계획 수립과 소련의 역할」, 『역사와현실』 66, 2007.

정병준, 「한국전쟁기 북한의 점령지역 동원정책과 '공화국 공민' 만들기: 경기도 시흥군의 사례를 중심으로」, 『한국민족운동사연구』 73, 2012.

정병준, 「북한의 남한 점령기 '의용군' 동원과 운용: 의용군명부·포로심문조서를 중심으로」, 『이화사학연구』 46, 2013.

정병준, 「한국전쟁 휴전회담과 전후 체제의 성립」, 『한국문화연구』 36, 2019.

정재영, 「학기제 개선 방안」, 『제13차 공청회 세미나자료』, 대통령자문 교육개혁위원회 주최, 1997.

정진아, 「제1공화국기(1948~1960) 이승만정권의 경제정책론 연구: 국가 주도의 산업화정책과 경제개발계획을 중심으로」, 연세대학교 대학원 박사학위 논문, 2007.

정재정, 「한국전쟁 연구의 동향과 국사교육」, 『역사교육의 방향과 국사교육』, 솔, 2001.

조건, 「제1차 교육과정 성립기 문교부 조직과 반공 교육정책」, 『역사와교육』 22, 2016.

조성운, 「반공주의적 한국사 교육의 성립과 강화」, 『한국민족운동사연구』 82, 2015.

조풍연, 「(출판시감)중등교과서문제-'교과서협회'신설에 기대함」, 『민성』 4-6, 1948.

최광, 「미군정하의 재정제도와 재정정책」, 『재정논집』 3, 한국재정학회, 1989.

최봉영, 「교육열의 역사적 전개와 성격」, 『교육열의 사회문화적 구조』, 한국정신문화원, 2000.

최해교, 「전시연합대학에 관한 연구」, 부산대학교 대학원 석사학위논문, 1999.

최홍준, 「초창기 때의 편수국」, 『편수의 뒤안길』 3, 대한교과서주식회사, 2000.

하정숙, 「해방이후 중학입시제도의 변천과정과 문제점에 대한 소고」, 『청구사학』 8, 1969.

함종규, 「한국 중·고등학교 입시제도의 변천에 관한 연구」, 『논문집』 21, 1981.

홍웅선, 「최초의 사회생활과 교수요목의 특징」, 『한국교육』 19, 1992.

황준성·조옥경, 「9월 신학년제 실행 방안」, 『position paper』 11-6, 한국교육개발원, 2014.

찾아보기

김상훈

서강대 사학과를 졸업하고 동대학원에서 한국 근현대사 전공으로 문학박사학위를 받았다. 현재 숭문고 교사이며 서강대학교 디지털역사연구소 책임연구원, 『역사연구』편집위원, 서울교육정책연구지원단 등을 맡고 있다. 해방 직후 발행된 역사교과서와 역사 교육과정을 주제로 박사학위논문을 썼고, 이후 한국 현대사의 교육 부분에 대해 연구하고 있다.

박사학위논문을 수정·보완하여 발행한 저서 『해방 직후 국사교육 연구』(2018)가 2019년도 대한민국 학술원 우수학술도서로 선정되었다. 주요 논문으로 「미군정의 학교 재개 정책과 서울의 중등학교 재개」(2023), 「한국전쟁기 서울에 개설된 중등 훈육소」(2021), 「해방 후 학기제 변천 과정 검토」(2020), 「2015 개정 한국사 교과서 발행과 6·25전쟁 중 인명 피해와 민간인 학살에 대한 서술 검토」(2020), 「1951~1954년 중학교 입학 국가고사의 실시와 중단」(2020), 「해방 후 손진태의 활동과 국사교과서 편찬」(2019), 「인문학에 대한 고등학생들의 인식과 중등학교에서 인문학 프로그램 모델 제안」(2019), 「한국전쟁기 서울의 학생과 학교」(2019), 「해방 직후 반공 교육과 국사교과서에서 사회주의 관련 서술 삭제」(2018), 「미군정기 교육정책 수립과 한국인의 역할」(2015) 등이 있다.

한국전쟁기 학교와 학생

초판 1쇄 인쇄 | 2023년 06월 15일
초판 1쇄 발행 | 2023년 06월 25일

지 은 이   김상훈

발 행 인   한정희
발 행 처   경인문화사
편   집   유지혜 김지선 한주연 이다빈 김윤진
마 케 팅   전병관 하재일 유인순
출 판 번 호   제406-1973-000003호
주   소   경기도 파주시 회동길 445-1 경인빌딩 B동 4층
전   화   031-955-9300 팩   스   031-955-9310
홈 페 이 지   www.kyunginp.co.kr
이 메 일   kyungin@kyunginp.co.kr

ISBN   978-89-499-6700-4 93910
값 28,000원